AF751377

ACCESO GRATIS *a la Lectura en la Nube*

Para visualizar el libro electrónico en la nube de lectura envíe junto a su nombre y apellidos una fotografía del código de barras situado en la contraportada del libro y otra del ticket de compra a la dirección:

ebooktirant@tirant.com

En un máximo de 72 horas laborables le enviaremos el código de acceso con sus instrucciones.

ARGUMENTACIÓN JURÍDICA. FUNDAMENTOS TEÓRICOS Y ELEMENTOS PRÁCTICOS

ARGUMENTACIÓN JURÍDICA. FUNDAMENTOS TEÓRICOS Y ELEMENTOS PRÁCTICOS

JUAN ANTONIO GARCÍA AMADO

tirant lo blanch
Valencia, 2023

La presente obra ha sido sometida a la revisión de pares ciegos según el protocolo de publicación de la editorial a efectos de ofrecer el rigor y calidad correspondiente tanto en su contenido como en su forma, aplicándose los criterios específicos aprobados por la Comisión Nacional E 016 (BOE num. 286, de 26 de noviembre de 2016)

Director de la Colección:
JUAN ANTONIO GARCÍA AMADO

EDITA: TIRANT LO BLANCH
C/ Artes Gráficas, 14 - 46010 - Valencia
TELFS.: 96/361 00 48 - 50
FAX: 96/369 41 51
Email: tlb@tirant.com
www.tirant.com
Librería virtual: www.tirant.es
DEPÓSITO LEGAL: V-2000-2023
ISBN: 978-84-1169-565-7
MAQUETA: Innovatext

Si tiene alguna queja o sugerencia, envíenos un mail a: *atencioncliente@tirant.com*. En caso de no ser atendida su sugerencia, por favor, lea en *www.tirant.net/index.php/empresa/politicas-de-empresa* nuestro procedimiento de quejas.

Responsabilidad Social Corporativa: http://www.tirant.net/Docs/RSCTirant.pdf

Índice

Lección 3

DOS PRECURSORES DE LA TEORÍA DE LA ARGUMENTACIÓN JURÍDICA: THEODOR VIEHWEG Y CHAIM PERELMAN

Lección 4

BASES FILOSÓFICAS DE LA TEORÍA DE LA ARGUMENTACIÓN JURÍDICA

Lección 5
ARGUMENTOS SOBRE HECHOS Y PRUEBAS

Lección 6

ARGUMENTOS NORMATIVOS EN CASOS DE LAGUNAS NORMATIVAS

Lección 7

ARGUMENTOS INTERPRETATIVOS (I). LA REGLA DE INTERPRETACIÓN LITERAL, GRAMATICAL O SEMÁNTICA: SIGNIFICADO Y ALCANCE

Lección 8

ARGUMENTOS INTERPRETATIVOS (II). ARGUMENTOS TELEOLÓGICOS, VOLUNTARÍSTICOS Y SEMÁNTICOS

Lección 10

LA JUSTICIA Y EL BIEN COMO ARGUMENTOS EN LA JURISPRUDENCIA Y EN LA PRAXIS JURÍDICA EN GENERAL

Presentación

Siempre he entendido que una buen texto de introducción a una materia no tiene por qué ser una obra elemental, sino que debe permitir graduar la intensidad del trabajo y el nivel de profundización que quieran alcanzar docentes y discentes. Por eso en este libro se combinan lecciones de fuerte carga filosófica con otras de orientación mucho más práctica, para que cada cual pueda acomodar su lectura a sus propósitos, sean estos más teóricos o de fundamentos o estén más orientados a la adquisición de habilidades argumentativas en la práctica jurídica.

En esta obra he trabajado con normativa española y sentencias españolas. Pienso que los ejemplos, si son adecuados, trascienden lo puramente local y tienen valor de muestra extrapolable a otros sistemas jurídicos. Aquí no se trata de que nadie aprenda regulaciones de un país que no es el suyo, sino de observar cómo se articulan y cómo funcionan determinados elementos del derecho.

He decidido prescindir de los habituales repertorios de bibliografía tras cada capítulo o al final del libro. En nuestro tiempo, y por fortuna, son ya enormes las posibilidades de acceder a textos sobre cualquier tema jurídico y al estudiante realmente capaz e interesado conviene incentivarlo para que por su cuenta explore en repertorios físicos o virtuales de libros y artículos sobre todo tipo de cuestiones. Eso es parte de la buena labor intelectual y acicate adicional para el que quiera ampliar conocimientos o contrastar ideas. Por ejemplo, en la lección sobre Th. Viehweg y Ch. Perelman como precursores de las teorías de la argumentación jurídica habría resultado muy sencillo enumerar las obras principales de esos dos autores o los trabajos que mejor los resumen y comentan, pero he preferido no hacerlo así, confiando en que el buen lector sabrá moverse agilmente en Internet o usar lugares virtuales como Google Académico o bases de datos como Dialnet y tantas otras, a fin de experimentar esa fascinante sensación de la exploración bibliográfica personal y de la valoración y catalogación de los siempre sorprendentes hallazgos.

En León (España), a 8 de marzo de 2023

JUAN ANTONIO GARCÍA AMADO

Lección 1

Conceptos básicos de teoría de la argumentación

1. QUÉ ES ARGUMENTAR Y QUÉ ES UN ARGUMENTO

Un *argumento* es un enunciado o acción significativa que pretende justificar algo. La *argumentación* es la actividad consistente en argumentar, en dar argumentos. Argumentar es dar razones que justifican algo, razones que responden a un porqué real o eventual.

Si decimos que un argumento es una razón que justifica algo, debemos distinguir entre lo que con argumentos se justifica o defiende y los argumentos mismos. A lo primero lo llamaremos *tesis*. Así pues, la tesis es aquello que mediante argumentos se justifica o se defiende.

Un sencillo ejemplo. Usted ha decidido viajar a Alaska el próximo mes y así se lo comunica a un amigo, el cual, en lugar de mostrarse completamente indiferente a esa decisión suya o de aceptarla sin cuestionamiento ni dudas, le pregunta por qué hace usted semejante viaje. Entonces usted, porque desea de alguna manera ser comprendido por él o que él esté de acuerdo con su decisión, le da estas dos razones: porque es un viejo anhelo suyo viajar a Alaska y porque al fin tiene el dinero suficiente para pagarse el viaje.

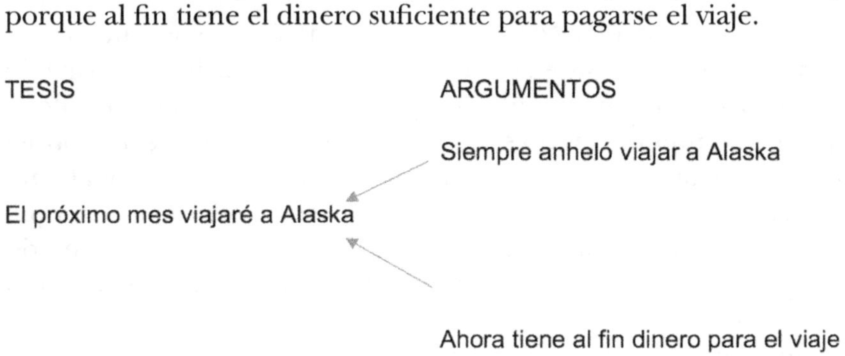

Bien evidente parece que una tesis estará tanto mejor justificada cuantos más sean los argumentos con que se defiende o avala y cuanto más reúnan esos argumentos condiciones como las siguientes: validez, admisibilidad, pertinencia, fuerza persuasiva, aceptación, credibilidad....

Entre la tesis y los argumentos debe haber alguna relación que permita que, precisamente, estos tengan algún valor justificatorio de aquella. Si, por ejemplo, quien ha decidido ir a Alaska le dice a su amigo que va porque le ha salido un grano en la oreja derecha, estaremos todos de acuerdo en que ese no es un argumento para esa tesis, lo que es igual que decir que eso no justifica de ningún modo la decisión de viajar a Alaska y, así, sin más, es como si se dijera que se va a Alaska porque el río Sena pasa por París. Pero pueden formarse cadenas argumentativas en las que al final acabe teniendo sentido y valor argumentativo, justificatorio, un argumento que al principio no lo tenía. Imaginemos.

—Juan: He decidido viajar a Alaska el próximo mes.

— Antonio: ¿Por qué haces ese viaje tan extraño el próximo mes?

—Juan: Porque me ha salido un grano en la oreja derecha.

— Antonio: ¿Y qué tiene que ver una cosa con la otra?

—Juan: es que me ha dicho un médico que el frío extremo puede ser un buen remedio para que desaparezcan los granos de las orejas.

Una buena manera de comprender qué es y cómo funciona la argumentación consiste en dar a toda argumentación la forma de un diálogo, pues en el fondo late siempre algo así como un diálogo que, como mínimo, es presupuesto. Todo argumento es un porqué de algo (de una tesis) y alguien puede dar un argumento por alguno de estos motivos: porque se lo han pedido expresamente, porque alguien ha manifestado alguna duda, incomprensión, desacuerdo o rechazo o porque quiere el argumentante acentuar o asegurar la aceptación del otro para la tesis, aunque ese otro no haya expresado ni duda ni incomprensión ni rechazo ni nada por el estilo.

2. SOBRE QUÉ SE ARGUMENTA

Eso que se justifica, esa tesis que se argumenta, puede ser una aseveración sobre estados de cosas en el mundo, puede ser la expresión de algo subjetivo o puede ser un enunciado normativo. Pongamos algún ejemplo de cada uno de los tres tipos.

2.1. Sobre hechos del mundo, de "ahí afuera"

Si yo digo que en aquella casa hay en estos momentos cinco personas o que en aquella botella hay medio litro de vino, puedo verme compelido o motivado para dar razón de por qué eso es así o de por qué yo sé que es así. Diré, por ejemplo, que sé que en la casa hay cinco personas porque yo las vi entrar a todas y las fui contando, o que en la botella hay medio litro de vino porque eso es lo máximo que cabe, medio litro, y la botella está llena. Con eso estoy dando un tipo de argumentos que son argumentos *explicativos*. Mediante un argumento explicativo trato de justificar por qué digo que cierta cosa es o no es de determinada manera.

Si mi pareja afirma que he olvidado que hoy es nuestro aniversario de boda y dice que lo sabe porque no la felicité durante el desayuno, tenemos ahí una afirmación sobre algo que ha ocurrido o no ha ocurrido en el mundo (que yo no me acordé del aniversario) y un argumento para justificar que es verdadero el enunciado que dice que eso ha ocurrido. Si mi pareja afirmó que yo no recordé nuestro aniversario, yo podría preguntarle por qué lo sabe. Sea como respuesta a esa pregunta o sea anticipándose eventualmente a ella, mi pareja da un argumento que respalda su afirmación de que olvidé el aniversario: el argumento de que no la felicité durante el desayuno. El fondo de su razonamiento puede resumirse así:

(i) Cuando recuerdo que es nuestro aniversario, la felicito.

(ii) No la felicité.

(iii) No recordé que es nuestro aniversario

Más allá de que pueda verse o no como lógicamente correcto, ese razonamiento de mi pareja refleja que hay una asociación entre dos hechos que siempre se han dado juntos o que comúnmente se dan juntos: que el día del aniversario lo recuerdo y que felicito a mi pareja. El primer hecho es un antecedente fáctico sin el cual no se daría el segundo: si no tengo conciencia de que es nuestro aniversario, no puedo felicitar a mi pareja por ser nuestro aniversario. Pero en sentido contrario no funciona igual: puedo haberme acordado de que era nuestro aniversario y, pese a ello, no haberla felicitado, rompiendo así lo que era un hábito o una pauta normalmente seguida.

Si nos preguntamos qué actitud puedo tomar ante esa afirmación de mi pareja, hay varias posibilidades. Puedo asumir que tiene razón, y en ese sentido se podría aplicar aquello de que el que calla otorga; o puedo tener mis personales motivos para no hacer caso de lo que mi pareja ha afirmado, motivos como que no me importa lo que ella piense, que prefiero que no se siga hablando entre nosotros de ese tema, etc. Pero también podría preguntarle que por qué afirma que me olvidé del aniversario, que de dónde saca tal idea; y si me ha dicho que la base de su afirmación está en que no la felicité durante el desayuno, puedo también contraargumentar, bien con un argumento que desactive el suyo *contradiciéndolo,* bien con un argumento que desactive o deje sin valor el suyo *compensándolo.*

Así, podré decirle que sí la felicité, pero que no me oyó porque estaba demasiado distraída. Y hasta puedo contraatacar más añadiendo que distraída es como suele estar cada mañana, sin hacerme caso ni atender a lo que le digo. De ese modo he *contradicho* su argumento. Mi pareja ha dicho que olvidé el aniversario y que lo sabe porque no la felicité al desayunar y yo digo que no lo olvidé y que la prueba es que sí la felicité, aunque no se enteró.

El esquema de la argumentación de mi pareja podríamos representarlo así:

No-X porque No-Y

Y el mío, de esta manera:

Sí-X porque Sí-Y

Aunque sea muy incidentalmente, fijémonos en un detalle. ¿Por qué la afirmación de que no felicité a mi pareja le vale como razón o argumento en pro de su tesis de que me olvidé de nuestro aniversario? Desde luego, lo uno no se sigue con ningún tipo de necesidad lógica de lo otro, puedo haber recordado el aniversario y no haberla felicitado, por ejemplo, porque estaba un poco enojado esa mañana o porque me urgía más hablar con ella de otros temas. O porque lo que se me olvidó no fue el aniversario de marras, sino felicitarla, y el que se me pase felicitarla no es prueba de que se me olvidara el aniversario. Así que si ella ha usado ese argumento, yo también podría atacárselo diciendo que no se trata de una prueba concluyente y que en cuanto mero indicio solo vale si era en mí habitual felicitarla por cada aniversario y hacerlo, además, durante el desayuno.

En resumen, aunque sea plenamente verdad que no la felicité, ese hecho no es prueba terminante o de mucho peso del otro, de que no recordé el aniversario.

En cambio, si mi contraargumento (que sí la felicité) es verdadero, es falsa la afirmación primera de mi pareja (que olvidé nuestro aniversario) y es falso, además, el argumento con que la respalda (que no la felicité). Pues si la felicité por nuestro aniversario de hoy es necesariamente porque he recordado que hoy es tal aniversario.

En situaciones así los debates quedan abocados a afirmaciones contrapuestas que se acaban anulando recíprocamente, a no ser que haya algún medio o vía para probar la verdad de una y la correspondiente falsedad de otra. En nuestro ejemplo eso podría ser si nuestro hijo dice (y dice con verdad) que sí oyó cómo yo felicitaba a mi pareja por nuestro aniversario o si aparece una grabación verdadera de dicha felicitación (por ejemplo, porque alguien tenía una grabadora encendida).

Hemos visto que hay argumentos que contradicen otros y hemos dicho que hay argumentos que *compensan* otros, desactivándolos de esa peculiar manera. Si mi esposa me reprochó el olvido de nuestro aniversario este año y yo replico que ella, a su vez, olvidó nuestro aniversario el año pasado, no estoy cuestionando la verdad del olvido mío que ella afirmó, sino desactivando en cierta manera el reproche que de esa afirmación extrae: a base de cuestionar su legitimidad para hacerme a mí un reproche que valdría igual para ella misma. Algo parecido ocurre si yo le replico que tampoco ella recordó este mismo año el cumpleaños mío, por ejemplo.

En derecho y en las prácticas argumentativas de base normativa estamos bien acostumbrados a esos argumentos que desactivan otros por compensación. Así, si hay contra A una acusación de que mató a B, se puede contradecir dicha afirmación tratando de probar que no lo mató, pero también se puede admitir que lo mató y compensar el efecto argumentando que lo hizo en legítima defensa, porque con seguridad iba B a matar a A en ese mismo momento.

Quien argumenta una tesis fáctica sobre algo en el mundo, quien justifica algo que ha dicho sobre hechos del mundo externo está respondiendo siempre a uno de estos tipos de preguntas en un diálogo que puede ser real o, las más de las veces, hipotético o virtual: qué certeza hay de que eso sea así, por qué eso es así o por qué sabe usted que eso es así. Si representamos la respectiva tesis fáctica como T^f, las dos posibilidades son:

(i) ¿Existe aquello a lo que T^f se refiere?

(ii) Por qué T^f.

(iii) Por qué sabe el emisor que T^f.

En realidad, esos dos modos de argumentar sobre hechos responden a las dos maneras en que cabe cuestionar una tesis sobre hechos. Así, si un sujeto S afirma que las manzanas de la Patagonia son amargas (esa sería la tesis), se le pueden preguntar tres cosas:

(i) Si existen las manzanas de la Patagonia.

(ii) Por qué las manzanas de la Patagonia son amargas, si es que lo son.

(iii) Por qué sabe S que las manzanas de la Patagonia son amargas.

Respecto de (i) se argumenta mediante lo que podríamos denominar argumentos existenciales, argumentos que tratan de acreditar que algo existe. En nuestro ejemplo, S puede decir que él mismo ha comido muchas veces manzanas de la Patagonia o que las ha visto en la Patagonia o que un primo suyo le dijo que las había...; o puede tomar un libro de botánica o de fruticultura y mostrar el apartado sobre tales manzanas; o puede enseñar una foto diciendo "estas que ve usted aquí son manzanas de la Patagonia", etc., etc.

Los argumentos de este tipo (i) se atacan o contraargumentan o bien mostrando lo erróneo de la experiencia subjetiva invocada (por ejemplo, que lo que S comió no eran manzanas, sino peras), invocando una experiencia subjetiva opuesta (ejemplo: el contradictor argumenta que estuvo varias veces en la Patagonia, buscó manzanas, no las encontró y le dijeron que no las había), dando una interpretación alternativa a los datos invocados en el argumento existencial de S (ejemplo: lo que aparece en la foto mostrada no son en verdad manzanas, sino peras) o trayendo datos o indicios externos de sentido opuesto (ejemplo: un libro sobre fruticultura en el que se dice que en la Patagonia no hay manzanas), etc.

Respecto de (ii) los argumentos pertinentes son los argumentos causales, como el que dijera, por ejemplo, que las manzanas de la Patagonia son amargas *porque* la tierra es muy arcillosa, o *porque* el clima de la Patagonia es muy seco.

Los argumentos de este tipo de combaten o contraargumentan alegando cosas como estas:

— Que es falsa esa explicación causal. Ejemplo: se argumenta que es falso que la tierra arcillosa tenga alguna relación con el sabor de las manzanas, o con su sabor amargo.

— Que es insuficiente esa explicación causal. Ejemplo, la tierra arcillosa contribuye al sabor amargo de las manzanas cuando, además, las temperaturas del lugar son muy altas, pero sobre esto último nada se ha dicho.

— Que puede tener excepciones esa relación de causa y efecto. Ejemplo: la tierra arcillosa ciertamente hace que sean amargas las manzanas, salvo en el caso de que se trate de manzanos de más de cincuenta años.

En cuanto a (iii), a los argumentos que responden a un hipotético cuestionamiento en términos de "y usted por qué lo sabe", se tratará de argumentos que indican las fuentes del conocimiento subjetivo de los que se ha afirmado en T. Por ejemplo: "Sé que las manzanas de la Patagonia son amargas porque así lo leí en este libro sobre manzanas del mundo" o "porque las he comido muchas veces" o porque "me lo ha dicho mi primo argentino", etc.

2.2. Argumentos sobre elementos subjetivos, sobre "cosas" dependientes de un sujeto

Un sujeto S puede formular tesis como las siguientes: *quiero* comprarme un coche, *me gusta* el marisco gallego, *amo* a Lupita, *odio* a Fulgencio, *me da miedo* la oscuridad, *tengo ganas* de volver a verte...

Sobre una tesis de esa clase (T^s) se argumenta con argumentos alusivos a:

— La sinceridad de ese elemento subjetivo que se expresa. Por ejemplo, sobre si en verdad sentirá S tal amor por Lupita o semejante odio a Fulgencio. Tanto si S argumenta para justificar su sinceridad como si su interlocutor contraargumenta para cuestionarla, lo más frecuente será que se invoquen actitudes de S que serían indicativas de la verdad de esos contenidos de su subjetividad o que serían indicativos de lo contrario. Ejemplo: "Lo mucho que amo a Lupita se aprecia en que le he pedido que se case conmigo".

— Alguna propiedad, circunstancia o conducta de la persona o cosa aludida y que justificaría esa reacción subjetiva. Así, se dirá S que su odio a Fulgencio se justifica porque Fulgencio lo insulta cada vez que lo ve, o que le gustan los mariscos gallegos porque tienen un fuerte sabor a yodo o que le da miedo la oscuridad porque a oscuras suceden muchos crímenes.

2.3. Argumentos normativos

También hay argumentos normativos, que se usan para justificar tesis normativas (T^n). Los argumentos normativos justifican enunciados normativos (ejemplo: es injusta la esclavitud) o conductas (por ejemplo, la conducta consistente en darle dinero a un pobre o en dispararle al que estaba a punto de asesinar a otro). Un argumento normativo es aquel que sirve para justificar un enunciado que califica normativamente algo o para justificar una conducta.

Un enunciado normativo tiene siempre una norma como base. Así, la tesis "Es de mala educación masticar con la boca abierta" presupone la norma que manda masticar con la boca cerrada.

Las normas, sean del tipo que sean, sirven para calificar conductas o relaciones entre sujetos, y tal calificación será positiva o negativa. Una conducta que cumpla con una norma de cortesía se calificará como cortés, educada o cualquier otro calificativo similar y que exprese la consideración positiva desde ese sistema normativo de referencia y del que forma parte la norma en cuestión. Y la conducta que la incumpla tendrá la calificación opuesta. Una conducta que cumpla una norma moral será calificada como moral, moralmente correcta, justa o con expresión que venga a cuento y exprese que la conducta ha cumplido con lo que exige esa norma de ese sistema moral. Y el incumplimiento de la norma moral dará lugar a la calificación moral opuesta.

Las normas *jurídicas* sirven para calificar las conductas como jurídicas o antijurídicas, jurídicamente lícitas o jurídicamente ilícitas, o con cualquier expresión sinónima (como legal o ilegal). Ese es, digamos, el encuadre genérico, porque hay muy diferentes tipos de subcalificación, distintas variantes o concreciones de esa calificación genérica de jurídico y antijurídico. Por ejemplo, en derecho, se puede tratar de calificar un acto o una norma como válido o inválido, una norma legal como constitucional o inconstitucional o una norma reglamentaria como legal o ilegal, una acción como punible o no punible, etc.

Pensemos en un supuesto más de esto último. Cuando un juez declara probado un hecho, en un proceso en el que se ventila alguna consecuencia jurídica de ese hecho o de un hecho relacionado con ese, está haciendo una calificación normativa. Si llamamos H al hecho en cuestión, ese juez no está afirmando necesariamente que H sucedió, sino que es conforme a derecho, es jurídico, declarar (o no declarar) probado H, pues tal declaración es resultado de aplicar parámetros normativos, y esos parámetros normativos permiten unas veces declarar probados hechos de los que no hay certeza empírica plena y otras veces mandan no declarar probados hechos de los que sí hay certeza empírica (por ejemplo, hay una única prueba que es plenamente demostrativa, pero ilícita; pensemos en una prueba de ADN obtenida por la fuerza o sin el consentimiento del interesado, cuando ese consentimiento sea condición de validez de tal prueba).

La argumentación normativa es extraordinariamente compleja y variada. Una tesis normativa tiene esta estructura básica, aunque no siempre se expliciten todos los elementos de la misma:

Conforme a la norma N, K (una conducta, una norma, un acto administrativo, una sentencia...) *se califica como J* (jurídica/antijurídica, legal/ilegal, válida/inválida...).

Ejemplo: Conforme al artículo 138 del Código Penal español, la conducta del acusado A se califica como homicidio.

Pero en muchas oportunidades, al menos en derecho, la calificación normativa no es el paso último, sino que se trata de extraer también una consecuencia de tal calificación y a tenor también de la respectiva norma. Así, en un proceso penal, de la calificación de la conducta de S como homicidio, de conformidad con el artículo 138 del Código Penal, se pasará a la determinación de la pena correspondiente, a modo de consecuencia de tal calificación jurídica. Para tales casos conviene ampliar la antes citada estructura de la calificación:

Conforme a la norma N, K (una conducta, una norma, un acto administrativo, una sentencia...) *se califica como J* (jurídica/antijurídica, legal/ilegal, válida/inválida...) *y se le aplica la consecuencia E.*

Los argumentos de una tesis normativa T^n pueden referirse a:

— La existencia de N

— La validez de N.

— La vigencia de N.

— La selección de N, en lugar de N´, que también podría venir al caso.

— La aplicabilidad de N.

— El significado o interpretación de N.

— La corrección de la calificación basada en N.

— La corrección de la consecuencia jurídica basada en N.

Conviene desde ahora mismo tener en cuenta que esos que llamamos argumentos normativos, porque son argumentos de una tesis normativa T^n, no siempre son argumentos a su vez basados en normas, sino que pueden ser argumentos fácticos. Pensemos en el ejemplo de un argumento interpretativo de tipo voluntarístico o subjetivo que diga que la interpretación correcta o preferible de N es la interpretación I^1, porque esa es la interpretación que el legislador, el autor de la norma, quiso dar a sus términos. Ese es un argumento sobre "hechos subjetivos".

Hay *encadenamientos argumentativos,* de manera tal que una tesis se defiende con un argumento que se convierte a su vez en una tesis que se tiene que argumentar.

Según un esquema así:

T^{n1}: La norma N debe interpretarse con el significado I^1.

[¿Por qué debe interpretarse así?]

T^{s1} y argumento en favor de T^{n1}: Porque el legislador entendió la norma con el significado I^1.

[¿Por qué se sabe que el legislador la entendió con ese significado I^1?]

Argumento en favor de T^{S1}: Porque así se puede leer en los debates parlamentarios...

Y también interesa resaltar que en cualquier argumentación sobre la calificación normativa de conductas o hechos pueden y suelen concurrir tesis fácticas y sus correspondientes argumentos, y tesis normativas y sus correspondientes argumentos. Las primeras hacen referencia a si se dieron o no se dieron las conductas o hechos cuya calificación se pretende, y las segundas versan sobre la norma o normas desde la que se hace esa calificación. Por eso, porque pueden aparecer los tres tipos de tesis y sus correspondientes argumentos y, además, entrelazándose de mil maneras, es por lo que resulta tan intrincada la argumentación en un proceso jurídico.

3. CONDICIONES DE UN BUEN ARGUMENTO

Cualquier ocurrencia puede usarse con pretensiones de argumento o tratando de hacerla pasar por argumento. Así, alguien puede argumentar que se casa el jueves (tesis) porque es un día que empieza por jota, o que no come lechuga (tesis) porque sus antepasados se encarnan en lechugas y no le gustaría comerse uno, o que sabe que va a haber aquí muy pronto un terremoto (tesis) porque le duelen mucho los juanetes. Pero todos esos argumentos son muy malos argumentos y será muy improbable que cualquier interlocutor normal considere que justifican ni una pizca la respectiva tesis.

Así que hemos de preguntarnos qué es un buen argumento y qué propiedades o condiciones debe reunir un argumento para ser un argumento bueno.

Un buen argumento es aquel que tiene capacidad justificatoria de la tesis; es decir, un buen argumento es el que en algún grado cumple su función de hacer al interlocutor o interlocutores aceptable la tesis que se trata de justificar. Y la condición de buen argumento es una cuestión de escala, entre los argumentos que cumplen su función los habrá que la cumplen en medida mayor o menor. Así, si yo argumento por qué decidí casarme con Juana (esa es la tesis) y digo que fue porque a mi madre le gustaba mucho Juana como esposa para mí o digo que fue porque me enamoré perdidamente de ella, el segundo argumento justifica más o mejor mi decisión, al menos en nuestro contexto social actual y con la idiosincrasia que hoy se suele compartir en nuestro ámbito cultural.

Sin ánimo de exhaustividad, podemos sentar que condiciones importantes de un buen argumento son las siguientes, y que un argumento será tanto mejor para su función cuantas más de ellas reúna y cuanto mayor sea el grado en que en él se dé cada una:

a) *Pertinencia.* Un argumento es pertinente cuando viene a cuento para la tesis, cuando hay entre tal argumento y la tesis un vínculo o relación que le da algún tipo de validez justificatoria. Si yo le propongo a mi esposa que vayamos al cine esta noche (tesis) y, ante la duda de ella, le argumento que hace cuarenta y un días se cumplió un aniversario más de la batalla de Waterloo, lo normal es que ella me replique que qué tiene eso que ve con que queramos o no queramos ir al cine hoy.

La pertinencia de un argumento puede ser mayor o menor y puede ser más evidente o pueden necesitarse argumentos subordinados que la respalden. En cuanto a la posibilidad de justificar la pertinencia de un argumento mediante subargumentos, volvamos a aquella propuesta de ir hoy al cine (tesis) porque hace cuarenta y un días se conmemoró la batalla de Waterloo. Es más que esperable que se me conteste que a qué viene eso o que eso no es razón para ir al cine, pero yo puedo replicar que la relación está en que ponen una película que sobre la batalla de Waterloo, precisamente. Con tal subargumento sí aparece una cierta pertinencia, aunque a base de considerar conjuntamente los dos, argumento primero y subargumento que lo refuerza.

La pertinencia de un argumento se cuestiona respondiéndole al que argumenta cosas tales como a qué viene eso o a cuento de qué viene eso, eso qué tiene que ver con lo que se está hablando, etc.

b) *Admisibilidad.* Es una nota que tiene parecido con la de pertinencia, pero analíticamente cobra sentido diferenciarlas, pues cabe encontrar de vez en cuando argumentos que sean pertinentes, pero no sean admisibles.

Un argumento no es admisible cuando tiene alguna propiedad que lo descalifica en el contexto de la argumentación de que se trate y para la tesis que se quiere justificar. Si un juez que está juzgando de la legalidad o ilegalidad de una norma reglamentaria en el derecho español argumenta que tal norma es inválida por ser contraria a una ley francesa, ese argumento resulta inadmisible. Si alguien está defendiendo una determinada interpretación de una norma jurídica (esa interpretación es la tesis) y argumenta que es la interpretación mejor por ser la única que no se opone a ningún mandamiento de la Ley de Dios, estamos ante un argumento inadmisible, al menos en nuestro modelo de estado constitucional de derecho.

Un ejemplo de argumento pertinente, pero jurídicamente no admisible sería el que invocara una prueba que viene al caso de los hechos discutidos y que es fuertemente demostrativa, pero que hubiera sido ilícitamente obtenida.

En resumidas cuentas, en toda argumentación hay argumentos que, aunque puedan tener relación con lo que se debate, se consideran fuera de lugar, fuera de tono, incorrectos porque ese tipo de cosas ahí no se dicen o decirlas implica romper con reglas que se suponían tácitamente aceptadas entre los argumentantes en ese contexto. Son algo así como golpes bajos que no se toleran. Es como cuando, por poner otro ejemplo, una pareja discute acaloradamente sobre si hay amor bastante entre ellos y uno dice que hasta sus hijos pequeños captan que el amor del otro es deficiente. Es probable que este otro responda algo del estilo "no metas a nuestros hijos en esto", lo que quiere decir que aquel argumento rebasa la línea que marca lo que ahí se puede decir sin romper ciertas reglas últimas del trato entre los dos. Los argumentos inadmisibles son aquellos que dinamitan la conversación y que son obstáculos al diálogo y a la búsqueda de acuerdo.

c) *Relevancia.* Hay argumentos que pueden ser admisibles y venir materialmente a cuento, pero cuya importancia o valor para lo que se argumenta es nimio, prescindible. Tales argumentos apenas relevantes suelen traerse a colación para aumentar el "ruido" o dar sensación de abundancia de razones allí donde las que se tienen en verdad valen poco o, bien miradas, son escasamente convincentes.

Si en un juicio se discute sobre la credibilidad de un testigo que declara que ha visto algo y una de las partes alega que ese testigo iba con gafas graduadas que compró en una óptica que vende muy baratos sus productos, ese dato seguramente no es impertinente, pero puede resultar por completo irrelevantes, a no ser que esa parte complemente su argumentación aduciendo que tal óptica vende barato porque usa cristales de pésima calidad y que tal vez por eso no era suficientemente nítida la visión de dicho testigo.

Ante un argumento inadmisible se suele responder algo como "no me vengas con eso"; frente a un argumento no pertinente generalmente contestamos con "eso a qué viene". Cuando nos lanzan un argumento irrelevante la reacción expresa "ya, y qué", "eso qué importa" o "eso qué cambia".

d) *Saturación* o *exhaustividad estructural del argumento.* Un argumento está saturado cuando no deja de cumplir en la mayor medida posible su función justificatoria por faltarle algún elemento o subargumento. Así, la tesis de que las manzanas de la Patagonia son amargas se respalda mejor con un argumento que diga "lo sé porque me lo dijo mi primo, que vivió en la Patagonia veinte años y cultivaba manzanas" que uno que simplemente diga "lo sé porque me lo dijo mi primo". Este argumento es completo si se le añade la explicación de por qué lo sabe ese primo que lo dijo. Otro ejemplo, de entre tantísimos posibles: si un juez declara que considera falso el testimonio en juicio del testigo T da un argumento incompleto o más incompleto que si añade las razones que lo hacen considerar que T no ha dicho la verdad.

Los argumentos se saturan mediante cadenas argumentativas.

e) *Resistencia.* Un argumento es resistente cuando está poco expuesto a objeciones sobre su validez esencial en el ámbito argumentativo de que se trate. Así, un argumento sobre el acaecimiento de hechos es tanto más resistente si es verdadero que si es falso y, entre los argumentos falsos, la resistencia será tanto mayor cuanto más difícil resulte al interlocutor que contraargumenta acreditar tal falsedad. Por ejemplo, si yo afirmo que estoy triste (tesis) y que por eso no asisto a eventos sociales (pongamos que lo que de base estoy tratando de justificar es mi ausencia a la boda de mi primo) y mis interlocutores tienen abundantes testimonios e indicios de que me paso los días de fiesta, mi argumento es muy poco resistente.

Los mejores argumentos son resistentes a la contradicción y a la compensación. Un argumento A^2 *contradice* a otro argumento A^1 cuando son incompatibles y si uno es verdadero, necesariamente será falso el otro. Si yo digo que ayer no fui a trabajar porque estaba enfermo y la otra parte dice que no estaba yo enfermo, porque me vio bailando en una discoteca hasta la madrugada, está contradiciendo aquel argumento que yo usaba como excusa por no haber ido al trabajo.

Un argumento A^2 *compensa* un argumento A^1 cuando le quita su fuerza o parte de su fuerza en el caso. Si uno le dice a otro que es un maleducado porque nunca da los buenos días cuando se cruzan en la entrada del edificio y este otro le responde que tampoco el primero saluda jamás cuando se encuentran, le está dando de su propia medicina, le está desactivando su argumento haciendo que se vuelva contra él mismo.

f) *Calidad expositiva.* Un argumento tenderá a cumplir tanto más o mejor su función justificatoria si es expresado de modo apropiado y formalmente biensonante. Si a mi interlocutor trato de justificarle por qué vivo maritalmente con Pilar, no tiene el mismo eco favorable en él el que yo diga que porque Pilar me excita muchísimo, que el que alegue que la encuentro extraordinariamente atractiva. Los dos argumentos vienen a significar lo mismo en el fondo, pero el segundo será mejor aceptado por su forma, su lenguaje, su estilo. Si un abogado pretende hacer ver a un jurado que el testigo T no ha dicho la verdad en el juicio, muy probablemente va a ser su argumento más convincente si lo expresa diciendo que a cualquier persona razonable y atenta le surgirán serias dudas después de escuchar y ver el testimonio de T que si dice a secas y de frente que T es un maldito mentiroso y que cualquiera con dos dedos de frente tiene que verlo así.

4. UTILIDAD VS. RACIONALIDAD DE UN ARGUMENTO

Esta es una de las distinciones más importantes en teoría de la argumentación y nos conduce a introducir un nuevo matiz en lo que tratamos en el apartado anterior al hablar de cuáles son las condiciones de un buen argumento. Ahí nos fijamos solamente en la capacidad del argumento para cumplir su función de respaldar la tesis logrando la adhesión del interlocutor o mermando sus dudas o su resistencia frente a la misma. Bajo *ese* punto de vista, un argumento que encierre una mentira deliberada, pero muy difícil o imposible de descubrir, será un buen argumento. Y, desde luego, *funcionalmente* lo es, pero estaríamos de acuerdo todos en que un argumento así, mentiroso y muy eficaz, tiene un defecto de otro tipo, no es racional, en cierto sentido normativo de la racionalidad.

Así pues, tenemos que distinguir la *funcionalidad o utilidad* pragmática de un argumento, en su respectivo uso en una argumentación, y la *racionalidad* de los argumentos. Un argumento es útil pragmática o funcionalmente cuando surte un efecto justificatorio ante los interlocutores reales o potenciales. Un argumento es *racional* cuando no vulnera ninguna regla de las que regulan la corrección normativa de nuestras comunicaciones, de nuestros actos de habla.

Aquí, tenemos que remitirnos a las filosofías contemporáneas que han puesto su base o sustrato filosófico a la teoría de la argumentación en general y a las teorías normativas de la argumentación jurídica en particular. Fue obra de autores como Perelman, Habermas, Apel y unos pocos más (la mayoría de los que menciona Robert Alexy en la primera parte de su libro *Teoría de la argumentación jurídica*).

Como ese trasfondo filosófico se va a exponer con calma más adelante, ha de bastar en este momento que ilustremos el tema con un ejemplo. Hemos dicho que un argumento que encierre una mentira deliberada puede ser extraordinariamente eficaz para defender ante un interlocutor una tesis y lograr su adhesión, pero ese argumento es irracional y, por tanto, bajo ese prisma de la racionalidad estará viciada la argumentación que lo contenga y lo estará también cualquier acuerdo que se logre por mor de tal argumento mentiroso. ¿Por qué es esto así?

Una respuesta rápida y demasiado fácil consistiría en sostener que porque mentir es inmoral, el mentiroso incumple la obligación moral de no mentir (y hasta puede incumplir la obligación jurídica de no mentir, por ejemplo si es testigo en un proceso judicial). Pero verlo así implica hacer depender la racionalidad de las reglas de la comunicación o hacer depender la argumentación de reglas morales.

Creo que es más útil y fructífero mantener una concepción funcional del fundamento de validez de las reglas argumentativas, en lugar de una idea moral de tal fundamento. Si yo presento un argumento de modo intencionadamente oscuro y enredado, a fin de que mi interlocutor tienda a aceptarlo porque no se atreve a reconocer que no me entendió o porque es heideggeriano y tiene el prejuicio de que lo que apenas se entiende ha de ser más profundo que lo que se comprende bien, es discutible que yo esté cometiendo una inmoralidad relevante. Y, sin embargo, ese argumento mío podemos tildarlo de irracional. ¿Por qué? Porque si todo el mundo hablara siempre así, más para que no lo entiendan que para justificarse con razones que el interlocutor comprenda, la comunicación entre los miembros de la sociedad se volvería inviable, inútil, se parecería a puro ruido o diálogo de sordos. Hablar para que a uno no lo entiendan viene a ser algo parecido a hablar muy bajo para que no lo oigan. Si todos habláramos siempre tan bajito como para que nunca o casi nunca nos oyéramos, estaríamos saboteando la comunicación misma, pues, al fin y al cabo, para qué hacer el esfuerzo de hablar bajo si acabará siendo el efecto igual que si no habláramos.

Con el ejemplo de la mentira también podemos verlo. El mentiroso se aprovecha de la presunción de veracidad que todos aplicamos constantemente a nuestros interlocutores, pues consideramos que, en la práctica comunicativa en sociedad, la mentira es la excepción, no la regla. Si usted pensara que lo normal y más frecuente es que sea mentira lo que sus conciudadanos le dicen y que la verdad sea algo excepcionalísimo, no perdería el tiempo escuchando lo que le argumenta nadie, pues habría decaído uno de los elementos capitales para que las personas se comuniquen: la confianza.

En consecuencia, *un argumento es irracional* (aunque pueda serle funcionalmente muy útil al emisor) *cuando con él se vulnera algún presupuesto constitutivo o condición de posibilidad de la comunicación misma.* Las reglas que son la referencia de la racionalidad argumentativa tienen ese fundamento, el de que si todos hicieran ciertas cosas ya nadie argumentaría, porque para qué, y habría que dirimir los desacuerdos de otra manera, por ejemplo, mediante la violencia o al azar.

Lo anterior no quita para que pueda adicionalmente calificarse como inmoral (o como antijurídica, etc., en su caso) la conducta del que emite un cierto argumento. Pero la calificación de un argumento desde su racionalidad es independiente de su calificación en clave moral. Así, puede darse el caso de que un argumento no mentiroso, sino muy conscientemente verdadero, sea inmoral (pensemos en el caso del argumento que sirve para que el sicario sepa donde se esconden la víctima que persigue para matarla) o que un argumento deliberadamente falso pueda verse como moral (el que le da al sicario una información falsa para que pueda salvarse su víctima).

En conclusión, las tres importantes calificaciones de argumentos que hemos mencionado (funcionales/no funcionales, racionales/irracionales, normativamente correctos/incorrectos) son independientes y caben distintas combinaciones respecto de un mismo argumento.

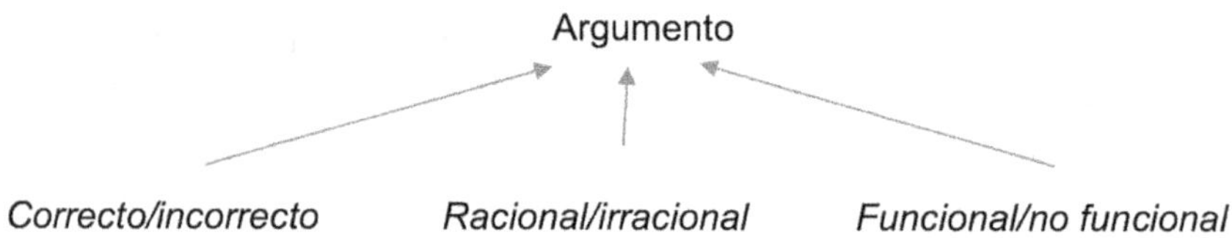

(desde patrón normativo) (desde reglas comunicación) (según eficacia para lograr adhesión)

Si quisiéramos afinar aún más las distinciones y los matices, también tendríamos que diferenciar la calificación del argumento en cuanto tal y la calificación de la conducta o actitud del emisor al proferirlo en una determinada argumentación. En realidad, la única que es en puridad una calificación del argumento en sí mismo es la que lo tilda de funcional o no funcional, apto o no apto para logar adhesión del auditorio que cuente. Las otras dos en realidad están calificando al emisor por esa acción suya de emitir el argumento[1], lo cual se aprecia de modo más indubitado en la calificación correcto/incorrecto.

1 También se podría calificar normativamente su silencio.

Reparar en esto nos sirve para darnos cuenta también de que ciertos contraargumentos necesariamente son *ad hominem*, sin que eso signifique que encierren una falacia o sean inapropiados o impertinentes. Así, si mi interlocutor ha respaldado su tesis con un argumento y yo replico diciendo que ese argumento es inmoral, la base de ese contraargumento mío consiste en un reproche moral al emisor, no en una desactivación del valor del argumento en sí, en cuanto justificación de la tesis. Si yo le pregunto a X por qué se casó con Y y X me dice que porque Y le permite sin rechistar todo tipo de agresiones, yo diré que ese argumento es inmoral y con ello querré decir que X es un indecente o una persona poco digna, no que su argumento no tenga valor explicativo de su conducta, no que su argumento no sea perfectamente explicativo de por qué se casó X con Y, y, posiblemente, hasta verdadero.

5. ARGUMENTACIÓN Y PRÁCTICA JURÍDICA[2]

5.1. ¿Por qué se considera que se deben argumentar las decisiones jurídicas, o al menos algunas?

La primera observación ha de ser que, en nuestra cultura jurídica y en nuestro tiempo, no todas las decisiones jurídicas deben ser argumentadas. Se pide tal cosa de las decisiones judiciales y de algunas otras (ciertas decisiones administrativas, v. gr.), pero no, por ejemplo, de las decisiones legislativas.

En nuestras vidas tomamos decisiones continuamente. Algunas de tales decisiones solo conciernen de modo directo o relevante

---

2 Buena parte de las ideas que a continuación se exponen se pueden leer también en García Amado, Juan Antonio, "Todo lo que usted siempre quiso saber sobre la (teoría de la) argumentación jurídica y nunca se atrevió a preguntar", en: *Argumentación jurisprudencial: memoria del I Congreso Internacional de Argumentación Jurisprudencial* (es. Instituto de Investigaciones Jurisprudenciales y de Promoción y Difusión de la Ética de la Suprema Corte de Justicia de la Nación). México D.F., Suprema Corte de Justicia de la Nación, 2011. pp. 133-174. ISBN 978-607-468-377-6.

al sujeto que decide. Por ejemplo, es posible que tal sea el caso cuando alguien que vive solo y está solo en ese momento, opta por ducharse con agua fría en lugar de agua caliente. Si se le pidieran explicaciones de por qué lo hace así, la mayoría pensaríamos que no tiene por qué darlas si no le apetece, y él mismo, si se anima a explicarse, no hará mucho más que afirmar que es simplemente porque le gusta más o porque de esa forma se despierta mejor. Justificar ante otro lo que de modo directo o relevante sólo a uno afecta es algo que se puede hacer por cortesía o especial deferencia, pero por lo común ni nos sentimos obligados a dar cuentas ni se nos reprocharía que no lo hiciéramos.

Es diferente cuando las decisiones que tomamos conciernen o afectan de modo directo, inmediato o próximo a otras personas. Ese afectar o concernir puede ser de múltiples maneras. Para lo que nos importa, baste señalar que algunas de esas decisiones sobre la acción, la situación o la vida de los otros requieren justificación expresa y otras no.

Argumentar es simplemente eso, dar razón expresa de algo que se afirma o se prefiere. Al decir "de algo que se afirma o se prefiere", ya estamos diferenciando dos campos separados, aunque no desconectados: el del conocimiento y el de la acción. O, en terminología también usual, el de la razón teórica y el de la razón práctica. No son los únicos, pero son los que más nos interesan aquí ahora. Veámoslos.

Yo puedo afirmar que "todos los osos que existen son de color pardo". Con esa afirmación ni estoy exponiendo lo que me gusta o me disgusta ni estoy pretendiendo (con esta mera afirmación, repito) que alguien haga o deje de hacer algo, tome tal o cual opción de conducta. Simplemente estoy diciendo algo sobre el mundo exterior a mí y no dependiente de mí. Es diferente si yo afirmo que "me gusta comer carne de oso", pues en ese caso hablo de mí, de un gusto mío. Si alguien me pidiera razones justificativas de esa preferencia *personal* mía, podría tranquilamente contestar que esas cosas del gusto y la sensibilidad son como son, misteriosas más que nada o dependientes de factores que uno mismo no controla en absoluto o apenas, y que, en suma, sobre gustos no merece la pena discutir. Si no hay nada que discutir, no hay nada que argumentar.

Pero lo que yo había dicho era esto otro: "Todos los osos que existen son de color pardo". Sobre eso sí que se me puede pedir explicaciones. Pedirnos explicaciones de una afirmación así equivale a preguntarnos por qué sabemos o creemos que es verdad, que es cierto eso que sostenemos. El soporte de lo que mantenemos son las razones en que lo apoyamos. Si mi respuesta es un simple porque sí, o porque yo lo digo, estaré desautorizando cualquier pretensión de verdad de mi aserto, aserto que ya no habrá por qué creerme. Si no sé explicar por qué afirmo eso que sobre algo del mundo exterior afirmo, mi afirmación tendrá, a los ojos de mis interlocutores capaces,[3] tanto valor como si digo exacta-

---

3 Con este matiz de la capacidad del interlocutor que puede pedirnos razones y evaluar las que le demos, pretendo aludir al hecho de que no cualquier afirmación puede ser entendida ni, consiguientemente, cuestionada mediante la petición de razones por cualquiera. Cuando yo oigo algo que sobre física de partículas afirma un físico de gran prestigio, normalmente no entiendo nada (o nada verdaderamente relevante o con la suficiente profundidad), por mucho que él se esfuerce en ser claro y riguroso. ¿Entonces por qué normalmente creo que es verdad lo que diga ese físico de gran renombre? Por razón de su renombre, precisamente. Y pensaré que quién soy yo, pobre mortal sin conocimientos de física de ese calado, para pedirle a él explicaciones. En cambio, si lo mismo que ese físico lo afirma mi vecino del quinto, que es fontanero, no se lo creeré por mucho que me diga y me demuestre.
Todo ello es porque en nuestras comunicaciones opera lo que Niklas Luhmann llama la "legitimación por el procedimiento" (*Legitimation durch Verfahren*). Lo que a los ojos del no especialista (en términos más luhmannianos o sistémicos: lo que bajo la óptica exterior a un sistema dado, en nuestro caso el sistema científico o el de la ciencia física) sea verdadero o falso no dependerá de las razones o argumentos materiales u objetivos, de fondo, con que se sustente, sino de quién y cómo lo diga. Por eso, si lo dice un premio Nobel de Física desde la Universidad de Cambridge, yo pensaré que seguramente es rigurosamente verdadero, pues entiendo que a esa teoría científica se ha llegado con los depu-

mente lo contrario, como si mantengo que "ninguno de los osos que existen son pardos". Da igual, porque cuando lo que en la comunicación intersubjetiva se ha de dirimir es la verdad o falsedad de una afirmación sobre el mundo, lo que más cuenta son las razones con las que lo afirmado se respalda, razones que han de ser objetivas y demostrativas. Aquí nos estamos moviendo en los márgenes del conocimiento, de la razón teórica. Y las razones de la razón teórica, las que aquí importan, son de ese tipo, razones objetivas y demostrativas.

El valor de ese tipo de afirmaciones, referidas al mundo de los objetos, los seres y los estados de cosas es un valor directa o inmediatamente informativo. Mi afirmación sobre los osos vale, como tal afirmación, lo que tenga de verdad. Por eso, para ponerla en valor, si me la cuestiona quien puede o es capaz de hacerlo, habré de respaldarla con las razones pertinentes. Otra cosa es que, a su vez y en función de ese valor informativo, mi afirmación sea importante como base o apoyo para la toma de algún tipo de decisión práctica; por ejemplo, para que yo decida si invierto o no en una granja de osos verdes.

---

rados procedimientos del método más científico y en el más exigente ambiente de eminentísimos expertos, mientras que si es mi vecino fontanero el que me cuenta la misma teoría, no asumiré que en verdad sea una teoría científica y pensaré que es una fabulación suya o un delirio, o que me toma el pelo para dejarme en mal lugar.

Desde esta elemental idea del papel desempeñado por los mecanismos de legitimación por el procedimiento, puede tacharse de idealista la tesis habermasiana de que verdadero es aquello con lo que cualquiera pueda estar de acuerdo sobre la base de la evaluación de las razones en que se sustenta. Dicha evaluación sólo podrá hacerla el que entienda o pueda entender algo de lo que se habla. En nuestro ejemplo de la física de partículas, pocas personas en todo el mundo. Los demás, aceptamos sin entender, a ojos cerrados. En materia de ciencia, un verdadero consenso apoyado en la evaluación imparcial de razones sólo surge entre científicos, en el mejor de los casos; los demás, podemos ser usuarios de la ciencia, pero no entenderemos apenas.

A su vez, también de normas o decisiones de las que enseguida explicaremos como propias de la razón práctica se puede hablar con un sentido informativo, aunque esa no sea su función directa o inmediata. Por ejemplo, alguien puede preguntarme si en el país X está o no penalmente castigado el aborto voluntario y yo puedo contestarle que sí. Si me interroga mi interlocutor acerca de por qué lo sé, puedo mostrarle la gaceta oficial de ese Estado o cualquier otro documento o testimonio acreditativo. Si yo le solicito a él la razón de su pregunta, cabe que me haga saber que está redactando la parte de derecho comparado de su tesis doctoral sobre el delito de aborto, y que nada más que por eso quería saberlo, pues ni conoce a nadie de ese país ni piensa acercarse por él para nada. Hemos estado hablando de normas sin poseer nosotros ningún interés normativo y guiados únicamente por el afán de saber. Porque el saber sobre normas, como tal saber, es saber, no es norma.

Otras veces yo aparentemente informo sobre una norma, pero lo que me mueve es la intención de determinar o influir en el comportamiento de otra persona. Por ejemplo, cuando yo le digo a mi hija pequeña que está prohibido cruzar la calle con el semáforo en rojo, estoy, a la vez, dándole una información y queriendo que ella acate la norma que le muestro. La intención del hablante es, por tanto, determinante de la índole del discurso en que nos encontremos, si bien esa intención ha de quedar bien patente en el contexto comunicativo: mi hija ha de entender que quiero algo más que darle la noticia de que en nuestro sistema jurídico rige la norma con aquella prohibición.

En otras ocasiones, aunque la forma de mi enunciado es aparentemente informativa, la intención determinante es normativa, práctica. Llegamos mi hija y yo a un cruce en la calle y le digo: "El semáforo está en rojo". Le brindo una información, sí, pero para que no cruce, para recordarle que ahora y en esta circunstancia, *no debe* cruzar.

Asumamos, pues, que, cualquiera que sea su forma sintáctica o su manera de enunciarse, proferimos comunicaciones de esos dos tipos, informativas o normativas, en el ámbito de la razón teórica y en el de la razón práctica. En lo que viene, quedémonos nada más que con estas últimas.

Tenemos una primera peculiaridad muy interesante. Hace un momento vimos que si yo afirmo algo sobre el mundo (que todos los osos son de color pardo, por ejemplo) y, ante la duda que sobre la verdad de lo que yo digo me plantea alguien que puede hacerlo, no doy razones que respalden lo afirmado, probando o demostrando, haciendo verdadera, probable o verosímil (según de qué estemos hablando y qué grado de certeza quepa en ese campo del conocimiento) mi afirmación, ésta pierde todo su valor. En cambio, cuando de lo que hablamos es de normas y lo hacemos no meramente para informar, sino para influir en alguna medida sobre la conducta de los demás, no ocurre lo mismo. ¿Nunca? Depende, y vamos a verlo.

Todo depende de en qué medida se combinen, en el ámbito normativo de que se trate, autoridad y libre valoración de razones. O, precisando más —y lo iremos explicando despacio en lo que sigue—, todo depende de cómo se combinen tres elementos: autoridad, libre valoración de razones y reflejo sobre la autoridad del resultado de esa valoración de razones. Vamos con las explicaciones y los ejemplos.

Distingamos situaciones posibles.

(i) Un capitán le ordena al soldado que avance por aquel camino. El soldado no puede replicar que por qué y que a ver qué razones hay para que su superior prefiera el avance en esa dirección y no en otra. Es que para eso es su superior, para poder ordenarle sin que el otro tenga ni derecho a hacerle preguntas ni razón siquiera para plantearse a sí mismo si conviene obedecer o no. A los soldados se les entrena en la obediencia, y ese ejército será mejor (en términos funcionales o de eficacia, no hablamos ahora de calificaciones morales) cuanto más ciega sea esa obediencia. A posteriori podrá juzgarse si tal capitán organizó bien la estrategia o tal sargento dio a los soldados que mandaba las órdenes más acertadas, pero ya se estará en otra cosa, ya no en el contexto normativo y operativo que hace que la orden del militar tenga el valor que tiene: el de autoridad que excluye, por parte del destinatario, cualquier valoración de razones destinada a evaluar positiva o negativamente el mandato recibido. O podrá hacerse eso en el fuero interno de cada soldado, pero no hay espacio institucional para la argumentación: está institucionalmente y normativamente excluida. Y tiene sentido que así sea en algunas actividades, pues si antes de cada batalla hubiera que hacer una asamblea para buscar el consenso de toda la tropa bajo los presupuestos normativos de la comunidad ideal de habla, ganaría siempre el enemigo, y especialmente si el enemigo obedece y dispara mientras los nuestros discuten.

(ii) En los estados, los legisladores también mandan para ser obedecidos y sin tener que aportar explicaciones ni admitir discusión de sus órdenes por los destinatarios. Por mucho que en ciertas épocas —como ahora— se ponga de moda que las leyes vayan introducidas por prolijas exposiciones de motivos en las que el autor se deshace en justificaciones y parabienes, eso no es más que un estímulo para la obediencia, para el acatamiento de esas normas. Es como la arenga que el oficial lanza a su tropa antes de dar la orden de asaltar las casamatas del enemigo. Entonces ¿es el legislador como un general de un ejército del que nosotros, ciudadanos de a pie, somos personal de tropa? Más o menos, pero algo habrá que matizar. Todo depende del tipo de legitimidad de que esté imbuido ese legislador que nos da órdenes mediante sus leyes.

Si nos referimos a una dictadura y es el dictador quien tiene (auto)atribuida la competencia legislativa o son sus delegados los que como legisladores la ejercen, el parecido con el orden jerárquico de los ejércitos se acentúa. O con cualquier otro ámbito en el que la autoridad se desempeñe por razón de la superior condición del que manda y la obediencia se fuerce por razón de la persona. Tal sucedía también, clásicamente, con la legitimación divina de los reyes, y tal ocurre con cualquier forma de legitimación fuertemente metafísica del legislador, como cuando es un dictador al que se le tiene por suprema encarnación de las virtudes de la raza y de los intereses del *Volk*. Un legislador así legitimado es autoridad por antonomasia y ningún sentido tendrá solicitarle que, argumentando, se justifique ante sus súbditos por el contenido de los mandatos que les dirige. Por eso, precisamente, son súbditos sus súbditos.

Pero las normas que nacen del legislador democrático del más puro Estado constitucional de derecho tampoco valen por las razones con que su autor las defienda o pudiera defenderlas. Valen como jurídicas, son derecho, y en esa condición —y sólo en ésa— obligan, contienen obligaciones jurídicas (no obligaciones morales[4]), porque provienen de ese legislador que es depositario de la competencia legislativa que el propio sistema jurídico le atribuye. Si yo no estoy de acuerdo en modo alguno con la norma que tipifica y castiga como delito tal o cual comportamiento, no me servirá de excusa para evitar el castigo el decir

4 La mezcla de obligación jurídica y moral en las mismas normas es propia de las tiranías, pues llevarle la contraria al tirano que se tiene por ser supremo y por el más virtuoso de los humanos parece allí síntoma de inmoralidad, de completo descarrío, amén de desobediencia a los códigos jurídicos. Sólo en las dictaduras se piensa que el que comete ilícito jurídico es, además y por las mismas, un indecente y un malvado. En los modernos estados de derecho liberales y democráticos se separan ambas calificaciones con sumo cuidado y ni se considera inmoral el comportamiento antijurídico por ser antijurídico, ni se considera antijurídico el comportamiento inmoral por ser inmoral. En esos estados el derecho es de todos y la moral es de cada uno, por lo que, en ese afán de que lo mío —en lo que yo soy libre y soberano— no se confunda con lo que tengo en común con mis conciudadanos —y en lo que la soberanía es conjunta y la libertad se limita mediante acuerdos—, el derecho y la moral son conceptualmente separados y en la práctica bien diferenciados por la doctrina jurídica positivista, que es la propia y particular de ese tipo de sistemas, mientras que las dictaduras y tiranías han sido siempre y sin excepción sostenidas por doctrinas de corte iusmoralista, principalmente —pero no sólo— iusnaturalistas.

que aún no me lo argumentó bastante. Una sentencia se puede anular no estar argumentada, o adecuadamente argumentada, motivada; una ley, no. Por consiguiente, ni en las dictaduras ni en las más exquisitas democracias son las razones del legislador las que hacen la ley obligatoria, racional o justa. En todas partes es la legislación un ejercicio de autoridad basado en una atribución de tal competencia por el mismo sistema jurídico-político de que se trate.

¿Entonces nada cambia de un sistema a otro? Sí, alguna diferencia hay, aunque sea sutil, y para captarla hemos de echar mano de una tercera noción, junto a las de autoridad y competencia: la de legitimidad. Tiranías y democracias de Estado de Derecho tienen en común el que el legislador está revestido por el propio sistema político-jurídico de una autoridad que es base de la obligatoriedad (jurídica) de sus normas, convenzan éstas o no a sus destinatarios, les gusten o les disgusten. La diferencia entre tiranías y democracias se halla en que en estas últimas la persona (las personas) del legislador (las que ocupan el poder legislativo y desempeñan en él el papel institucional correspondiente) no tienen nada de particular: ni se presumen mejores ni más sabias ni más virtuosas ni más inteligentes.

Ahora tratemos de dar cuenta de lo mismo, pero hablando al fin de razones y argumentaciones. Cuando en democracia y en Estado de Derecho hablamos del legislador, las razones que importan no son las de por qué ha emitido tal o cual ley con ese contenido, sino las de por qué los legisladores son Fulano y Mengano, en lugar de Zutano y Perengano. Puesto que somos nosotros, los ciudadanos, los que —al menos en el diseño ideal del sistema— entre todos y en procesos abiertos a la participación libre e informada, decidimos en quiénes delegamos la capacidad para legislar a título de representantes nuestros, está ahí, en el proceso político que surte de personas la institución legislativa, el lugar para la argumentación, para el toma y daca de razones. Esa argumentación, naturalmente, será una argumentación política, en el mejor y más amplio sentido de la palabra. Y a eso llamamos democracia deliberativa.

Lo que legitima al legislador democrático y da un tinte más aceptable (en términos de legitimidad o de razones para la aceptación de la compulsión que supone, no en términos de aceptabilidad moral) a su obra, la ley, es que su autoridad proviene de nuestros acuerdos y esos acuerdos se alcanzan en un contexto de argumentación sobre nuestros intereses, nuestras conveniencias y nuestras necesidades. Y como ese acuerdo ni puede nunca ser pleno ni se puede esperar eternamente a que se haga verdad sobre la tierra la situación ideal de diálogo, nos quedamos con el menor de los males: nos ponemos de acuerdo en que, a falta de acuerdo de todos, legislen y gobiernen los más, aunque respetando a los que hoy son minoría y pueden sacarnos de algún atolladero al hacerse mayoría mañana. Así que no necesitamos abandonarnos a la fe en seres prodigiosos o en designios divinos. Nos bastan nuestros puntuales y prosaicos arreglos, pues, como ha señalado aquel excelente pensador que se llamaba Michael Oakeshott, la política no es más que el arte de ir componiendo arreglos para nuestros conflictos, no el arte de traer a la tierra el reino de los cielos o de construir aquí paraísos, arcadias y ocurrencias de ese calibre.

(iii) ¿Y los jueces? Ya vamos a llegar a la argumentación jurídica y su espacio más propio. Es a los jueces a los que muy especialmente pedimos que argumenten mucho y bien. Esto es, que de sus fallos den razones suficientes, pertinentes y convincentes. ¿Por qué ellos? ¿Acaso no es autoridad también la del juez y no se imponen sus resoluciones a las partes, igual que se imponen las leyes a sus destinatarios[5]? Lo que sucede es que sobre las decisiones de los jueces tenemos otras expectativas, por lo que les aplicamos

5 Al menos cuando la sentencia ha devenido cosa juzgada y cuando contra la ley no cabe ya recurso ninguno o forma de anulación por razón de inconstitucionalidad. Lo mismo serviría para la norma administrativa a la que ya no quepa poner tacha de ilegalidad.

diferentes y superiores exigencias en términos de racionalidad. O, más claramente expuesto: al legislador la no arbitrariedad se la presumimos y, en virtud de esa presunción, damos por sentado que no va a buscar su interés, sino el nuestro, que no va a obrar por su personal capricho, sino por la misión que le hemos encomendado al apoyar el programa político con el que se aupó (lo aupamos) a su puesto. En democracia, al fin y al cabo, somos nosotros los que hemos acordado poner a ese legislador ahí y se supone que lo habremos buscado honesto y que le retiraremos nuestra confianza y no renovaremos su mandato si nos defrauda por desleal.

En cambio, ni tenemos ese control sobre las decisiones de los jueces, ni encontramos en su persona, su formación o su forma de designación base ninguna para presumirlos honestos y entregados sin falta a nuestro servicio, al mejor servicio de la sociedad. De ahí que al juez la ausencia de arbitrariedad no se la suponemos, sino que la rectitud de su intención y lo apropiado de su juicio queremos que nos lo acredite en cada sentencia: lo obligamos a motivar sus decisiones y, además, no nos vale que lo haga de cualquier forma; ha de argumentarlas como es debido.

En el dibujo del moderno Estado de Derecho, liberal y democrático, hay desconfianza frente a los jueces, igual que se confía en el legislador, que, a fin de cuentas, somos nosotros o de nosotros depende de modo más directo. Porque, crisis y degeneraciones al margen, en el Estado de Derecho moderno existe desconfianza frente a los jueces, se les somete a dos controles muy importantes. Uno: la vinculación a la ley. Que sus decisiones sean derecho no supone que no haya más derecho que lo que ellos digan. Dos: que motiven esas decisiones, que las argumenten.

¿Y para qué motivar, si ya están sometidos a lo que la ley disponga? Porque la ley (las normas jurídicas que tienen que aplicar) no determina por completo su decisión, sino que sólo pone el marco o límite externo de la misma; pues existe algo llamado discrecionalidad que es propio de la actividad judicial, elemento esencial y definitorio de la misma.

5.2. *¿Qué y por qué tienen que argumentar los jueces?*

En pocas palabras: los jueces tienen que argumentar su ejercicio de la discrecionalidad; han de argumentar para hacer ver que en lo que sus decisiones tienen de discrecional no se cuela la arbitrariedad. ¿Qué es eso que llamamos discrecionalidad?

Una actividad discrecional es la que está en un cierto punto intermedio entre actividad totalmente vinculada y actividad totalmente libre. La labor judicial tiene de ambas cosas, ya que contiene aspectos en los que rige la perfecta libertad del juez (¿redacto la sentencia de este caso antes o después de comer?) y otros en los que la vinculación a las normas es de lo más estricta. Recuérdese, sin más, que el juez está obligado a dictar sentencia de los casos que conozca en el ejercicio de su función y dentro de su competencia, y que si no lo hace incurre en uno de los supuestos del delito de prevaricación. También está obligado a decidir con arreglo a derecho y no según su libre albedrío, y vuelve a prevaricar si sentencia sin atenerse al derecho aplicable al caso. ¿Pero no decimos también que ejerce discrecionalidad y que por eso ha de argumentar para justificar(se)? Ciertamente, así es. Lo que es enteramente libre no requiere justificación y en lo que es forzoso no hay justificación que valga, salvo la remisión a la norma que fuerza.

En el ejercicio de su cargo, y en lo que dicho ejercicio tiene de discrecional, son los jueces los que juzgan hechos aplicando el derecho, pero de algunas de las razones de sus juicios juzgamos nosotros, y por eso les preguntamos por tales razones. Queremos que nos expliquen por qué deciden lo que deciden en lo que sus decisiones no están totalmente vinculadas —eso no necesita explicación— ni reconocidas como libérrimas —de eso no se pide explicación—. Así que quizá podemos ya dar una *definición* de discrecionalidad: *es discrecional aquella decisión en la que se opta libremente entre alternativas, pero con arreglo a un modelo o ideal normativo que permite enjuiciar positiva o negativamente dicha elección en sí libre.*

Los jueces están sometidos, ellos también, a lo que podemos denominar la paradoja inherente a toda discrecionalidad y que se puede caracterizar de esta manera: se trata de decisiones que han de tomarse libremente, pues se carece de referencia normativa plena que sirva de guía unívoca, pero, al tiempo, el resultado de tales elecciones va a ser juzgado por su cercanía a o discrepancia con un ideal que opera en el trasfondo, que es un ideal normativo socialmente impuesto y vigente.

Hemos quedado en que no pensamos que la sentencia del juez pueda estar totalmente atada y determinada por la letra de la norma aplicable (y que la aplicabilidad de la norma también se imponga por sí misma y sin dudas de ningún tipo) y por la evidencia de los hechos en sí, sin margen para valoraciones o preferencias; pero no queremos que el fallo judicial esté guiado por las simples preferencias del juzgador, como si éste no tuviera que encomendarse a nada ni más cuentas que rendir que ante su conciencia. En otras palabras, deseamos que la decisión judicial sea lo más objetiva posible, aunque no podemos negar sus componentes subjetivos, queremos que la existencia inevitable de alternativas decisorias, tanto respecto a la norma y su interpretación —entre otras cosas— como en cuanto a los hechos y la valoración —entre otras cosas— de sus pruebas, no sea la vía por la que en el fallo campen por sus respetos las inclinaciones personales del juez o sus intereses menos presentables.

Podría existir un procedimiento que acabara de un plumazo con tales dificultades: que el juez lance una moneda al aire, que decida jugándoselo a cara o cruz. ¿Por qué no nos convence ese procedimiento aleatorio? Precisamente porque mandaría el azar y no el juez. ¿Y no es precisamente eso lo que buscamos, un proceder objetivo que nos libre de los riesgos insoslayables de la subjetividad? El problema es que el azar no sabe de razones, mientras que nosotros aspiramos a que razones sean las que orienten la decisión del juez. Y al querer que sean razones, damos por sentado que no son lo mismo móviles personales que argumentos intersubjetivamente aceptables y que, en consecuencia, entre las razones también las habrá mejores y peores, admisibles o no y más o menos convincentes para quien contemple el caso y la sentencia con los ojos con los que deseamos que el juez las mire: con mirada imparcial. Aspiramos a que no sea el azar, sino el derecho, lo que dirima los litigios judiciales y, aunque sabemos que las normas jurídicas por sí no son bastantes para imponer en todo caso el contenido preciso de la decisión, queremos convencernos de que se falla desde el derecho y no desde la autoridad omnímoda del que sentencia. Y de ahí que forcemos a este a que nos haga ver —o lo intente, al menos, con todo rigor— que no es él, su persona, quien por sí libremente decide dentro de esos márgenes de discrecionalidad, sino que la decisión viene de lo que es su visión del mejor derecho posible, de su concepción de la mejor manera de configurar nuestro sistema jurídico, el vigente, el que tenemos, el que nos hemos dado. Su visión, inevitablemente la suya, pero del derecho de todos. Hay que argumentar el ejercicio de la discrecionalidad, en suma, porque la sentencia la dicta el juez, pero con el derecho de todos.

¿Dónde radica ese elemento de libertad del trabajo del juez, en el sentido de la discrecionalidad que definíamos hace un momento? Y otra pregunta, a la que se contestará en segundo lugar: ¿cómo hacer que esa libertad no degenere en arbitrariedad?

El derecho se compone de normas que tratan de predeterminar la solución de ciertos conflictos que en la respectiva sociedad se tienen por especialmente graves o peligrosos para la convivencia ordenada y pacífica. Pero las normas no se aplican solas, y de ahí también que los sistemas jurídicos tengan que preestablecer órganos a tal efecto, dotarlos de autoridad y distribuir entre ellos las competencias resolutorias de esos conflictos mediante tales normas. Y para que todo esto tenga sentido, para que esas normas que componen el derecho de tal o cual sociedad efectivamente predeterminen las soluciones de los pleitos, hace falta que esos órganos aplicadores de las mismas las obedezcan, se atengan a ellas y no hagan de su capa un sayo y aprovechen su poder para decidir como sencillamente se les antoje. Tal es la razón de que cada sistema jurídico prescriba la obligación de los jueces y demás órganos aplicadores de sus normas de atenerse a éstas y de que se prevean en cada sistema jurídico muy variados mecanismos para los casos en los que el juez y el resto de semejantes órganos no saben o no quieren decidir "conforme a derecho": revisiones, anulaciones, sanciones disciplinarias y penales, etc.

Al hablar de arbitrariedad, será útil diferenciar entre sujeto decididor arbitrario y decisión arbitraria. Que algunos jueces sean arbitrarios es algo que, por sí, tiene menos importancia de lo que a primera vista parece. Lo relevante, y para lo que sirve antes que nada la obligación de argumentar, unida al principio de legalidad o de sumisión del juez al derecho "objetivo", es para que no haya decisiones arbitrarias. Veamos esta distinción.

Imaginemos dos jueces que juzgan el mismo caso o casos perfectamente idénticos. Llamemos a esos jueces A y B. El juez A es una gran persona, la mejor persona que imaginarse pueda, un dechado de conciencia escrupulosa y de celo profesional. Cuando ve y oye al acusado —supongamos que el caso es penal— se esfuerza hasta el límite de lo humanamente posible para desterrar de sí todo prejuicio, asiste a cada trámite del proceso con la atención máxima, medita cada decisión hasta el extremo, reflexiona con el mayor rigor y a la búsqueda de la más pura justicia. Finalmente condena, pero sus argumentos son tan endebles como profunda e incontaminada era su convicción de la culpabilidad del reo. No será difícil que el abogado del condenado recurra la sentencia ni que el tribunal superior se la case.

Ahora vamos con el juez B. Es y se sabe tendencioso, aunque, inteligente también, no se delata. En cuanto echa un vistazo al caso y al procesado ya tiene claro que va a condenar, tal vez lo decidió así porque detesta a ese tipo de personas. Se pasa el proceso medio distraído, no es demasiado riguroso en su manera de actuar. Al fin dicta el fallo que tenía predecidido, aquel al que su prejuicio lo llevó, pero lo motiva con tal cantidad de argumentos oportunos, bien traídos y sabiamente desarrollados, que cualquiera que lea la sentencia quedará bastante convencido de lo correcto de la decisión y, además, no parece fácil que la parte perdedora pueda contrapesar con éxito esos argumentos en un hipotético recurso.

Si nos preguntamos cuál de los dos, A y B, es mejor ser humano y más honesto, coincidiremos en que sin duda A. Si la cuestión es la de cuál es mejor juez, empezarán las dudas, pues de los jueces normalmente ni conocemos ni tenemos por qué conocer mayor cosa que sus sentencias. Porque, si el interrogante versa sobre cuál de las dos sentencias es mejor, estaremos de acuerdo en que la de B. ¿Pese a lo reprobable de sus móviles? Sí, pese a ello, y veamos ahora la razón.

Los de aquella corriente doctrinal que se llamaba realismo jurídico afirmaban que el juez primero decide y después motiva. Como nuestro juez B y contrariamente a nuestro juez A. O sea, que primero adopta intuitivamente su resolución de condenar o absolver o de dar la razón a una parte o a la otra, y después busca los mejores argumentos para revestir de la apariencia de razones lo que propiamente no las tiene, pues estuvo guiado por las pasiones, por pulsiones más o menos elementales. Esto fue durante mucho tiempo una seria objeción para las corrientes de teoría del derecho que querían dejar a salvo algo de racionalidad en la decisión judicial, la esperanza de que con algo de objetividad y racionalmente podamos distinguir entre decisiones mejores y peores. Al fin, desde las filas de las teorías de la argumentación jurídica salió la respuesta adecuada para evitar ese embrollo realista. Veámosla.

Del juez sólo sabremos que obró por móviles indebidos si él permite que se le vean. La sentencia del juez la valoramos por las razones que contiene en forma de argumentos; si estos son convincentes para un observador imparcial, pensaremos que cualquier juez imparcial podría haber decidido así y probablemente habría decidido así.

Naturalmente, tendremos luego y aquí que aclarar qué significa exactamente lo de que los argumentos sean convincentes. Eso lo trataremos más adelante. Pero, mientras tanto, podemos calar mejor en el sentido último de algo muy relevante: que de las sentencias lo más importante, en términos de racionalidad, no es el fallo en sí, sino la motivación que lo sostiene, los argumentos con que se ampara; y que, correlativamente, para la racionalidad de esas sentencias cuenta más su motivación que los móviles del juez, que sus motivos personales, normalmente ocultos. Y cuando son indebidos esos móviles y se pueden conocer, ya prevé el sistema jurídico vías para que la sentencia se invalide y al juez se le sancione. De ahí que, aunque suene algo extraño, el problema más grave sea el otro: el de los jueces con las mejores intenciones que hacen las peores sentencias. A ese mal es al que quiere poner algo de freno la teoría de la argumentación jurídica.

Resumamos la diferencia principal, en este contexto de la decisión judicial, entre arbitrariedad y discrecionalidad. Quedamos en que juzgamos una sentencia por lo que vemos en ella, prescindiendo de los móviles personales del juez, que normalmente no nos serán conocidos. Una decisión es *arbitraria* cuando o bien se toma al margen de cualesquiera razones, sin razones de ningún tipo que justifiquen la opción como auténtica elección, como ocurre en el caso de que se decida lanzando una moneda al aire, o bien las razones de la decisión son estrictamente personales y, a fin de cuentas, inconfesables. Serán inconfesables, en este marco, porque si se confiesan o se detectan, denotarán parcialidad y ánimo discriminatorio, opuesto todo ello, por tanto, al requisito de universalización. Esas razones, parciales por palmariamente subjetivas, personales, no podrán valer como razones aceptables para un observador imparcial, genérico.

Aquí es posible formular la siguiente *tesis*: *una decisión judicial es tanto más sospechosa de arbitrariedad, en el sentido que se acaba de exponer, cuanto más defectuosa es la argumentación que la apoya*, la justificación que de ella se da en la motivación de la sentencia. Tendremos, en consecuencia, que precisar más en qué consiste una argumentación defectuosa.

5.3. ¿Cómo sabremos si los jueces han argumentado (suficientemente) bien?

Cuando la administración de justicia se consideraba ejercicio de autoridad ante todo, aunque fuera la autoridad delegada del monarca, las sentencias no debían motivarse, pues el que da razón de sus decisiones se muestra con ello sometido a algún imperativo externo. Cuando la justicia impartida era absoluta, porque absoluto era también, o se pretendía, el poder que con las decisiones se expresaba, los jueces debían fallar sin explicar sus porqués. Al fin y al cabo, el poder absoluto, sea de las monarquías de antaño, sea de las tiranías de hoy, ve al súbdito como un menor de edad permanente.

Luego las cosas cambiaron, donde cambiaron. Primero el racionalismo sembró la ilusión de que el derecho podía erigirse en ciencia exacta y de que la impartición de justicia era labor poco menos que mecánica. El juez ya estaba sometido a algo, sí, a un imperio que se ha tornado impersonal, el imperio de la ley, pero la ley se pensaba tan perfecta, recogida en sus códigos nuevos, que en la decisión judicial no se ve más que razonamiento silogístico puro y duro. Lo que, al motivar, debe el juez mostrar, entonces, es que él no inventa ni los hechos del caso ni la norma que trae para el conflicto la solución, sino que los unos y la otra los recoge ahí afuera, en un mundo perfectamente objetivo en el que se encuentran acabados y a la espera de ser descubiertos hasta en su más mínimo detalle. La práctica del derecho es vista como actividad parangonable a cualquier otra labor científica. Lo único que el juez necesita es un buen método y se cree que lo tiene en el de la subsunción, el del elemental encaje de los hechos bajo las normas. Júntense los hechos del caso con la norma pertinente y, si encajan, si se compenetran, la solución sale sola, a modo de conclusión de un silogismo tan sencillo, que cualquiera puede ser juez a nada que no se le olviden los preceptos del código. Al motivar, lo que el juez acredita es que no es él quien aporta ni manipula los hechos ni las normas del caso, únicamente los muestra y viene a decir ahí están, la conclusión la saca cualquiera. Por tanto, el fallo se vuelve poco menos que indiscutible, o así se pretende. Así se creía en el siglo XIX.

De la sentencia como mandato y mero ejercicio de autoridad se pasó, allá por el XIX, a la sentencia como producto de la razón cognoscente, de la razón teórica. En la fase siguiente, desde comienzos del siglo XX, empezará a concebirse la sentencia como decisión propiamente dicha, y en la motivación se verá la exposición de los porqués de ese juez que, ahora, elige entre alternativas usando su discrecionalidad. Mas retornarán a lo largo del XX los intentos de hacer de la razón práctica una vía tan segura como la de la razón científica y reaparecerá cada tanto el viejo sueño de la única respuesta correcta para cada litigio y la ilusión de que la discrecionalidad puede desterrarse como un mal evitable.

En las últimas décadas del pasado siglo, la teoría de la argumentación jurídica, nacida para ofrecer un modelo discursivo de racionalidad de las decisiones, se bifurca. Una corriente pretenderá ofrecer las herramientas para convertir el razonamiento práctico del juez en razonamiento cuasidemostrativo, a base de presentar el método para que quien decide pueda conocer la solución objetivamente correcta y verdadera que para cada asunto late, a la espera, en el fondo de un ordenamiento que vuelve a ser perfecto, ahora en tanto que sistema axiológico u orden objetivo de valores. Otra rama de la teoría de la argumentación, menos optimista o con menor idealismo, se conformará con ofertar las estructuras mínimas de la argumentación judicial razonable y tendrá como objetivo la detección de la arbitrariedad, no la justificación de la respuesta correcta única. Veamos todo esto algo más despacio.

Con la crisis de aquel ingenuo y metafísico positivismo del siglo XIX, crisis que, con el cambio de siglo, llega ante todo de la mano de otras corrientes positivistas, curiosamente, sea del positivismo normativista de Kelsen, sea del positivismo empirista del realismo jurídico, sea del positivismo sociologista de parte también de los realistas y de muchos de los de la llamada escuela de derecho libre, se subraya que la discrecionalidad judicial es inevitable y que a ese dato básico hay que adaptar la exigencia de motivación de las sentencias. Ahora la obligación de motivar se entiende como exigencia de que el juez deje ver que sus valoraciones, determinantes al apreciar la prueba y al interpretar la norma —entre otras cosas—, no son arbitrarias. Se trata de que mediante sus argumentos nos convenza de que cualquiera de nosotros pudo fallar igual que él, puesto que ha buscado las mejores razones del derecho, en lo que el derecho es instrumento de todos, en lugar de dejarse sin más guiar por sus móviles personales o sus intereses.

En las últimas décadas del siglo XX, y especialmente a partir de la obra inicial de Dworkin, renació en la teoría jurídica aquel viejo anhelo de que la discrecionalidad pudiera evitarse y de que el razonamiento judicial pudiera ser plenamente guiado por la razón cognoscente, objetiva. Otra vez la aspiración de que exista una razón práctica que no sea menos que la teórico-científica. Si existe y está predeterminada una solución correcta, latente en algún fondo del sistema jurídico, necesitaremos nada más que un buen método para desenterrarla y aplicarla al caso. Ese método quiso brindarlo Alexy con la ponderación, que es al iusmoralismo actual lo que la subsunción fue al positivismo metafísico del XIX: una técnica soñada para que los casos difíciles tengan fácil solución, en la idea de que sólo en la superficie o a primera vista, *prima facie*, son intrincados y dramáticos algunos casos, pero que en el fondo se componen las soluciones gracias a que el sistema jurídico tiene una interna armonía a tenor de la que cada asunto casa nada más que con una solución correcta; o casi. Es cuestión de llevar bien las cuentas, de calcular los pesos con la balanza de nuestra razón práctica, si bien adaptada al pesaje peculiar de lo jurídico. Con un buen silogismo lo solucionaban los de la jurisprudencia de conceptos y con una imaginaria balanza, más o menos precisa, lo arreglan los de la jurisprudencia de principios y valores.

Pero hay otra versión de la teoría de la argumentación, menos dada a mitificar las propiedades del sistema jurídico y que asume la discrecionalidad judicial como inevitable, precisamente porque el sistema jurídico ni es completo ni es coherente ni se expresa con total claridad a través de esas normas suyas que se escriben en el lenguaje ordinario. Porque también asumimos que el derecho se compone con la materia prima del lenguaje y sus enunciados, no con valores prelingüísticos en un mundo de ontologías platónicas.

Si el razonamiento del juez no es demostrativo de que la suya es la única solución correcta en derecho, su argumentación servirá más que nada para justificar las valoraciones suyas que sean determinantes a la hora de seleccionar los hechos relevantes del caso, de admitir las pruebas de los mismos y de valorar dichas pruebas, por un lado, y, por otro, al tiempo de escoger la norma aplicable al caso y elegir una de entre las interpretaciones posibles de la norma en cuestión. Y, puesto que esa justificación la hace para las partes, sí, pero también para nosotros, el conjunto de los ciudadanos, habrá de realizarla con las claves que compartimos, con los patrones pragmáticos de racionalidad y razonabilidad que, aquí y ahora, nos son comunes.

Tal es el sentido con que podemos recuperar, en este contexto, nociones como la de auditorio universal de Perelman. Entre cómplices se puede argumentar al servicio de un interés, un fin o una obsesión particular; entre conciudadanos indeterminados, si la argumentación busca el entendimiento, tiene que hacerse sin trampa ni cartón, poniendo el énfasis en lo que todos pueden entender y cualquiera podría asumir en tanto que ciudadano prototípico y comprometido con el interés general. Con sus argumentos en la motivación de la sentencia, el juez dialoga con nosotros, ciudadanos genéricos, y debe hacerlo apelando a la razón común y compartida, a los esquemas colectivamente vigentes, no de la manera en que un vendedor sin muchos escrúpulos se dirige a sus clientes o un político populista a sus electores, nada más que para seducir y salirse con la suya.

5.4. Un modelo básico para el análisis de la racionalidad argumentativa de las decisiones judiciales

Aquí vamos a proponer lo que podría denominarse un modelo básico de análisis de la racionalidad argumentativa de las decisiones judiciales. También puede verse como modelo elemental de construcción de sentencias argumentativamente racionales.

Supongamos que estamos leyendo, con propósito analítico y crítico, una sentencia. Vale pensar también que vamos a escribirla. Pues bien, *ante cualquier afirmación de contenido no perfectamente evidente que en ella se contenga y que resulte o se presente como relevante para la justificación del fallo, debemos hacernos siempre la siguiente pregunta, para empezar:* ***eso por qué***. Algunos ejemplos rápidos y bien elementales. Que el juez dice que la voluntad del legislador al crear la norma era tal y cual: por qué. Que el juez afirma que el testimonio de aquel testigo era difícilmente creíble o que el perito no parecía nada competente: por qué. Que el juez sostiene que el fin de la norma que interpreta y aplica es este o el otro: por qué. Y así siempre.

La idea de fondo es que *se puede tildar de arbitraria toda afirmación, no evidente en su contenido, que sea relevante para la resolución del caso y que no esté justificada con razones admisibles que la hagan o, al menos, sirvan para hacerla y pretendan hacerla, razonable.*

Esa idea general, la de interrogar siempre sobre los porqués, puede desglosarse o precisarse en tres preguntas que cabe enunciar así: usted por qué lo sabe (i), eso a qué viene (ii) y por qué tenemos nosotros que pasar por eso (iii).

(i) La pregunta sobre *usted por qué lo sabe* será aplicable siempre que en la sentencia el juez haga una afirmación relevante y cuyo contenido no sea del dominio común. Supongamos que, con importancia para el caso que se está dirimiendo, se afirma en la sentencia que el ochenta por ciento de los varones españoles calzan zapatos de talla superior a la cuarenta y cuatro. Una tesis así, más que dudosa y discutible, o está avalada por algún tipo de estudio empírico, análisis fáctico o encuesta, por ejemplo, o podrá tenerse por perfectamente gratuita, arbitraria del todo. Si el juez mantiene que tal afirmación está respaldada por este o aquel trabajo de campo, la perspectiva crítica podrá trasladarse al método y fiabilidad de dicho material científico, pero, en principio y mientras no conste o se haya aportado un análisis de contenido opuesto, podremos considerar que sí se ha justificado la tesis, al menos mínimamente. En caso contrario, podremos aplicar la siguiente pauta crítica: *si el juez mantiene, sin más, que "A" y yo mantengo, sin más, que "no A" y si ni él ni yo aportamos ulteriores razones, por qué ha de valer más su tesis que la mía.* Si la única contestación con la que podemos contar es que porque él tiene una autoridad de la que yo carezco, nos hallaremos ante una deficiencia en la racionalidad argumentativa de la sentencia: el juez solicita para su afirmación acatamiento por ser él quien es, no porque valga ella en sí e independientemente de la condición del que la sostiene.

Nos estamos refiriendo, en este primer apartado, al requisito de *exhaustividad* o de *saturación de los argumentos*, que viene a expresar, repetimos, que *toda afirmación no obvia debe aparecer justificada hasta el límite de lo razonablemente posible.*

(ii) La exigencia siguiente es la de *pertinencia* de los argumentos. Por muy verdadera que sea una afirmación o muy convenientes las razones que se expongan, han de venir a cuento, han de ser pertinentes para el caso, para lo que concretamente se está debatiendo. En caso contrario, no es razón para el caso y su fallo, aunque lo sea, y buena, para otras cosas. De ahí que siempre debamos tener lista esta pregunta al analizar los argumentos judiciales: *esto a qué viene.*

Si un amigo nos pregunta por qué hemos dejado de fumar y le respondemos que es debido a que en todo triángulo rectángulo el cuadrado de la hipotenusa es igual a la suma de los cuadrados de los catetos, le estaremos mentando el teorema de Pitágoras, que no es broma, pero él sí puede considerar, con fundamento, que le estamos gastando una broma o que no tomamos su pregunta en serio. Y así será, con seguridad, salvo que desarrollemos el argumento para mostrar la conexión entre aquel teorema geométrico y nuestra saludable decisión.

Suenan a chiste los ejemplos y a simpleza el método, pero sólo hasta que aportamos algún caso jurisprudencial bien notable. Mencionemos la Sentencia 16/2004 del Tribunal Constitucional español, de 23 de febrero (*Tol 500186*). En esta sentencia se plantea el problema de si una sanción impuesta por un ayuntamiento al dueño de un bar, por exceso de ruido, tiene o no tiene el respaldo legal que para toda sanción administrativa se necesita, conforme al art. 25 de la Constitución española. El Tribunal Constitucional realiza a tal propósito un razonamiento interpretativo complejo, con dos partes principales. En la primera, concreta el significado del principio constitucional de legalidad sancionadora, aclarando que para que tal requisito se cumpla ha de existir una ley habilitante que predetermine dos cosas: la "fijación de los criterios mínimos de antijuridicidad" y las clases de sanciones que la Administración correspondiente puede establecer.

En un segundo paso, se trata de ver si tales condiciones se cumplen para la ocasión. En la ley de la que se discute si ofrece o no cobertura para el reglamento municipal que preveía sanciones para el ruido, la *Ley de Protección del Ambiente Atmosférico*, de 1972, se definía contaminación atmosférica, a los efectos de la ley, como

> *"la presencia en el aire de materias o formas de energía que impliquen riesgo, daño o molestia grave para las personas y bienes de cualquier naturaleza".*

Por tanto, la sanción reglamentaria del ruido sólo tendrá respaldo legal si el ruido constituye contaminación atmosférica de la referida por tal ley, lo que, a tenor de la citada definición, implica que, a tal efecto, el ruido ha de ser o materia o energía. Pues bien, el Tribunal dice que

> "cualquiera que fuese la voluntad del Legislador de 1972 (...) el ruido puede encajar en alguna de las expresiones citadas, no tanto como <<partículas>> como más bien en el término <<formas>> en general —se habla en el lenguaje común de <<contaminación acústica>> o en el de <<formas de energía>>". Y esta última aseveración la fundamenta el TC así: "El ruido en cuanto provoca determinadas ondas que se expanden en el aire, puede incluirse en esta expresión <<formas de energía>>".

Tal subsunción será racional en la medida en que sea sostenible la verdad de que el ruido es energía y no otra cosa. El Tribunal no da más argumento ulterior que este que acaba de citarse. Ahora bien, tan endeble argumentación en lo procedente quedó oculta bajo la extensión de un argumento que no era pertinente para la ocasión. Se demora la sentencia en amplias y muy fundadas consideraciones sobre lo dañino que el ruido puede resultar para la salud y la calidad de vida de los ciudadanos y sobre cómo una excesiva exposición al mismo puede con razón tenerse por atentado grave contra derechos tan fundamentales como el derecho a la intimidad y a la vida privada. Cierto, pero hay un problema: al Tribunal no había acudido, mediante recurso de amparo para proteger un derecho fundamental, ningún ciudadano que estimara dañados esos derechos suyos por causa del bar del propietario multado, sino que fue este el que recurrió para hacer valer que si no había respaldo legal para la sanción administrativa, se violaba de modo muy grave su derecho a la legalidad de las sanciones, consagrado en el art. 25 de la Constitución. Ese era el tema y ese era el derecho que estaba en discusión, no otro, no aquellos otros. Y al argumentar sobre otros derechos, lo que se está haciendo, posiblemente, es encubrir la débil protección que a ese concreto ciudadano se le otorgó de su derecho a no ser sancionado si no es con un apoyo mínimo en la ley, en una ley cabalmente interpretada y no de la manera absurda en que aquella Ley de Protección del Ambiente Atmosférico aparece interpretada en esta sentencia.

(iii) Decíamos más arriba que el tercer test al que podemos someter los argumentos judiciales es el que se plasma en las preguntas sobre *por qué tenemos que pasar por eso* o, más vulgarmente expresado, eso a nosotros qué nos importa. Se hace referencia a que todo argumento que pueda contar como sustento del fallo judicial ha de ser un argumento *admisible*. Aquí no hablamos, como en el punto anterior, de la admisibilidad para el caso, sino de la admisibilidad general de un argumento, como argumento que pueda utilizarse en un razonamiento jurídico, y más dentro de los márgenes del Estado de Derecho.

Tomemos un ejemplo. El juez que interpreta el enunciado normativo N se ve en la necesidad de elegir entre dos interpretaciones posibles del mismo, S^1 y S^2, de cada una de las cuales van a derivarse diferentes consecuencias decisorias para el caso. Pongamos que ese juez adopta un punto de vista religioso y dice que se debe dar preferencia a S^1 por ser el contenido resultante el que mejor se compadece con el credo cristiano. Habría usado lo que podríamos llamar un argumento teológico de interpretación para respaldar su preferencia interpretativa. Y, sin duda, su proceder no nos parecerá admisible, por incompatible con los fundamentos de nuestro derecho, del sistema jurídico de un Estado pluralista y no confesional. O imaginemos que ese juez se inclina por S^2 con el argumento de que el sentido así resultante de N es el estéticamente más bello, el más acorde con las pautas vigentes de belleza literaria. El argumento aquí sería de tipo estético, y nos provocará el mismo rechazo.

¿Qué tienen en común ese argumento teológico y ese argumento estético, que hace que la interpretación resultante no nos parezca justificada en tanto que interpretación jurídica? Pues que se trata de dos argumentos interpretativos no admisibles en nuestra cultura jurídica. En cambio, si tal juez echa mano de un canon o argumento teleológico, o de uno sistemático, o de uno subjetivo, alusivo a la voluntad del legislador, o de uno social, etc., la interpretación resultante nos convencerá más o menos, pero no diremos que carece de justificación admisible.

La pauta de admisibilidad nos la da el que pueda un ciudadano genérico compartir o no el argumento de que se trate. Las creencias religiosas son de cada uno y los gustos estéticos son de cada cual en un estado liberal y pluralista en el que no hay ni una religión común obligatoria, oficial, ni un patrón estético autoritariamente impuesto como único o supremo. Pero si la religión es de cada conciencia y el gusto pertenece a cada individuo, resulta que *el derecho es de todos*, y esa su naturaleza común se tergiversa cuando, al aplicarlo, se hace pasar por el tamiz de lo que es *meramente* personal del juez. Los gustos culinarios del juez, por ejemplo, no pueden ser los dirimentes cuando resuelve un asunto en materia de seguridad alimentaria, o su credo religioso no ha de determinar su decisión en un pleito en que algún asunto de la fe ande de por medio. No es que sus creencias o gustos no puedan influir de hecho en él, incluso de modo inconsciente, sino que sus argumentos los valoramos positivamente nada más que si en ellos vemos algo que, más allá de las divergencias religiosas y de gusto, a nosotros, en tanto que ciudadanos genéricos, de cualquier religión o de ninguna y de cualquier inclinación ética o estética, también pueda convencernos.

Porque el derecho es de todos, las razones admisibles del juez sólo pueden ser las razones que tenemos en común, las que todos podamos asumir y, por tanto, no pueden ser basadas en lo que nos separa o legítimamente nos diferencia dentro de un estado y de una sociedad que consagra el pluralismo y la libertad como valores constitucionales. Las sentencias de los jueces también pueden y deben aspirar a ser elementos en el proceso de construcción de lo común en nuestra diversidad legítima como ciudadanos libres.

Nada se avanza para ese fin al negar la discrecionalidad judicial, al camuflar la presencia de las valoraciones en las decisiones. El único camino transitable es el de la exigencia de razonabilidad de las argumentaciones con que se fundamentan los fallos que, derecho en mano, pueden tener varios caminos, pero que, también derecho en mano, no pueden provenir simplemente de la conciencia del juez, elevada a *suprema, gratuita* e *incontrolada* fuente del derecho.

El control lo hacemos nosotros, en última instancia, y lo hacemos, entre otras cosas, con el instrumental crítico que nos aporta una teoría de la argumentación jurídica tan poco pretenciosa como, al tiempo, ineludible; una teoría de la argumentación jurídica que no quiera negarse a sí misma los fundamentos al convertir la argumentación en demostrativa de soluciones únicas correctas que aguarden a la razón práctica que indubitadamente las descubra, sino que asuma que también en derecho la gente se entiende hablando y que por eso dicha conversación no puede acaecer de cualquier manera, ni siquiera por concesión a la autoridad de los jueces.

Lección 2

Del método jurídico a las teorías de la argumentación

1. LA METODOLOGÍA JURÍDICA TRADICIONAL

Hoy en día pocos son los que hablan de metodología de interpretación y aplicación del derecho y todos se refieren a la argumentación jurídica. Esta última etiqueta o disciplina ha desplazado a aquella otra. Durante el siglo XIX y la primera mitad del XX nadie hablaba de argumentación jurídica en ese sentido actual, los mejores teóricos se ocupaban, eso sí, de explicar cuál era el mejor método para gobernar el razonamiento de los jueces, en qué tenían que fijarse, a qué debían ante todo atender los jueces para producir decisiones racionales y que puedan en verdad considerarse plenamente jurídicas, auténticas decisiones jurídicas y no expresión de las preferencias personales o grupales del juzgador.

En este tema trataremos de dar cuenta de los porqués y el sentido de esa evolución hacia las teorías de la argumentación jurídica y de los pasos que han llevado a ella. Después, sobre ese trasfondo, seguiremos precisando lo que de especial y novedoso existe en las teorías actuales de la argumentación jurídica y cuáles son sus variantes u orientaciones principales.

1.1. *Qué es un método, cuál es el problema central de la metodología de interpretación y aplicación del derecho y cómo se clasifican las doctrinas al respecto*

En los sistemas jurídicos pertenecientes a la familia del llamado derecho continental, la teoría jurídica y la filosofía del derecho, así como las principales ramas de la dogmática, están fuertemente dominadas en el siglo XIX por franceses y alemanes. En la temática que aquí principalmente nos interesa, la referida a la decisión judicial, predomina en ese tiempo en Francia la escuela de la exégesis, mientras que en Alemania lo hace la Jurisprudencia de Conceptos. Una y otra son doctrinas metodológicas que comparten planteamientos que aquí calificaremos de racionalistas logicistas.

Comencemos por presentar la clasificación de las corrientes metodológicas referidas a la decisión judicial. No olvidemos que etimológicamente "método" significa camino, vía hacia una determinada meta o destino.

Toda disciplina metodológica tiene como cometido proporcionar los indicadores o referencias que marcan el itinerario correcto hacia la meta que respectivamente se pretende. En el caso de la metodología de interpretación y aplicación del derecho se trata de mostrar qué criterios, referencias y modos de operar pueden asegurar la obtención de una decisión jurídica que pueda tenerse por correcta, teniendo en cuenta que en este campo lo correcto se presenta como sinónimo de objetivo e imparcial y, por tanto, como opuesto a arbitrario, subjetivo o tendencioso. Así, por ejemplo, la metodología de la ciencia estudia y propone los métodos mejores para el cultivo de la ciencia (la física, la química, la biología...), a fin de que las leyes científicas que elaboren las llamadas ciencias naturales o ciencias "duras" sean leyes verdaderas y contengan las mejores explicaciones de los hechos que analizan, de la parte del mundo empírico que constituye su respectivo objeto de estudio. Por ejemplo, la metodología de la ciencia dice cómo ha de formularse una hipótesis científica, cómo puede contrastarse experimentalmente, cuándo una hipótesis puede darse por empíricamente demostrada, cómo debe formularse una ley científica, etc., etc. La meta ahí es la de ofrecer descripciones verdaderas del mundo empírico, y los métodos que la metodología propone son como indicadores que marcan la ruta hacia dicha meta.

Pero hay campos y disciplinas en donde no se trata primordialmente de *describir* el mundo de "ahí afuera", de los hechos o fenómenos empíricos, tal como es y funciona, sino de *decidir qué se debe hacer* cuando caben distintas alternativas y respecto de esas alternativas concurren preferencias diferentes en unas u otras personas. La pauta principal no la dan en estos ámbitos los hechos y su verdad, sino las *valoraciones personales.*

Cuando se trata de materias en las que lo determinante va a ser una *decisión* relacionada con deberes, estamos en el campo de lo que se denomina *razón práctica.* Hay materias o disciplinas, como el derecho, la ética o la política, que caen dentro del campo de la razón práctica. *Es el terreno de la la razón práctica cuando es necesario elegir entre alternativas de comportamiento bajo condiciones de incertidumbre.* Se elige bajo condiciones de incertidumbre cuando no hay una referencia o procedimiento objetivo (por ejemplo, pesar en una balanza, medir con un metro...) que nos saque de dudas. Lo que nos hace decidir ahí no es una certeza plenamente objetiva, sino una preferencia subjetiva, una valoración personal. Y el gran tema de la razón práctica es si entre tales *valoraciones* se puede distinguir cuál es la *objetivamente* mejor o si sólo caben opiniones puramente subjetivas de modo que para cada uno la objetivamente mejor será la que subjetivamente él prefirió.

Traslademos esos dilemas al campo jurídico. Podemos preguntarnos, por ejemplo, si es posible dar con un *método del correcto legislar,* una metodología que nos indique cómo hacer bien las leyes (y las normas jurídicas en general) o cómo hacer las leyes mejores y más objetivamente correctas[6]. O, yendo a las cuestiones que aquí más nos interesan, cabe plantear si habrá un buen método de aplicación de las normas jurídicas cuando con ellas, vinculados a ellas, los jueces resuelven litigios, casos. Ya sabemos que esas normas nunca serán perfectas. No sólo porque pueden estimarse más o menos justas y más o menos legítimas, sino porque, justas o injustas, su materia prima es el lenguaje ordinario y adolecerán

---

[6] De tal tema se ocupa una "joven" rama de la teoría del derecho, la *teoría de la legislación,* que tiene su núcleo metodológico en una subdisciplina denominada *técnica legislativa.*

siempre (o casi) de problemas de indeterminación que provocarán serios *dilemas interpretativos. ¿Hay método para esto?* ¿Se cuenta con algún método para que la interpretación sea la objetivamente correcta o más correcta y para que, consiguientemente, el fallo sea el objetivamente debido?

La *pregunta capital* en materia de decisión judicial y de su correspondiente metodología es la siguiente: ¿cabe o no cabe racionalidad de la decisión jurídica? Y, en caso de que se dé una respuesta afirmativa a tal pregunta, la siguiente sería esta otra: ¿qué método, qué pautas metódicas debe el juez seguir para que su decisión sea racional, sea objetivamente correcta y no meramente expresiva de sus preferencias personales?

Nos estamos preguntando, pues, si hay criterios objetivos con los que evaluar la corrección o racionalidad de una decisión judicial o si, por el contrario, la única diferencia estará en que a unos tal o cual sentencia les gustará y a otros no, y de gustos no cabe discutir, pues los de cada cual dependen de sus intereses, su personal ideología, su temperamento o el ambiente en que se desenvuelve, y de tantos otros factores puramente personales y aleatorios.

A la primera pregunta unas doctrinas y autores responden negativamente, y a esos llamamos irracionalistas; y otros contestan de modo afirmativo, y serían los racionalistas. Estos últimos se dividen en logicistas y no logicistas.

Podemos ver la clasificación como a continuación se presenta, partiendo de que todos estos ítems son respuestas diversas a la pregunta nuclear sobre si tiene sentido o no hablar de *racionalidad de la decisión judicial* y, en su caso, con qué método se puede alcanzar tal racionalidad. Representamos esa cuestión de fondo así: ¿R?

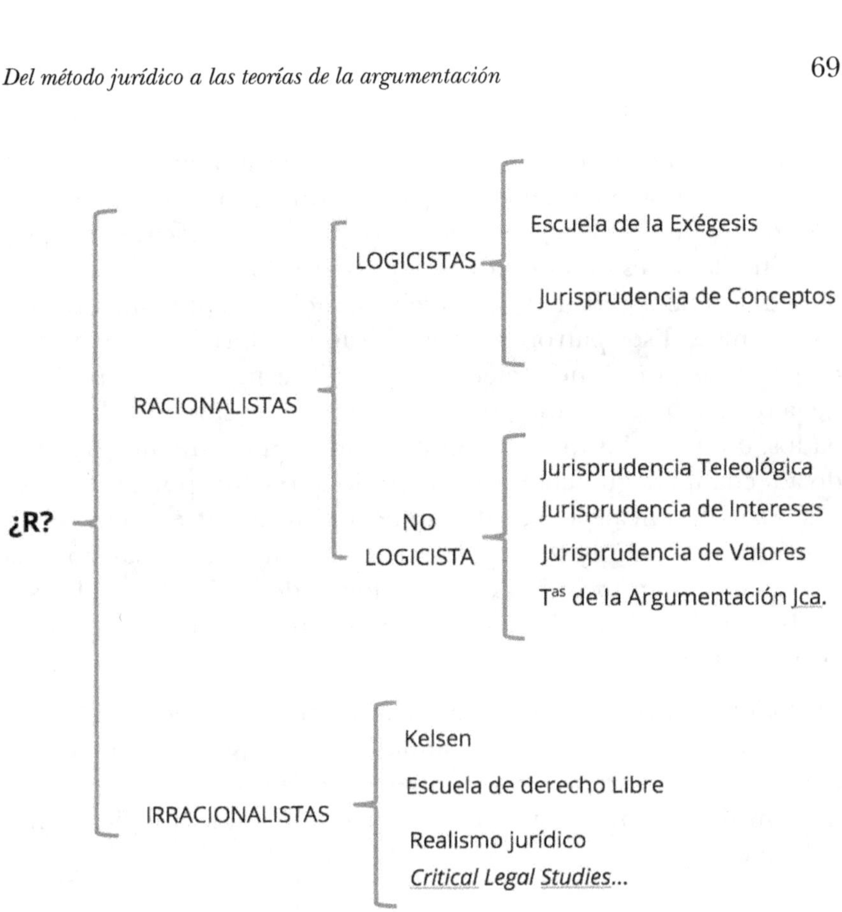

1.2. La metodología de interpretación y aplicación del derecho en el siglo XIX. Racionalismo logicista de la escuela de la exégesis (Francia) y de la jurisprudencia de conceptos (Alemania)

Como ya se ha dicho, las orientaciones racionalistas podemos dividirlas en *logicistas* y no *logicistas.* Para las teorías *logicistas*, el respeto de las reglas de la lógica en el razonamiento del juez es condición *necesaria* y condición *suficiente* para que sea racional y plenamente correcto el contenido de la sentencia. En cambio, para los autores que clasificamos como racionalistas *no logicistas* ese respeto de las reglas de la lógica es condición *necesaria, pero no suficiente.* Quiere decirse que la decisión que es fruto del razonamiento judicial no será correcta y no podrá quererse racional cuando en el razonamiento del juez se contienen errores lógicos, inferencias inválidas a tenor de las reglas de la lógica, pero que, por otro lado, esa mera corrección lógica no basta, ya que también harán falta patrones de corrección del contenido material de las premisas. Esos patrones de corrección material de la elección de premisas por el juez (elección entre interpretaciones posibles de la norma, por ejemplo, o entre valoraciones sobre hechos probados, etc.) son los que nos proporciona, precisamente, el método adecuado. Según cuál sea el método que se proponga para esa finalidad de encauzar las elecciones del juez entre premisas alternativas e igualmente posibles, de conformidad con las normas vigentes y del conocimiento que se tenga de los hechos del caso, se diferenciarán las distintas corrientes metodológicas ligadas a este racionalismo no logicista.

Podemos expresar esa diferencia esquemáticamente. Para el racionalismo logicista la racionalidad de la decisión es tanto como la corrección lógica del razonamiento decisorio, simplemente. Si llamamos R a la racionalidad de la decisión y L a la lógica, tenemos que

$$R = L$$

Para el racionalismo no logicista, en cambio, la ecuación sería así:

$$R = L + x$$

Esto es, la racionalidad de la decisión exige corrección formal o lógica de las inferencias que el juez lleve a cabo y, además, que este se oriente por alguna pauta de elección (x) entre premisas con contenidos diversos e igualmente posibles en razón de las normas que vienen al caso y de los hechos del caso. Según cómo se despeje esa x, es decir, según qué método o referencia sustantiva se proponga como criterio para esa elección, podremos distinguir entre las diversas doctrinas metodológicas del racionalismo no logicista.

El ***racionalismo logicista*** predominó durante casi todo el siglo XIX. En Europa continental su máxima y más influyente expresión se contiene en la escuela de la exégesis, en Francia, y en la jurisprudencia de conceptos, en Alemania.

Escuela de la exégesis y jurisprudencia de conceptos coincidían en muchas ideas básicas sobre el sistema jurídico y sobre el papel de los jueces en la aplicación del derecho. *Mencionemos las principales*:

a) El *sistema jurídico* es poco menos que *perfecto*, pues posee estas tres notas: es completo (no hay lagunas), es coherente (no tiene antinomias) y sus prescripciones son claras, proporciona solución indubitada para cualquier caso que conforme a derecho deba resolverse. Por consiguiente, nunca o prácticamente nunca se encontrará el juez en la necesidad de resolver antinomias que no disuelva el propio sistema con sus reglas de relaciones entre normas, ni de colmar lagunas y ni siquiera de interpretar lo que tal o cual precepto pueda querer decir, pues el derecho habla con claridad por boca de sus preceptos o sus conceptos.

Tal era la confianza en esa claridad de las normas y tal la convicción de que resultaba ocioso interpretar, que en algunas de las primeras codificaciones civiles, desde fines del XVIII, llegan a incluirse artículos que fijan prohibiciones expresas de que los jueces interpreten cualquier artículo del código en cuestión. Cuando, como en Francia, pronto se caiga en la cuenta de lo infundado de esa confianza en la claridad absoluta de la ley, se estipulará, primero, que sea el propio legislador el único habilitado para hacer interpretación —interpretación auténtica— de sus mismas normas, lo cual se intentará organizar a través del procedimiento llamado de *réferé législatif*. Cuando se haga más evidente la necesidad de que los propios jueces interpreten las normas escritas que tienen que aplicar, la escuela de la exégesis propondrá un método bien simple como guía de esa interpretación: que los jueces averigüen qué fue lo que el legislador quiso decir al emitir la norma de que se trate. Esto es, ahora ya no habrá que preguntarle directamente al propio legislador, pero tendrá el juez que interrogarse y descubrir qué era lo que el legislador se proponía, y deberá ser la voluntad legislativa la única pauta de interpretación.

¿Por qué ese optimismo, esa idealista visión del derecho? Porque detrás estaba, por un lado, la fe en que el derecho pueda ser un perfecto producto de la razón, en que la razón, movida por la racionalidad científica, tal como el racionalismo ilustrado la entendía, pudiera descubrir los verdaderos y necesarios contenidos del derecho o, al menos, del derecho de un determinado pueblo o nación. Esto pesaba particularmente en la doctrina alemana de la jurisprudencia de conceptos.

Por otro lado, estaba también presente, en especial en Francia, el llamado *mito del legislador racional.* Si el legislador es encarnación de la nación y la representa, si a través del legislador se plasma la voluntad general de un pueblo mediante esa decantación que hace que los intereses particulares se poden unos a otros y que a través de la representación política se haga valer nada más que lo que corresponde al interés general, resultará que ese legislador soberano sabe lo que a la sociedad le conviene y él lo prescribe de manera perfecta. El legislador no yerra, conoce lo que la sociedad necesita y lo manda porque suya es la potestad para hacerlo.

Aquellas notas que el iusnaturalismo teológico medieval predicaba del Dios autor de la ley eterna y creador de la ley natural, y que eran las de omnisciencia y omnipotencia, van a ser ahora aplicadas al legislador humano, bajo la vigencia de ese mito del legislador racional: sabe todo y puede mandar lo que quiera. Y de la misma manera que aquel iunsnaturalismo medieval se había dividido en voluntarista e intelectualista, según que diera prioridad, al explicar el contenido de la ley natural, al querer de Dios o al saber de Dios, así, en la época moderna, la teoría del derecho acabará dividida entre iuspositivistas y iusmoralistas, según que consideren que es la voluntad legislativa, revestida de ciertas formalidades, la que constituye como derecho cualquier contenido de voluntad que bajo la forma de ley se exprese, o que estimen que no pueden ser derecho las normas que el legislador dicte con desconocimiento de ciertas verdades morales que están antepuestas a cualquier ideología y a cualquier designio político y legislativo.

b) Los jueces no hacen ni tienen que hacer más que *simples silogismos*, elementales razonamientos lógicos. La decisión judicial nace de un automatismo razonador. El juez encuentra dadas las dos premisas, la normativa y la fáctica, de las que, a modo de conclusión lógica, sacará el fallo del caso. Tanto las normas como los hechos hablan por sí solos y el juez tan solo tiene que *conocerlos*, que *constatar* lo que las unas dicen y la manera como los otros han ocurrido. No queda sitio para valoraciones personales del que juzga, no hay márgenes de discrecionalidad, el juez ni crea ni recrea derecho ni añade nada al derecho que halla, acabado, completo y claro, "ahí afuera", en el sistema de fuentes establecido en el respectivo sistema jurídico. Estamos, así, ante una manifestación histórica muy importante de las llamadas teorías de la *única respuesta correcta*: para cada caso que en sede jurídica haya de decidirse, el derecho proporciona una y solo una solución, que será la correcta. Lo único que el juez tendrá o tendría que hacer sería descubrir cuál es esa respuesta correcta única predeterminada. A estos racionalistas logicistas del siglo XIX les parecía bastante fácil; a quienes desde el último cuarto del siglo XX reviven la doctrina de la única respuesta correcta, como Dworkin, les parece más complicado. Pero, para los unos y para los otros, haberla, hayla.

Examinadas esas esenciales coincidencias, repasemos las notas distintivas de la escuela de la exégesis y la jurisprudencia de conceptos.

La ***escuela de la exégesis*** impera en Francia después del Código de Napoleón, el Código Civil de 1804. Ya se ha dicho que su propuesta metodológica es muy elemental, pues confía en la capacidad del Código para solventar los problemas jurídicos mediante sus claras normas y, para cuando la necesidad de interpretar alguna de ellas sea ineludible, propone que el intérprete investigue cuál fue la voluntad del legislador y que decida en consonancia con ella.

Donde dejó su peculiar huella la escuela de la exégesis fue en la organización de la enseñanza en las facultades de derecho. Aquella fe en el Código y sus virtudes llevó a los representantes de esta escuela a proponer una docencia estrictamente ceñida al Código y orientada a evitar que el derecho se contaminara de cualquier consideración política, económica, moral, etc. Es tal la racionalidad interna del Código y su potencia para resolver los conflictos jurídicos, que basta que el estudiante de derecho lo tenga en la cabeza, lo memorice, para que, desde su mente, ese Código decida por sí los casos cuando a ese estudiante le toque, ya titulado, ser juez. A ese jurista que ha memorizado el Código bastará mostrarle cualesquiera hechos para que, automáticamente, de su mente salga la solución; salga, en realidad, del Código allí instalado. En palabras de hoy, diríase que el cerebro del que aprendió el Código es el *hardware* y que las normas de dicho Código constituyen el *software*. El programador fue el legislador; o el profesor de derecho.

Toda la enseñanza jurídica se dirige, pues, a "instalar" ese programa, las normas legales, en el estudiante. Se quiere evitar que los profesores alteren tal programación y por eso la clase magistral se organiza de tal forma que el docente tiene, en sus clases, que ir leyendo cada artículo del Código, por su orden, y luego debe ir explicándolo con otras palabras, glosándolo, haciendo su exégesis. De ahí viene el nombre. Se prohíbe la alteración de tal orden y se quiere vetar también que el profesor mezcle la exposición de esas normas con consideraciones ajenas a su estricta disciplina, sean morales, políticas o económicas. El derecho es perfecto y para enseñarlo bien hay que mantenerlo puro e incontaminado. Memoria sin reflexión basta, pues se supone que la reflexión que hacía falta ya la hizo el legislador y no es necesario que el estudiante medite, sólo que aprenda a hacer esas operaciones automáticas en que la aplicación de las normas jurídicas consiste, según se creía. De esos planteamientos docentes de la escuela de la exégesis queda huella hasta hoy en las facultades de derecho.

La ***jurisprudencia de conceptos*** se va imponiendo en Alemania durante ese mismo tiempo, como sucesora de la escuela histórica del derecho. Mientras que esta última, fundada por Savigny, intentaba mostrar la conexión del derecho con el espíritu de cada pueblo (*Volksgeist*), con la personalidad de cada nación, la doctrina imperante en Alemania evolucionará hacia el propósito de hacer del sistema jurídico un orden racional y perfecto, de modo que el jurista que domine sus claves pueda solucionar cualquier asunto litigioso de aquella manera poco menos que automática o mediante simples subsunciones. Pero la situación era muy distinta de la de Francia, pues en los territorios alemanes, primero, y en la Alemania ya constituida en estado unitario, después, no rige plenamente una codificación civil hasta que el 1 de enero de 1900 entra en vigor el Código Civil Alemán (*BGB*). Súmese a eso que el sistema de fuentes era más bien caótico y que por igual se consideraba derecho vigente el derecho romano de Pandectas[7] que elementos de derecho legislado o de derecho consuetudinario o derecho histórico germánico. Si el sistema jurídico presentaba tal galimatías de fuentes y normas, ¿cómo se podía sostener que el juez no tiene más que subsumir bajo un sistema perfecto y que el juez no tiene discrecionalidad?

Respuesta: porque para la jurisprudencia de conceptos el sistema jurídico no se compone, en última instancia o en su esencia primera, de normas, de enunciados normativos producidos por un legislador, sino de *conceptos.* Por eso se dice jurisprudencia "de conceptos". ¿Y esos conceptos qué son? Son categorías ideales, nociones abstractas, ideas que contienen los fundamentos intemporales y universales de cualquier institución jurídica posible o de cualquier regulación jurídica posible. Al reglamentar una institución o una práctica jurídica, no cabe más que atenerse a esas prefiguraciones ideales y necesarias, que ni siquiera el legislador puede soslayar. Es más, aunque nada diga el legislador o aunque

---

7 Por eso cuando se habla de los autores más importantes de esta escuela, como Puchta o Windscheid, se denomina también Pandectística.

estipulara cosas contradictorias, las soluciones para cada caso seguirían siendo las mismas, únicas y seguras, puesto que están albergadas en esos conceptos, en esas ideas cuasiplatónicas que forman el contenido ineludible del derecho. Lo que los juristas tienen que hacer es tomar conciencia de esos conceptos y de sus contenidos y relaciones. Por eso también es importante el derecho romano, para esta escuela, porque los grandes juristas romanos habrían sido los que, con su genio jurídico, descubrieron de una vez y para siempre lo que es y tiene que ser cada institución jurídica, ellos habrían establecido y sistematizado los conceptos jurídicos básicos, de los que ningún sistema jurídico puede prescindir, ya que componen el cimiento o esqueleto de todos ellos.

Puede que entendamos a qué nos referimos cuando hablamos de esa idea de los conceptos jurídicos si trabajamos con un ejemplo. Recordemos las actuales polémicas sobre si cabe o no que un ordenamiento jurídico regule, como matrimonio, el matrimonio entre personas del mismo sexo. Se dan todo tipo de argumentos en un sentido y otro, pero aquí nos interesan los de cierto tipo. Hay autores que señalan que, al margen de la opinión que moral o políticamente pueda merecernos la admisión del casamiento entre personas de igual sexo y con independencia de los efectos de todo tipo (económicos, sociales...) que su aceptación pueda desencadenar, tal matrimonio es un imposible teórico y práctico, un sinsentido conceptual, una contradicción en los términos. Sería, piensan, como si el legislador quisiera regular el círculo cuadrado o el agua seca. No cabe. O es círculo o es cuadrado; si es agua, moja; y si está seco, es que no hay agua. Porque las cosas, nos dicen, son como son y no todas dependen, en su ser, de nuestra voluntad ni las puede modificar la intención legislativa. Podrá haber relaciones homosexuales, afectivas o sexuales, podrán dos hombres o dos mujeres amarse profundamente y convivir largo tiempo, pero eso no es matrimonio, porque el matrimonio tiene una esencia con la que la unión homosexual no encaja. Pueden regularse de mil maneras los efectos jurídicos de las uniones homosexuales, pero no se puede denominar matrimonio a esas uniones, por la misma razón que no cabe llamar triángulo al polígono de cuatro lados; eso será un cuadrado y, como tal, diferente de todo triángulo, diga el legislador lo que diga. El matrimonio sería por esencia, por necesidad ontológica, porque las cosas son como son y son lo que son, la unión de hombre y mujer. Y nada más que a esa unión, acompañada de ciertas notas adicionales, se puede denominar matrimonio. La de varón y varón o dama y dama, aunque posea esas otras notas adicionales, no será matrimonio ni por asomo.

Vemos en el ejemplo cómo todavía hoy juega en el pensamiento jurídico cierto esencialismo o conceptualismo esencialista. Otras corrientes filosófico-jurídicas consideran que no hay base para creer en tal predeterminación ontológica de los contenidos jurídicos y de los nombres de las "cosas" del derecho, y que tales esencialismos no esconden más que prejuicios ideológicos o son disfraz del intento de controlar política y moralmente la libertad de cada sociedad para regularse como quiera o mejor le convenga. Pero lo que, al margen de esos debates, queremos subrayar aquí es que de ese género era el conceptualismo de la jurisprudencia de conceptos. El sistema jurídico constaría de todo un entramado de categorías así, con contenido necesario prefigurado.

Además, se trata de un sistema porque entre tales conceptos o categorías hay un orden, orden que va de los conceptos supremos, que son más abstractos o abarcadores, hasta aquellos que, en peldaños descendentes, son sucesiva concreción de esos conceptos primeros y fundamentales. O, visto de abajo a arriba, cada concepto es despliegue o concreción del contenido de uno superior, y así sucesivamente hasta llegar a la cúspide, al concepto-padre.

Sonará extraño, pero cualquiera lo puede entender si ha estudiado derecho privado y, muy especialmente, derecho civil de obligaciones y contratos. Sigue enseñándose con esos esquemas y esos presupuestos de la jurisprudencia de conceptos. En la cima de ese (sub)sistema se encuentra, según los civilistas, el concepto fundante, el que da su sentido de conjunto a esa rama y en sí recoge, sintetizada, toda la regulación inferior. Se trata de la idea o concepto de autonomía de la voluntad. Concreción parcial de ella es la noción de negocio jurídico. El negocio jurídico tiene su naturaleza propia, sus notas estructurales necesarias y definitorias, en cuanto que es "hijo" o "descendiente" de la autonomía de la voluntad. A su vez, el negocio jurídico tiene dos "hijos", se concreta o despliega sus efectos bajo dos formas, según que se trate de negocio jurídico unilateral o bilateral: el testamento y el contrato. Se parecen en todo, por cuanto que "descendientes" del mismo "padre", y es ese carácter unilateral o bilateral lo que los especifica. Por su parte, el contrato tiene una serie de "hijos", todos contratos, pero cada uno con su peculiaridad diferenciadora: compraventa, arrendamiento, depósito... Todos "hijos" del contrato y, por tanto, comunes a todos los caracteres del contrato y común a cada uno la regulación general del contrato. Y todos nietos del negocio jurídico y, en un nivel más alto de abstracción, a todos común igualmente la naturaleza (los "genes") y la regulación del negocio jurídico. Y, un paso más arriba, todos expresión y desarrollo, para relaciones sociales parciales, del contenido general de la autonomía de la voluntad.

Las palabras con que el legislador regula tal o cual institución (este testamento o aquel contrato, por ejemplo) podrán no estar claras, pero las esencias sin son transparentes. Por eso, si subsumimos los hechos del caso bajo dichas esencias, bajo los conceptos, no habrá necesidad de interpretar y la única respuesta correcta se nos hará patente. Sólo hace falta dominar el método para ese *conocimiento* de las esencias jurídicas y para la extracción de su consecuencia para cada caso. Entre dichas esencias no hay lugar para contradicciones, y por eso en el fondo del sistema no caben las antinomias, aunque podamos encontrarlas, meramente aparentes, en las palabras del legislador. Tampoco habrá lagunas, ya que cuando no damos con un concepto preciso bajo el que subsumir la relación que juzgamos, sólo tendremos que ascender un escalón para hallar un concepto que sí la englobe. Expliquemos un poco mejor esto último.

Supongamos que en cierto momento aparece una práctica social que se parece muchísimo a la compraventa, pero que no posee con exactitud todos sus caracteres, pues un detalle desentona de lo que la compraventa exactamente es. También se parece esa nueva práctica al arrendamiento, pero tampoco es subsumible con total precisión bajo los caracteres nucleares del arrendamiento. Habrá aparecido un término medio, una nueva práctica o institución, a medio camino entre la compraventa y el arrendamiento. Quizá ha surgido el *leasing*. Puesto que, en ese momento, nada ha dicho el legislador todavía de ese nuevo fenómeno y, por tanto, no lo ha regulado ni en sus condiciones ni en sus presupuestos jurídicos ni en sus efectos, ¿estaremos ante una laguna? No. Nada más que habremos de comprobar si posee las notas generales del contrato. Si resulta que sí, tendremos un contrato más, pero no laguna, pues se le aplicarán las normas generales del contrato a efectos de consentimiento, causas de nulidad, efectos, etc., etc. No hace falta que el legislador defina y detalle lo que en los conceptos ya está prefijado; sólo hay que descubrirlo.

Así que ya sabemos cómo y bajo qué subsumen los jueces, según la jurisprudencia de conceptos: bajo los conceptos, entendidos de esa manera que acabamos de exponer. También esta escuela decimonónica dejó su rastro para la posteridad en la enseñanza del derecho, pues sólo así se explica que nos hayamos pasado nuestros años de estudiantes memorizando también "naturalezas" jurídicas y árboles genealógicos conceptuales: tal cosa es negocio jurídico bilateral, sinalagmático, a título oneroso... Saber derecho, se pensaba, es también y sobre todo colocar cada institución jurídica en el mapa de las esencias o conceptos jurídicos.

1.3. Excurso sobre lógica y teorías formalistas de la decisión judicial

Una de las discusiones más desenfocadas que ha padecido la teoría del derecho del siglo XX versa sobre el papel de la lógica en el derecho, y en particular sobre su alcance y función en el razonamiento jurídico. El péndulo se ha movido permanentemente entre el extremo de pensar que la lógica podía ser garantía única y cierta de racionalidad de la decisión jurídica y de incontaminada pureza del razonamiento que lleva a ella, y el extremo de creer que la materia práctica con que el jurista opera nada tiene que ver con el frío formalismo lógico. Y fueron gruesos malentendidos sobre el concepto y las funciones mismas de la lógica los que alimentaron tanto confusionismo. Esos malentendidos tienen una génesis histórica no difícil de identificar. El equívoco proviene de que quienes en el siglo XIX mantenían el carácter puramente lógico de las operaciones de aplicación del derecho manejaban una idea de la lógica que no se corresponde con la noción de lógica formal que se impone en el siglo siguiente. Pero el pensamiento jurídico reaccionó contra aquel logicismo negando también la utilidad práctica de la nueva lógica formal. Los que en el siglo XIX defendían el carácter puramente "lógico" de la aplicación del derecho pensaban en una lógica bien alejada de los postulados, explicaciones y limitaciones que asume la lógica formal moderna, y ningún tratadista riguroso de las aplicaciones de la lógica formal al razonamiento jurídico defendió nunca que la lógica agotara los elementos de dicho razonamiento y fuera suficiente para determinar sus contenidos. ¿Cómo se explica, pues, el gran equívoco?

La razón está, al menos en parte, en la confusión que en el pensamiento jurídico se ha dado entre lógica formal y formalismo metodológico. Las doctrinas metodológicas de la aplicación del derecho dominantes en el siglo XIX, la jurisprudencia de conceptos, en Alemania, y la escuela de la exégesis, en Francia, mantenían posturas formalistas ingenuas, consistentes, como es bien sabido, en sostener que el juez se limitaba a realizar asépticos silogismos, meras subsunciones, con lo que en su labor no quedaba lugar legítimo para ningún género de valoración ni de creación de derecho. Pero ese formalismo debía tal condición no tanto a la lógica[8], que por lo demás era, como máximo y en el mejor de los casos, una muy elemental silogística aristotélica, cuanto a

---

8 El muy detallado estudio de Ogorek ha mostrado bien a las claras que raramente cuando se hablaba de "lógica" se hacía referencia realmente a la lógica y que la imagen del juez como autómata que no realiza sino silogismos bien simples sólo se difundió verdaderamente, en la Alemania del XIX, en la teoría del Estado, interesada en una determinada configuración de los poderes, pero no así en la teoría de la interpretación o

una muy particular concepción del sistema jurídico, conforme a la cual este era completo —sin lagunas—, coherente —sin antinomias— y claro —sin apenas dudas interpretativas o con vías seguras para hallar la interpretación verdadera para cualquier norma—. Esto, unido a una muy simplista e ingenua teoría acerca del conocimiento de los hechos, permitía creer que el juez podía en todo caso encontrar predeterminados y claros todos los elementos de su razonamiento, la premisa mayor y la menor del silogismo que culminaba en el fallo como mera conclusión "lógica".

Dicho de otro modo, no es que la lógica resolviera los problemas de la aplicación del derecho o suplantara las valoraciones del juez, sino que tales valoraciones se habían excluido de antemano, al concebir el sistema jurídico y sus normas del modo que hemos dicho, por lo que la aplicación del derecho era vista como aproblemática, como perfectamente determinada por el sistema, y no por la lógica, que simplemente era la herramienta que permitía extraer las decisiones a partir de ese sistema.

La confusión derivó probablemente del hecho de que a menudo al sistema mismo se le atribuía una estructura y perfección "lógicas". Pero con ello no se estaba indicando nada rigurosamente parangonable a lo que se podría llamar posteriormente una estructura axiomática, sino estableciendo, especialmente en el caso de la jurisprudencia de conceptos, una jerarquización material u ontológica entre las instituciones y sus respectivos conceptos, según la cual los conceptos más generales abarcaban o incluían en sí materialmente los conceptos menos generales. Y el contenido necesario de tales instituciones y correlativos conceptos se afirmaba no con necesidad "lógica", sino ontológica, y obvio es desde hace tiempo que tal ontologismo nada tiene que ver con la lógica formal y sus rendimientos[9].

---

de las fuentes. Cfr. K. Ogorek, *Richterkönig oder Subsumtionsautomat? Zur Justiztheorie im 19. Jahrhundert*, Frankfurt M, V. Klostermann, 1986.

9 Ya Radbruch puntualizó en su momento que la lógica moderna no opera con conceptos, sino con proposiciones, y que a partir de conceptos

El método en cuestión no es propiamente lógico, la lógica tiene una labor puramente auxiliar o derivada, sino que es el método histórico-natural, conforme al cual las relaciones entre las normas jurídicas, y entre los conceptos que están en su base, no se asimilan a relaciones propiamente lógicas, sino a relaciones entre cuerpos que al unirse forman nuevos cuerpos. La tan manida subsunción significa ahí que un hecho encaja bajo la predeterminación de un concepto en un plano ontológico ideal, que el hecho es una manifestación fáctica de un modelo ideal que se corresponde con un concepto. El supuesto logicismo termina por ser un ontologismo, y este sería el "punto nuclear" de la jurisprudencia de conceptos: "la deducción de la existencia a partir de la esencia, de la realidad a partir de la posibilidad, del ser a partir

---

no se puede deducir nada, sólo a partir de proposiciones (G. Radbruch, *Der Handlungsbegriff in seiner Bedeutung für das Strafrechtssystem*, Darmstadt, Wissenschaftliche Buchgesellschaft, 1967 —edición de A.Kaufmann—, pp. 35-36). Sobre el mencionado confusionismo son también aclaratorias las observaciones de Heinz Wagner: "La jurisprudencia de conceptos cree tener con el concepto también todas las proposiciones jurídicas; concepto y proposición jurídica le parecen inescindiblemente unidos de una vez por todas en la causalidad científico-natural. En un fenómeno subsumido bajo un concepto está el caso solucionado" (H.Wagner, *Die Vorstellung der Eigenständigkeit in der Rechtswissenschaft*, Berlín, Duncker & Humblot, 1967, p. 30); o las de Bucher, quien se refiere a la confusión de planos entre el aspecto científico-conceptual y el lógico: "que a partir de conceptos, que han sido formados por la ciencia para la presentación del material jurídico, se extraigan ulteriormente conclusiones relativas a contenidos jurídicos, es, desde el punto de vista de la teoría del conocimiento, objetivamente inviable. Por un lado, la formación científica de conceptos es libre, es decir, se pueden formar conceptos de contenido arbitrariamente definido; por otro lado, de los conceptos no puede extraerse más contenido con sentido que aquel que en su formación se les ha atribuido" (E. Bucher, "Was ist «Begriffsjurisprudenz»?", en W.Krawietz —ed.—, *Theorie und Technik der Begriffsjurisprudenz*, Darmstadt, Wissenschaftliche Buchgesellschaft, 1976, p. 363).

de los meros conceptos[10]". Nada más *lejos de la moderna lógica formal y sus postulados[11].

Lo curioso del caso es que la crítica al formalismo metodológico del XIX erró el tiro y acabó ensañándose con quien menos culpa tenía, la lógica. Toda la cantinela, tan repetida hasta hoy mismo, de que el derecho no es aséptica deducción, sino vida, atención a las necesidades humanas y sociales, fenómeno histórico y no frío dato, etc., todas estas trivialidades y obviedades acabaron creando una falaz y radical contraposición entre aplicación del derecho y lógica formal, como si el juez que razona para fallar un caso tuviera que desprenderse de las reglas del razonamiento correcto, o como si acoger tales reglas de la lógica equivaliera a convertirlo en un monstruo insensible. De la indiscutible constatación de que la lógica no es todo, la forma y la materia del

---

10 Arthur Kaufmann, "Analogie und «Natur der Sache». Zugleich ein Beitrag zur Lehre vom Typus", en A. Kaufmann, *Rechtsphilosophie im Wandel. Stationen eines Weges*, Frankfurt M., Athenäum, 1972, p. 284.

11 Como ha mostrado Fiedler, la época del racionalismo, en la cual se desarrollaron las ideas básicas acerca de la codificación y de la aplicación del derecho como mero silogismo, se corresponde con un periodo de escasa pureza metódica de la lógica. Y cuanto más estricta sea la concepción de la lógica que se maneje, tanto más difícil resultará presentar la aplicación del derecho como pura deducción (vid. H. Fiedler, "Die Rechtsfindung aus dem Gesetz im Lichte der neueren Logik und Methodenlehre", en *Festschrift für Ulrich Klug zum 70. Geburtstag*, vol. 1, Colonia, Peter Deubner, 1983, pp. 59-60). De ahí que en la jurisprudencia de conceptos no se dé en realidad un tratamiento lógico de la problemática de la aplicación del derecho, entendiendo la lógica en su sentido actual. De la lógica se daría solamente la apariencia. Como apunta el mismo Fiedler, "las construcciones de la jurisprudencia de conceptos no aparecen en modo alguno determinadas por ningún tipo de legalidades lógicas, sino que son, más bien, expresión de una (mal entendida) admiración por el antiguo método científico-natural" (H. Fiedler, "Zur logischen Konzeption der Rechtsfindung aus dem Gesetz und ihren historischen Bedingungen", en *Gesetzgebungstheorie, Juristische Logik, Zivil- und Prozessrecht. Gedächtnisschrift für Jürgen Rödig*, Berlin, etc., Springer, 1978, pp. 133-134).

razonamiento, se pasó sin solución de continuidad a sostener con pretendida seriedad que la lógica no pinta nada. Se erró el tiro porque del muy justificado ataque al conceptualismo ontologista, que era contra lo que verdaderamente luchaban los primeros críticos de la jurisprudencia de conceptos, como el segundo Jhering, los representantes de la escuela de derecho libre, Heck, etc., quedó sólo un forzado antilogicismo, lo que sirvió para que la teoría del derecho, y especialmente la dogmática jurídica, siguiera y siga anclada en un ontologismo metafísico que pretende conocer de "naturalezas jurídicas" y de contenidos conceptualmente necesarios de las instituciones, sin más anclaje filosófico que esa misma metafísica acríticamente asumida.

Con el paso del siglo XIX al XX los críticos del formalismo metodológico anterior mostraron del modo más contundente que el sistema jurídico no poseía, ni podía poseer, los caracteres de perfección que el anterior formalismo le atribuía y que ya hemos mencionado. Y que ninguna lógica se bastaba para, sin más auxilio, determinar plenamente las decisiones del juez. Si se pone de relieve, como se puso, que el sistema está lleno de lagunas, que abundan las antinomias y, sobre todo, que la interpretación siempre es necesaria porque los significados posibles de cada norma pueden ser diversos en cada momento y ante cada caso, no se está atacando a la lógica, sino a la idea del sistema que permitía pensar que el juez no necesitaba más que las reglas de la lógica para dictar su fallo. Sin embargo, se tomó la parte por el todo y se acabó insistiendo, más tarde, en que la lógica no tenía nada que decir en el razonamiento judicial o en su control.

Alguna responsabilidad por esos excesos la tienen también aquellos autores que figuran entre los precursores más destacados de la teoría de la argumentación jurídica, como Viehweg o Perelman. Pero en realidad luchaban contra molinos de viento, pues a la altura en la que escribían ningún teórico serio del derecho sostenía que la lógica determinase la decisión judicial en su integridad, y ni siquiera que tal cosa pudiera concebirse porque el sistema fuera tan claro, coherente y pleno como antaño se quiso creer. Cuando estos autores insistieron en que la dificultad de la aplicación del derecho no radica en extraer el fallo a modo de conclusión lógica a partir de las premisas sentadas, sino en dotar de contenido estas premisas, la normativa y la fáctica, no estaban diciendo nada que entonces fuera ya radicalmente original. Su aportación como precursores de la teoría de la argumentación va por otro lado, sin duda. Incurrieron, ellos también, en el error de pensar que si la lógica no determina, de nada vale. Se concentraron en demostrar que la discusión en la que se establecen las premisas normativa y fáctica del razonamiento judicial tiene un carácter tópico o retórico, pero no insistieron suficientemente en que, si se quiere que dicho razonamiento judicial sea mínimamente racional, ha de ser formalmente correcto, lógicamente correcto el modo en que el fallo se extraiga de las premisas así sentadas; y menos aún repararon en que también ese razonamiento que se lleva a cabo al tratar de fundamentar las respectivas premisas no puede renunciar a la corrección formal, independientemente de dónde busque sus contenidos.

La actual teoría de la argumentación jurídica sí ha sabido, de modo casi unánime, romper esa dicotomía entre materia y forma del razonamiento jurídico, entre control material y control formal de su racionalidad. Es ya un lugar común en estas doctrinas apoyarse en la distinción, que estableciera Wróblewski, entre justificación interna y justificación externa de la decisión jurídica, entendiendo que la *justificación interna* tiene que ver con la corrección formal del razonamiento decisorio y la *justificación externa* con la justificación —esta vez no formal, obviamente— de los contenidos materiales de las premisas del mismo. De ese modo se ha superado, esperemos que definitivamente, esa especie de maniqueísmo teórico entre supuestos defensores de la determinación lógica de los contenidos de la decisión e ingenuos y propugnadores de empatías, intuiciones o percepciones al margen de la lógica.

Pero interesa destacar que a ese punto de equilibrio no se ha llegado sólo desde las filas argumentativas, sino que es patrimonio común también con quienes cultivan y desarrollan la lógica jurídica y tratan de maximizar la aplicación del pensamiento lógico-formal al razonamiento jurídico. Sirvan a título de ejemplos, si bien de envergadura, Soetemann o Koch y Rüssmann, entre muchos.

Soeteman, después de exponer pormenorizadamente el verdadero papel de la lógica en el razonamiento jurídico y de explicar que su función de parámetro de corrección formal del mismo es insoslayable, recalca con insistencia que tal función nada tiene que ver con la elección de las premisas de dicho razonamiento. Esto último requiere puntos de vista normativos. Si se quiere que la elección de las premisas (y esos puntos de vista materiales que las guían) no sea arbitraria se ha de ofrecer justificaciones que no son competencia de la lógica. Ese es el campo de la justificación externa, el campo de la argumentación, y lo único en que la lógica puede ayudar es en detectar cuándo las premisas explicitadas son o no suficientes para sostener formalmente la conclusión[12].

Muy ilustrativo es también el caso de Koch y Rüssmann, dos de los autores que han realizado un esfuerzo más sólido para fundamentar, con los instrumentos de la lógica formal, la estructura constitutivamente deductiva del razonamiento jurídico. Concluyen que dicha estructura no elimina de ningún modo el problema de la elección de las premisas, por lo que, si se busca que la misma sea admisible, se ha de entrar en consideraciones normativas y desarrollar reglas de la decisión racional[13]. Y acaban mostrando sus simpatías con los planteamientos que a ese respecto proponen las teorías consensualistas de la justicia, tan emparentadas con la teoría de la argumentación.

---

12 Soeteman, *A., Logic in Law,* Dordrecht, Kluwer, 1989, pp. 241ss. La decisión será racional (o "razonable", como dice Soeteman) cuando el juez justifica suficientemente sus elecciones y, además, cuando es posible justificar el fallo como consecuencia deductiva de las premisas que resultan de aquellas elecciones (*ibid.*, p. 258).

13 H-J. Koch, H. Rüssmann, *Juristische Begründungslehre,* München, Beck, 1982, pp. 348ss.

En suma, lo mismo desde la lógica jurídica que desde la teoría de la argumentación se asume de modo cada vez más pacífico que el razonamiento jurídico decisorio tiene una estructura deductiva, o que así debe ser si se pretende racionalidad, y que tal cosa no quiere en absoluto decir que el juez no haga más que deducciones[14]. Simplemente se quiere expresar algo que cualquier tribunal de casación afirma constantemente: que si el fallo no es congruente con la consecuencia que se establece en la norma seleccionada e interpretada o con los hechos que se han considerado probados, dicho fallo es inadmisible. ¿Y por qué iba a ser inadmisible si no es por vulnerar una regla lógica, por no seguirse, deducirse, de las premisas? Y más aún, es la lógica y no otra cosa lo que ayudará a detectar aquel fallo que no se siga de premisas suficientes o suficientemente explicitadas

1.4. Doctrinas irracionalistas de la decisión judicial

Las corrientes *irracionalistas* son escépticas en cuanto a la posibilidad de que pueda haber algún método con el que medir con algo de objetividad la corrección o incorrección de las decisiones judiciales, algún método también que, si es seguido por el juez,

---

14 Como claramente indican Alchourrón y Bulygin, mostrando en esto su acuerdo con MacCormick, "El razonamiento jurídico que pretende mostrar que una decisión o una pretensión están justificadas de acuerdo al derecho vigente es esencialmente deductivo o, por lo menos, puede ser reconstruido como una inferencia lógica en la que, sobre la base de dos tipos de premisas, normativas y fácticas, se llega a una conclusión que afirma que ciertas consecuencias jurídicas son aplicables a un caso particular". Y añaden que "aunque sea verdad que para establecer las premisas del argumento uno debe recurrir a veces a interpretaciones, decisiones y valoraciones, el razonamiento, es decir, el paso que conduce de las premisas a la conclusión, es —o más bien puede ser reconstruido como— una inferencia deductiva" (C.E. Alchourrón, E. Bulygin, "Los límites de la lógica y el razonamiento jurídico", en, C.E. Alchourrón, E. Bulygin, *Análisis lógico y derecho*, Madrid, Centro de Estudios Constitucionales, 1991, pp. 303 y 304).

lleve a este a una decisión que exprese lo que es objetivamente debido para el caso, conforme a derecho. Los irracionalistas mantienen que toda decisión judicial es plasmación de preferencias personales, subjetivas, del juez; que depende, en última instancia, de sus gustos e inclinaciones. Incluso algún autor norteamericano, englobado en el realismo jurídico, llegó a sostener que el que el juez decida un caso de una u otra manera dependerá de factores tan azarosos e incontrolables como que ese juez esté teniendo, en el momento de decidir el caso correspondiente, una buena o una mala digestión, de que esté contento o malhumorado.

Las diversas corrientes del irracionalismo reaccionan, desde fines del siglo XIX y principios del XX, a la idealización del sistema jurídico que caracterizaba el pensamiento de la codificación y el racionalismo logicista imperante durante el siglo XIX. Se dirá ahora que el derecho tiene muchas más lagunas que normas, que las normas son muchas veces contradictorias y oscuras, que la realidad social cambia mucho más rápido de lo que puede el legislador adaptar la ley a las circunstancias nuevas, que el juez forma parte de una trama de poderes e intereses a los que no es inmune y que sin duda influyen en su actitud profesional, de igual manera que esta se halla condicionada por su educación, el tipo de formación que ha recibido, la ideología dominante en su gremio o, incluso, la clase social de la que proviene. Lo mismo sucede a quienquiera que analice o critique una sentencia, todos estamos bajo la influencia de factores de ese calibre y no podemos zafarnos de ellos para que se conviertan en objetivos e imparciales nuestros juicios sobre los casos en derecho.

La doctrina más radical y representativa de esta orientación irracionalista es el **realismo jurídico**, en sus dos versiones, el realismo jurídico escandinavo y el realismo jurídico norteamericano. Tienen importantes coincidencias —al margen de otras diferencias que ahora no importan tanto— para el tema que vemos. Por ejemplo, suelen diferenciar entre el "derecho en los libros" y el derecho real, auténtico. derecho no sería lo que viene en los códigos o se recoge en las gacetas oficiales, tampoco lo que se explica en los sesudos tratados de dogmática, sino que, igual que no hay más cera que la que arde, según el refrán, tampoco hay más derecho, que merezca tal nombre, que aquellas reglas o pautas que los jueces verdaderamente aplican en sus decisiones de los casos que enjuician.

Ese auténtico derecho no vive en la letra ni el espíritu de la ley, sino en la conciencia del juez. Una norma será derecho solamente si los jueces se sienten psicológicamente vinculados a ella, obligados a decidir en conformidad con ella y, en consecuencia, la aplican. Puede ser una norma legislada o jurisprudencialmente sentada, pero también una norma social o moral, incluso. derecho sería lo que cada juez piensa que es derecho y, por tanto, como derecho aplica para resolver los casos, venga de donde venga. Por eso muchas normas de las que en la legislación se contienen son puro papel mojado, derecho nada más que nominal, aparente; mientras que si alguien quiere saber cuál es el derecho de verdad tiene que ir a las sentencias y ver qué pautas aparecen en ellas como decisivas. En otras palabras, no existe propiamente más derecho que el derecho eficaz, el efectivamente aplicado, y la idea de validez, como definitoria de lo jurídico, es una idea puramente metafísica, una quimera, una vacía ilusión. De nada sirve decir que tal norma es válida, si los jueces no le hacen caso. Y tampoco nos lleva a ningún lado sostener que es inválida la norma que de hecho los jueces están aplicando. derecho es lo que los jueces aplican de hecho y quien quiera en verdad saber derecho deberá conocer la jurisprudencia, en lugar de distraerse con la lectura o memorización de recopilaciones legales o de precedentes jurisprudenciales abandonados.

Otra manera de expresar esa idea esencial de los realistas es mediante lo que alguno denominó la "perspectiva del hombre malo". Si yo quiero robar a alguien, por ejemplo, o apropiarme de algo que no es mío, no me preguntaré qué dice el Código Penal al respecto, sino qué me puede pasar realmente si hago tal cosa. Y no lo sabré mediante la lectura de dicho Código, sino averiguando qué les ocurrió a los que antes que yo incurrieron en esa misma conducta. Si, hechas esas averiguaciones empíricas, constato que no les pasó nada, pues o no fueron acusados o resultaron absueltos, podré concluir que, de hecho, el derecho me permite ese robo o apropiación, diga la ley lo que diga en su letra o sea el que sea su propósito.

Saber derecho es, en consecuencia, ser capaz de realizar profecías certeras o muy fiables sobre decisiones futuras de los jueces para casos concretos. Para estar en condiciones de acertar con alta probabilidad en tales profecías, es preciso conocer la jurisprudencia, es decir, cómo vienen decidiéndose últimamente los casos así; y no estará de más, tampoco, saber lo más posible de la persona del juez: sus ideas, preferencias, hábitos, intereses y opiniones, etc.

Cuando hablamos de métodos jurídicos, podemos hacerlo con un planteamiento descriptivo o uno normativo. Un *método* es *normativo*, aquí, cuando se propone con el fin de que sirva de regla o guía para el juez, cuando decimos, por ejemplo, que para que el juez elija la interpretación más correcta de las que una norma permite, *debe* atenerse al fin de la norma (método de interpretación teleológico). En cambio, un *método* es *descriptivo* cuando no se propone para gobernar el razonamiento del juez, sino que se extrae del análisis de tal razonamiento. Así, si decimos que entre los jueces españoles actualmente el método o canon de interpretación dominante es el teleológico, no estamos prescribiendo, sino describiendo, no sostenemos que esté bien o mal que así sea para que las decisiones sean correctas, sino que así *es* de hecho, nos parezca bien o mal.

Para los realistas, no tiene ninguna utilidad positiva que la doctrina se esfuerce en proponer a los jueces métodos normativos, pues, por definición, los jueces van a hacer siempre lo que les apetezca. Es más, cuantos más métodos de ese tipo la doctrina elabore y ofrezca, más posibilidades le brinda al juez para revestir su decisión personal con los ropajes de un método que es enteramente impostado. El juez elegirá el método que más le convenga (para este caso uno de interpretación teleológica, para el de mañana uno de interpretación sistemática, etc.), a fin de disfrazar de muy objetiva operación metódica una decisión que no es más que expresión de sus personales opiniones.

El realismo jurídico escandinavo tenía una especie de lema, según el cual el juez *primero decide y después motiva.* Quiere decirse que la decisión del juez recae como consecuencia de sus personales ideas o prejuicios, de sus particulares inclinaciones, pero que, después y a la hora de redactar la sentencia, encubre esos móviles personales suyos, que fueron determinantes, con las galas de algún método que dé a su fallo la apariencia de gran profesionalidad y de encomiable objetividad. Mandan en el juez sus móviles, sus motivos individuales, por tanto, pero en la motivación de las sentencias estos se ocultan bajo una retórica metodológica, con el uso de esos métodos normativos —hoy se dice que se está haciendo una interpretación teleológica, mañana que se usa una interpretación sistemática o una interpretación conforme con los derechos fundamentales...— que trata de presentar la decisión del juez como decisión del derecho mismo. Pero, para los realistas, el derecho es mudo; o habla muy bajito y apenas se lo entiende; es el juez el que le pone voz, a modo de ventrílocuo que, sin embargo, disimula y finge que la voz pertenece a la marioneta que con sus dedos mueve.

Tuvieron que pasar bastantes décadas hasta que ese lema de los realistas encontró una *réplica* que suene razonable. Desde las doctrinas o teorías llamadas de la argumentación jurídica, se insiste ahora en que *poco importan los móviles*, que, además, suelen ser incognoscibles, porque se mantienen ocultos, y que *lo que hace aceptable o convincente una decisión son las razones que la sostienen, los argumentos que expresamente la respaldan.*

Claro que habrá jueces que vayan nada más que a lo suyo, que prevariquen y oculten su delito o que inconscientemente estén determinados por sus particulares pulsiones y pasiones, aunque no tengan conciencia de esas causas y se piensen libres y muy profesionales. Pero lo que de bueno o malo tengan las sentencias lo juzgamos, nosotros, por las razones con que en la motivación se sustente el fallo. Si son tan aceptables o convincentes como para que nos hagan pensar que nosotros, o cualquier persona razonable con conocimientos bastantes, también podríamos haber fallado así por esas mismas razones, con esos argumentos, estamos reconociendo que son esas razones, que es eso que el juez nos dice, lo que cuenta y vale, al margen de toda disquisición sobre los sentimientos íntimos de ese juez, sus manías, sus ideologías o hasta sus complejos. Como ya sabemos y seguiremos viendo, para las teorías de la argumentación las decisiones valen racionalmente lo que valen no exactamente por lo que en ellas se decide, sino por la calidad de los argumentos con que son defendidas. Por eso también rige la obligación de motivar las sentencias.

Para el realismo jurídico, en cambio, carece de sentido proponer métodos normativos o dictaminar sobre el modo más racional de argumentar, pues los móviles del juez no son domesticables ni con métodos ni con argumentos, jamás cederán ante ninguno y usará el juez esos métodos o argumentos a su entera conveniencia. El enfoque metodológico que les parece útil es el *descriptivo*; es decir, que quien quiera saber derecho y profetizar con acierto los fallos judiciales futuros averigüe cuáles son los métodos, cánones o argumentos que los jueces, aquí y ahora, emplean con más frecuencia o por qué tipo de decisiones se suele inclinar tal o cual juez en según qué casos. Hay, pues, que estudiar la jurisprudencia con el mismo espíritu descriptivo con que cualquier científico analiza la realidad empírica, para conocerla y desentrañar sus claves internas, no con la vana ensoñación de poder alterarla o encauzarla hacia formas mejores o más racionales.

Del irracionalismo participan también, en grado mayor o menor, otras escuelas de pensamiento jurídico y otros importantes autores. Así ocurre, por mencionar tres casos, con la escuela de derecho libre, Kelsen o el movimiento llamado *critical legal studies*. Digamos con brevedad algo de ellos, en lo que tiene que ver con esta materia.

La ***escuela de derecho libre*** floreció en Alemania durante el primer tercio del siglo XX. Critica agriamente los mitos de la jurisprudencia de conceptos. En particular, achaca a dicha escuela la responsabilidad por un modelo de jurista muy alejado de la práctica, experto nada más que en lucubraciones abstractas sobre naturalezas jurídicas y conceptos evanescentes; un jurista "alienado", pues su dedicación exclusiva al conceptualismo metafísico y al puro afán clasificatorio lo convierte en incapaz para evaluar la raíz práctica y social de los litigios que los jueces tienen que resolver y para ser conscientes de las implicaciones humanas y sociales de las sentencias. Ese jurista, de cultura puramente libresca y ducho en latinajos y definiciones, vive de espaldas a la realidad de los ciudadanos y llega a creerse que por su boca hablan las verdades eternas del derecho y sus conceptos, sin asumir él, por tanto, la responsabilidad por lo mucho que de discrecional tienen sus propias decisiones.

Ese altísimo grado de discrecionalidad, resultante de las inevitables imperfecciones del derecho legislado y que va siempre por detrás y a remolque de los cambios sociales, hace que la voz cantante la tenga en todo momento la conciencia del juez y no ese derecho en los libros, plagado de oscuridad y a menudo anquilosado. A esa conciencia decisoria del juez, tan determinante, la denominaban "*sentimiento jurídico*" (*Rechtsgefühl*). Una buena sentencia, una sentencia útil y que no sea socialmente dañina, sólo podemos esperarla de aquel juez que obre guiado por un sano sentimiento jurídico. Pero para ello habrá que educar adecuadamente esa sensibilidad judicial, educación que no aportan, se decía, las facultades de derecho al uso, empeñadas en una enseñanza memorística y nada práctica y convencidas de que sabrá resolver pleitos quien tenga en su cabeza todo el ordenamiento, aunque ninguna otra cosa conozca, ni economía, ni ética, ni política ni psicología ni nada de nada.

Si queremos buenos jueces, nos dicen los de esta escuela, tendremos que formarlos de otra manera. Para empezar, las facultades de derecho deben tener anejas las "clínicas jurídicas", de la misma forma que junto a las facultades de medicina están los hospitales universitarios. Que el estudiante de derecho aprenda desde el comienzo de su carrera a conocer y manejar los conflictos sociales, con todas sus variadas implicaciones. Que la carrera empiece con las disciplinas más prácticas y que desde ahí, desde la práctica, se vayan inculcando al estudiante los más importantes conceptos teóricos y que luego pueda el estudiante entender y ponderar las diversas teorías sobre cada institución o cada sector normativo.

¿Y cómo habría que seleccionar a esos jueces dotados de un apropiado sentimiento jurídico? No bastará su título universitario, lo ideal será que, además de haber recibido esa buena enseñanza con un pie a tierra, hayan adquirido también experiencia en el foro, para que hayan podido captar cuánto se juegan las partes cuando pleitean por asuntos esenciales de su vida. Eso lo habrá comprobado un buen abogado, y entre abogados expertos deberán reclutarse los jueces, esos jueces que, entonces, ya no estarán alienados y desconectados de la realidad, prisioneros de una torre de marfil de conceptos vacíos y códigos memorizados, sino que sabrán valorar en su justa medida los alcances de cada caso.

Es matizado el irracionalismo de la escuela de derecho libre, pues, ciertamente, ni creen que el derecho es, por sí, perfecto ni piensan que algún simple método pueda dirigir la decisión judicial hacia la corrección. Pero opinan que, dado que a la conciencia del juez hemos de fiar cualquier esperanza de una buena jurisprudencia, serán tanto mejores las sentencias cuanto mejores sean humanamente los jueces, mejor formados y con una ética personal más escrupulosa y mejor pertrechada de experiencias y reflexiones.

A alguien le puede sorprender que incluyamos a **Kelsen** en este repertorio de irracionalismos. Kelsen estaba muy preocupado por la racionalidad jurídica, es cierto, pero creía que únicamente podría alcanzarse en la ciencia jurídica, en el conocimiento puramente teórico y descriptivo del derecho. Sólo hay ciencia allí donde existe un objeto diferenciado que puede ser descrito con objetividad por la correspondiente disciplina científica que de él se ocupa. Y, para Kelsen, el derecho puede ser así descrito con objetividad, científicamente, por una verdadera ciencia jurídica. La ciencia jurídica será ciencia normativa y no ciencia natural, pues su objeto lo conforman normas de cierto tipo particular, normas jurídicas, y no fenómenos naturales como las rocas, las aguas, los cuerpos vivos o los vientos. Pero el método científico puede mantenerlo esa ciencia jurídica siempre y cuando, como tal ciencia, se limite a describir y presentar sistematizada esa su materia prima, las normas jurídicas válidas y, todo lo más, a enumerar las interpretaciones posibles de cada una.

Mas, en Kelsen, decir ciencia es decir descripción sin valoración. Si usted lleva una roca al laboratorio de un geólogo y le pide que le averigüe cuál es su composición mineral, espera que, con el método y los aparatos de la geología, le expliquen cuánto hay en esa roca de pirita o de bauxita, pero nada le importará, para lo que usted buscaba, que el geólogo de turno le diga si esa roca le parece hermosa o fea. Cuando juzga de su belleza ya no describe como científico, sino que valora como un individuo más, uno del montón. Idénticamente, del científico del derecho esperamos que nos explique qué normas son derecho aquí y ahora y qué relaciones guardan entre ellas, pero su juicio sobre si tales normas le parecen justas o injustas no vale más que el nuestro ni que el de ningún otro ciudadano, pues no será ya un juicio científico, sino un juicio personal, particular suyo. La autoridad de los científicos termina donde acaba su ciencia.

Para Kelsen, en materia de opinión sobre asuntos valorativos, ninguna opinión vale más que otra y no hay manera de saber quién está en posesión de la verdad, pues en esas materias valorativas y meramente opinables no tenemos con qué medir dicha verdad o falsedad. Por eso a Kelsen le parece que el científico del derecho que, so pretexto de la cientificidad la disciplina que cultiva, pretende hacer pasar por derecho válido nada más que el que a él le parezca justo, por derecho inválido el que a él le repugne y por interpretación debida la que le sea más grata según su personal ideología, es una especie de impostor y alguien que trata de suplantar la creación de normas, creación que legítimamente pertenece al legislador que el mismo sistema jurídico habilite y no a los científicos o los profesores.

Esa ciencia del derecho de la que venimos hablando es, ante todo, la dogmática jurídica. Es decir, está constituida por aquellas disciplinas que tradicionalmente llamamos disciplinas o ciencias dogmáticas del derecho, como el derecho civil, el derecho penal, el derecho mercantil, el derecho administrativo, el derecho constitucional, el derecho laboral, etc., etc. El civilista, por ejemplo, cultivador de la ciencia del derecho civil, deberá describir y analizar las relaciones de las normas de ese sector del ordenamiento llamado derecho civil, examinar los problemas interpretativos a que puedan dar lugar, ver la jurisprudencia que se viene aplicando, estudiar las cadenas históricas de esa normatividad, etc., y todo ello puede hacerlo con un verdadero método científico, nada más que describiendo su objeto así, desde esas diversas perspectivas de análisis; pero en cuanto diga que tal norma es justa o injusta o que debe ser interpretada de esta manera o de la otra o que ha de ser aplicada o inaplicada por los jueces, habrá abandonado el resguardo de la ciencia y se habrá lanzado a hacer política jurídica, labor para la que, según Kelsen, no cuenta con mayor legitimidad que la de un ciudadano cualquiera, y menor, desde luego, que la de los representantes democráticos de la ciudadanía. No es que el civilista —o el penalista o el administrativista...— no pueda dar su opinión sobre las normas que estudia y decir si le gustan o no; es que, cuando lo hace, ya no lo hace como científico y no puede pretender disfrazarse de tal para que esa su creencia aparezca dotada de una autoridad mayor que la de cualquier ciudadano simple. Esa es la impostura que Kelsen combate y aquel es el tipo de ciencia jurídica objetiva y racional que propone en su "teoría pura del derecho", nombre de su doctrina y título de su obra principal y más sistemática.

¿Y los jueces? Para Kelsen la decisión judicial no puede presentarse como científica, ya que a los jueces no les cabe quedarse en meras descripciones de cuáles son las normas que hay y qué interpretaciones admiten. El juez tiene que seleccionar la norma,

de entre las que puedan ser aplicables, y tiene que escoger la interpretación preferible, de entre las que sean admisibles. Igual que tiene a veces que colmar lagunas o resolver antinomias de segundo grado; o que tiene, en otro orden de cosas, que valorar las pruebas de los hechos. Todo ello se hace desde valoraciones, que serán valoraciones insoslayablemente personales del juez respectivo. En eso, para los juicios de valor personales, la ciencia poco o nada ayuda.

A diferencia del científico, al juez no le basta decir con qué normas se cuenta y cómo se interpretan acá o allá, y con enumerar las pruebas y explicar el sistema vigente de apreciación de la prueba. El juez tiene, a la postre, que optar; optar entre alternativas interpretativas, probatorias y de otros tipos. Y toda opción entre tales alternativas prácticas es, para Kelsen, expresión de subjetividad y campo en que no cabe racionalidad científica ni, por tanto, verdad objetiva. El juez escogerá desde sus personales valores, desde sus preferencias personales. Lo hará seguramente con la mayor honestidad y el más sincero propósito de hacer justicia, pero serán subjetivas y no racionalmente controlables esas valoraciones determinantes del fallo. Eso, para Kelsen, no tiene vuelta de hoja, pues Kelsen es escéptico en materia de razón práctica y relativista en tema de ética.

A ese irracionalismo inicial de la teoría del derecho se fueron sumando otras aportaciones. Las corrientes **sociologistas** resaltaron la influencia crucial que sobre la práctica jurídica ejercen las pautas culturales vigentes en cada lugar; el **marxismo** subrayó el componente clasista y superestructural del derecho, componente presente y operante también en la praxis judicial. Con el paso del tiempo, y ya en la segunda parte del siglo XX, la filosofía **hermenéutica** volverá a destacar la importancia de las tradiciones y de las precomprensiones socialmente imbuidas, el auge de las ciencias sociales someterá al derecho y sus operaciones a nuevos enfoques en clave sociológica, psicológica, económica y antropológica, y nuevos movimientos teóricos, como el feminismo o el de los estudios culturales, señalarán otros factores sociales y culturales que impregnan tanto la ley como las sentencias. La síntesis última de esas perspectivas y sospechas, en términos de teoría irracionalista del derecho y de la decisión judicial, la brindará en EEUU la variada y pluriforme corriente que se conoce como *critical legal studies* y de la que Duncan Kennedy es tal vez el autor más conocido.

1.5. Metodologías racionalistas no logicistas. Jurisprudencia teleológica, jurisprudencia de intereses, jurisprudencia de valores

La reacción contra el racionalismo logicista de la escuela de la exégesis y la jurisprudencia de conceptos se alzó, radical, a finales del XIX y comienzos del XX. En Francia la encabezó Gény. En Alemania la inició el "segundo" Jhering y la continuaron, más radicalmente, los irracionalistas moderados de la escuela de derecho libre y los ***racionalistas no logicistas*** de la Jurisprudencia de Intereses y de la jurisprudencia de conceptos.

Jhering fue, en su primera etapa, uno de los más radicales exponentes de la jurisprudencia de conceptos. Usaba entonces imágenes tales como las dos siguientes: que los conceptos jurídicos eran como las letras del alfabeto, elementos primeros con los que se podían componer nuevas palabras cuando fuera necesario; o que los conceptos jurídicos se asemejaban a seres vivos, que nace, crecen y se reproducen, generando nuevos conceptos. Pero en los años sesenta del siglo XIX empieza Jhering una nueva etapa, con críticas muy duras a esa misma jurisprudencia de conceptos a la que anteriormente él mismo se adscribía. Es en ese tiempo cuando publica en un periódico sus famosas cartas anónimas, las que serán en la posteridad recopiladas en el libro *Bromas y veras en la Jurisprudencia* o *Jurisprudencia en broma y en serio*. En tales cartas ridiculiza y hace mofa del conceptualismo, considerándolo estéril, artificioso y completamente alejado de la realidad del derecho, que es una realidad fundamentalmente práctica e históricamente condicionada.

Comienza así la **jurisprudencia teleológica**. Mantiene ahora Jhering que el derecho es una herramienta que cada sociedad se procura para solucionar problemas prácticos de la convivencia, en particular para la resolución de los litigios que en cada época y en cada sociedad surjan. El derecho no vive en aquel cielo de los conceptos, sino en la realidad de cada tiempo. El derecho aparece, así, teñido de historicidad. El derecho no se hace con conceptos ideales e intemporales, sino con las soluciones que cada sociedad inventa para arreglar sus conflictos. Para entender las normas jurídicas de cada tiempo se debe tener en cuenta, antes que nada, su fin práctico. Las normas no se dedican a recoger y reflejar categorías ideales, productos de una razón abstracta y universal, sino que con ellas se pretende resolver problemas. Cada norma, por tanto, responde a una *finalidad*, y lo primero que el intérprete de la norma ha de considerar es ese fin propio de cada norma o grupo de normas. De esa manera, Jhering está colocando como método principal que ha de dirigir la interpretación el *método teleológico*. De ahí el nombre que se dio a su doctrina metodológica, el de jurisprudencia teleológica.

Aparecerá luego, ya a comienzos del siglo XX, la **jurisprudencia de intereses**, por obra principalmente de Philipp Heck, también en Alemania. Se da por bueno todo lo defendido por Jhering en su jurisprudencia teleológica, pero se insiste en que, como método, no es bastante y ha de ser desarrollado y dotado de mayor precisión y profundidad. Dice Heck que, en efecto, toda norma jurídica obedece a un fin, pero que debe considerarse que tal fin será siempre la resolución de un *conflicto de intereses.* Con cada norma el legislador está intentando proporcionar respuesta anticipada a un futuro conflicto de intereses. Entre los intereses en pugna en cada conflicto que el legislador se representa, este quiere dar la razón o preeminencia a una de las partes en tal conflicto. Así que, para entender cabalmente la norma y poder interpretarla de la mejor manera, el juez debe averiguar dos cosas: *cuál es el conflicto de intereses que a la norma subyace* y que el legislador quiso solucionar por adelantado y *cuál fue la preferencia que el legislador trató de establecer entre las partes de ese conflicto.*

La norma, según Heck, nace del conflicto y quiere poner fin al mismo. La operación de interpretación y aplicación de la norma por el juez la describe Heck como un acto de "*obediencia pensante*". La labor del juez es "pensante" porque la norma puede plantear dudas sobre su sentido o sus significados, debido a la inevitable indeterminación de su lenguaje. Así que el juez tendrá que analizar esos significados posibles y decidir a cuál se da preferencia. Pero esa decisión del juez que interpreta y aplica la norma debe estar presidida por una actitud de "obediencia", ya que no se trata de que imponga el juez, sin más, la interpretación que él prefiera o la que a él le parezca mejor, según sus personales puntos de vista, sino que ha de inclinarse por la interpretación que más se acomode con la opción del legislador a la hora de dar respuesta al respectivo conflicto de intereses. Tiene que investigar cuál fue la intención del legislador y, luego, interpretar la norma del modo que mejor encaje con dicha intención.

Se aprecia cómo Heck toma partido por la llamada doctrina de la *interpretación subjetiva*. En aquel tiempo era intensa la polémica entre las doctrinas de la interpretación subjetiva y de la interpretación objetiva. Los defensores de la primera propugnaban que, al interpretar, debía tener prioridad la intención del legislador, y que el juez había de atenerse estrictamente a lo que el legislador quiso decir con las palabras con que compuso la norma, o a lo que quiso conseguir con esa norma, al fin que lo guiaba. En cambio, los partidarios de la doctrina de la interpretación objetiva mantenían que, mediante la interpretación, el sentido o la finalidad de las normas podía ser actualizado por los jueces. Según esta doctrina, al interpretar y aplicar los preceptos jurídicos el juzgador tenía que preguntarse qué significado de las palabras de la ley casa mejor con los significados y usos actuales de sus palabras y qué fin cabe atribuir a la norma en cuestión a día de hoy, cuando la norma, quizá antigua, es aplicada; que debían prevalecer, a través de la interpretación, el sentir y las necesidades de la sociedad actual, no las preferencias del legislador originario o las propias de aquel tiempo en que la norma surgió.

Después del nazismo y de la Segunda Guerra Mundial, las doctrinas de la interpretación subjetiva, como la de Heck, cayeron en un relativo descrédito. Gran parte de la legislación del nazismo fue derogada, pero no toda. Se mantuvieron algunas normas dictadas en tiempos de Hitler que suponían avances técnico-jurídicos y carecían de contenidos reprobables por racistas o aberrantemente injustos. ¿Cómo interpretar tales normas con tan triste origen? Bajo el nazismo se decía que la fuente suprema del derecho era la voluntad del *Führer* y que toda ley debía interpretarse de forma que correspondiera en la mayor medida con los propósitos de Hitler, de quien su corte de profesores halagadores decía que era la suprema encarnación del ser, los intereses y los propósitos del pueblo alemán, de la nación alemana. Así que, después de la Guerra y en el estado alemán nacido de la Ley Fundamental de Bonn, de 1949, se pasó a entender mayoritariamente que era mejor una interpretación de la legislación que atendiera a las circunstancias y el contexto del presente y no a los fines de quien la redactó o promulgó.

El movimiento doctrinal que cobrará gran importancia desde finales de los años cincuenta en Alemania es el de la llamada **jurisprudencia de valores**. También aquí se comienza por asumir lo que habían sostenido la jurisprudencia teleológica y la jurisprudencia de intereses. En efecto, se dijo, las normas jurídicas responden a fines y esos fines siempre tienen que ver con el propósito de solucionar futuros conflictos de intereses a base de dar la razón a una de las partes enfrentadas en el conflicto en cuestión. Pero se nos dice ahora que todo ello aún es insuficiente como método adecuado de interpretación. Esa opción entre intereses que la norma encierra no es fruto del capricho legislativo ni de meras coyunturas o el simple azar. Responde a *preferencias valorativas* y se asienta sobre *un entramado de valores que al sistema jurídico subyace.*

En su fondo último, el sistema jurídico es un *sistema de valores,* es un sistema axiológico. Esos valores son concretados y explicitados mediante las normas. Los enunciados normativos intentan expresar las soluciones que de ese trasfondo valorativo deben sacarse para la solución de los conflictos. Cuando un juez interpreta y aplica las normas, ha de llegar hasta ese fondo y debe dar a la norma y al correspondiente fallo del caso el sentido que mejor se compadezca con el valor jurídico ahí prevalente. Sólo haciendo presente ese cimiento axiológico podrá el juez acertar con la solución más correcta.

De esa manera, el sistema jurídico se ve duplicado, por así decir. Habría un sistema superficial, constituido por los puros enunciados de las normas, por lo que las normas positivas dicen. Pero existiría también un sistema profundo, el verdadero sistema jurídico, que da razón y sentido a cada una de esas normas positivas o enunciadas por el legislador. Ese sistema profundo, auténtica esencia del sistema jurídico en cuestión, se compone de valores y de fines ordenados con arreglo a esos valores. Es a ese sistema profundo, valorativo, al que se debe acudir siempre que las normas planteen alguna duda para la resolución de un caso o cuando nos resulte problemática la solución que para un caso se desprende de las normas positivas.

Ese sistema jurídico, como sistema valorativo, tiene, una vez más, estructura piramidal. Bajo cada norma se encierra un valor preciso que le otorga su fundamento; a su vez, esa norma se integrará en un sector normativo, en una parte o rama de ese derecho, sector o rama que, por su parte, está determinado por cierto valor más abarcador o de contenido más amplio. Y así sucesivamente, hasta llegar a un supremo valor que preside el sistema jurídico como un todo y del que todo él, en los peldaños inferiores, es desarrollo y sucesiva concreción. Desde esa visión completa y sistemática del sistema jurídico como sistema axiológico sc podrá entender e interpretar cada parte y cada norma del mismo[15].

Concretemos estas ideas con un ejemplo. Supongamos que tenemos que interpretar y aplicar una norma de derecho de menores. Habrá que ver cuál es el valor que late bajo esa norma y que

---

15 Una de las más acabadas exposiciones de estos planteamientos de la jurisprudencia de valores se puede ver en el libro de Claus-Wilhelm Canaris, *El sistema en la jurisprudencia*, Madrid, Fundación Cultural del Notariado, 1998, traducción de J.A. García Amado.

a su través quiere expresarse y concretarse. Ese valor será despliegue de un valor superior, que proporciona sentido de conjunto a la parte del sistema en que esa norma se integra: el derecho de menores. A su vez, los valores que presiden y dan coherencia al derecho de menores serán concreción y desarrollo de los que, un escalón más arriba, unifican el derecho de familia. Y esa misma relación habrá entre derecho de familia, como rama, y el derecho civil: los valores que marcan e inspiran el derecho de familia (de los que, hacia abajo, son concreción los valores del derecho de menores), son aplicaciones de los valores que brindan su sentido de conjunto al derecho civil. Si subimos un escalón más, veremos que los valores unificadores del derecho civil se desprenden de los que prestan su sentido al derecho privado. Y en éstos se precisarán los supremos valores del sistema jurídico, que serían los más altos valores constitucionales, con su eje en el de dignidad humana.

Veámoslo con el esquema de la siguiente página.

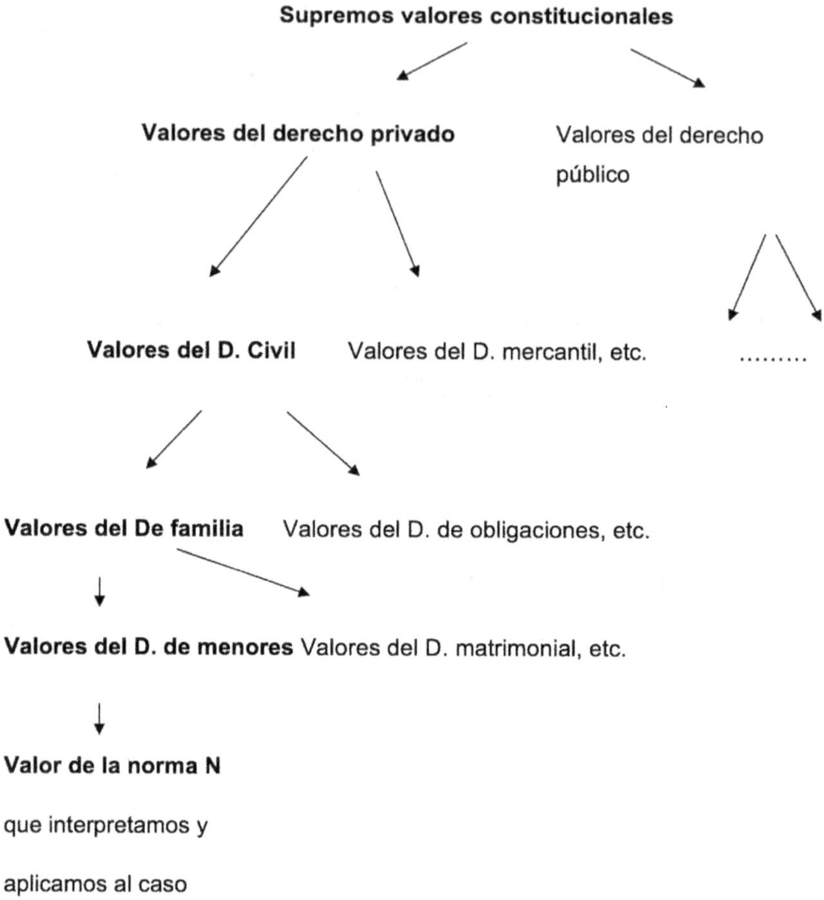

Un buen exponente de ese enfoque de la jurisprudencia de valores puede ser G. Dürig. A este constitucionalista de la época le tocó, a fines de los años cincuenta, comentar el art. 1 de la Ley Fundamental de Bonn (Constitución alemana), en el primer gran tratado escrito sobre dicha Constitución, del que son autores Dürig y Maunz. Tal art.1 dice simplemente que la dignidad humana es intocable (*unantatsbar*), que no puede ser atacada. Afirma Dürig, al exponer el sentido de tal precepto, que en él está sintetizado todo el contenido de tal Constitución. Es decir, que, aunque no tuviera más artículo que ese, el contenido de la Constitución, lo que la Constitución manda, prohíbe o permite, vendría a ser el mismo, ya que todos sus artículos siguientes no son más que desarrollo necesario de esa idea que se sintetiza en el art. 1. Ese valor de dignidad humana sería el supravalor de todo el sistema constitucional y jurídico, y de él son manifestaciones subsiguientes todos los demás preceptos de tal ordenamiento. Dürig mantuvo que la Constitución es "un *orden objetivo de valores*" y esa misma idea fue de inmediato acogida por el Tribunal Constitucional alemán en su famosa sentencia del caso *Lüth.*

Según Dürig, a la vista de ese art.1 queda ya claro que hay acciones que jamás podrán ser constitucionales y, en consecuencia, que nunca podrán hallar acomodo en el sistema jurídico que tiene esa Constitución en su cúspide. Dice, por ejemplo, que jamás podrá ser legal en Alemania la inseminación de una mujer con semen que no sea de su marido, porque se trataría de algo absolutamente incompatible con ese valor de dignidad. Bien se aprecia, con este simple ejemplo, lo que suele pasar con estas concepciones moralizantes del derecho: que acaba pensando cada autor que sumos valores del derecho son sus personales valores morales.

Ese entendimiento del derecho, como sistema moral en su fondo y la idea de unión inescindible entre derecho y moral a través de la constitución y sus valores prenderán más adelante en el llamado neoconstitucionalismo, tan influyente en la actualidad.

2. UNA VARIANTE NOVEDOSA DEL RACIONALISMO NO LOGICISTA: LAS TEORÍAS DE LA ARGUMENTACIÓN JURÍDICA

¿Cuál ha sido la aportación fundamental de ese ramillete de doctrinas que, aun en su diversidad, se conocen como teoría de la argumentación jurídica? Podría sintetizarse en los siguientes postulados:

(i) Toda valoración que el juez realice y que sea relevante para su decisión final del caso debe estar expresamente justificada mediante argumentos.

(ii) Esos argumentos han de tener tres propiedades que podemos denominar formales: no deben contener inferencias erróneas, no deben ser incompletos, en el sentido de que todas sus premisas no evidentes deben ser explicitadas, y han de ser pertinentes, es decir, tienen que versar sobre el verdadero contenido de las premisas del juicio que se quiere fundamentar.

(iii) Esos argumentos deben ser convincentes o, si se quiere utilizar una expresión menos rotunda, han de poder ser juzgados como razonables por cualquier observador imparcial, en el marco de la correspondiente cultura jurídica. Este requisito plantea la necesidad de que, como mínimo, dichos argumentos sean admisibles, y que lo sean por estar anclados en o ser reconducibles a algún valor esencial y definitorio del sistema jurídico propio de un estado constitucional de derecho.

La satisfacción de esas exigencias es condición de que la decisión judicial merezca el calificativo de racional conforme a los parámetros mínimos de la teoría de la argumentación. Con ello se comprueba que la racionalidad argumentativa de una sentencia no depende tanto del contenido del fallo como de la adecuada justificación de sus premisas.

Podría añadirse un cuarto requisito: que ni las premisas empleadas y justificadas ni el fallo vulneren los contenidos de las normas jurídicas, al menos en lo que tales contenidos sean claros. Esta exigencia se desdobla, a su vez, en dos: (a) que los elementos con que el juez compone su razonamiento decisorio no rebasen los límites marcados por las normas procesales; (b) que el fallo no contradiga el derecho sustantivo. Pero sobre este aspecto habrá que hacer algunas consideraciones ulteriormente, pues el punto (a) nos aboca a temas tales como la relectura y refundamentación del derecho procesal en clave argumentativa, así como al papel que juega la idea de verdad como guía del proceso; y el punto (b) nos lleva al controvertido tema de las relaciones entre la vinculación del juez a la ley y/o a principios materiales de justicia.

Desglosemos ahora esas cuatro aportaciones o postulados novedosos de las teorías de la argumentación jurídica.

Sobre (i). El requisito de que el juez justifique argumentativamente sus valoraciones determinantes supone la previa asunción de que tales valoraciones efectivamente acontecen en la práctica decisoria judicial y de que son decisivas para el resultado final, para la resolución de los casos. La teoría de la argumentación jurídica ocupa a este respecto un punto intermedio entre aquellos dos grupos de doctrinas que han tenido gran influencia en la teoría jurídica, el hiperracionalismo del que llamamos racionalismo logicista y el irracionalismo. Las primeras niegan que la práctica judicial sea valorativa; las segundas lo afirman, pero cuestionan la utilidad de todo esfuerzo de racionalización de esas valoraciones, que encerrarían nada más que opiniones y preferencias subjetivas del juez.

Como ya sabemos, el hiperracionalismo tuvo su más clara expresión en el positivismo ingenuo y metafísico del siglo XIX, el de la escuela de la exégesis, en Francia, y el de la jurisprudencia de conceptos, en Alemania. Temerosos los doctrinantes y sus patronos de la discrecionalidad judicial, la niegan y mantienen que el juez puede y debe decidir mediante un simple silogismo, para el que las premisas le vienen perfectamente dadas y acabadas: la norma es por definición clara, coherente y completa y los hechos hablan por sí solos, son perfectamente constatables y cognoscibles en su verdad o falsedad. Y, admiradores esos mismos profesores del legislador, ya sea por ver en él la encarnación de la soberanía popular, que no yerra, o del espíritu del pueblo representado por los príncipes o los señores, piensan que la ley va a ser siempre una obra perfecta que en nada tiene que ser concretada, aclarada o desarrollada por los jueces. En la labor judicial, por consiguiente, no queda espacio para las preferencias subjetivas del legislador, para sus valoraciones, y por ello nada hay de creativo ni discrecional en las sentencias. El juez subsume y sólo subsume, encaja los hechos del caso bajo la ley, clara y congruente, y extrae el fallo sin poner ni quitar.

Ese hiperracionalismo reaparece con potencia en buena parte de la teoría jurídica de las últimas décadas del siglo XX, en especial mediante la síntesis progresiva entre jurisprudencia de conceptos, principialismo de Dworkin y neoconstitucionalismo de inspiración alexyana. Ahora no es la ley, la obra del legislador, la que se considera completa, coherente y clara, sino el derecho como un todo, como un sistema que ha cristalizado en una constitución que es la quintaesencia de la verdad y del bien. El sistema jurídico se considera formado por dos componentes jerarquizados: la legislación positiva y los valores morales, que se hallan en el escalón superior del sistema jurídico mismo. Lo que el derecho positivo tenga de indeterminado se torna determinado y claro por referencia a ese superior componente axiológico; lo que en él haya de injusto se corrige desde el mismo plano ético-jurídico. El juez puede y debe "aplicar" el derecho, así integrado, pues el derecho, al menos idealmente, proporciona para cada caso "la" solución correcta. Esa única solución correcta tiene la doble condición de ser, al tiempo, la jurídicamente debida y la moralmente debida. derecho y moral, en íntima amalgama, se dan la mano para determinar los contenidos del fallo judicial. Si en el siglo XIX aquel positivismo pensaba que la labor judicial era antes que nada un ejercicio de conocimiento guiado por la razón científica, contemporáneamente se vuelve a ver así, pero ahora bajo la tutela de la razón práctica. El buen juez no valora, sino que conoce; no crea o completa la norma, sino que "aplica" con objetividad el derecho. La doctrina decimonónica estimaba que había un método que auxiliaba al juez y garantizaba la adecuación de sus resultados, el método meramente subsuntivo; la de hoy señala que el método que cumple dicha función es el ponderativo. Sólo cambia la "materia prima" o la fuente en la que el juez descubre los contenidos debidos para su sentencia, que nada encierra de discrecional y valorativa: para la escuela de la exégesis era el puro tenor literal de los códigos, para la jurisprudencia de conceptos eran los conceptos, las categorías abstractas que poblaban el universo jurídico y que ya los romanos habrían sabido hallar y sistematizar; para las corrientes iusmoralistas de ahora mismo son los contenidos de moral objetiva que impregnan los principios constitucionales y, por extensión, todo el ordenamiento jurídico.

En resumidas cuentas, frente al hiperracionalismo del paleopositivismo decimonónico o del iusmoralismo actual y frente al irracionalismo, a la teoría de la argumentación le compete poner de manifiesto que las cosas de los jueces no son ni tan claras ni tan oscuras, que, entre el noble sueño y la pesadilla, en términos de Hart, cabe el camino intermedio de una posible racionalidad argumentativa, de un concepto débil, pero no inútil, de racionalidad. Ni es la práctica del derecho conocimiento puro, sin margen para la discrecionalidad judicial, ni es inexorablemente extrema la discrecionalidad, trasmutada en arbitrariedad irremediable. Los jueces deciden porque valoran, pero esas valoraciones son susceptibles de análisis y calificación en términos de su mayor o menor razonabilidad: en términos de la calidad y fuerza de convicción de los argumentos con que en la motivación de las sentencias vengan justificadas.

Ese sería el designio inicial o el mínimo común denominador de las diversas teorías de la argumentación jurídica. Pero a partir de ahí, y con los años, se ha producido una bifurcación que no se debe perder de vista. Una parte de la teoría de la argumentación, especialmente a partir de aquella parte de la obra de Alexy que se conoce como su tesis del "caso especial"[16], se dará la mano con el iusmoralismo y, sin llegar al extremo de abrazar por completo

---

16 Sostiene Alexy que el razonamiento jurídico es un "caso especial" del razonamiento práctico general, pues, aunque en principio se busque en el razonamiento jurídico cuál sea la solución más acorde al derecho positivo y a su interpretación jurisprudencial y doctrinal, la decisión final se ha de pasar siempre por el filtro de la justicia, de modo que ha de rechazarse la decisión formalmente jurídica cuando se cuenta con buenas razones para verla como una decisión injusta. Véase Alexy, R., *Teoría de la argumentación jurídica*, Madrid, Centro de Estudios Constitucionales, 1989, trad. de M. Atienza e I. Espejo, pp. 206ss.

y expresamente la teoría de la única respuesta correcta, pues se admiten casos marginales de ejercicio de la discrecionalidad judicial, se pensará que la teoría de la argumentación constituye el método o el cedazo por el que la decisión judicial se filtra para poder convertirse en decisión *material y objetivamente* correcta. Las reglas de la argumentación racional ya no tienen la función negativa de descartar ciertas soluciones por hallarse deficientemente argumentadas; ahora adquieren tintes demostrativos, son la guía de la razón práctica en su averiguación de soluciones jurídicas que sólo serán racionales, admisibles y válidas si son justas. No es ocioso señalar que los autores que se acogen a esa vía suelen asumir, expresa o tácitamente, una doctrina ética de tintes objetivistas y cognitivistas: el bien, lo que sea el bien, existe en sí, como propiedad independiente de los sujetos, y puede ser conocido por los sujetos que ejerciten la razón práctica mediante el adecuado método, el método de la argumentación racional. Esa es, a día de hoy, la corriente mayoritaria entre los autores que cultivan la teoría de la argumentación jurídica, y de ahí la síntesis, cada día más habitual, entre teoría de la argumentación jurídica y neoconstitucionalismo como variante actual del iusmoralismo tradicional.

Pero también cabe una versión de la teoría de la argumentación jurídica dentro de los alcances del positivismo jurídico contemporáneo. Para que podamos aclararnos mínimamente en este asunto, debemos comenzar por descartar las etiquetas apresuradas y las argucias retóricas, y más si nos estamos ocupando de las reglas del argumentar racional. La principal de esas trampas dialécticas consiste en que los contendientes en este debate teórico suelen batirse con una versión caricaturesca y empobrecida de la doctrina rival. Tal ocurre si los positivistas se enfrentan a las tesis de Dworkin, Alexy o Atienza, por ejemplo, tildándolas de pura reedición del viejo iusnaturalismo, sea tomista o ilustrado. Y tal sucede igualmente cuando los iusmoralistas señalan como carencias teóricas del positivismo las que únicamente pueden predicarse de aquel paleopositivismo metafísico del siglo XIX. Ni pretenden estos iusmoralistas que el escalón superior del derecho lo formen ni la ley eterna ni una ley natural grabada en la naturaleza del hombre, ni es justo imputar a autores como Kelsen, Hart, Bobbio o Ferrajoli la creencia de que en la mera letra de la ley se halla la solución clara y perfecta para cualquier caso en derecho.

El positivismo del siglo XX se construyó sobre varios pilares, bien visibles en los autores citados. El primero, el empeño en separar *conceptualmente* el derecho y la moral, de modo que, a efectos descriptivos, tan erróneo y estéril resulta afirmar que no es derecho la norma jurídica inmoral, como afirmar que no sería moral la norma moral antijurídica. El segundo pilar es el rechazo de la metafísica, de la fundamentación metafísica de los sistemas normativos. Todo lo que es, incluidas las ideas e incluidos los sistemas normativos, es de este mundo, del mundo de los fenómenos empíricos y de las interrelaciones sociales. Del mismo modo que para el positivismo filosófico es ficticia por metafísica la bipartición del ser humano en cuerpo y alma, pues sólo el cuerpo podemos conocer y el alma se nos escapa por los derroteros de la fe y el misterio, el derecho no tiene un cuerpo positivo y un alma de moral objetiva. Otra cosa es que el uso del cuerpo trate de ser condicionado o gobernado desde diferentes ideologías o convicciones sobre la vida buena, la trascendencia o la salud del alma, igual que el uso del derecho es objeto de disputa entre visiones diversas de la sociedad justa o de la nación perfecta. Pero cada cosa es lo que es y las únicas certezas que podemos compartir, para organizarnos en común, son las certezas sobre lo que todos podemos igualmente captar, sobre los hechos.

Y el pilar tercero es la impronta democrática. Los grandes positivistas jurídicos de la era contemporánea suelen tener también en común el ser importantes y esmerados teóricos de la democracia, empezando por Kelsen. El escepticismo ante la existencia y/o cognoscibilidad de "la" moral verdadera y ante la potencia resolutoria de una razón práctica común a todos lleva a estos autores a la apología del sistema político que implica el menor de los males, pues es el que produce como normas jurídicas aquellas que contravienen las convicciones de menos ciudadanos y el que, desde el rechazo a la idea de que ni siquiera la mayoría sea titular de una verdad absoluta, garantiza el respeto de las minorías: el sistema mayoritario, el sistema democrático.

Es posible proclamarse iuspositivista por razones políticas y al margen de la metaética de cada uno, positivista por apego al Estado de Derecho, y por pensar que el derecho creado democráticamente y en democracia (donde haya tal mínimamente, por supuesto; es una cuestión de escala) es el mejor de los derechos posibles como pauta para la vida en común. Sin perjuicio de que los positivistas discrepen del contenido de muchas normas jurídicas y estén dispuestos tanto a desobedecerlas con base en su *moral personal* y de que puedan ser, al tiempo, celosos ejercitadores de todas las libertades y de todos los derechos políticos, como instrumentos para participar activamente en el cambio y mejora de las normas jurídicas vigentes. Pensar que el positivista jurídico es un conformista y resignado ante el poder es como afirmar que todo antipositivista es un santurrón o un insnaturalista de misa diaria.

Este positivismo ha mantenido en todo momento otra idea que lo define: la afirmación de la inevitabilidad de la discrecionalidad judicial. Que las normas jurídico-positivas sean el único derecho no es sinónimo de que esas normas configuren un sistema jurídico perfecto, claro, coherente y sin lagunas. Ya hemos dicho que, menos aún, es sinónimo de que esas normas sean justas, justas para todos o justas a tenor de la verdadera moral.

El juez trabaja con un material, las normas jurídicas, que está lleno de vaguedad, de contradicciones, de lagunas. Y por eso entre el sistema jurídico que tiene que aplicar el juez y su sentencia se interpone la actividad valorativa del juez, del juez que elige entre interpretaciones posibles de los enunciados jurídicos, que tiene que resolver también cuando no halla norma aplicable o que tiene que elegir entre las normas aplicables, cuando concurren como alternativas varias y del mismo rango. Ahí es donde también el positivista encuentra espacio para la teoría de la argumentación, como teoría que traza pautas para el control del razonamiento judicial y, ante todo, para evitar en lo posible que la insoslayable discrecionalidad judicial degenere en impune e incontrolable arbitrariedad.

En suma, las herramientas que aporta la teoría de la argumentación pueden ser aceptadas tanto por una teoría positivista como por una teoría iusmoralista del derecho, aunque con distintos objetivos y diverso alcance. Para el iusmoralismo, la argumentación racional es el método adecuado para establecer y fundamentar las soluciones correctas para los casos en derecho. Aquí se maneja un sentido fuerte de la idea de corrección y de la idea de racionalidad. La actividad discursiva, el intercambio de argumentos, el esfuerzo dialéctico y deliberativo de, por un lado, las partes en el proceso y, por otro, el juez guiado por la razón práctica, sirve para que pueda quedar demostrado hasta el límite de lo humanamente posible cuál es la decisión que la razón y la justicia, de consuno, demandan para el asunto litigioso. Muy diversos argumentos pueden y deben ser tomados en consideración en cada caso y en todos se encierran valores dignos de ser ponderados (el tenor de la norma, el fin de la misma, su inserción sistemática, la intención del legislador, los precedentes, las necesidades sociales, la situación de los sujetos, etc., etc.), pero uno vale por encima de todos: la justicia de la concreta resolución. De ahí que, para la teoría de la argumentación de corte iusmoralista, todos esos argumentos cuenten y deban tener su peso a la hora de justificar la decisión, pero su validez fundamentadora es sólo *prima facie* o en principio.

Eso último significa dos cosas. Una, que los argumentos puramente legales o técnicos o intrasistemáticos solo vencen cuando no tienen en frente argumentos morales bien potentes. Otra, que los argumentos legales son los que obligan *prima facie,* con lo que la carga de la argumetación la tiene el que invoca lo que manda la moral, frente a lo que la ley ordena. Pero el peso grande del argumento moral o de justicia lo convierte en el debido ganador y será él, el de justicia, el que en ese caso deba imponerse, aunque sea en detrimento de aquellos datos y argumentos sistemáticos, en detrimento de lo que diga o pueda significar, se interprete como se interprete, la norma positiva. La justicia gana siempre, aunque no se muestre en sus contenidos por sí misma y en su evidencia, sino que tenga que ser explorada y averiguada a través de la argumentación. Y ha de quedar claro que esa justicia del caso que por esa vía se descubre y se sienta no es, para esas doctrinas iusmoralistas de la argumentación, el producto de la discrecionalidad del juez, sino el resultado del recto ejercicio de la razón práctica. Mediante la argumentación racional no decidimos dando razones que quieren ser convincentes, sino que conocemos gracias a esas razones y, sobre dicha base, decidimos.

Para el iuspositivismo, la argumentación judicial respetuosa de ciertas reglas racionales es la herramienta que nos permite diseccionar críticamente las sentencias a fin de diferenciar cuándo contienen un aceptable ejercicio de la discrecionalidad y cuándo pueden ser sospechosas de arbitrariedad. El juez que fundamenta adecuadamente su fallo no ha demostrado con ello su corrección material o su justicia, no nos da cuenta de que haya descubierto mediante el sano ejercicio de la razón práctica la única solución correcta o la demostrablemente mejor. Simplemente nos hace ver que, con los argumentos que el sistema jurídico le permite manejar, ha tratado de alcanzar la solución que le parece más correcta y, además, nos hace partícipes de sus razones con el propósito de convencernos de que es un juez en su papel de tal y no alguien que trata de imponer sus convicciones sobre cómo debe ser y organizarse el mundo, su moral o sus intereses. Esa relativización de la utilidad de la argumentación racional es la que explica que, por lo general, resulte mucho más fácil al positivista que al iusmoralista afirmar simultáneamente que una decisión judicial es racional, en el sentido de que no hay tacha en su fundamentación argumentativa, y que, al tiempo, discrepa con ella.

Con la perspectiva más modesta del iuspositivismo, se dirá que se debe argumentar de determinada manera, tendiendo al acuerdo y no a la pura imposición de la autoridad, por ejemplo; se debe argumentar para ofrecer a los otros las propias razones y para hacer ver que las que guían la decisión son razones que se pretenden universalizables y compartibles. Se debe argumentar, como ya se ha repetido, para alejar en lo posible la sospecha de arbitrariedad, de mera subjetividad. Se debe argumentar porque, si el derecho es de todos y para todos, las razones del derecho, las razones de cada decisión jurídica, por todos han de poder ser conocidas y juzgadas, aceptadas o criticadas, para que todos puedan comprobar que mis razones como juez de este caso no sean las razones meramente mías, sino las razones del derecho que es de todos, que es de todos en lo que tenga de cierto y que sigue siendo de todos en lo que de indeterminado contenga. Porque también cuando el juez ejercita su discrecionalidad está decidiendo para todos y no para él mismo. Eso significa racionalidad dialógica y eso significa la orientación al consenso que es propia de la racionalidad argumentativa.

Y no se olvide que, hasta por imperativo constitucional, el derecho es de todos los ciudadanos, pero la moral es de cada uno. Y lo común no debe gestionarse con el espíritu con que se gestiona lo personal. O, al menos, ese parece ser el espíritu constitucional en los Estados de derecho. Si yo llamo derecho también a mi moral, no hago más que tratar de que comulguen todos con lo mío y desde la soberbia convicción de mi superioridad. Lo mismo, y con mayor razón, vale si yo soy juez.

Sobre (ii). Decíamos que los argumentos con que se justifique una decisión que se pretenda racional, según el modelo de la racionalidad argumentativa, han de tener tres propiedades que podemos denominar formales: no deben contener inferencias erróneas (a), no deben ser incompletos, en el sentido de que todas sus premisas no evidentes deben ser explicitadas (b), y han de ser pertinentes (c), es decir, tienen que versar sobre el verdadero contenido de las premisas del juicio que se quiere fundamentar.

La teoría de la argumentación viene a decantar y a explicitar, así, ciertos patrones de racionalidad que constantemente aplicamos en nuestras comunicaciones ordinarias. De por qué en el derecho moderno los fallos judiciales han de ser motivados mediante argumentos, mediante razones, ya hemos dado cuenta: porque no expresan un mero acto de autoridad, sino que se quiere que esa autoridad fundamente sus decisiones, a fin de descartar en lo posible el riesgo de arbitrariedad, las razones espurias. No hay motivación racional de una sentencia cuando sus contenidos son traducibles a un "porque yo, juez, lo digo", "porque simplemente a mí me parece así" o "porque a mí me da la gana". Así se explican los requisitos que se mencionan en este apartado, como exigencias de la argumentación judicial correcta.

a) Al igual que en la vida ordinaria no consideramos fundada una conclusión que es resultado de una inferencia errónea, lo mismo sucede con el fallo judicial que no se sigue correctamente de las premisas sentadas y explicitadas en la motivación. Que la decisión judicial no sea un simple resultado de la aplicación de las reglas formales de la lógica no quiere decir que la lógica no importe nada. Un razonamiento judicial lógicamente incorrecto es irracional, e irracional será el fallo. Que la decisión judicial haya de justificarse en la motivación supone que han de mostrarse las premisas de las que el fallo se extrae y que el fallo ha de derivarse efectivamente de esas premisas que se muestran, y no de otras que queden ocultas. No es que la teoría de la argumentación haga homenaje a la lógica por ser la lógica, sino que sin respeto a la lógica no hay argumentación que tenga sentido.

Las teorías de la argumentación jurídica acostumbran a diferenciar la *justificación externa* y la *justificación interna* de las decisiones. La justificación externa se refiere a la razonabilidad o aceptabilidad de las premisas, a las razones que amparan la elección de las premisas de las que la decisión se deriva. La justificación interna alude a la corrección de tal derivación, a la validez, lógica en mano, de la inferencia mediante la que de aquellas premisas se saca la resolución a modo de conclusión.

b) La decisión final, la que se contiene en el fallo de la sentencia, es el producto lógicamente resultante de una serie de decisiones previas, las decisiones que configuran las premisas, que les dan su contenido. Esas previas decisiones son propiamente tales, lo que quiere decir que encierran la opción entre distintas alternativas posibles. Y por ser, así, decisiones, elecciones que el juez hace, han de estar justificadas. La justificación externa es justificación de la elección de las premisas. Son las premisas las que sostienen directamente el fallo. Aquí viene ahora a cuento lo que podríamos denominar la regla de exhaustividad o saturación de la argumentación, regla argumentativa que se puede enunciar así: toda afirmación relevante para la configuración de una premisa de la decisión final y cuyo contenido no sea perfectamente evidente debe estar basada en razones explícitas, tantas y tan convincentes como sea posible. En otros términos, el razonamiento judicial mostrado en la motivación no debe ser entimemático en nada que no sea evidente, no puede haber premisas o subpremisas ocultas.

c) El juez que interpreta la norma N se ha inclinado por la interpretación S^1 y ha echado mano del siguiente argumento: S^1 es preferible porque a día de hoy la luna se encuentra en cuarto menguante. Puede ser verdad fuera de discusión esto último, pero cualquiera diría que qué tiene que ver el argumento con lo que se está discutiendo, con lo que había que justificar. Nos encontramos ante la regla de la pertinencia de los argumentos, que se puede formular de este modo: un argumento sólo justifica una elección cuando, en el caso en cuestión, tiene una relación relevante con el supuesto que se debate. Aquí usamos las mismas reglas de la comunicación común que nos llevan a preguntar a alguien que argumenta fuera del tema lo siguiente: eso a qué viene.

Sobre (iii). En la argumentación se utilizan argumentos. Para nuestro propósito, podemos definir argumento como un enunciado o conjunto de enunciados que contiene una razón en favor de una tesis, de una propuesta o de una decisión. Argumentar es emplear argumentos con ese propósito de dar razones justificativas. Cuando al juez le exigimos que argumente sus valoraciones y decisiones le demandamos argumentos. Le demandamos argumentos suficientes, argumentos pertinentes y argumentos exentos de falacias lógicas o de otro tipo.

En el derecho acostumbra a haber ciertos argumentos de uso común y general aceptación para respaldar las opciones del juez a la hora de valorar las pruebas y, en especial, a la hora de elegir entre las interpretaciones posibles de las normas. Lo mismo ocurre cuando se trata de crear la norma mediante la que el juez colma una laguna o de resolver una antinomia. Esos argumentos por lo general están convencionalmente establecidos en la doctrina y en la práctica, aunque también puede ocurrir que se hallen respaldados por alguna norma del sistema jurídico. Los llamados tradicionalmente cánones de la interpretación constituyen el mejor ejemplo.

Ese trasfondo reglado, sea legal o convencionalmente, es lo que permite diferenciar entre argumentos admisibles e inadmisibles. No todo argumento que el juez pueda invocar en la motivación de la sentencia se tendrá, en un momento dado y dentro de un determinado sistema jurídico, como admisible. El juez puede aducir, por ejemplo, que elige tal o cual interpretación de la norma aplicable porque es la que permite el fallo que a él más le gusta, o porque se le apareció en sueños el emperador Justiniano y le dictó ese significado como el más oportuno, o porque dicha interpretación es la que mejor se compadece con su fe religiosa, o porque, así aplicada la norma, resulta más favorecido el partido político de sus amores. Tales argumentos se tendrían en nuestra cultura jurídica por inadmisibles, aunque en otras puedan juzgarse adecuados, como demuestra la historia.

Los argumentos que cuentan comúnmente como admisibles tienen dos propiedades o notas esenciales: su habitualidad y su ligazón con algún valor o propiedad que se considera esencial para el sistema jurídico.

La *habitualidad* se relaciona con el uso frecuente en la práctica. Se suelen apreciar como extemporáneos e inoportunos los argumentos carentes de esa consolidación en la praxis. Al tiempo, los argumentos más habituales funcionan como tópicos, en el sentido de Theodor Viehweg y su tópica jurídica. Como se explica en una lección posterior, los tópicos son argumentos en los que la sola mención de su núcleo o sus términos identificadores suscita una predisposición al acuerdo, da lugar a una actitud favorable.

Cuando un político ampara una determinada medida de gobierno en el interés general o en la justicia social, está empleando un tópico que será efectivo por sus resonancias positivas, aun cuando el argumento no se desarrolle más y no se explique en detalle por qué es precisamente esa medida la que favorece tal interés o dicha justicia, o aunque ni siquiera haya un mínimo acuerdo sobre qué será en concreto el interés general o en qué consistirá la justicia social bien entendida. En la argumentación judicial eso mismo ocurre muy destacadamente con los cánones de la interpretación. Un juez declara que la interpretación elegida es la más adecuada a la voluntad del legislador, al fin de la norma o a su tenor literal y ya, sólo con eso, queda la impresión de que son sólidas las razones en las que se apoya al interpretar así. Por eso no es descabellado formular la siguiente hipótesis de trabajo, útil al menos para el análisis argumentativo de sentencias: cuanto más consolidado está como tópico un argumento, con tanta más frecuencia será meramente mencionado, pero no rectamente usado, en el sentido de la regla de exhaustividad a la que anteriormente aludimos.

Pero los argumentos habituales no reciben su fuerza y su capacidad de convicción únicamente de su uso frecuente. Pasan y han de pasar otro filtro determinante de su admisibilidad: su *ligazón con algún valor de los que se consideran inspiradores del modelo de estado y de constitución o con alguna propiedad esencial del sistema jurídico.* Por ejemplo, el argumento interpretativo de la voluntad del legislador, el canon de interpretación subjetiva, es y cuenta como admisible porque con él se está apelando a la voluntad de la autoridad normativa legítima.

Ese anudarse de los argumentos admisibles a valores esenciales del sistema se aprecia igualmente en los otros cánones. El sistemático, en sus diversas variantes, bebe de la coherencia lógica y lingüística como propiedades de un sistema jurídico que pueda cumplir adecuadamente su función de orden. El teleológico-objetivo se sostiene en la necesaria conexión de las decisiones judiciales con las necesidades sociales del presente y con el sentir general. El llamado canon literal o gramatical, que en realidad funciona únicamente como delimitador de las interpretaciones posibles y no como argumento justificador de la elección de una concreta de ellas, se engarza, por un lado, con el respeto al legislador legítimo y, por otro, con la seguridad jurídica, como certeza mínima sobre el contenido de las normas que se nos pueden aplicar. Y así sucesivamente.

Lección 3
Dos precursores de la teoría de la argumentación jurídica: Theodor Viehweg y Chaim Perelman

1. INTRODUCCIÓN

Es bien curioso que unos cuantos de los más relevantes precursores de la teoría de la argumentación jurídica dedicaran su juventud al estudio de la lógica formal y se decepcionaran pronto. Es el caso de Chaim Perelman[17] y de Theodor Viehweg[18]. Concluyeron enseguida que ni el sistema jurídico es un sistema lógico-axiomático ni la decisión judicial es simple silogismo[19] sin espacio para la discrecionalidad. Lo llamativo del asunto es que a esas conclusiones llegan a partir de los años cincuenta del siglo XX, cuando ni lo uno ni lo otro era ya sostenido por nadie[20].

---

17 Sobre el positivismo lógico cultivado inicialmente por Perelman y para una muy peculiar y llamativa interpretación de la influencia que en el paso a la "nueva retórica" jugaron la cultura judía y el rechazo al dogmatismo del nazismo, vid. Frank, D. A. "Argumentation Studies in the Wake of The *New Rhetoric*", *Argumentation and Advocacy*, 40, 2004, especialmente pp. 268-269.

18 Téngase en cuenta que lo primero que publica Viehweg se titula "Die juristischen Beispielsfälle in Leibnizens Ars combinatoria" (en G. Schischkoff, G., *Beiträge zur Leibniz-Forschung*, Reutlingen, Gryphius, 1947, pp. 88-95).

19 Como bien resume Atienza, "Lo que caracteriza a los precursores, en los años cincuenta del siglo pasado, fue la tesis de que el razonamiento jurídico no podía verse como un tipo de razonamiento deductivo" (Atienza, M., *Curso de argumentación* jurídica, Madrid, Trotta, 2013, p. 30).

20 Como indica Cabra Apalategui, siguiendo a Stone, la visión puramente mecanicista o silogística de la decisión judicial, a la que los precursores

Esa es una de las más peculiares características de la teoría jurídica, el denodado empeño de sus cultivadores por luchar contra molinos de viento o fantasmas del pasado. Desde mediados del siglo XX se insiste en que ni la trabazón de las normas jurídicas es puramente lógica ni es la clásica lógica silogística o la moderna lógica formal la que determina al cien por cien el resultado de las decisiones judiciales. Pero tal cosa ya no la defendía nadie desde bastantes décadas antes, desde los ataques, en Alemania, a la Jurisprudencia de Conceptos por obra de Jhering en su segunda época, de la Escuela de derecho Libre y de Kelsen, y desde que, en Francia, Geny triturara los fundamentos teóricos e ideológicos de la Escuela de la Exégesis. Es el mismo empeño desenfocado de gran parte del iusmoralismo y el neoconstitucionalismo de ahora, cuando imputan al positivismo normativista y a Kelsen tesis que eran propias de aquel positivismo metafísico del siglo XIX y que el mismo Kelsen (o Hart, o Bobbio...) desactivó con verdadera saña.

El caso es que aquellos jóvenes investigadores, Perelman o Viehweg[21], se topan con una teoría jurídica que se acoge a enfoques que les repugnan por igual. El iusnaturalismo, en todas sus variantes, es dogmático, el logicismo es engañoso, el irracionalismo es decepcionante y aboca a toda teoría jurídica o ético-jurídica a la parálisis y la resignación, y el normativismo positivista, acorralado en los años sesenta por la crítica de tanto iusnaturalista poco amigo de lecturas y tanto antiguo nazi sibilino, es excesivamente aus-

---

de la teoría de la argumentación jurídica se oponen, raramente había sido defendida "como una descripción ajustada de lo que los jueces hacen cuando resuelven casos conforme a derecho". Ese tipo de formalista es más bien "un personaje de la mitología jurídica" (Cabra Apalategui, J.M., *Sobre derecho y argumentación. Estudios de teoría de la argumentación jurídica*, Granada, Comares, 2015, p. 51).

21 Para el análisis de los precursores de la teoría de la argumentación jurídica, siempre imprescindible el estudio de Manuel Atienza, *Las razones del derecho*. El capítulo segundo está dedicado a Viehweg y la tópica jurídica y el capítulo tercero a Perelman y la nueva retórica (Atienza, M., *Las razones del derecho*, Madrid, Centro de Estudios Constitucionales, 1991).

tero, pues se conforma con la radiografía analítica de los sistemas jurídicos y los conceptos operativos en derecho, pero no aporta pautas de corrección material de las decisiones legislativas o judiciales ni se aviene a ninguna rehabilitación de la razón práctica. Ante tan oscuro panorama, ¿qué hacer?

La importancia de Viehweg y Perelman para la teoría jurídica contemporánea está en que introducen lo que podríamos llamar un nuevo paradigma, un nuevo patrón de análisis del derecho y un novedoso modelo de racionalidad de lo jurídico. Desencantados con la lógica formal, se ponen a buscar una "lógica" propia de lo jurídico, un patrón de racionalidad tal vez a medio camino entre lo estrictamente formal de la lógica y lo "formal" del procedimentalismo normativista, por un lado, y lo interesada o ideológicamente sustantivo o material del iusnaturalismo y sus parientes teóricos iusmoralistas[22]. Ese modelo alternativo para lo jurídico lo van a hallar ambos en el mundo clásico de Grecia y Roma, Perelman en la antigua retórica y Viehweg en la tópica. Pertrechados, así, con el instrumental analítico y explicativo que ya forjaran Aristóteles o Cicerón, lo revolucionario y peculiar de su aportación común, de su nuevo paradigma, va a ser una visión del derecho con estos caracteres:

(i) El derecho es praxis, y como praxis debe entenderse y analizarse. Ciertamente, hay unos materiales originarios o una materia prima con los que esa práctica opera, como enunciados normativos, esquemas de razonamiento, argumentos estandarizados (v.gr., los cánones de interpretación), máximas que sintetizan viejos principios o pautas de "sentido común jurídico", etc., pero no se trata de objetos que estén ahí afuera y que, analizados por el investiga-

---

22 No olvidemos que aquellos muy influyentes autores alemanes que durante el nazismo habían sido agresivos antipositivistas y defensores del "sano sentimiento popular" (*gesundes Volksempfinden*) como parámetro de juridicidad, se volvieron iusmoralistas acérrimos después de 1945 y pusieron las bases de lo que sería la Jurisprudencia de Valores y de la tesis de que la Constitución es "un orden objetivo de valores". Solo con pensar en Theodor Maunz o Karl Larenz ya vienen los escalofríos.

dor o el operador jurídico, vayan a revelar los contenidos predeterminados de lo jurídico o la única solución correcta para un caso. Con esos materiales se razona intersubjetivamente, se argumenta, y en ese argumentar está la clave constitutiva de lo jurídico.

(ii) Esa praxis en que lo jurídico consiste es una praxis argumentativa. El derecho se constituye y opera a base de argumentar, de dar razones[23] que compiten en pro de soluciones en pugna. Así pues, las soluciones jurídicas no se averiguan mediante una investigación que desentrañe esencias, sean esencias de normas, de precedentes, de instituciones, de conceptos o de principios de justicia, sino que las soluciones jurídicas se construyen, se establecen mediante una serie de operaciones de una actividad colectiva e intersubjetiva que tiene su eje en el argumentar.

(iii) Si en el derecho, así contemplado como praxis argumentativa, hay alguna racionalidad, esa racionalidad ha de ser la pro-

---

23 Como sintetiza Atienza, al describir el primero de los elementos que configuran el concepto de argumentación, argumentar "es un uso del lenguaje que se caracteriza (frente a otros usos: descriptivo, prescriptivo, etc.) por la necesidad de dar razones: se argumenta cuando se defiende o se combate una determinada tesis y se dan razones para ello" (Atienza, M., *Curso de argumentación jurídica*, cit., p.109). La argumentación jurídica sería, pues, una variante de la argumentación en general. Un ejemplo más de caracterización general de la argumentación: "La argumentación es una actividad verbal, social y racional que busca convencer a un crítico razonable sobre la aceptabilidad de una opinión, trayendo un conjunto de una o más proposiciones para justificar esa opinión" (Van Eemeren, Grootendorst, Snoeck Henkemans, *Fundamentals of Argumentation Theory. A Handbook of Historical Backgrounds and Contemporary Developments*, Mahwah (New Jersey), Lawrence Erlbaum, 1996, p. xii). Más en detalle: "La argumentación es una actividad de la razón de carácter verbal y social, que pretende aumentar (o disminuir) para el oyente o lector la aceptabilidad de una opinión controvertida, trayendo a colación un conjunto de proposiciones que tratan de justificar (o refutar) dicha opinión ante un juez racional" Van Eemeren, Grootendorst, Snoeck Henkemans, *Argumentation. Analysis, Evaluation, Presentation*, Mahwah (New Jersey), Lawrence Erlbaum, 2002, p. 5).

pia y específica del argumentar, del dar razones y elegir entre razones. Para esto es para lo que Viehweg y Perelman sacan partido a las enseñanzas clásicas de la tópica y la retórica. Se argumenta para conseguir la adhesión del otro, para llevarlo a nuestro terreno y hacerlo compartir las tesis que con nuestros argumentos o razones defendemos. El abogado o el fiscal argumentan para conseguir la adhesión del juez o el jurado, y el juez argumenta su sentencia para lograr que las partes no la recurran, que el tribunal superior no la case, si hay recurso, y que la sociedad acepte que es la mejor solución y la más conforme al derecho. Lo que hace más o menos correcta y racional una decisión jurídica es la pertinencia, cantidad y calidad de argumentos que la respaldan. En función de eso, una decisión jurídica será tanto mejor cuanto más aceptable resulte para los destinatarios o auditorio de la misma.

Pero, a partir de ese punto, ya en Viehweg y Perelman el paradigma de la teoría de la argumentación jurídica se bifurca. Por el camino de Viehweg se acerca al irracionalismo, aunque sea matizada o sutilmente. Por el de Perelman nos topamos con el tipo de racionalismo tan característico del derecho moderno y que lo religa con una concepción fuerte de la razón práctica y con el iusmoralismo, en la senda hacia la recuperación de la idea de única decisión correcta.

2. THEODOR VIEWEG[24]

2.1. Nota biográfica

De Theodor Viehweg (1907-1988) dicen los correspondientes artículos de Wikipedia[25] lo siguiente: "Nació en Leipzig, hijo de abogado. Después de terminar sus estudios secundarios en su ciudad natal, ingresó en la Ludwig-Maximilians-Universität de

---

24 Este apartado está tomado de García Amado, J.A., "Tópica, derecho y método jurídico", *Doxa*, 4, 1987, pp. 161ss.

25 https://es.wikipedia.org/wiki/Theodor_Viehweg y https://de.wikipedia.org/wiki/Theodor_Viehweg

Múnich para cursar la licenciatura de derecho, estudios que continuaría en la Universidad de Leipzig y en la Universidad Friedrich Wilhelm de Berlín. Se doctoró en derecho en 1934 con una tesis de tema iuslaboral. En 1946, al finalizar la Segunda Guerra Mundial, se estableció en una localidad cercana a Múnich, donde descubrió una biblioteca escondida dentro de un claustro. Este hallazgo le permitió iniciar una minuciosa investigación que tuvo como producto final su obra de referencia *Tópica y jurisprudencia* (publicada en 1953), que presentaría en la Universidad de Múnich para su habilitación como profesor universitario. En 1949, junto a Rudolf Laun, refundó la revista *Archiv für Rechs-und Sozialphilosophie*. Desde 1962 fue catedrático de Filosofía del derecho y Sociología jurídica en la Universidad de Mainz (Maguncia), donde se jubiló en 1972. Junto con su discípulo Ottmar Ballweg, impulsó la llamada Escuela de Mainz de Retórica Jurídica.

La obra que lanzó a la fama a Theodor Viehweg fue su libro *Topik und Jurisprudenz*[26].

2.2. *«Problema» y «aporía»*

La descripción que Viehweg hace del «modo de pensar» tópico en el derecho tiene sus ejes principales en las nociones de «problema» y «aporía». La tópica es, para Viehweg, una «técnica

26 Viehweg, Th., Topik und Jurisprudenz, Munich, Beek, 5.ª a ed. 1974 (La ed. 1953). Hay traducción castellana de la segunda edición alemana de 1963 a cargo de Luis Díez-Picazo Ponce de León (Tópica y Jurisprudencia, Madrid, Taurus, 1964, p. 49). En lo sucesivo citaremos esta obra por la quinta edición alemana y mediante las iniciales TJ, remitiéndonos entre paréntesis a la página correspondiente de la traducción española, cuando ésta exista, pues la edición por la que citamos finaliza con un apéndice (*Anhang zur Fortentwicklung der Topik*) que en su versión alemana original fue publicado en España ya en 1973, bajo el título *Zur zeigenössichen Fortentwicklung derjuristichen Topik* (*Anales de la Cátedra Francisco Suárez*, 13/2, 1973, pp. 9-17). En varias ocasiones los términos de nuestra traducción del texto de Viehweg no se corresponderán exactamente con los de la mencionada edición castellana.

de pensamiento» caracterizada por orientarse al problema. De ahí que la defina como técnica del pensamiento de problemas o, como Luis Díez-Picazo tradujo, «técnica del pensamiento problemático». El punto de arranque es un problema concreto, una situación de la vida real, un estado de cosas que configura lo que Viehweg llama una «aporía». Una aporía significa, para Viehweg, una cuestión acuciante e ineludible respecto de la que no está marcado un camino de salida, pero que no se puede soslayar[27]. Y es esa cuestión la que desencadena un juego o intercambio de consideraciones que constituyen lo que propiamente se denomina «tópica o arte de la invención»[28]. Lo que la tópica pretende es dar orientaciones, indicaciones de cómo proceder en una tal situación, a fin de no quedar bloqueado sin remisión[29]. Viehweg define la noción de «problema» como «toda cuestión que aparentemente admite más de una respuesta y que necesariamente presupone una comprensión provisional, a partir de la cual aparece como cuestión a considerar seriamente y para la cual se busca precisamente una respuesta como solución»[30].

Delimitados en estos términos generales estos dos conceptos como base de la tópica, hay que preguntarse en qué radica la especificidad de los problemas jurídicos, en qué dimensión de lo jurídico se manifiesta ese carácter aporético que hace que sea el de la tópica el modo de pensar que conviene al trabajo con el derecho. Sostiene Viehweg que la «aporía fundamental» de la «disciplina jurídica»[31], lo que le da sentido y la hace necesaria, es la cuestión de «qué es lo justo aquí y ahora». Reconoce que cada disciplina particular se constituye a partir del surgimiento de una determinada problemática. Lo peculiar de lo jurídico como disciplina no estaría en esa circunstancia común de la existencia de una cierta problemática como punto de partida, sino en la permanencia del

---

27 Viehweg, *Topik und Jurisprudenz*,cit., p. 31 (trad. 49).
28 Ibid, p. 32 (trad. 50).
29 Ibid., p. 31 (trad. 49).
30 Ibid., p. 32 (trad. 50).
31 Ibid., p. 96 (trad. 129).

problema y en la cualidad epistemológica de los instrumentos que se emplean como respuesta o solución. En tal sentido, explica Viehweg que, mientras en unas disciplinas es posible hallar «proposiciones básicas» (*Basissätze*) seguras y realmente fecundas para su ámbito, lo cual hace que tales disciplinas sean «sistematizables», otras, como el derecho, aparecen como no susceptibles de sistematización, debido a que en su campo no cabe encontrar semejantes proposiciones básicas. Según Viehweg, «cuando esto ocurre sólo es posible una discusión de problemas. El problema central previamente dado se mantiene permanentemente, lo cual no es algo inhabitual en el ámbito de la acción humana. En esta situación —concluye— se encuentra claramente la Jurisprudencia»[32].

En suma, todo el edificio jurídico se explicaría en razón de la necesidad de resolver problemas, casos concretos. Pero a ello se suma, como circunstancia que confiere al trabajo con el derecho su impronta particular y lo hace desembocar en la tópica, el hecho de que nunca encuentra, con carácter definitivo, general e indiscutible, la respuesta al interrogante que ante cada caso se plantea: qué sea lo justo aquí y ahora. Esa naturaleza discutible, «opinable», de todas las soluciones posibles sería el terreno abonado para el modo de proceder de la tópica. Ésta cifraría su aportación esencial en servir de vía para la propuesta de soluciones y de argumentos y base para el intercambio argumentativo de razones, con vistas al proceso que debe conducir a la decisión.

Una precisión importante. Cuando Viehweg dice que la aporía fundamental de la práctica jurídica es la de saber qué sea lo justo (*gerecht*) aquí y ahora, no está usando la idea de justicia en sentido moral, no está hablando de lo justo como lo moralmente debido. Más bien se debería ahí traducir "*gerecht*" como lo ajustado, lo adecuado, lo procedente o conveniente, lo correcto bajo la combinación de todos los puntos de vista que vengan al caso. Viehweg no es un iusmoralista, sino un autor que considera que en la práctica jurídica se opera como en cualquier práctica, incluidas

---

32 Ibid., p. 97 (trad. 129).

las de la vida ordinaria, donde cuando surge un problema se traen a colación puntos de vista y argumentos que vengan al caso y se busca la solución que parezca mejor justificada desde tal conjunto heterogéneo y variado de argumentos.

Pongamos un ejemplo cotidiano. Supóngase que ha fallecido un conocido nuestro y que hemos de decidir si vamos o no a su funeral y que, en casa y en familia, buscamos argumentos a favor o en contra. Invocaremos y tendremos en cuenta cosas tales como la regla de trato social que manda presentar los respetos al finado y la solidaridad a la familia en estos casos de defunción, tomaremos en consideración el grado de trato o de simpatía que había con el que murió, la imagen social que nos conviene dar (por ejemplo, en razón de nuestra profesión o nuestra consideración en esa ciudad), analizaremos cuánto nos perjudica dejar otras actividades para pasar esa tarde en el funeral en cuestión, y hasta puede que apliquemos algún dicho del tipo "vale más pasarse que no llegar"... Y con todos esos argumentos tomaremos una decisión y luego usaremos los más oportunos y que más nos convengan para justificarla.

Lo mismo estructuralmente ocurriría si es una cuestión jurídica la que se ha de tratar. Cada parte busca los argumentos más oportunos y convincentes para respaldar su tesis y el que decide valora los argumentos concurrentes y, a la hora de motivar su resolución, usa los que funcionalmente más le convienen y resultan más persuasivos para el auditorio de que se trate. En todo ello no se sigue ningún automatismo lógico, sino que es esencial el componente valorativo del sujeto y tenderá a imponer mejor sus puntos de vista aquel individuo que sea más imaginativo y ágil al encontrar argumentos y al exponerlos.

2.3. Antisistematismo

Esa ligazón que Viehweg establece entre la concreción del problema y el modo de pensar de la disciplina jurídica que le tiene que dar respuesta le lleva a una de las contraposiciones fundamentales de su teoría, la que se daría entre *Problemdenken* (pensamiento del problema) y *Systemdenken* (pensamiento del sistema). La raíz de la distinción entre estas dos formas de pensamiento está en función de que el punto de partida del razonamiento se coloque en el problema o en el sistema. Si el acento se pone en *el problema*, el proceso que conduce a la solución que para él se busca se desarrolla del siguiente modo: el problema, adecuadamente formulado, se inserta en un contexto deductivo previo, es decir, en un sistema estructurado con anterioridad, del cual se pretende extraer la respuesta. Pero éste no determina mecánicamente y de modo autónomo la respuesta y el proceder que lleva a ella, sino que la prioridad del problema hace que la selección se realice desde la perspectiva dada por el propio problema: éste busca, en cierto modo, un sistema que coadyuve a la solución[33]. Digamos que ahí, a partir del problema que tenemos que resolver, buscamos los argumentos sin ataduras formales; no podamos el problema para que encaje en un sistema de reglas o en un esquema puramente lógico, sino que buscamos donde sea los argumentos que nos sirvan para el propósito de dar con una buena solución que satisfaga nuestro interés.

Si, por el contrario, el punto de partida se pone en *el sistema*, se ofrece la siguiente perspectiva: «partiendo del sistema se opera una selección del problema». Sólo se admite el planteamiento de aquellos problemas que puedan encontrar solución dentro del sistema; el resto no se toman en consideración o se descartan como problemas meramente aparentes[34]. El rechazo por parte de Viehweg del pensamiento jurídico como *Systemdenken* se basa en una asimilación del concepto de sistema a la idea de sistema axiomático lógico-deductivo, considerado como prototipo de sistema perfecto. Así, dice que la tópica «presupone» que no existe un sistema deductivo y que «la constante vinculación al problema establece unos límites muy estrechos para la reducción y la deduc-

---

33 Ibid., p. 33 (trad. 51).
34 Ibid., p. 33 (trad. 51).

ción», permitiendo sólo encadenamientos de muy corto alcance, pues estos se deben interrumpir constantemente en atención al problema[35]. Aclarémoslo de nuevo con un ejemplo simple: si yo necesito saber cuánto son ciento veinte más quinientos treinta, solo tengo que aplicar las reglas de la suma y saldrá, con necesidad aritmética, un resultado cierto e indiscutible, pero si lo que debo hacer es decidir si voy o no al funeral de mi vecino, no tengo ningún esquema meramente formal o "automático" que me dé la solución, sino que habré de sopesar pros y contras expresados en distintos argumentos que vengan al caso.

Viehweg parte de la división del razonamiento jurídico o del operar con el derecho en dos momentos: uno, «prelógico», de búsqueda de premisas, y otro, propiamente «lógico», de conclusión a partir de aquellas premisas. La clave está en el peso que a uno y otro se atribuya. El segundo de ellos sólo tendría preponderancia metodológica si se pudiera partir en el derecho de un sistema normativo constituido y estable, articulado conforme a un esquema axiomático.

El tipo de ordenación o de «sistema» de los elementos centrales con que el razonamiento jurídico-práctico opera, los tópicos, no responde, según Viehweg, al esquema lógico-deductivo ni posee sus implicaciones prácticas: no hace que prevalezca el segundo de los momentos citados, la operación silogística, sino el primero, el de la búsqueda de premisas. La interrelación que existe entre los tópicos no se puede simplificar, en opinión de Viehweg, como interrelación meramente lógica. La inexistencia de un sistema jurídico lógico-deductivo conllevará, por tanto, la necesidad de poner el acento en el momento de la búsqueda de premisas. Estas premisas deben ser buscadas por cuanto que no vienen dadas por el sistema y, una vez halladas, determinan por completo la conclusión, el momento lógico. Según Viehweg, la tópica es, en cuanto *ars inveniendi*, el proceder adecuado para tal pesquisa de las premisas. Es más, la tópica se define precisamente

---

35 Ibid., p. 44 (trad. 63).

como «un proceder de búsqueda de premisas». De este modo, la tópica es un tipo de «meditación prelógica», pues, en cuanto tarea, la *inventio* es primaria y la *conclusio* secundaria. La tópica debe mostrar primero cómo encontrar las premisas; la lógica las toma y trabaja con ellas[36]. No se quiere decir, puntualiza Viehweg, que la lógica quede totalmente al margen del razonamiento jurídico, ni que la deducción no juegue ningún papel. La lógica desempeña un cometido esencial también aquí, pero no el principal, que es el de la *inventio*, cumplido por la tópica. Como ya habría mostrado Cicerón, la tópica antecede a la lógica[37].

2.4. *Función de los tópicos*

¿De dónde extrae la tópica esas premisas con las que se opera el trabajo jurídico de solución de problemas? Conforme a la teoría de Viehweg, la función principal al respecto la realizan los *topoi* o tópicos. Afirma que cuando tropezamos con un problema procedemos de manera tal que tomamos, a modo de prueba, puntos de vista elegidos más o menos arbitrariamente. Mediante su ponderación se trata de obtener las premisas adecuadas al caso. Si hacemos este proceder objeto de una investigación atenta, veremos cómo determinados «puntos de vista directivos» encauzan la respectiva orientación. A esto lo llama Viehweg «tópica de primer grado». La pretensión de una mayor seguridad lleva a procurarse apoyo en «repertorios de puntos de vista», con lo que surgen «catálogos de tópicos». El proceder que los utiliza recibe la denominación de «tópica de segundo grado»[38].

La elección de los puntos de vista o tópicos que en cada caso se invocan no carece por completo de referencia regulativa o criterio selectivo, y la arbitrariedad y el desorden en la invocación de los tópicos existirían sólo dentro del conjunto

---

36 Ibid., p. 40 (trad. 58).

37 Ibid., pp. 41, 91, 104 (trad. 58, 121-122, 136-137).

38 Ibid., p. 35 (trad. 53).

de aquellos de tales que, a la luz del problema en cuestión, aparezcan como admisibles o pertinentes. Según Viehweg, tanto los tópicos en particular como el tipo de interrelación que entre ellos se establece reciben su sentido del problema, y en atención al respectivo problema aparecen como adecuados o inadecuados[39].

El principal elemento definitorio de los tópicos en la doctrina de Viehweg es, por consiguiente, su función, el tipo de su utilidad en el razonamiento jurídico. Son elementos comunicativos que sirven a la argumentación. Su valor pragmático estriba precisamente en su indeterminación[40]. La función de los tópicos es servir a la discusión de problemas, y su conocimiento supone la posesión de una especie de repertorio para facilitar la invención[41]. Una vez que se plantea el problema, a cuya luz la invocación de los tópicos cobrará sentido, éstos funcionan como «posibilidades de orientación e hilos conductores del pensamiento»[42]. Los tópicos fijan y consolidan una cierta precomprensión, con independencia del hecho de que todo repertorio de tópicos sea siempre elástico y susceptible de interpretación[43].

El concepto de *topos* adolece en esta doctrina de una gran heterogeneidad de descripciones y ejemplificaciones, y bajo él encajan desde puros lugares comunes de la vida ordinaria o principios de

39 Ibid., pp. 37-38 (trad. 55-57).

40 Viehweg, Th., "Antirhetorische und rhetorische Kontrolle rechtlicher Argumentation", en: *Estudios de Filosofía del derecho y Ciencia Jurídica en Memoria y Homenaje al Catedrático Don Luis Legaz y Lacambra (1906-1980)*, vol. II, Madrid, Centro de Estudios Constitucionales, 1985, p. 850.

41 En este sentido, por ejemplo, Bottke, W., *Strafrechtswissenschaftliche Methodik und Systematik bei der Lehre von strajbefreienden und strafmildernden Täterverhalten*, Ebelsbach, R. Greimer, 1979, p. 102-103; Weinberger, O., "Topik und Plausibilitätsargumentation", *ARSP*, 59, 1973, p. 23; Horak, F.; Zippelius, R., "Problemjurisprudenz und Topik", *Neue Juristische Wochenschrift*, 1967, p. 2.232.

42 Ibid., p. 38 (trad. 55).

43 Ibid., pp. 41-42 (trad. 60).

sentido común, hasta esquemas lógicos, fórmulas argumentativas, estándares valorativos, principios generales del derecho e, inclusive, normas jurídicas positivas[44]. El hilo conductor común, dentro de esta variedad desconcertante, parece estar en la nota de su funcionalidad para la argumentación jurídica. *Tópicos parecen ser todos aquellos argumentos que en un contexto histórico, social y jurídico determinado cuentan a su favor con una presunción de plausibilidad y son tenidos como postulados evidentes o generalmente aceptados, de modo que no se discuten o, todo lo más, en caso de ser discutidos imponen la carga de la argumentación a quien los cuestione.* Se integran en ese núcleo de premisas compartidas que hacen posible en cada sociedad la convivencia y la comunicación sobre una base común de entendimiento.

Su mayor problema es que en Viehweg y quienes desarrollan sus tesis no se establecen con claridad jerarquías entre los tópicos, o criterios para sentarlas. Se entiende que las partes en litigio disponen en cada caso de un arsenal de tópicos a invocar, pero, naturalmente, cada una traerá a colación aquellos que puedan funcionar como argumentos o razones en favor de su postura. Así, lo que acontece será una discusión de tópicos enfrentados e igualmente legitimados en ese sustrato social o jurídico de principios evidentes y opiniones consensuadas. Con ello queda sin resolver la pregunta acerca de los criterios dirimentes de la mayor o me-

---

44 Como tópicos jurídicos actuales cita Viehweg la buena fe, el interés, la protección de la confianza y los conceptos jurídicos en general (Cfr. *Topik und Jurispridenz*,cit., pp. 95 —trad. 127-104 —trad. 137—). Críticamente respecto a la escasa ejemplificación de los tópicos de Viehweg, Engisch, K., *Einführung in das juristische Denken*, Stuttgart, Kohlhammer. 7.ª ed., 1977, p. 195; Wieacker, F., "Zur Topikdiskussion in der zeilgenössischen deutschen Rechtswissenschaft", en: *Xenion, Festschrift für Pan J. Zepos*, Atenas/Friburgo/Colonia, Katsikalis, 1973, pp. 395-396, n. 12. La más amplia enumeración de tópicos jurídicos se contiene en Struck, G. *Topische Jurisprudenz*, Frankfurt/M, Athenäum, 1971, pp. 20-34. Una exposición sistemática de los mismos puede verse en Perelman, CH., *La lógica jurídica y la nueva retórica*, Madrid, Civitas, 1979, pp. 120-128.

nor plausibilidad, racionalidad, fuerza o adecuación al caso de los tópicos en debate.

Volvamos a ilustrar todo esto con el mismo ejemplo que estamos utilizando, el de decidir y justificar si se debe o no acudir al funeral del vecino fallecido. Uno, para decidir, puede tener distintos móviles, pero a la hora de justificar ante alguien la decisión tomada necesita argumentos pertinentes y convincentes. Ahí es donde al buen retor le vendrán a la cabeza los tópicos, argumentos con resonancia favorable y de los que es posible sacar razones persuasivas: solidaridad, compasión, reciprocidad (hoy por ti, mañana por mí...), consuelo... A partir de esas ideas o tópicos que vienen a la mente en una situación argumentativa así, el mejor argumentador compone la justificación más convincente, tanto más convincente cuantos más sean los tópicos pertinentes que se combinen y mayor sea la habilidad con la que se usan y se combinan.

2.5. Tópica jurídica e idea del derecho

En el centro de la discusión suscitada por las doctrinas de Viehweg se sitúa el problema de cuál sea la relación entre la tópica jurídica y el principio de legalidad en la actuación del juez. Se trata de averiguar qué lugar ocupa el derecho positivo en el contexto de los tópicos que guían la obtención de decisiones jurídicas. Ante la falta, en la obra de Viehweg, de un tratamiento sistemático del papel de la ley positiva, y dado que habla con frecuencia de «derecho» o «ley» sin precisar el verdadero alcance de estos términos, se hace necesario inducir, a partir de sus textos, una cierta claridad sobre este aspecto.

En primer lugar, podemos poner de relieve que, frente a cualquier visión estática del derecho, Viehweg parece defender una concepción dinámica del mismo, entendiéndolo como actividad. Así se aprecia cuando afirma que en cada época la mayoría de los *topoi* de una disciplina están especificados, mientras que otros se pasan por alto, si bien éstos pueden ir ganando peso con el cambio de las situaciones y por vía de legislación e interpretación. El único elemento en que se basa la unidad del derecho se sitúa en la aporía fundamental, en ninguna otra parte. Un pensamiento jurídico que entienda como su misión el hallazgo de lo que sea en cada caso lo justo en situaciones distintas debe contar con la posibilidad de renovar su posición respecto de tal aporía fundamental, esto es, tiene que ser «móvil». Ello no cuadra con una estructura conceptual y de enunciados que trate de fijar las soluciones de una vez para siempre y que pretenda dar lugar a encadenamientos deductivos para alcanzar la resolución de cada nuevo caso. Más bien habrá de recurrir el pensamiento jurídico, debido a la inabarcabilidad de las situaciones problemáticas posibles, a una pluralidad asistemática de puntos de vista, que no son principios fundamentales pertenecientes a un pensamiento deductivo, sino tópicos[45].

Viehweg no llega a sostener expresamente que la ley positiva no sea sino un tópico más entre los muchos que concurren para la obtención de la decisión jurídica. Pero muchas de sus afirmaciones parecen traslucir esta idea, como cuando dice que la ley no es más que una de las partes de la búsqueda del derecho. Y es que tal búsqueda tendría carácter constitutivo del propio derecho, del objeto que se busca. No es el derecho algo que venga dado de antemano y que se averigüe para aplicarlo tal como existe y se nos aparece (en forma de norma positiva, por ejemplo), sino algo que se está creando mediante el propio acto de búsqueda de solución para cada concret problema. Y esta creación se realiza a partir de una serie de elementos auxiliares que son puntos de vista o argumentos, es decir, tópicos. Uno de ellos sería el derecho positivo aplicable.

Viehweg no defiende nunca una aplicación *contra legem* de los tópicos (de los tópicos distintos de la ley, se entiende). El texto

---

45 Sobre la interpretación, como actividad adaptadora y configuradora del material normativo, marcada por la tópica, Viehweg, Th, *Topik und Jurisprudenz*, cit., p. 54-55 (trad. 76) Viehweg, Th., "Rechtswissenschaftliche Grundiagenforschung und zeitgenössische Rhetorik", en: *Estudios en honor del doctor Luis Recaséns Siches*, vol. 1, México, UNAM, 1980, p. 943.

legal sería, siempre que exista, el *topos* de partida. Pero por su generalidad, la rigidez de su forma y su textura abierta, precisa ser concretado mediante otros tópicos que determinen sus sentidos posibles y hagan viable la discusión tendente a obtener el significado que mejor se adecue a la realidad de cada caso a resolver. La tópica regiría esa discusión y proporcionaría los argumentos en litigio. El derecho propiamente dicho se constituiría en ese proceso dialógico y no se identificaría exclusivamente con el punto de partida del mismo (el derecho positivo, cuando exista, o los tópicos particulares que se invoquen), sino con su elemento resultante: las soluciones de los casos jurídicos. Bien entendido que derecho será la solución de cada caso, pero nunca la suma de las soluciones dadas a los casos, pues esto formaría un nuevo corpus de textos «legales», un nuevo «sistema» con las mismas insuficiencias. El derecho constituye una realidad dinámica y en permanente estado de conformación.

Si alguien invoca aquí el carácter lesivo de esta construcción para el principio de legalidad o la seguridad jurídica, la réplica podrá ser distinta según que la tópica jurídica se entienda como descripción o como propuesta normativa. Si se entiende, en este último sentido, que las afirmaciones de Viehweg se presentan con carácter programático, con la pretensión de regir la práctica jurídica y de que ésta se adapte a sus directrices, cabría plantearse si no se debería buscar un modelo que funcione con más respeto del principio de legalidad. Pero si, como parece más fiel a los planteamientos de este autor, las tesis de Viehweg se contemplan como descripciones de lo que realmente acontece en dicha práctica, entonces no tendrá sentido rechazarlas so pretexto del deber de un más fiel acatamiento del principio de legalidad, pues malamente se puede rebatir un enunciado descriptivo mediante una proposición de deber ser o una formulación de deseos. En este caso, la posible crítica de las doctrinas de Viehweg sólo podría venir por el lado de su contrastación con la realidad, para comprobar si la práctica jurídica y el uso de los textos legales son realmente como él los describe. Pero esta labor empírica y ejemplificativa, prácticamente ausente por completo de los trabajos de Viehweg.

2.6. A modo de síntesis sobre Viehweg y su tópica jurídica

Para Viehweg, el derecho es argumentación y ese argumentar constitutivo de lo jurídico es, en lo esencial, un argumentar con tópicos o lugares comunes. Esos *topoi* son argumentos estandarizados y consolidados en la práctica gremial y social y que, por sí y con su mera mención en el discurso, suscitan un eco favorable en el auditorio, parten de un cierto consenso presupuesto. En un debate sobre la interpretación debida de una norma para un caso, un interlocutor puede decir que a favor de tal o cual interpretación está el que la norma queda estéticamente más bonita así interpretada o el que ese significado es el que mejor cuadra con las intenciones del legislador al crear esa norma. En el primer caso está empleando un argumento estético y en el segundo un argumento voluntarístico o de interpretación semántico-subjetiva. La diferencia radica en que el primero no es usual ni se considera, entre los juristas de hoy, admisible en la práctica del derecho y como justificación de decisiones, mientras que el segundo sí es un tópico son solera, un argumento que resuena como admisible y valioso.

Según Viehweg, los tópicos jurídicos son variadísimos (la letra misma de la ley, los cánones de interpretación, los principios jurídicos, la *ratio decidendi* de los precedentes, los refranes o apotegmas jurídicos, los valores jurídicos, etc.). De ese depósito de argumentos que en la praxis hallamos como ya perfilados y listos para usar, cada uno toma en cada ocasión los que más le convienen. Así, si nos fijamos en los valores jurídicos, cada cual apelará a la justicia, la equidad para el caso o a la seguridad jurídica en función de lo que en esa oportunidad le venga mejor. Igualmente, cada uno hará uso de un principio constitucional o del principio constitucional contrario (v.gr., libertad vs. igualdad, libertad de expresión vs. derecho al honor, derecho a la intimidad vs. seguridad…) en razón de su conveniencia para el caso. Y señala Viehweg que, en esa contienda argumentativa, en ese combate por la victoria en el pleito, que es un combate en el que las armas son argumentos estandarizados o tópicos, vencerá normalmente el más hábil; es decir, el que maneje un mayor arsenal de tales argumentos y sepa emplearlos con mayor habilidad, sea para respaldar su posición, sea para desactivar los tópicos con que la otra parte defiende la suya.

Creo que no es desacertado situar matizadamente a Viehweg y su tópica jurídica[46] en el campo del irracionalismo jurídico. Allí donde otros irracionalistas, como base de su escepticismo sobre la racionalidad de las decisiones jurídicas, colocan el papel determinante de las ideologías o intereses personales o la radical subjetividad de cualquier concepción del bien, Viehweg viene a mantener que se trata de un juego entre argumentantes, con unas reglas de *fair play* bastante tenues y en el que ganará el jugador más habilidoso. Nada en las reglas del juego o en su transcurrir asegura que ese que vence sea el que sustentaba la tesis objetivamente más racional, más justa o más acorde con algún tipo de contenido necesario o esencia de lo jurídico. Lo jurídico no es nada más que el juego y el juego se juega de aquel modo.

3. CHAIM PERELMAN[47]

3.1. Nota biográfica[48]

Nacido en Varsovia en 1912, su familia emigró a Amberes, Bélgica, en 1925. Adquirió la nacionalidad belga en 1936. Estudió en la Universidad Libre de Bruselas y se doctoró en derecho y en Filosofía, en 1934 y 1938, respectivamente. Su tesis doctoral en

---

46 Para un estudio de conjunto, véase García Amado, J.A., *Teorías de la tópica jurídica*, Lima, Palestra, 2019. La anterior de edición era en la editorial Civitas, Madrid, 1988.

47 Buena parte del texto está tomado de García Amado, J.A., "Retórica, argumentación y derecho", *Isegoría*, 21, 1999, pp. 131ss.

48 Extraído de: http://www.philodroit.be/-Chaim-Perelman-?lang=fr. Y de: https://es.wikipedia.org/wiki/Cha%C3%AFm_Perelman; así como de Gross, A.G., Dearin, R.D. *Chaim Perelman*, Albany, State University of New York Press, 2003, pp. 1-12.

Filosofía, dirigida por Marcel Barzin, fue sobre Frege. Ese mismo año, 1938, se incorpora como lector a la Universidad Libre de Bruselas, y en esa mima universidad se jubiló en 1978.

En 1940, debido al nazismo, tuvo que abandonar la enseñanza universitaria y, junto con su esposa, se integra en la resistencia civil y toma parte activa en el "Comité de defensa de los judíos", que se creó en una reunión en su casa. Tal Comité ayudó a salvar la vida de miles de judíos, según explicó Lucien Steinberg en su obra *Le Comité de défense des juifs en Belgique,* de 1973. Su alias durante ese tiempo y para tal actividad clandestina era "Dumont".

Retorna en 1945 a la docencia universitaria en su universidad de siempre y publica su libro *De la justice* ese mismo año. En 1949 comienza a colaborar con él, en Bruselas, Lucia Olbrechts-Tyteca y juntos publicarán su famoso tratado *La Nouvelle Rhétorique: Traité de l'Argumentation,* en 1958. La obra de Perelman fue muy abundante y su éxito fue en aumento en Europa y en América. Perelman murió de un ataque al corazón el 22 de enero de 1984, en su casa y durante la cena de celebración porque le había sido concedido un título nobiliario.

3.2. A la búsqueda de una "lógica" de los juicios de valor

Desde el principio de su obra, Perelman es consciente de la parte de opción valorativa que subyace a toda aplicación del derecho y a cualquier consideración del ordenamiento o de sus normas en términos de justicia. Sólo que en su etapa inicial, que tiene su máxima expresión en su *De la justice,* de 1945, piensa, en clave de epistemología positivista, que acerca de valoraciones y sistemas de valores no cabe ningún patrón objetivo de racionalidad, por lo que todos serán en todo caso mera manifestación de la subjetividad de quien los afirma. Según Perelman, „no hay valor que no sea lógicamente arbitrario“[49], y, "puesto que no hay reglas

---

[49] Perelman, Ch., *Justice et raison,* Bruselas, Presses Universitaires, 1963, p. 75.

susceptibles de proporcionar una solución definitiva al problema de la buena elección, cada elección constituye un riesgo, una opción que afecta a la responsabilidad del hombre que ha optado"[50]. No obstante, y dado ese inevitable componente decisorio, en una segunda etapa trata Perelman de ir más allá de esa postura relativista y busca la forma de dotar de justificación racional a las opciones por unos sistemas de valores frente a otros. La primera conclusión al respecto seguirá siendo que es imposible encontrar para tal fin principios incontestables. Pero se tratará de elaborar una "lógica de los juicios de valor", "a partir de un examen detallado de la manera como los hombres razonan efectivamente sobre los valores"[51].

La idea clave para la nueva doctrina perelmaniana estará en los conceptos de decisión y juicio de valor[52], y la retórica ocupará precisamente ese puesto de "lógica de los juicios de valor".

Pero el elemento decisorio estaba claro ya en su anterior etapa y lo que en este segundo momento trata Perelman de poner de manifiesto es que las decisiones valorativas no acontecen al margen de toda regla o toda pauta racional. Esa su lógica específica mostraría precisamente su peculiar racionalidad, distinta pero no inferior de la que preside los razonamientos puramente lógicos o empíricos. Como expresamente dice, "en derecho ningún poder se puede ejercer de manera arbitraria, es decir, no razonable"[53]. Todo lo más cabe una distinción conceptual que reserve el calificativo de racional para las conclusiones de la lógica o la ciencia empírica, conclusiones enjuiciables en términos absolutos de verdad o falsedad, pero que no oponga sin más a esa racionalidad la irracionalidad, sino otro tipo de ejercicio racional, que Perelman

---

50 Perelman, Ch., *Rhétorique et philosophie,* París, Presses Universitaires de France, 1952, p. 160.

51 Perelman, Ch., *Droit, morale et philosophie,* Paris, LGDJ, 2 ed., 1976, p. 48.

52 Perelman, Ch., *Rhétorique et philosophie,* cit., pp. 12ss.

53 Perelman, Ch., É*thique et Droit,* Bruxelles, Editions de L´Université de Bruxelles, 1990, p. 674.

denomina "razonabilidad". "Lo razonable está ligado al sentido común, a lo que es aceptable en una comunidad dada", no a la idea de verdad, por lo que mientras en ciencia sólo una de las tesis en litigio para explicar un fenómeno puede ser verdadera, en materias como el derecho varias propuestas de solución valorativa pueden aparecer como igualmente razonables[54]. Únicamente es no razonable "lo que es inadmisible en una comunidad en un momento dado"[55], "lo que la opinión común no puede aceptar, lo que percibe como manifiestamente inadecuado a la situación o contrario a la equidad"[56]. Y ahora Perelman dirá que "en filosofía el irracionalismo se explica fundamentalmente por el desconocimiento de la racionalidad de los procesos de justificación"[57].

De este modo, Perelman ataca el "absolutismo de la razón" presente en el iusnaturalismo o en el mito del legislador racional, tal como la presuponía la metodología jurídica tradicional, sin caer por ello en la proclamación del irracionalismo[58]. Es posible un control y una crítica de las decisiones jurídicas y de las valoraciones que les subyacen en términos de razón, y tal control lo llevarán a cabo los jueces. A ellos les corresponde dejar patente que sus decisiones no son fruto de su libre arbitrio, sino que se pueden justificar como razonables y acordes con lo que la correspondiente sociedad estime compatible con la razón[59]. Esos jueces, que, como cualquier otro ser humano, no pueden entenderse ya en posesión de ningún privilegiado acceso a la verdad moral o a valores de validez absoluta e intemporal, tendrán que justificar ante la sociedad sus opciones como compatibles con la razón. Con ello llegamos a la idea de justificación argumentativa de la decisión valorativa, concepto fundamental en la teoría de Perelman y en las teorías de la argumentación jurídica en general.

---

54 Perelman, Ch., *Éthique et Droit*, cit., p. 292.

55 *Ibid*, p. 516.

56 *Ibid.*, p. 675.

57 *Ibid.*, p. 327.

58 Cfr. *Ibid.*, pp. 431ss, 520-521.

59 Cfr. *Ibid.*, p. 545, 672.

3.3. Retórica, argumentación y consenso

Para Perelman, razonamiento práctico es "aquel que justifica una decisión", y el ejemplo prototípico de tal clase de razonamiento sería el de la motivación de las sentencias por el juez[60]. En relación con esta importancia de la justificación intersubjetiva de las decisiones como razonables aparece la relevancia de la retórica en Perelman. Si la razonabilidad de la decisión no se muestra como evidente o necesaria, sino que ha de ser justificada, argumentada, el instrumento adecuado al efecto será la retórica. "La retórica, tal como la concebimos —dice Perelman— consistirá en un estudio de los medios de argumentación que permiten obtener o acrecentar la adhesión de los espíritus a las tesis que se someten a su asentimiento"[61]. De ahí que realísticamente diga que "motivar un juicio, es decir, justificarlo, no es fundamentarlo de modo impersonal y, por así decir, demostrativo", sino que "es persuadir a un auditorio, al que se ha de conocer, de que la decisión está de acuerdo con sus exigencias", para lo cual la motivación se adaptará al tipo de auditorio al que se pretende persuadir[62], ya que "toda argumentación se desarrolla en función de un auditorio"[63]. Pero con estos planteamientos se llega a uno de los dilemas de la doctrina perelmaniana: el de la tensión entre eficacia y racionalidad de la justificación.

---

60 *Ibid.*, p. 333-334. Pero, más allá de ese ejemplo concreto, "la argumentación interviene en todos los casos en que las personas deben tomar decisiones, realizar elecciones reflexivas, cada vez que tienen que deliberar o discutir, criticar o justificar" (Perelman, Ch., *Logique et argumentation,* cit., pp. 84-85).

61 Perelman, Ch., Olbrechts-Tyteca, L., *Rhétorique et Philosophie,* cit., p. 125.

62 Perelman, Ch., *Ethique et Droit,* cit., p. 679.

63 Perelman, Ch., Olbrechts-Tyteca, L., *Traité de l'Argumentation. La Nouvelle Rhétorique,* Bruxelles, Editions de l'Université de Bruxelles, 3 ed., 1970, p. 8 (existe traducción castellana de esta obra: *Tratado de la argumentación. La nueva retórica,* Madrid, Gredos, 1989). Por auditorio se entiende «el conjunto de todos aquellos sobre los que el orador quiere influir mediante su argumentación» (*ibid.*, p. 25).

En Perelman, el consenso aparece claramente indicado como criterio último con el que juzgar acerca de la razonabilidad o no de la decisión y las valoraciones que la provocan. Si se han de justificar las decisiones es porque se presupone que la decisión puede y debe encontrar el acuerdo de la sociedad o la parte de la misma de que se trate. Ahora bien, tenemos, por un lado, que la "nueva retórica" de Perelman estudia "los medios discursivos para obtener la adhesión de los espíritus"[64], y que esa adhesión puede venir determinada o influida por la habilidad en el manejo de la retórica por parte de quien justifica la decisión. Pero cuanto más se nos muestre como manipulado o inducido ese consenso social en torno a la decisión, tanto menos se podrá presentar el dato del consenso como indicio de la racionalidad de la decisión.

3.4. Persuadir al auditorio particular vs. convencer al auditorio universal

Trata de salvar este dilema con su conocida distinción entre persuadir y convencer, por un lado, y auditorio particular y auditorio universal, por otro. Persuasiva es la argumentación que "sólo pretende valer para un auditorio particular", mientras que convincente es aquella que se pretende apta para "obtener la adhesión de todo ser de razón"[65], es decir, del "auditorio universal". Solamente esta argumentación que trata de lograr la convicción del auditorio universal puede calificarse como racional. La otra tendrá un valor puramente instrumental, ligado a la defensa de intereses particulares, ideologías, etc. "El discurso dirigido a un auditorio particular tiende a persuadir, mientras que el que se dirige al auditorio universal tiende a convencer". Y añade Perelman que "un discurso convincente es aquel en el que las premisas y los argumentos son universalizables, es decir, aceptables, en principio, para todos los miembros del auditorio universal"[66].

---

[64] Perelman, Ch., Olbrechts-Tyteca, L., *Traité de l'Argumentation*, cit., p. 10.

[65] *Ibid.*, p. 22.

[66] Perelman, Ch., *L'empire rhétorique. Rhétorique et argumentation*, Paris, J. Vrin, 1977, p. 31.

En el fondo, la racionalidad de la argumentación no vendría dada por el hecho de que efectivamente alcance el consenso que pretende, sino por el hecho de pretender ese consenso de una determinada manera, apelando a la razón común entre las personas y no a resortes irracionales[67]. El prototipo de argumentación racional sería la argumentación filosófica, que busca justificar tesis aceptables para todo ser racional. Y Perelman plantea su doctrina, la teoría de la argumentación o nueva retórica, como abarcadora por igual de "todo el campo de la argumentación tendente convencer o a persuadir, *cualquiera que sea el auditorio al que se dirija y cualquiera que sea la materia de la que se trate*", y tanto la lógica filosófica como la lógica jurídica (en el sentido en que Perelman habla de lógica, no como lógica formal, sino como tipo de pensamiento racional) "no serían sino aplicaciones particulares de la nueva retórica al derecho y a la filosofía"[68].

Vemos cómo la doctrina perelmaniana tiene una doble faz, como bien se ve ya desde la obra seminal que Perelman escribió con Lucia Olbrechts-Tyteca, *Tratado de la argumentación. La nueva retórica.* Por un lado, Perelman recupera el estilo de los viejos tratados de retórica, como prontuario para el eficaz argumentar, para el retor que quiera dominar los argumentos con los que mover a cualquier auditorio a sus tesis. Pero, por otro, desarrolla un modelo de argumentación racional que se anticipa en muchas partes a lo que dirán muchos de los que en el campo filosófico se ubican en la llamada "rehabilitación de la razón práctica" y que inspirará a Robert Alexy cuando, a fines de los años setenta, publique su obra central, la *Teoría de la argumentación jurídica.*

Según Perelman, el que argumenta siempre busca la adhesión del auditorio, pero esto puede hacerse para persuadir o para convencer; o sea, con lo que el orador propone uno puede estar de acuerdo, si lo está, porque ha sido persuadido o porque ha sido

---

67 Cfr. Perelman, Ch., Olbrechts-Tyteca, L., *Rhétorique et Philosophie*, cit., pp. 110ss.

68 Perelman, Ch., *L'empire rhétorique*, cit., p. 19.

convencido. La persuasión es una adhesión que en todo o en parte está movida por factores emotivos hábilmente manejados por el orador. La convicción es una adhesión que se apoya nada más que en la valoración objetiva e imparcial de las razones dadas por el orador. Así pues, es principalmente la actitud argumentativa del orador lo que pone las condiciones del juego y determina que la racionalidad del resultado final quepa o no. Y esto lo explica Perelman diferenciando entre el argumentar para un auditorio particular o para el auditorio universal.

Argumento para el auditorio particular si tomo en cuenta las características específicas de la persona o grupo de personas a las que me dirijo, a fin de adaptar a ellas mi discurso y poder tocarles mejor la fibra sensible adecuada. Así, si la finalidad de mi discurso es conseguir que el jurado de este pleito absuelva a mi cliente, no argumentaré igual, ni en el fondo ni en la forma, según que ese jurado esté formado mayormente por personas religiosas o no, por hombres o mujeres, por jóvenes o viejos, por conservadores o progresistas, por nacidos en un lugar o en otro. Adaptándome y manipulando con sutileza mediante mis argumentos, intento que coincidan conmigo y me apoyen, sin importar que no sea la razón sino la seducción lo que los mueva. Por el contrario, argumento para el auditorio universal si tanto en la forma de mi discurso como en las razones que en él manejo hago completa abstracción de la índole peculiar de las concretas personas a las que me dirijo, pues nada más que busco el acuerdo que puedan brindarme sujetos perfectamente racionales que valoren y decidan de modo plenamente imparcial. Por tanto, me da igual que el jurado esté formado por católicos o ateos o que el juez sea hombre o mujer o que simpatice con este o aquel partido político.

Para quien habla al auditorio universal los interlocutores, en tanto que humanos y dotados de razón, son perfectamente fungibles, intercambiables, en tanto que interlocutores posibles. Es más, el ideal de interlocutor de la argumentación racional está formado por personas sin carne ni hueso, por seres que nada más que sean racionales y que carezcan de todo condicionamiento personal o social que pueda dañar la imparcialidad con la que sopesan las razones que en el discurso se les brindan. Por ejemplo, ese juez ante el que se argumenta racionalmente y como si fuera el representante perfecto de la humanidad imparcialmente razonadora, en puridad no debería tener ni biografía ni ideología ni vivencias personales que puedan lastrar la objetividad y radical independencia de su juicio.

Es enorme lo que la intuición perelmaniana está anticipando así, nada menos que buena parte del constructivismo ético posterior y de teorías ulteriores, más elaboradas, pero con ese mismo núcleo, como la habermasiana situación ideal de habla y la rawlsiana posición originaria bajo el velo de ignorancia. Tanto para Perelman como para esa posterior orientación *constructivista* de la razón práctica, lo que sea en materia moral, política o jurídica la solución objetivamente buena o verdadera no está predeterminado en ninguna ontología ideal o en ningún mundo del ser o naturaleza de las cosas, sino que deberá ser establecido en cada ocasión; no averiguado, sino puesto. ¿Cómo? Mediante un proceso de intercambio intersubjetivo de razones, de argumentos que ideal o hipotéticamente resulte apropiado para desembocar en un consenso final que sea el acuerdo al que llegarían cualesquiera sujetos racionales razonando bajo condiciones que aseguraran su perfecta imparcialidad. Racional es lo que sea apto para ser acordado de resultas de una argumentación racional. Argumentación racional es la que respeta determinadas reglas constitutivas que son una especie de derecho procesal del discurso racional. El mérito indudable de Alexy, en su *Teoría de la argumentación jurídica,* estuvo en sistematizar y sintetizar esas reglas a partir de lo que de común había en las obras de los precursores de la teoría de la argumentación jurídica, como Viehweg y Perelman, y en filósofos morales y políticos embarcados en la pelea contra el irracionalismo y en la llamada "rehabilitación de la razón práctica", con un papel prioritario, en Alexy, para Jürgen Habermas y su ética discursiva.

3.5. La argumentación jurídica y sus peculiaridades

¿Pero de qué tipo sería la argumentación jurídica, tal como se contiene, por ejemplo, en la motivación de una sentencia judicial? El mismo Perelman admite que la argumentación jurídica difiere, debido a los condicionamientos prácticos a que está sometida, del tipo de argumentación racional encarnado por la filosofía[69]. La argumentación jurídica se puede mencionar incluso como ejemplo de justificación dirigida a un auditorio particular[70]. De ahí que el derecho y su racionalidad posible aparezcan, en Perelman, en términos un tanto equívocos: "el derecho es simultáneamente acto de autoridad y obra de razón y de persuasión"[71]. El elemento propiamente retórico o de manejo de un instrumental, apto para condicionar la adhesión del auditorio de que se trate, estaría en la argumentación jurídica en tensión con el elemento de racionalidad, que se daría únicamente si se argumentara con vistas a obtener el acuerdo hipotético de todos sobre la base de la ponderación no manipulada de los argumentos. Pero con esto nos encontraríamos ante el dilema de si en el manejo práctico del derecho y en la justificación de sus decisiones se da realmente más relevancia al dato de la eficacia o al elemento de la razón.

Perelman mismo describe la argumentación eficaz como aquella que consigue del auditorio una adhesión suficientemente intensa como para mover a la acción en el sentido deseado[72]. Y, naturalmente, una argumentación como la jurídica, tan ligada a consecuencias prácticas, no podrá renunciar a esa dimensión de eficacia práctica, por lo que tendrá un ineludible componente persuasivo, y jugará en ella un papel el elemento "irracional"[73]. Y el propio Perelman se interroga sobre cuál será el criterio para

---

69 Perelman, Ch., *La lógica jurídica y la nueva retórica*, Madrid, Civitas, 1979 (trad. de L. Díez-Picazo), pp. 162ss.

70 Perelman, Ch., Olbrechts-Tyteca, L., *Rhétorique et Philosophie*, cit., p. 130.

71 Perelman, Ch., *Éthique et Droit*, cit., p. 679.

72 Perelman, Ch., Olbrechts-Tyteca, L., *Traité de l'Argumentation*, cit., p. 59.

73 Cfr. Perelman, Ch., Olbrechts-Tyteca, L., *Rhétorique et Philosophie*, cit., p. 34.

medir la mayor o menor racionalidad de esa argumentación que necesariamente ha de pretenderse eficaz y no meramente racional, a lo cual responderá que serán los propios planteamientos y el propio enfoque del argumentar (según que se haga con las miras puestas en la persuasión de un auditorio particular o en la convicción del auditorio universal) el criterio que nos permitirá juzgar de su grado de racionalidad[74]. Pero con ello estamos razonando de modo circular, pues lo que nos estábamos preguntando es cómo se mide la racionalidad de una argumentación, como la jurídica, que por imperativos prácticos tiende precisamente, al menos en parte, a la persuasión de un auditorio particular. Y poco se aclara al respecto si se hace del tema una mera cuestión de intenciones, como cuando Perelman afirma que la orientación al auditorio universal es propia de los espíritus más racionalistas y honestos[75], o que la clave está en "pretender" la universalidad de las premisas[76] y en no tratar de justificar premisas que se saben no universalizables e interesadas; o cuando se interpreta su pensamiento en el sentido de que el *phronimos* o *prudent* es el argumentador capaz de ver lo universal en lo particular[77].

Y tampoco aclaran más la cuestión sus puntualizaciones sobre la naturaleza del auditorio universal. Este sería en realidad una

---

74 *Ibid*, p. 38-39.

75 *Ibid.*, p. 39.

76 *Ibid.*, p. 119. Desde este planteamiento no es sorprendente que Perelman acabe manifestando la proximidad de su modelo de argumentación orientada al auditorio universal al concepto kantiano de imperativo categórico (*ibid*). "Es evidente —añade Perelman— que este auditorio universal al que cada pensador racional se dirige no es más que una creación de su espíritu: es función de este último, de su información, de la concepción que posea acerca de los valores que se denominan universales, está históricamente y socialmente determinado y está situado en el contexto de una cultura y varía con esta última" (*ibid.*, p. 120).

77 Haarscher, G., «Après Perelman», in *Justice et Argumentation*, Bruxelles, Etidions de l'Université de Bruxelles, 1986, p. 224.

"ficción"[78] que el argumentante se representa como encarnación del conjunto imaginario de todos los seres racionales, y el tipo de acuerdo al que tiende la argumentación a él orientada no se mide en términos de ningún consenso efectivo o empírico, sino de "una universalidad y una unanimidad que el orador se representa, del acuerdo de un auditorio que debería ser universal"[79]. Por tanto, la remisión al auditorio universal no sirve como baremo que ofrezca una referencia firme y constatable, sino que se trata de una pura construcción ideal, de una idea regulativa a la que tendencialmente se acercarán ciertas elaboraciones argumentativas en razón del grado de generalidad con que sus premisas se formulen y sin que el supuesto acuerdo universal del que serían susceptibles pueda manifestarse en ninguna forma de consenso efectivamente mensurable, pues "*el acuerdo de un auditorio universal no es una cuestión de hecho, sino de derecho*"[80].

Vemos como Perelman describe el componente prioritariamente retórico de la argumentación jurídica, pero no se resigna a admitir que el mismo esté al servicio de las contingencias de la práctica y de los intereses en litigio, no reconoce que la racionalidad de esa argumentación sea meramente funcional o instrumental. Y de ahí la peculiar dualidad de la obra perelmaniana[81], en la que se explican con enorme rigor y acierto las formas de uso de los recursos retóricos y, al mismo tiempo, parece darse por sentado que una argumentación que haga uso preferente de esas herramientas retóricas, que sirven para mover al auditorio, será fundamentalmente irracional.

---

78 Perelman, Ch., Olbrechts-Tyteca, L., *Rhétorique et Philosophie*, cit., p. 39.

79 Perelman, Ch., Olbrechts-Tyteca, L., *Traité de l'Argumentation*, cit., p. 41.

80 *Ibid*, p. 158.

81 Esa dualidad estaría ya contenida también en la retórica de Aristóteles. Vid. Aristóteles, *Tópicos*, VIII 160b, 161a, 161b; *Retórica*, I 1355b 5-10, 1404a 1-10. Por eso se ha hablado del „dilema ético de toda retórica" (Eisenhut, W., *Einführung in die antike Rhetorik und ihre Geschichte*, Darmstadt, Wissenschaftliche Buchgesellschaft, 1982, p. 32).

Lección 4

Bases filosóficas de la teoría de la argumentación jurídica

1. PLANTEAMIENTO DEL TEMA

En lecciones anteriores se han venido mostrando los presupuestos básicos de las contemporáneas teorías de la argumentación jurídica. Si tomamos como eje aquí la que se suele llamar teoría estándar de la argumentación jurídica y que tiene su autor más representativo en Robert Alexy, es posible resaltar algunos componentes importantes de su sustrato filosófico. A ese respecto merecen mención antes que nada las ideas de rehabilitación de la razón práctica y de constructivismo ético.

1.1. Rehabilitación de la razón práctica

Esta expresión, rehabilitación de la razón práctica, cobró carta de naturaleza en la filosofía del siglo XX a partir de la obra del mismo título que en 1972 compiló en Alemania Manfred Riedel[82]. La filosofía práctica o teoría de la razón práctica trata de las cuestiones atinentes a la justificación de la decisión personal; es decir, se refiere a si cuando una persona elige, bajo condiciones de incertidumbre, entre cursos de acción alternativos, dicha elección es enteramente dependiente de factores subjetivos tales como intereses, emociones personales, peculiaridades psicológicas individuales, etc., o si cabe encontrar parámetros o fundamentos que permitan diferenciar entre decisiones *objetivamente* más correctas y menos. En otras palabras, la cuestión es si cuando usted decide

---

82 Manfred Riedel (ed.), *Rehabilitierung der praktischen Philosophie*, 2 vols., Freiburg, Rombach, 1972 (vol. 1) y 1974 (vol. 2).

entre, por ejemplo, invertir el dinero de sus ahorros en la ayuda a una ONG que presta servicios a niños huérfanos de guerra o en acciones de una empresa que explota petróleo del Mar del Norte, su decisión, la que sea, expresa una preferencia personal suya que puede ser coincidente o discrepante con las preferencias personales de otros, con lo que otros habrían decidido en su lugar, pero sin que ni usted ni los otros puedan pretender que sus razones son expresión de la razón objetiva; o si, por el contrario, sí tenemos patrones para juzgar entre buenas y malas decisiones y buenas y malas normas rectoras de esas decisiones, con la misma objetividad con que podemos juzgar acerca de la verdad o falsedad de los enunciados sobre el mundo empírico, de manera que podemos objetivamente decir si con su elección usted hizo lo objetivamente correcto o lo que es objetivamente incorrecto.

Si dos personas discrepan sobre el peso de un determinado objeto, por ejemplo, un lápiz determinado, o sobre la temperatura a la que hierve el agua, hay procedimientos y aparatos que permiten saber quién tiene razón, quién tiene la verdad de su parte, si es que alguno la tiene, o quién está en el error, qué enunciados a ese respecto son verdaderos o falsos. Bastará buscar una báscula de precisión para pesar ese lápiz o poner el agua al fuego y medir con un termómetro apropiado la temperatura cuando el agua empieza a hervir. En cambio, ¿cómo podemos saber si es objetivamente más correcta, en aquel ejemplo de antes, la decisión del sujeto que opta por dar su dinero a una ONG o por invertir en acciones de una empresa de petróleos? Por supuesto, unos individuos preferirán una cosa y decidirán en consecuencia, y otros preferirán la otra y obrarán de esa manera, pero ¿podemos saber quién tiene la razón o simplemente cada uno de nosotros juzgará de las elecciones de los otros según sus personales preferencias, sin que exista pauta de verdad o falsedad o de corrección e incorrección objetivas?

Cuando usted decide votar a un partido igualitario o a uno que propone discriminaciones legales por razón de raza o sexo, ¿decide tan subjetivamente como cuando elige en el restaurante carne o pescado, en función de sus gustos personales, o hay manera de saber con algo de certeza si su elección es objetivamente correcta o incorrecta? Entre dos que opinan distinto sobre la calificación moral de la esclavitud o sobre si es más justo un sistema jurídico que atribuya iguales derechos a mujeres y hombres o uno que reconozca derechos mayores a ellos o ellas, ¿tiene uno razón y otro no, o simplemente cada cual expresa una opinión que no puede demostrarse como mejor fundada o más objetivamente correcta? Si hoy nos parece a la inmensa mayoría que la esclavitud es suprema injusticia y que muy injusta es también la sociedad patriarcal que hasta hace bien poco dominó en nuestra cultura y que todavía perdura en otras ¿tenemos razón y estamos en la verdad demostrable los que así pensamos o nada más que expresamos con nuestras creencias las ideas que predominan aquí y ahora, en nuestro tiempo y en el espacio cultural en que vivimos?

Hasta aproximadamente los años sesenta y setenta del siglo XX, en la filosofía europea y americana predominó en materia de razón práctica el escepticismo. Dominaban el relativismo, que viene a decir que cada persona, grupo o cultura tiene su personal "verdad" y que todo juicio moral es enteramente relativo a la persona, el grupo o la cultura de que proviene; el positivismo lógico, que entendía que cuando expresamos enunciados no contrastables empíricamente o no reconducibles a un análisis puramente lógico, en realidad solo estamos jugando con enigmas verbales y frases que en el fondo no tienen sentido; o el utilitarismo, que afirma que justo es lo que provoca el mayor bienestar del mayor número y que a la postre no hay más cera que la que arde ni más criterio de justicia que la mayor conveniencia de los más.

A mediados de siglo, la teoría ética está dominada por el emotivismo (Stevenson), que viene a decir que todo juicio moral del tipo "X es moralmente bueno" o "X es justo" simplemente expresa una emoción subjetiva traducible a "A mí me gusta X", y por el imperativismo (Hare), para el que los enunciados morales de ese tipo no expresan más que el deseo de dirigir la conducta de los demás y vienen a querer decir "Haz X".

Y es desde fines de los años sesenta del siglo XX cuando van apareciendo en filosofía moral y en filosofía política teorías que representan eso que se llamó la rehabilitación de la razón práctica y que defienden la idea de que hay criterios objetivos de corrección para los juicios de la razón práctica, que tales juicios tienen un sentido objetivo independiente de las intenciones y los sentimientos de quienes los expresan y que es posible fundamentar que unos enunciados morales son verdaderos u objetivamente correctos, como el que dice que la esclavitud es injusta, y otros son falsos u objetivamente incorrectos, como el que sentencia que la esclavitud es justa.

Para ubicar mejor esto en el plano de la filosofía moral, conviene diferenciar entre objetivismo y antiobjetivismo moral[83] y entre doctrinas cognitivistas y no cognitivistas. Las teorías éticas podemos clasificarlas según cómo respondan a estas dos cuestiones: *si hay o no pautas objetivas del bien y del mal* y *si, de haberlas, podríamos conocerlas.* Así es como, respectivamente, se contraponen el objetivismo y el antiobjetivismo moral y cognitivismo y no cognotivismo moral. Los *objetivistas* dicen que sí existen tales pautas objetivas y que están "ahí afuera", predeterminadas, preestablecidas a cualquier juicio nuestro. Los *antiobjetivistas* tildan a los objetivistas de metafísicos que se pierden en fantasmagorías, y no creen que haya tales baremos objetivos de lo bueno y lo malo.

Los *cognitivistas* dicen que no sólo existen objetivamente esos baremos, sino que, además, nuestra razón, guiada por el método adecuado, pensando como es debido, puede conocerlos y aplicarlos para dirimir en los dilemas morales. Los *no cognitivistas* mantienen que no se puede conocer de modo intersubjetivamente coincidente aquello que no existe o de cuya existencia no tenemos constancia, los patrones o baremos objetivos del bien, y que por eso discrepamos en estos temas de razón práctica, porque no hay más criterios que los criterios puramente personales y cada uno

---

83 En esta lección emplearé como sinónimos los sustantivos "ética" y "moral" y los calificativos "ético" y "moral".

tiene los suyos. Un caso particular de objetivismo y cognitivismo es el constructivismo ético.

1.2. Constructivismo ético

Perelman es también un precursor de tal enfoque constructivista que luego prolongarán autores de la importancia de Habermas o Alexy. Entre los tratadistas recientes de tal tema, Claudia Bagnoli caracteriza así el constructivismo: "En ética, el constructivismo es la idea de que, en la medida en que hay verdades normativas, por ejemplo, verdades sobre lo que debe hacerse, están tales verdades determinadas por un proceso idealizado de deliberación, elección y acuerdo racional". El constructivismo establece que "los principios morales que debemos aceptar o seguir son aquellos con los que cualquier sujeto estaría de acuerdo o proclamaría si tomara parte en un proceso hipotético o ideal de deliberación racional"[84].

De constructivismo se habla propiamente a partir de la obra de John Rawls titulada *Teoría de la justicia*, que revolucionó la filosofía política a partir de su publicación en 1971. Rawls se replantea la vieja cuestión de la justicia social, preguntándose cuál es el correcto modo de distribuir los bienes y las cargas en una sociedad que merezca con propiedad llamarse justa. Explica que si a cualquiera de nosotros le dan una lista de posibles criterios de reparto (por ejemplo, un reparto igualitario, un reparto según el mérito, según el trabajo, según el sexo, según el origen social, según la raza...), cada uno verá su elección condicionada por sus personales intereses y preferirá, a la postre, lo que más le beneficie. Por eso explica Rawls que la sociedad objetivamente justa no será sino aquella que todos elegiríamos si fuéramos capaces de razonar y preferir no según lo que somos y sabemos que somos, sino razonando en común de manera perfectamente imparcial cada cual.

---

84 Claudia Bagnoli, "Constructivism in Metaethics", *The Stanford Encyclopedia of Philosophy (Spring 2012 Edition)*, Edward N. Zalta (ed.).

Propone Rawls una especie de experimento intelectual consistente en pedirnos que imaginemos que nos encontramos en la posición originaria y bajo el velo de ignorancia. Con la idea de *posición originaria* alude a que cada uno de nosotros debe figurarse que no existe sociedad y que conjuntamente con los demás vamos a fundarla, acordando entre todos las reglas básicas del juego social y del reparto de beneficios y cargas entre todos. Al hablar del *velo de ignorancia* nos pide Rawls que supongamos qué modelo de reparto preferiríamos si cada uno de nosotros fuera absolutamente sabio y tuviera todos los conocimientos generales sobre el mundo, pero ninguno supiera nada en particular sobre sí mismo no sobre cada uno de los otros en concreto. La pregunta que Ralws nos lanza queda, pues, así: si usted, en esa tesitura de codecidir sobre los fundamentos de la organización social, supiera todo de física, química, psicología, economía, etc., etc., pero no supiera nada de sí mismo y desconociera por tanto si en esa sociedad cuyas reglas se están poniendo le va a tocar vivir como mujer o como hombre, como blanco o como negro, como hábil para las matemáticas, el arte o ninguna cosa, como poseedor de un alto coeficiente intelectual o uno bajo, como persona con una salud de hierro o con una salud quebradiza, etc., etc., ¿qué modelo de reparto preferiría?

Según Ralws, en una posición tal todos aplicaríamos lo que denomina la regla "maximin", que viene a disponer que cada cual escoge la alternativa que le permita estar mejor si tiene la peor de las suertes. Esto es, si a la hora de la verdad, cuando se me revelen mis dones personales, va a resultar que soy muy bajito, débil, feucho y muy poco inteligente, ¿en qué tipo de sociedad y con qué modelo de reparto estaré mejor? Dice Ralws que si pudiéramos razonar de esa manera, bajo perfectas condiciones de imparcialidad que aseguran que nadie barre para su casa porque ninguno sabemos cuál es la casa nuestra, todos elegiríamos determinadas reglas de justicia: que todos queremos ser lo más libres que sea posible y que todos admitimos el reparto desigual de bienes solamente si el que está peor en una sociedad desigual está mejor de lo que estaría en una sociedad igualitaria, y siempre que a las mejores posiciones en la sociedad desigual se pueda acceder con igualdad de oportunidades.

No importa aquí el debate sobre esas reglas racionales de justicia social que Ralws entiende así fundamentadas, sino el método que aplica, consistente en reflexionar sobre qué preferiríamos todos si consiguiéramos ser imparciales al razonar sobre las preferencias. Lo que Ralws nos dice es que si yo no sé cuál es mi raza, si no sé si soy blanco, negro o amarillo, me libraré de decir que es mejor que el mundo lo gobiernen solo los de uno de esos grupos, porque si luego resulta que yo soy del otro, la embarré (como se diría en algunos países), salgo perdiendo. Somos imparciales cuando no sabemos qué es lo que particularmente nos conviene, dadas nuestras características personales y sociales (si soy hombre o mujer, rico heredero o huérfano paupérrimo, etc.). Justo no es este o aquel modelo de reparto, ni está la sociedad justa diseñada en el orden de la Creación ni prefijada en ninguna ontología preestablecida, sino que lo justo es lo que todos acordaríamos si fuéramos capaces de razonar de manera imparcial. Así que si nuestra mente es capaz de anticipar qué preferiríamos si fuéramos imparciales, nuestra mente nos está diciendo que eso que así preferiríamos en cada momento es objetivamente lo justo en ese momento.

Son muchas las analogías entre esa filosofía política de Rawls y la ética discursiva de Habermas. Se tiene por precursor del constructivismo a Kant y por su fundador contemporáneamente a John Rawls, y por esa misma senda camina Habermas. Sus filosofías son distintas, pero próximas y en buena medida complementarias. Sin ellas, y muy en especial sin la de Habermas, no puede entenderse y seguramente no habría surgido la teoría de la argumentación racional de Robert Alexy. Por eso, en esta lección que trata de los fundamentos filosóficos de la teoría de la argumentación jurídica debemos dar un buen espacio a la explicación de la filosofía habermasiana, fuente muy principal de Alexy.

2. HABERMAS Y LA ÉTICA DISCURSIVA[85]

2.1. La comunicación hace posible la sociedad, por lo que solo hay sociedad si nos entendemos al comunicarnos

En Habermas, como en otros grandes pensadores modernos, la filosofía no puede entenderse desvinculada de la investigación histórica y social, y los límites entre especulación filosófica y ciencia social son fluidos e interdependientes. Por ello, también en Habermas la explicación en clave filosófica acerca del sentido del mundo y de las cosas, de la posibilidad de su conocimiento y de las consecuencias normativas que para la conducta humana se siguen de ello, está unida a la cuestión decisiva que viene ocupando al pensamiento occidental moderno, una vez que el hombre se ha sentido dueño y forjador del mundo de su convivencia y que, por tanto, ha dejado de fiarse al providencialismo o a designios trascendentes el porqué de las sociedades humanas: ¿cómo es posible el orden social? Acorde con el "giro lingüístico" del que la filosofía de Habermas forma parte, el elemento explicativo último del orden social se va a hallar en el lenguaje, en la comunicación lingüística[86], y, concretamente, en los presupuestos universales e inevitables de la misma. Ese elemento posibilitador del orden constituirá también la base de la ética discursiva e, igualmente, la clave del concepto epistemológico de racionalidad y de la hipótesis explicativa de la evolución social.

---

85 Presento aquí una versión revisada del siguiente trabajo de mi autoría: García Amado, J.A., "Habermas y el derecho", en: García Amado, J.A. (ed.), *El derecho en la teoría social. Diálogo con catorce propuestas actuales,* Madrid: Dykinson, 2001, pp. 357-398.

86 "Considero «sociedad» a todos los sistemas que, *por medio de acciones lingüísticas coordinadas* (instrumentales y sociales), se apropian de la naturaleza exterior (por medio de procesos de producción) y de la naturaleza interior (por medio de procesos de socialización)" (Habermas, J., *La reconstrucción del materialismo histórico,* Madrid: Taurus, trad. de J. Nicolás Muñiz y R. García Cotarelo, 1981, p. 120) (El subrayado es nuestro).

Al comunicarse, los seres humanos hacen sociedad, interactúan, se coordinan; no puede ser de otro modo mientras se sirvan del medio lingüístico. Al hablar, cada sujeto ya no puede pensar sólo en sí mismo, las "restricciones estructurales que impone un lenguaje intersubjetivamente compartido" le fuerzan a "salir de la lógica egocéntrica"[87] del cultivo de su mero interés individual, y a someterse a las servidumbres de la necesidad de entendimiento. Si la comunicación no puede concebirse ni tiene sentido sin el entendimiento, comunicarse, realizar acciones comunicativas, implicará necesariamente plegarse a los requisitos que hacen que el entendimiento sea posible y le dan sentido.

Tenemos ya, por tanto, que la integración social se realiza por la vía del lenguaje, lo cual es tanto como decir que "la integración de los miembros de la sociedad ... se efectúa a través de procesos de entendimiento"[88], que "el entendimiento funciona como mecanismo coordinador de la acción"[89], que "el entendimiento lingüístico es sólo el mecanismo de coordinación de la acción, que ajusta los planes de acción y las actividades teleológicas de los participantes para que puedan constituir una interacción"[90]. De ahí que actuar propiamente en sentido comunicativo, orientarse a la más alta racionalidad posible, realizar lo que Habermas llama "acción comunicativa" o "acción orientada al entendimiento", supone que "la coordinación de la acción ha de satisfacer la condición de un entendimiento comunicativo perseguido sin restricciones"[91].

---

87 Habermas, J., *Pensamiento postmetafísico*, Madrid, Taurus, 1990, trad. de M. Jiménez Redondo, p. 85.

88 Habermas, J., *Teoría de la acción comunicativa*, 2 vols., Madrid: Taurus, trad. de M. Jiménez Redondo, 1987, vol. 1, p. 507.

89 *Teoría de la acción comunicativa: Complementos y estudios previos*, Madrid: Cátedra, 1989, trad. de M. Jiménez Redondo, p. 493.

90 Habermas, J., *Teoría de la acción comunicativa*, op. cit., vol. 1, p. 138.

91 Habermas, J., "Entgegnung", en *Kommunikatives Handeln*, ed. de A. Honneth y H. Joas, Frankfurt/M: Suhrkamp, 1988, 2.ed., p. 363.

Así pues, quien actúa en sociedad y, por tanto, necesariamente se comunica, no puede sustraerse a los presupuestos de dicha comunicación, al "carácter inexcusable de aquellos presupuestos universales que *condicionan siempre* nuestra práctica comunicativa cotidiana y que no podemos «elegir»"[92]. Si se puede decir que la comunicación lingüística tiene inscrito el entendimiento como *telos* inmanente[93], pues sin él carecería de razón de ser, y si entenderse viene a ser tanto como alcanzar una forma de acuerdo, de consenso, vale igual decir que "es inherente a todo acto de habla el *telos* del acuerdo"[94]: "el orden social ha de poder establecerse a través de procesos de formación de consenso"[95]. En consecuencia, en cuanto existe lenguaje en uso hay sociedad, coordinación social, y son "estructuras lingüísticas transubjetivas" las que explican cómo es posible el orden social y cómo se comprende el entrelazamiento entre individuo y sociedad[96]. ¿Qué significa ese consenso posibilitador de la coordinación social y al cual inevitablemente se orienta de modo implícito toda práctica comunicativa? Significa que comunicarse es pretender entenderse, ponerse de acuerdo sobre algo (ya sea algo en el mundo objetivo, en el mundo social o en el mundo subjetivo), única manera de que quepa la actuación conjunta.

2.2. *Pretensión de validez de las acciones comunicativas*

Tenemos ya algunos de los conceptos clave de la construcción habermasiana (acción comunicativa, entendimiento, acuerdo) y su virtualidad explicativa de los mecanismos posibilitadores del

---

92 Habermas, J., *Conciencia moral y acción comunicativa,* Barcelona: Península, trad. de R. García Cotarelo, 1985, p. 154,

93 Habermas, J., *El discurso filosófico de la modernidad,* Madrid: Taurus, 1989, trad. de M.Jiménez Redondo, p. 369

94 Habermas, J., *Teoría y praxis. Estudios de filosofía social,* Madrid: Tecnos, trad. de S. Mas Torres y C. Moya, 1987, p. 27.

95 Habermas, J., *Pensamiento postmetafísico,* op., cit., p. 87.

96 Habermas, J., *El discurso filosófico de la modernidad,* op. cit., p. 450; Habermas, J., *Pensamiento postmetafísico,* op., cit., p. 85.

orden social. Sabemos ya que toda comunicación presupone la orientación al entendimiento y, con ello, al acuerdo. Un nuevo concepto se hace preciso y se perfila en Habermas para acotar mejor esta explicación: el de "validez".

Según Habermas, "al lenguaje le es inmanente la dimensión de la validez" y "la orientación a pretensiones de validez pertenece a las condiciones pragmáticas de posibilidad del entendimiento"[97]. ¿Qué quiere decir esto? Significa que quien lleva a cabo una emisión lingüística, un acto de habla, está realizando a su(s) interlocutor(es) una oferta de entendimiento sobre algo en el mundo objetivo, en la sociedad o en sí mismo, y esa oferta envuelve una pretensión de validez, es decir, la pretensión de ser aceptada, de generar el acuerdo sobre su corrección a la luz del mundo objetivo, de la sociedad o de la personalidad del sujeto. Y quien recibe esa oferta, esa pretensión de acuerdo, y prosigue con el vínculo comunicativo, ha de tomar postura (tácita o expresa) respecto de la misma, admitiéndola y, por tanto, mostrándose de acuerdo con la validez de lo dicho, o rechazándola. Y tanto uno como otro presuponen (en tanto que buscan el acuerdo y dan por sentada también su posibilidad, amén de su necesidad para coordinar las acciones) que en caso de que su respectiva postura sea cuestionada por la otra parte, podrán defenderla con razones, con argumentos, y que en última instancia es posible el acuerdo racional en torno a la postura avalada por las mejores razones, por los mejores argumentos. "Con una pretensión de validez un hablante apela a un potencial de razones que, llegado el caso, podría sacar a la palestra en favor de esa pretensión"[98]. Y "que el entendimiento funcione como mecanismo coordinador de la acción sólo puede significar que los participantes en la interacción se ponen de acuerdo acerca de la *validez* que pretenden para sus emisiones o manifestaciones, es

---

97 Habermas, J., "Entgegnung", op.cit., p. 360.

98 Habermas, J., *Pensamiento postmetafísico,* op., cit., p. 84.

decir, que reconocen intersubjetivamente las *pretensiones de validez* con que se presentan unos frente a otros"[99].

Así, comunicarse significa elevarse recíprocamente pretensiones de validez. Y entenderse supone (a partir de la posesión de un lenguaje común y de referencias compartidas) llegar a la convicción compartida de la validez de los enunciados de que se trate, para, consiguientemente, poder operar de modo consecuente con ello y, por tanto, coordinadamente. "Todo consenso descansa en un reconocimiento intersubjetivo de pretensiones de validez susceptibles de crítica"[100]. Estamos en condiciones de asimilar el sentido de las definiciones que de estos conceptos proporciona el propio Habermas: "*Entendimiento* (*Verständigung*) significa la «obtención de un acuerdo» (*Einigung*) entre los participantes en la comunicación acerca de la validez de una emisión; *acuerdo* (*Einverständnis*), el reconocimiento intersubjetivo de la pretensión de validez que el hablante vincula a ella"[101].

Quien sostiene algo y, por tanto, formula una pretensión de validez para su manifestación, se está al tiempo comprometiendo a mostrar con razones, en caso necesario, lo justificado de su aseveración y a actuar en consecuencia con la expectativa que en los demás crea respecto de su manera de entender los estados de cosas, la sociedad o a sí mismo. E igual ocurre con quien toma posición ante su manifestación, aceptándola u ofreciendo razones alternativas. Tanto mejores las razones que avalan una pretensión, tanto más arraigado el acuerdo, tanto más fiables las consiguientes expectativas de conducta.

Lo que se ha dicho es común a toda pretensión de validez presente en la comunicación lingüística. Y a todas les es inmanente lo que llama Habermas un "momento de incondicionalidad", pues a lo que tendencialmente aspiran es a un entendimiento pleno

---

99 Habermas, J., *Teoría de la acción comunicativa,* op. cit., vol. 1, p. 143.
100 Habermas, J., *Teoría de la acción comunicativa,* op. cit., vol. 1, p. 168.
101 Habermas, J., *Teoría de la acción comunicativa,* op. cit., vol. 2, p. 171.

en torno a un acuerdo de alcance universal. No se pretende en última instancia alcanzar, coherentemente con la función coordinadora del lenguaje, un acuerdo vinculado a razones relativas, o engañosas, o válidas sólo para algunos. Como dice Habermas, "*en tanto* que pretensiones, éstas trascienden todas las limitaciones espaciales y temporales, todas las limitaciones provinciales del contexto de cada caso"[102] .Cuando no ocurre así, cuando a sabiendas se busca un consenso no libre, cuando se manipulan razones y se instrumentaliza a los interlocutores, se está haciendo una utilización parasitaria del lenguaje, no congruente con la función social inscrita en sus mismas estructuras. Estamos entonces ante la acción orientada al éxito, que contrasta con la originaria acción comunicativa, orientada al entendimiento.

Pero esos rasgos comunes de cualesquiera pretensiones de validez que en la comunicación se manifiesten no quitan para que dichas pretensiones puedan ser de tres tipos diferentes. Ya se ha mencionado que la emisión del hablante puede versar sobre una triple realidad: *sobre el mundo objetivo*, es decir, de los objetos, hechos o estados de cosas; *sobre el mundo social*, o sea, de las normas rectoras de la vida social; o *sobre el mundo subjetivo*, sobre la persona (actitudes, sentimientos...) del propio hablante. En el primer caso, la pretensión de validez que se formula es una *pretensión de verdad*; en el segundo es una *pretensión de rectitud, de corrección normativa*, de justicia, en suma; en el tercero, *de veracidad*. Y por tratarse de pretensiones de validez en todo caso, pero pretensiones de ese modo distintas, en caso de que se cuestionen o no sean aceptadas y su emisor se vea en la necesidad de hacer frente a su inevitable compromiso implícito de respaldarlas con razones, éstas serán de índole diversa en cada uno de los tres casos. Si lo que se cuestiona y hay que defender es un enunciado objetivo, se argumentará remitiéndose a los estándares de experiencia, al conocimiento compartido del mundo de las cosas y los objetos; si es la rectitud de una manifestación normativa, de deber o de valoración, lo que

---

102 Habermas, J., *Teoría de la acción comunicativa*, op. cit., vol. 2, p. 566.

se pone en duda, habrá que apelar con argumentos a los órdenes de justicia o legitimidad de las normas y valores; si, finalmente, es la veracidad de una manifestación subjetiva lo que se discute, la sinceridad del emisor habrá de acreditarse con argumentos referentes las manifestaciones de su personalidad conocidas.

Siempre que se invoca o se discute cualquiera de estas pretensiones de validez no se opera en el vacío, sino sobre el terreno de un cuerpo de ideas previas socialmente compartidas y que sientan la base del enjuiciamiento posible de la pretensión respectiva. "Todo proceso de entendimiento tiene lugar sobre el trasfondo de una precomprensión imbuida culturalmente"[103]. Así, las pretensiones de verdad se apoyarán siempre en un saber compartido o cultura; las pretensiones de rectitud en el componente normativo de la interacción o sociedad; y las pretensiones de veracidad en la personalidad socializada de determinado modo. Y el despliegue de las correspondientes pretensiones y su desenvolvimiento mediante argumentos contribuirá respectivamente a la reproducción cultural, a la integración social y a la socialización de los individuos.

2.3. Obligaciones comunicativas. Si todos las incumplieran no habría sociedad

Todo este esquema de pensamiento de Habermas no se explica fácilmente sin hacer patente una idea que sólo menciona de pasada. Me refiero a la idea de obligación. Porque del dato, que ya conocemos, de que el orden y la vida sociales sólo pueden cobrar realidad de resultas de la comunicación lingüística, y de los consiguientes presupuestos insoslayables de ésta (la orientación al entendimiento y, por tanto, al acuerdo racional) se desprenden para nuestro autor una serie de *vinculaciones normativas racionalmente ineludibles para el sujeto social*, una serie de obligaciones que conjuntamente se pueden sintetizar en el *tener que atenerse a y no*

[103] Habermas, J., *Teoría de la acción comunicativa*, op. cit., vol. 1, p. 145.

contradecir con su modo de proceder los requisitos que dan sentido a la argumentación y cuya vulneración general equivaldría a hacer inviable la comunicación y, con ello, el orden social[104]. Habría un compromiso general con los presupuestos posibilitadores del entendimiento y un elemento igualatorio en la común participación de todo individuo social en las obligaciones consiguientes. Si todos se sirven de la comunicación lingüística para vivir en sociedad, ninguno está justificado para minar el entendimiento sustrayéndose a sus reglas y condiciones.

Posteriormente trataré de presentar conjuntamente esas obligaciones dimanantes. Pero por el momento baste hacer referencia a la que en estos momentos nos sale al paso. Podríamos denominarla obligación de compromiso con el sentido de las emisiones lingüísticas. Diríase que la figura que con ello se rechaza, por incompatible con los presupuestos de la comunicación, es la del fingidor o mentiroso gratuito. Quien realiza una emisión lingüística hacia otro inicia el trazado de un camino que tanto uno como otro han de seguir: hay una "fuerza de vínculo" que hace que hablante y oyente deban atenerse únicamente para el logro del acuerdo a la "fuerza racionalmente motivadora" de los argumentos[105]. El hablante asume con su emisión, y con la consiguiente pretensión de validez que encierra, la garantía de proporcionar argumentos en favor de su postura para el caso de que el interlocutor no asuma dicha pretensión; y el oyente "se ve desafiado a tomar una postura racionalmente motivada" respecto de la tal pretensión[106].

---

104 Habermas explica eso que llama también "el fundamento normativo de la comunicación lingüística" diciendo que quien participa en un discurso da por sentadas "al menos implícitamente, determinados presupuestos, que son los únicos que permiten el acuerdo: así, los presupuestos de que las proposiciones verdaderas son preferibles a las falsas y que las normas justas (esto es: susceptibles de justificación) son preferibles a las injustas" (Habermas, J., *La reconstrucción del materialismo histórico,* op. cit., p. 179).

105 Habermas, J., *Pensamiento postmetafísico,* op., cit., p. 74.

106 Habermas, J., *Pensamiento postmetafísico,* op., cit., p. 85.

Sólo negándoles la validez puede el oyente rechazar la emisión del hablante, y tal negativa no puede ser gratuita o arbitraria, sino amparada en razones[107].

Téngase en cuenta que con lo anterior se está haciendo referencia a lo que podríamos llamar el caso puro de comunicación, el de la llamada por Habermas "acción comunicativa" o acción orientada al entendimiento, que es aquella en que los partícipes no están en su actuación mediatizados por intereses o fines particulares y persiguen prioritariamente el entendimiento —el acuerdo— racional, basado únicamente en la fuerza de las razones y no en ninguna otra. Evidentemente esta acción en estado puro seguramente podría darse tan sólo en una comunicad de ángeles, pero lo que a Habermas le interesa es recalcar que si ese tipo de acción no se presupusiera de algún modo en la práctica comunicativa, si la orientación al entendimiento no pudiera darse en modo alguno y no hubiera más que la descarada persecución de intereses egoístas y el lenguaje fuera sólo un medio de lucha, la comunicación habría perdido su condición de posibilidad y el orden social se desmoronaría.

---

107 Puesto que los hablantes comparten un fondo de conocimientos y normas tenidos por incuestionados, o mundo de la vida, y puesto que por razón de las propias estructuras ínsitas en la comunicación el acuerdo es posible y necesario sobre la base de razones o argumentos a partir de ese trasfondo, enlaza Habermas aquí su teoría del significado. "Comprender una expresión —explica— quiere decir saber cómo cabe servirse de ella para entenderse con alguien sobre algo" (Habermas, J., "Entgegnung", op.cit.). Entendemos un acto de habla "cuando conocemos las razones bajo las que podría aceptarse como válido por un oyente" (Habermas, J., "Cuestiones y contracuestiones", en: *Habermas y la modernidad*, Madrid: Cátedra, 1988, trad. de F. Rodríguez Martín, p. 323), "cuando conocemos la clase de razones que un hablante podría aducir para convencer a un oyente de que en las circunstancias dadas tiene razón para pretender validez para su emisión —en una palabra: cuando sabemos *qué lo hace aceptable*" (Habermas, J., *Pensamiento postmetafísico*, op., cit., p. 85.).

2.4. Discurso o argumentación como actividad bajo reglas

Con lo que llevamos dicho, un nuevo concepto se nos impone al hilo de la construcción de Habermas: el concepto de "discurso". Cuando se aducen argumentos en favor de una determinada pretensión de validez que se ha vuelto problemática, cuando se entra en la discusión de las razones en pro y en contra, estamos ante lo que Habermas denomina discurso. Y ese discurso, ese intercambio de razones, sólo será racional y servirá para conducir a un acuerdo que merezca dicho calificativo cuando respete ciertas reglas, acordes con los presupuestos estructurales que hacen posible la comunicación. Son esas las reglas de que se ocupa la teoría de la argumentación. "En los discursos no intercambiamos informaciones, sino argumentos que sirven para razonar (o rechazar) pretensiones de validez problematizadas. Los discursos exigen en primer lugar una suspensión de las coacciones de la acción, que ha de conducir a que pueda quedar neutralizada cualquier otra motivación que no sea la de una disponibilidad cooperativa a entenderse (...) Esta forma de comunicación liberada de la presión de la experiencia y de las coacciones de la acción posibilita en situaciones de interacción perturbada restablecer un entendimiento sobre pretensiones de validez que se han vuelto problemáticas (las alternativas son, o bien el paso al comportamiento estratégico, o la ruptura de la comunicación)"[108].

Puesto que se trata de lograr un acuerdo que se ha vuelto problemático, ese acuerdo ha de alcanzarse a un nivel superior que el de las comunicaciones espontáneas ordinarias: han de quedar en suspenso las mediaciones prácticas, espacio-temporales y sociales, ha de ponerse entre paréntesis el mundo de la vida y argumentarse buscando el acuerdo sobre la base únicamente del valor de los argumentos. Esto sería, según Habermas lo presupuesto por las estructuras mismas que posibilitan la comunicación: que cualquier

---

108 Habermas, J., *Teoría de la acción comunicativa: Complementos y estudios previos,* op. cit, p. 493.

desacuerdo puede solventarse racionalmente, pues todo partícipe en la actividad comunicativa está aceptando implícitamente que, en virtud de la función coordinadora que es la razón de ser de la comunicación, el acuerdo es posible sobre la base de ciertas reglas y procedimientos[109]. Si aceptamos el lenguaje, al usarlo no podemos dejar de reconocer que es vía de entendimiento, ni desconocer que socavar ese entendimiento mediante trabas, manipulaciones o deformaciones es atentar contra su esencia misma. No podemos hacer uso de la comunicación sin quedar intelectualmente, "lógicamente", vinculados a la racionalidad comunicativa, aunque en la facticidad de nuestra actuación podamos siempre decidir si somos o no congruentes con sus requisitos.

Lo que en el discurso se hace es «fundamentar» mediante argumentos o razones una pretensión, ya sea de verdad o de rectitud, pero de modo tal que se aspira a mostrarla válida con carácter universal, al margen de cualquier determinación espacio-temporal[110]. De ahí que las reglas que gobiernan esa fundamentación sólo pueden ser las de la argumentación racional[111]. ¿Qué significa, pues, argumentar y cuáles son esas reglas?

Habermas llama argumentación "al tipo de habla en que los participantes tematizan las pretensiones de validez que se han vuelto dudosas y tratan de desempeñarlas o de recusarlas por medio de argumentos. Una *argumentación* contiene razones que están conectadas de forma sistemática con la *pretensión de validez* de la manifestación o emisión problematizada. La fuerza de una argumentación —añade Habermas— se mide en un contexto dado

---

109 "Sólo hablaré, pues, de «discursos» cuando el sentido mismo de la pretensión de validez que se ha tornado problemática fuerce conceptualmente a los participantes a suponer que en principio podría alcanzarse un acuerdo racionalmente motivado, significando aquí «en principio» la siguiente reserva idealizadora: con tal que la argumentación fuera suficientemente abierta y durara el tiempo suficiente" (Habermas, J., *Teoría de la acción comunicativa*, op. cit., vol. 1, p. 69).

110 Habermas, J., "Entgegnung", op.cit., p. 350.

111 Habermas, J., *Teoría de la acción comunicativa*, op. cit., vol. 1, p. 43.

por la pertinencia de las razones. Ésta se pone de manifiesto, entre otras cosas, en si la argumentación es capaz de convencer a los participantes en un discurso, esto es, en si es capaz de motivarlos a la aceptación de la pretensión de validez en litigio"[112].

En la argumentación, es decir, en el desenvolvimiento práctico del discurso, se emplean razones, razones que, en la comunicación, y en tanto que elemento de entendimiento intersubjetivo, sólo pueden manifestarse como argumentos. "Un argumento —dice Habermas— es la razón que nos motiva a reconocer la pretensión de validez de una afirmación o de una norma o valoración"[113]. Y el acuerdo consiguiente a la argumentación, la razón final tenida por válida, sólo será racional cuando sean los argumentos, las razones sopesadas en la discusión, los únicos factores determinantes, de modo que sean las mejores razones, los mejores argumentos, los que puedan pesar más. Y para hacer esto posible es para lo que son esenciales las reglas de la argumentación racional. Son esas reglas las que garantizan la ponderación imparcial de las razones y, por tanto, la racionalidad de la resolución final. El estudio de las mismas es el objeto de la llamada teoría de la argumentación. A ésta le compete, pues, "la tarea de reconstruir las presuposiciones y condiciones pragmático-formales del comportamiento explícitamente racional"[114].

---

112 Habermas, J., *Teoría de la acción comunicativa,* op. cit., vol. 1, p. 37. Vemos cómo "discurso" y "argumentación" son conceptos íntimamente emparentados. Se trataría de dos modos de contemplar el mismo fenómeno, la invocación de razones, bajo ciertos presupuestos, en favor de una pretensión problematizada. Bajo la óptica analítica o estática se denomina a ese modo de proceder como "discurso"; bajo la perspectiva dinámica, al estudiar su desenvolvimiento práctico, se denomina como "argumentación", en el sentido de práctica discursiva. Buena muestra de hasta qué punto pueden resultar intercambiables estos conceptos la da el que se hable indistintamente de ética o de racionalidad discursivas o argumentativas.

113 Habermas, J., *Teoría de la acción comunicativa: Complementos y estudios previos,* op. cit, p. 141.

114 Habermas, J., *Teoría de la acción comunicativa,* op. cit., vol. 1, p. 16.

2.5. *Las reglas de la racionalidad argumentativa y la situación ideal de habla*

En realidad, lo que la teoría de la argumentación tiene que aportar son las condiciones o reglas ideales con que pueda medirse la racionalidad de una práctica discursiva real, reglas que poseerán una dimensión normativa, en cuanto que su seguimiento implica congruencia con los presupuestos estructurales de la comunicación, y su vulneración por un comunicante implicará *la contradicción pragmática* de atentar contra un sistema de reglas esenciales de una práctica comunicativa que implícitamente acepta al emplearla[115]. No es que dichas reglas sean constitutivas de toda práctica discursiva, pues cabe un *uso estratégico o parasitario del lenguaje*, con fines torcidos o egoístas y para el cual el lenguaje sigue cumpliendo función de comunicación y coordinación de las acciones. Ocurre tan sólo que *si todos procedieran en todo momento ignorando las reglas de la argumentación racional, la comunicación dejaría de ser posible*, y de ahí que hasta quien vulnera esas reglas tenga que seguir presuponiéndolas, en cuanto que sigue usando de la posibilidad de la comunicación. Precisamente por no ser constitutivas de cada discurso práctico, sino únicamente de la posibilidad trascendental del discurso en general, esas reglas sirven como parámetro de racionalidad al que los discursos reales pueden aproximarse en grado mayor o menor.

El hablante que argumenta racionalmente actúa al margen de toda coacción "que no sea la del mejor argumento", por lo que *únicamente puede darse la argumentación racional bajo ciertas condiciones de simetría e igualdad de "derechos" de todos los partícipes, reales o potenciales.* Estamos, en suma, ante el concepto habermasiano de "*situación ideal de habla*". Para Habermas, "explicitar los presupuestos comunicativos generales de la argumentación" es tanto como

---

115 "Las reglas del discurso son únicamente una forma de la *representación* de presupuestos pragmáticos de una praxis de discurso concreta que se aceptan tácitamente y se conocen de modo intuitivo" (Habermas, J., *Conciencia moral y acción comunicativa*, op. cit., p.115).

determinar "una situación ideal de habla"[116]. Llama "ideal a una situación de habla en que las comunicaciones no solamente no vienen impedidas por influjos externos contingentes, sino tampoco por las coacciones que se siguen de la propia estructura de la comunicación", y añade que "la estructura de la comunicación deja de generar coacciones sólo si para todos los participantes en el discurso está dada una distribución simétrica de las oportunidades de elegir y ejecutar actos de habla"[117]). En la medida en que toda argumentación presupone y se decanta sobre el trasfondo de la comunidad ideal de habla, se presupone siempre que la argumentación racional sólo puede acontecer entre individuos que de cara a su participación en el proceso argumentativo estén en situación de libertad e igualdad[118].

El desenvolvimiento de los discursos reales presupone necesariamente esas idealizaciones como condición de posibilidad[119], lo cual no evita las deformaciones o coacciones que en aquéllos puedan darse: "fácticamente, en modo alguno podemos cumplir siempre (y ni siquiera a menudo) esos inverosímiles presupuestos pragmáticos de los que, sin embargo, en la práctica comunicativa cotidiana *no tenemos más remedio* que partir —y por cierto en el sentido de una coerción transcendental"[120]. Podemos entender que *la argumentación racional será sólo aquella que respete en la medida*

---

116 Habermas, J., *Teoría de la acción comunicativa*, op. cit., vol. 1, p. 46.

117 Habermas, J., *Teoría de la acción comunicativa: Complementos y estudios previos*, op. cit, p. 153.

118 Habermas, J., "Moralität und Sittlichkeit. Treffen Hegels Einwände gegen Kant auch auf die Diskursethik zu?", en *Moralität und Sittlichkeit*, ed. de W. Kuhlmann, Frankfurt/M: Suhrkamp, 1986, p. 19.

119 "Cabe mostrar que siempre que deseamos realizar un discurso, tenemos que suponer recíprocamente una situación lingüística ideal" (Habermas, J., *Teoría y praxis. Estudios de filosofía social*, op. cit., p.35).

120 "De ahí —continúa Habermas— que las formas socioculturales de vida estén bajo las restricciones estructurales de una razón comunicativa *siempre desmentida*, a la que simultáneamente, empero, no tenemos más remedio que *suponer*" (Habermas, J., *El discurso filosófico de la modernidad*, op. cit., p. 385).

posible dichos presupuestos y, por tanto, en la medida en que se adecúe en lo más que las circunstancias permitan a ese parámetro ideal constituido por la situación ideal de habla. Esas "idealizaciones incrustadas en la acción comunicativa" constituyen la "base" de la racionalidad comunicativa[121]. La idea de situación ideal de habla no es en modo alguno la descripción de una situación real, ni siquiera posible, puesto que toda argumentación real ha de acontecer en el seno de unas coordenadas mundanas, en el seno de una cultura, una sociedad y unos modos de socialización que van a determinar también las distintas posiciones de los sujetos ante la argumentación. Lo que se ofrece es un parámetro de racionalidad de la acción social y de "justicia" de los órdenes sociales.

Al buscar las reglas rectoras del discurso racional, tarea de la teoría de la argumentación, veíamos que se había de acudir a los presupuestos del habla, cuya visión de conjunto se nos ofrece en la construcción de la situación ideal de habla. En ésta los sujetos intervinientes se perfilan como libres e iguales frente a la posibilidad de argumentar. ¿Cómo se concreta esto, con más precisión, en reglas?

Habermas reproduce ejemplos de las reglas expresadas por Alexy con base en obras anteriores del propio Habermas, y formula las reglas siguientes[122]:

1.1. Ningún hablante debe contradecirse

1.2. Todo hablante que aplica el predicado F a un objeto *a* debe estar dispuesto a aplicar el predicado F a todo objeto que se parezca a *a* en todos los aspectos importantes.

1.3. Diversos hablantes no pueden emplear la misma expresión con significados distintos.

---

121 Habermas, J., "Entgegnung", op.cit., p. 339.

122 Véase Habermas, J., *Conciencia moral y acción comunicativa*, op. cit., pp. 110-113.

2.1. Cada hablante sólo puede afirmar aquello en lo que verdaderamente cree.

2.2. Quien introduce un enunciado o norma que no es objeto de discusión debe dar una razón de ello.

3.1. Todo sujeto capaz de hablar y de actuar puede participar en la discusión.

3.2. a) Todos pueden cuestionar cualquier afirmación

b) Todos pueden introducir cualquier afirmación en el discurso

c) Todos pueden manifestar sus posiciones, deseos y necesidades.

3.3. A ningún hablante puede impedírsele el uso de sus derechos reconocidos en (3.1) y (3.2) por medios coactivos originados en el exterior o en el interior del discurso

En una argumentación perfecta entre sujetos orientados únicamente a entenderse, es decir, en la situación ideal de habla, estas reglas que emanan de los presupuestos mismos de la comunicación se respetarían por entero, y se alcanzarían acuerdos perfectamente racionales sobre las pretensiones de validez. A falta de semejante perfección, queda al menos el criterio para medir la racionalidad de los acuerdos que efectivamente alcancemos en nuestras limitadas argumentaciones, pues "un consenso racional sólo puede distinguirse, en última instancia, de un consenso engañoso por referencia a una situación ideal de habla"[123].

Nos encontramos nuevamente con la tensión entre ideal y realidad[124]. Las limitaciones de la realidad no impiden que el ideal

---

123 Habermas, J., *Teoría de la acción comunicativa: Complementos y estudios previos,* op. cit, p. 154.

124 Puntualiza Habermas, frente a Apel, que con la idea de situación ideal de habla no trata de sugerir "un estado final alcanzable en el tiempo", sino que se atiene "al contenido idealizador de los inevitables presupuestos pragmáticos de una praxis en la que, en idea, no deberían aca-

inserto en las estructuras comunicativas opere, pues comunicarse es participar de ese conocimiento intuitivo de las condiciones de posibilidad de la argumentación, una de las cuales es la orientación al acuerdo racional: "Los hablantes competentes saben que todo consenso obtenido fácticamente puede ser engañoso; pero en la raíz del concepto de consenso engañoso (o meramente forzado) deben haber puesto ya el concepto de consenso racional. Acuerdo es un concepto normativo; todo aquel que habla una lengua natural lo conoce intuitivamente y se cree capaz de distinguir en lo esencial un consenso verdadero de uno falso"[125].

El consenso resultante del discurso será, por muy vinculado al contexto que tenga que darse, válido y racional tan sólo bajo condiciones de ausencia de coacción y de simetría entre los interlocutores, lo cual, según Habermas, resulta obvio: "Si una de las partes hiciera uso de su acceso privilegiado a las armas, a la riqueza o al prestigio, para *arrancar* a la otra un asentimiento, bien sea amenazándola con sanciones o prometiéndole recompensas, ninguno de los participantes tendría la menor duda de que se han dejado de cumplir las condiciones de una argumentación[126]. No se trata de exigir de los sujetos una visión absolutamente certera, sabia y justa, desvinculada de las servidumbres de su concreta sociedad. De ahí que baste la creencia seria de que tales condiciones de la argumentación racional se dan para que se cumpla con el componente de deber de la ética discursiva desde el punto de vista subjetivo[127]. Y de ahí también que, por chocante que pueda resultar a primera vista, la racionalidad del consenso sea compatible con su *falibilidad*.

---

bar imponiéndose sino los mejores argumentos" (Habermas, J., *Más allá del Estado nacional*, Madrid, Trotta, 1997, trad. de M. Jiménez Redondo, p. 158).

[125] Habermas, J., *Teoría y praxis. Estudios de filosofía social*, op.cit., p. 28.

[126] Habermas, J., *Teoría de la acción comunicativa: Complementos y estudios previos*, op. cit, p. 464.

[127] Habermas, J., *Teoría de la acción comunicativa: Complementos y estudios previos*, op. cit, pp. 442-443.

Que el consenso sea el término final de la discusión de pretensiones de validez no quiere decir que tras cada discurso se desemboque en una verdad ya para siempre incontestable, si de pretensiones de verdad se trataba, o en un definitivo criterio material de justicia, si eran pretensiones de rectitud el objeto de discusión. Lo que se quiere decir es *que en cada momento no hay más vía racional de resolver la argumentación que el acuerdo libre de coacción, que el seguimiento del procedimiento marcado por las reglas del argumentar, no que ese procedimiento nos vaya a llevar a certezas definitivas*[128]. Sólo se alcanzarán las certezas posibles en la sociedad y el momento histórico en que se opere. Lo único que trasciende esa vinculación contextual es ese "momento de incondicionalidad" presente en la argumentación y que no asegura para siempre la verdad de contenidos, pero sí la validez intemporal del proceder argumentativo racional. Ello no quita para que el consenso a que en cada momento se llegue, bajo el convencimiento del respeto a las reglas de la argumentación racional, se pretenda universal, válido más allá de las limitaciones espacio-temporales.

Esas son las razones que hacen a Habermas decir que *las reglas de la argumentación y la situación ideal de habla no ofrecen lo que propiamente sería un criterio (material) de verdad (o de rectitud), sino sólo un procedimiento que sirve para ponerse de acuerdo racionalmente en cada momento acerca de lo que en ese momento puede ser tenido por verdadero o recto.* Los criterios materiales cambian con los tiempos y las culturas. Es el procedimiento racional de desenvolvimiento discursivo de pretensiones de validez, con vistas al consenso no coaccionado, lo que permanece como pauta racional desde que existe comunicación lingüística y allí donde exista comunicación lingüística[129].

---

128 Habermas, J., *Teoría de la acción comunicativa: Complementos y estudios previos*, op. cit, p. 139.

129 Habermas, J., *Teoría de la acción comunicativa: Complementos y estudios previos*, op. cit, p.464-465.

2.6. Universalización

Trata Habermas de defender su teoría consensual y dialógica de la verdad frente a las objeciones provenientes de posturas relativistas, contextualistas u holistas. Para ello aduce que verdadero es el juicio sobre estados de cosas en el mundo que no se ampara meramente en un consenso fáctico en el seno de un grupo, cultura o teoría: "verdadero es lo que sería aceptado como justificado bajo condiciones epistémicas ideales (Putnam) o en una comunidad ideal de comunicación (Apel) o en una situación ideal de habla (Habermas). El momento de incondicionalidad que intuitivamente asociamos a las pretensiones de verdad se interpreta aquí en el sentido de un ir más allá de contextos locales. Una afirmación que según nuestros estándares está justificada se diferencia de una afirmación verdadera del mismo modo que una afirmación justificada en el respectivo contexto se diferencia de una que podría ser justificada en todos los contextos posibles"[130]. A partir de ahí precisa su noción de verdad: una afirmación es verdadera cuando bajo las más estrictas condiciones comunicativas resiste todo intento de atacarla[131].

Así puestas las cosas, podemos ya ver cómo para Habermas la racionalidad comunicativa y la ética discursiva se reconducen, de resultas de todo lo anterior, a un principio supremo: el principio de *universalización*. Cuanto llevamos dicho puede entenderse sintetizado en este principio. El acuerdo resultante del discurso racional expresará contenidos en los que todos pueden estar de acuerdo, es decir, contenidos universales. Esos contenidos podrán cambiar con los tiempos, pero lo que permanece, en cuanto postulado inserto en las estructuras de la comunicación, es dicho principio como principio formal. Cuando todos los interlocutores, orientándose al entendimiento y no a fines egoístas, puedan ponerse de acuerdo en la verdad de un

---

130 Habermas, J., *Wahrheit und Rechtfertigung. Philosophische Ansätze*, Frankfurt M., Suhrkamp, 1999, pp. 288-289.

131 Habermas, J., *Wahrheit und Rechtfertigung*, op., cit., p. 289.

enunciado o en la justicia de una norma, estarán reconociéndoles *validez universal.*

El principio de universalización (U) se funda, según Habermas, "en el contenido de los presupuestos pragmáticos de la argumentación en general en conexión con la explicación del sentido de las pretensiones normativas de validez"[132]. Toda emisión lingüística, lo sabemos ya, comporta una pretensión de validez, lo que equivale a decir que se pretende válida frente a todos, apta para alcanzar un convencimiento general. Las razones, cuya invocación en su apoyo tácitamente se asume, son argumentos tendentes a alcanzar ese convencimiento sobre la base de la aceptabilidad general, no contaminada por manipulaciones o presiones, de esa pretensión, es decir, de la emisión correspondiente. Por tanto, al hablar y pretender racionalidad para nuestras manifestaciones, esto es, que puedan ser aceptadas por todos, estamos presuponiendo la universalidad o posibilidad de universalización de los contenidos, estamos presuponiendo que dichos contenidos serán válidos, racionales, si todos pueden aceptarlo tras un examen libre y objetivo, imparcial, de las razones que los avalan. Y por mucho que en cada caso cada argumentante y sus interlocutores estén inmersos en las coordenadas de una cultura particular, fundamentar el principio de universalidad con base en "la prueba pragmático-transcendental de presupuestos generales y necesarios de la argumentación"[133] equivaldrá a mostrar la propia universalidad del principio de universalización, su necesaria presuposición en el habla que acontezca dentro de cualquier cultura: "en la fundamentación de «U» se trata, esencialmente, de la identificación de presupuestos pragmáticos, sin los cuales no puede funcionar el proceso de argumentación. Todo aquel que participa en la praxis de la argumentación tiene que haber aceptado ya estas condiciones de contenido normativo para las que no existe alternativa algu-

---

132 Habermas, J., *Conciencia moral y acción comunicativa,* op. cit., p. 137.
133 Habermas, J., *Conciencia moral y acción comunicativa,* op. cit., p. 137.

na. Por el hecho de intervenir en la argumentación los participantes están obligados a reconocer este hecho"[134].

Por eso formula Habermas el principio de universalización principalmente referido a normas, como criterio de determinación de la validez normativa: toda norma válida ha de satisfacer la condición de que puedan todos los afectados libremente aceptar las consecuencias y los efectos secundarios que del cumplimiento general se deriven para la satisfacción de los intereses de cada uno[135]. Toda norma válida, por tanto, y luego volveremos sobre esto, sería apta para lograr la aceptación de todos los afectados en el caso de que éstos tomaran parte en el discurso práctico; de no ser ello cierto, la norma de que se trate carecería de validez.

Pero nuevamente hay que puntualizar que Habermas no entiende aquí estar hablando de contenidos, sino de criterios *formales y procedimentales*. Lo que se nos ofrece con esa versión de «U» en términos normativos es una vía para poder decidir racionalmente cuestiones práctico-morales discutidas, motivando al acuerdo racional[136]. Esa racionalidad, por tanto, no es sinónimo de racionalidad material, sino de *imparcialidad*[137]. Y lo que conseguimos es un criterio de enjuiciamiento de moralidades concretas; bajo un punto de vista que las rebasa a todas y que a todas, en cuanto construidas con instrumental lingüístico, les subyace: *la orientación imparcial al consenso de todos*. Pero en realidad *estamos ante un criterio negativo, no un criterio de construcción de soluciones materiales racionales, sino de exclusión de las soluciones irracionales por no impar-*

---

134 Habermas, J., *Conciencia moral y acción comunicativa*, op. cit., p. 152.

135 Habermas, J., "Über Moralität und Sittlichkeit —Was macht eine Lebensform «rational»?, en *Rationalität*, ed. de H. Schnädelbach, Frankfurt/M: Suhrkamp, 1984, p. 219; Habermas, J., *Conciencia moral y acción comunicativa*, op. cit., p. 142.

136 Habermas, J., "Über Moralität und Sittlichkeit —Was macht eine Lebensform «rational»?, op. cit. p. 218; Habermas, J., "Otfried Höffes politische Fundamentalphilosophie. Grenzen des vernunftrechtlichen Normativismus", en *Politische Vierteljahreschrift* 30, 1989, p. 322.

137 Habermas, J., *Conciencia moral y acción comunicativa*, op. cit., p. 97.

ciales. Esto explica, por ejemplo, que Habermas puntualice que no concibe el discurso práctico como un modo de "producción de normas justificadas", sino como un procedimiento que sirve "para el examen de la validez de normas preestablecidas pero que se han vuelto problemáticas y se discuten en actitud hipotética"[138].

2.7. Ética discursiva

Tenemos, pues, dos aspectos en buena medida contrapuestos y cuya síntesis constituye una de los mayores problemas con que Habermas ha de enfrentarse. Las normas (al igual que el saber teórico, que el sustrato cultural) se producen ligadas a los contextos históricos, en el seno de formas de vida determinadas, lo cual explica sus contenidos. Y, al mismo tiempo, se afirma que existe un criterio de enjuiciamiento racional de esos contenidos que es universal, que trasciende esos contextos y es además intuitivamente accesible a todos los sujetos con capacidad lingüística, en virtud precisamente de su misma competencia comunicativa[139]. ¿Cómo conciliamos esos dos extremos?

Habermas piensa que es precisamente la ética del discurso la llamada a mediar entre ellos. Los participantes en el discurso normativo no pueden sustraerse a las determinaciones de su contexto histórico y vital, pero, aun dentro de ese marco, conocen que el principio de generalización de intereses, o, lo que es lo mismo, de imparcialidad, es decir, el principio de universalización, es ineludible si se quiere evitar la irracionalidad y el abuso. Es posible, en virtud de la idea de falibilidad a la que ya se hizo referencia antes, que generaciones futuras descubran en las normas pasadas elementos de injusticia o contenidos opresivos difícilmente compatibles con los intereses de todos. Pero en la medida en que quienes produje-

---

[138] Habermas, J., "Über Moralität und Sittlichkeit —Was macht eine Lebensform «rational»?, op. cit. pp. 220-221.

[139] Habermas, J., *Teoría de la acción comunicativa: Complementos y estudios previos,* op. cit, p. 442.

ron aquellas normas no podían sustraerse a su horizonte histórico y carecían aún de los resortes intelectuales para descubrir dichas incongruencias (piénsese en situaciones hoy superadas pero entendidas en otras épocas como perfectamente "naturales" y "lógicas", como la esclavitud de enemigos extranjeros o la inferioridad social de las mujeres), no actuaban irracionalmente al entender la generalización de intereses o la imparcialidad en la producción de las normas o el enjuiciamiento de valores en consonancia con los parámetros irrebasables de ese momento[140]: por ejemplo, entendiendo que entre aquellos cuyo consenso contaba a efectos de legitimar una norma no estaban los esclavos o las mujeres.

Digamos que un ciudadano de la Grecia clásica no actuaría irracionalmente al entender como válida una norma sin considerar los intereses o el hipotético consentimiento de los no ciudadanos, o de las mujeres, o de los esclavos, pero sí sería irracional aquella norma en la que se consintiera mediante manipulación de unos ciudadanos sobre otros, o que se impusiera entre los ciudadanos por la fuerza. A las implicaciones de relativismo moral que esto pudiera plantear responderá Habermas con la creencia en un *desarrollo moral*[141], que hace que las etapas de la historia moral de la humanidad puedan entenderse como pasos sin vuelta atrás en el progreso hacia una cada vez más perfecta realización de las implicaciones de la ética discursiva.

---

140 "Toda teoría general de la justificación permanece característicamente abstracta frente a las formas históricas de la dominación legítima. Aplicar raseros de justificación discursiva a sociedades tradicionales es comportarse de modo históricamente «injusto»" (Habermas, J., *La reconstrucción del materialismo histórico*, op. cit., p. 271).

141 "¿Hay una alternativa a esa injusticia histórica de las teorías generales, por una parte, y a la arbitrariedad de la mera comprensión histórica por otra? El único programa con perspectivas que acierto a ver lo constituye una teoría que aclare estructuralmente la sucesión, históricamente observable, de niveles de justificación y la reconstruya como un contexto lógico-evolutivo" (Habermas, J., *La reconstrucción del materialismo histórico*, op. cit., p., 271-272).

Y Habermas dice que lo que en realidad impone la ética discursiva es el hacer abstracción, digamos que en la medida de los históricamente posible, de los condicionantes concretos que explican el surgimiento de las normas, de ese trasfondo de saber incuestionado que es cada modo de vida. Una vez que el discurso se plantea, como consecuencia de haber sido problematizada la pretensión de validez de una norma que hasta entonces pudo quizá tenerse por indiscutible, se impone argumentar sobre la validez de dicha norma, sobre su rectitud o justicia, en actitud hipotética, como si fuera posible realmente (y en la máxima medida que lo sea) su enjuiciamiento meramente racional, el sopesamiento puramente imparcial bajo una óptica universalizadora o de búsqueda del consenso universal, de los argumentos en pro y en contra de la misma. Las normas y valoraciones surgen siempre en el marco de una determinada moralidad o *Sittlichkeit*, pero cabe su examen racional y la decisión racional de su discusión desde la perspectiva de una moral universal (*Moralität*) rebasadora de las concretas concepciones históricas de la "vida buena". Toda moralidad concreta puede ser examinada en el discurso bajo la óptica universalística de la "justicia" de sus procedimientos.

2.8. La validez normativa

Distingue Habermas entre los actos de habla mediante los que pretendemos mostrar la existencia de algo en el mundo objetivo y aquellos a través de los que pretendemos regular o calificar acciones por referencia a normas o valores[142]. A los primeros los denomina constatativos y a los segundos, regulativos. Para los unos se pretende verdad; para los otros, rectitud o corrección (*Richtigkeit*) normativa[143]. El tipo de acción que se lleva a cabo al amparo de los actos de habla regulativos es la que llama Habermas "acción

---

142 Además de los actos de habla expresivos, que pretenden mostrar una vivencia subjetiva, y de los comunicativos, que tratan de organizar el habla (Habermas, J., *Teoría de la acción comunicativa*, op. cit., vol. 1, p. 416).

143 Habermas, J., *Teoría de la acción comunicativa*, op. cit., vol. 1, p. 416.

regulada por normas". Así como los actos de habla constatativos presuponen un cuerpo previo de conocimientos acreditados y admitidos, un sustrato de teorías admitidas, los actos de habla regulativos se han de apoyar en un entramado de normas reconocidas, en "un saber práctico-moral", que "se transmite en forma de representaciones morales y jurídicas"[144]. Los actos constatativos sirven para la exposición de estados de cosas; los regulativos y las acciones reguladas por normas tienen su razón de ser en el establecimiento y mantenimiento de relaciones interpersonales. Los primeros giran en torno al mundo objetivo; los segundos presuponen y recrean el mundo social.

Tanto en el caso de los actos de habla constatativos como regulativos, puede ser cuestionada la pretensión de verdad o rectitud que respectivamente envuelven. Y en ambos casos está implícita en el propio lenguaje la posibilidad de superar ese momentáneo disenso, ese instante de descoordinación, mediante el discurso, con el acuerdo final, en torno a la mejor razón, como salida. En un caso estaremos ante el discurso teórico; en el otro, ante el discurso práctico. Éste posee una doble dimensión, pues en él "los participantes pueden examinar, tanto la rectitud de una determinada acción en relación con una norma dada, como también, en un segundo paso, la rectitud de esa norma misma"[145]; pero, en cualquier caso, lo que en el discurso práctico se dirime es "la aceptabilidad de acciones o de normas de acción"[146].

Todo esto deja ver analogías entre ambos tipos de discurso. Pero hay, según Habermas, una similitud aún más relevante y que da a su teoría uno de sus más notorios caracteres: la rectitud o corrección normativa y la verdad son pretensiones análogas que pueden ser fundamentadas con el mismo grado de certeza. En esto se enfrenta Habermas al prejuicio cientificista, a la idea de que frente a la posibilidad de juicio objetivo sobre la verdad o fal-

---

144 Habermas, J., *Teoría de la acción comunicativa,* op. cit., vol. 1, p. 426.
145 Habermas, J., *Teoría de la acción comunicativa,* op. cit., vol. 1, p. 427.
146 Habermas, J., *Teoría de la acción comunicativa,* op. cit., vol. 1, p. 65.

sedad de enunciados teóricos, no cabe más que el subjetivismo y relativismo para los enunciados normativos, sin posibilidad de objetividad ninguna parangonable a la verdad. Entiende que la rectitud de una acción o la justicia de una norma pueden justificarse mediante argumentos con la misma certeza con que mediante argumentos se fundamenta la verdad de un enunciado teórico discutido. De ahí que el propio Habermas asigne a su teoría ética el rótulo de *cognitivista*[147].

Ahora bien, ha matizado y precisado Habermas el sentido de esa analogía entre verdad de enunciados empíricos y corrección de normas. Pese a lo que de común tienen las pretensiones de verdad y de corrección (el resolverse en un discurso que tiene su pauta en la satisfacción lo más perfecta posible de las condiciones ideales de la comunicación), la analogía no es total, pues "a las pretensiones morales de validez les falta la referencia al mundo objetivo, característica de las pretensiones de verdad"[148]. *Las normas no tienen una existencia independiente de su reconocimiento intersubjetivo.*

Afirmar que una norma idealmente merece reconocimiento universal no es hacer referencia a un reconocimiento fácticamente existente, y afirmar la "validez" racional de esa norma es propugnar ese reconocimiento, no constatarlo. En ese sentido dice Habermas que la "corrección" es "un concepto epistémico"[149]. Nuevamente ahí la "idealización de las condiciones de justificación que asumimos en el discurso racional" funciona como pauta frente a las normas efectivamente reconocidas en una determinada comunidad. Lo que como patrón ideal se contrapone a las ideas materiales de justicia imperantes en un determinado contexto social no es un contenido de justicia material, sino un procedimiento participativo y garantizador de la imparcialidad en la

---

147 Habermas, J., "Moralität und Sittlichkeit. Treffen Hegels Einwände gegen Kant auch auf die Diskursethik zu?", op. cit., p. 17.

148 Habermas, J., *Wahrheit und Rechtfertigung*, op., cit., p. 296.

149 Habermas, J., *Wahrheit und Rechtfertigung*, op., cit., p. 298.

construcción de los contenidos de justicia. El interés de todos, del que es expresión la norma idealmente justa, no es algo que anteceda al desenvolvimiento de ese procedimiento discursivo, sino su resultado final. En este sentido se preocupa Habermas de aclarar que *el cognitivismo que sostiene no quiere decir preexistencia de patrón material de justicia*, al modo como el mundo objetivo preexiste como patrón de las pretensiones de verdad de las afirmaciones empíricas. Decir que una norma merecería reconocimiento "no se apoya en una coincidencia objetivamente comprobable con intereses preestablecidos, sino que depende de una interpretación y valoración de los intereses llevadas a cabo por los partícipes desde la perspectiva de la primera persona del plural"[150], bajo los presupuestos de la argumentación racional. Con esto transita Habermas por los caminos del *constructivismo*.

¿Por qué se necesitan las normas de la moral o el derecho una vez que los individuos han alcanzado la coordinación social? ¿Para qué sirve al respecto el discurso práctico, referido a normas? Es la posibilidad de conflicto la que justifica tales normas. Allí donde esa coordinación práctica, esa integración social, se rompe por falta de acuerdo, es preciso restablecer el consenso, evitar que se desencadene un proceso de rupturas y enfrentamientos que termine con la viabilidad de la convivencia organizada. Ahí es donde moral y derecho entran en juego, como referencias establecidas, admitidas y reconocidas, a cuya luz es posible restañar el conflicto, alcanzar un acuerdo para la pretensión de rectitud discutida: "La moral y el derecho —dice Habermas— tienen la función de encauzar de tal suerte los conflictos abiertos, que no sufra quebranto el fundamento de la acción orientada al entendimiento, y con ello la integración social del mundo de la vida. Garantizan un ulterior nivel de consenso, al que se puede recurrir cuando el mecanismo del entendimiento ha fracasado en el ámbito de la regulación normativa de la comunicación cotidiana, cuando, en consecuencia, la coordinación de las acciones prevista para el

---

150 Habermas, J., *Wahrheit und Rechtfertigung*, op., cit., p. 310.

caso normal no se produce y se torna actual la alternativa de un enfrentamiento violento. Las normas morales y jurídicas —concluye— son, pues, *normas de acción de segundo orden*"[151].

En cuanto derecho y moral reposan en el reconocimiento social de sus normas, "sirven a la regulación consensual de conflictos de acción y, con ello, al mantenimiento de una amenazada intersubjetividad del entendimiento entre sujetos capaces de lenguaje y acción"[152]. Mas decir que las normas práctico-morales y jurídicas son esenciales no es aún afirmar que sean siempre y en todo caso racionales. Racionales, como veremos, sólo lo serán bajo ciertas condiciones, condiciones que, por mucho que vayan implícitas en las estructuras de la comunicación en general, en buena medida sólo se alcanzan en los tiempos modernos.

Entiende Habermas que el discurso práctico gira en último extremo en torno a la validez de las normas. Cuando se cuestiona la rectitud de una acción, cabe apelar a la norma que la respalda; pero cabe poner en duda también la rectitud de ésta, su validez normativa, es decir, su justicia. En tal caso el discurso versará sobre la validez racional o justicia de la norma o normas que se discuten. Cabe, pues, un enjuiciamiento objetivo de la rectitud de las acciones, enjuiciamiento que tiene lugar sobre la base de la adecuación de tales acciones a las normas correspondientes. Y cuando esas normas se cuestionan a su vez, cabe el acuerdo en torno a las mejores razones en pro o en contra de su validez, es decir, de su justicia.

Nos queda ahora preguntarnos por el *criterio último de validez o fundamento racional de las normas.* Habermas expresa con diversas fórmulas ese criterio último. Así, afirma que sólo pueden pretender validez aquellas normas que pudieran alcanzar la aceptación de todos los afectados como participantes en un discurso prác-

---

151 Habermas, J., *Teoría de la acción comunicativa,* op. cit., vol. 2, p. 245.

152 Habermas, J., *La reconstrucción del materialismo histórico,* Madrid: Taurus, 1981, trad. de J. Nicolás Muñiz y R. García Cotarelo, p. 31.

tico[153]. Ahora bien, para que todos pudieran dar a la norma su asentimiento ésta habría de ser acorde con el interés de todos, por lo que se puede igualmente decir que "una norma sólo posee validez en la medida en que, en relación con la materia necesitada de regulación de que en cada sazón se trate, tenga en cuenta los intereses de *todos* los afectados y encarne (...) la voluntad que *todos*, cada cual en su *propio* interés, podrían formar *en común*", lo cual es precisamente lo que en el discurso se pondera mediante razones[154], ya que precisamente "los discursos prácticos versan sobre la universabilidad de intereses"[155]. Lo que cada interesado ha de poder aceptar sin coacción, por relación a sus intereses, son tanto los resultados como los efectos secundarios que se sigan de un cumplimiento general de la norma[156].

Tenemos, por tanto, que *el criterio supremo de validez está en la posibilidad de aceptación general de la norma bajo ciertas condiciones.* Y son estas condiciones lo decisivo, las que marcan el límite entre la posibilidad de aceptación racional y, con ello de validez, y un consenso que fuera forzado o manipulado. Por eso *la clave está en el procedimiento*, en las reglas que rigen las condiciones de partida y de desarrollo del discurso y que, así, aseguran la racionalidad del resultado. De ahí que a la afirmación de que una norma sólo puede pretenderse válida si es apta para lograr la aceptación de todos los implicados, en el supuesto de que todos participaran

---

153 Habermas, J., *Conciencia moral y acción comunicativa*, op. cit., p. 117; Habermas, J, "Gerechtigkeit und Solidarität. Eine Stellungnahme zur Diskussion über «Stufe 6»", en *Zur Bestimmung der Moral*, ed. de W. Edelstein y G. Nunner-Winkler, Frankfurt/M: Suhrkamp, 1986, p. 302: Habermas, J., "Die Utopie des Guten Herrschers", en *Rechtsphilosophie oder Rechtstheorie?*, ed. de G. Roellecke, Darmstadt, Wissenschaftliche Buchgesellschaft, 1988, p. 330.

154 Habermas, J., *Teoría de la acción comunicativa*, op. cit., vol. 2, p. 61.

155 Habermas, J., *Identidades nacionales y postnacionales*, Madrid, Tecnos, 1989trad. de M. Jiménez Redondo, p. 81.

156 Habermas, J., "Moralität und Sittlichkeit. Treffen Hegels Einwände gegen Kant auch auf die Diskursethik zu?", op. cit., p. 18.

en el discurso práctico, puede Habermas añadir que esto último equivale a decir que tal aceptación habría de poder obtenerse "bajo condiciones discursivas tales como las que todos los participantes necesitarían para ponerse también en la perspectiva de cada uno de los demás", pues sólo así se posibilita la imparcialidad del juicio[157]. Pero con esto no se está introduciendo en la comunicación ningún requisito normativo externo que contravenga su transcurso más natural, sino, por el contrario, actuando precisamente en consonancia con las estructuras inmanentes, con los presupuestos trascendentales del habla, pues ya sabemos que "la idea de imparcialidad está *enraizada en* las estructuras de la misma argumentación, y no es preciso que se *introduzca* en ella como un contenido normativo suplementario"[158], lo cual no es, como también conocemos, sino otra forma de afirmar la inmanencia a toda práctica argumentativa del principio de universalidad. Consecuentemente, se darían para Habermas todos los requisitos para poder colocar en la base de la validez normativa una nueva formulación de la idea de voluntad general: "en la validez del deber ser se manifiesta la autoridad de una voluntad *general compartida* por todos los afectados, que prescinde de toda cualidad imperativa, ya que se remite a un interés general determinable *discursivamente*, inteligible cognitivamente, y visible desde la perspectiva de los participantes"[159].

2.9. *Modernidad, mundo de la vida y diversidad cultural*

Mas no podemos olvidar que los individuos están insertos siempre en un *mundo de la vida* (*Lebenswelt*) que funciona como horizonte y límite dentro del cual pueden plantearse sólo ciertas posibilidades de conocimiento o de acción. Habermas es consciente de lo anterior y ello le lleva a sostener que el funcionamien-

---

157 Habermas, J. "Otfried Höffes politische Fundamentalphilosophie. Grenzen des vernunftrechtlichen Normativismus", op. cit., p. 322.

158 Habermas, J., *Conciencia moral y acción comunicativa*, op. cit., p. 97.

159 Habermas, J., *Conciencia moral y acción comunicativa*, op. cit., p. 95.

to efectivo del criterio de validez reseñado sólo puede operarse en la época moderna, a partir de la diferenciación de estructuras del mundo de la vida y en el seno de la coetánea concepción postradicional de las normas.

En lo que al discurso práctico hace referencia, explica Habermas en detalle cómo es el paso a la época moderna el que permite la efectividad del principio de validez racional de las normas: "Sólo cuando el poder de la tradición ha quedado quebrado hasta el punto de que la legitimidad de los órdenes vigentes puede ser considerada a la luz de alternativas hipotéticas pueden preguntarse los miembros de un grupo que, como grupo, dependen de la cooperación, es decir, del esfuerzo común para la consecución de fines colectivos, si las normas en cuestión regulan de tal modo el arbitrio de los afectados, que *cada uno de ellos* puede ver salvaguardado su interés". La ética discursiva no sólo pasa a hacerse posible en su funcionamiento efectivo, sino que se presenta como única alternativa para una legitimación normativa en la sociedad moderna. Más allá sólo quedaría la barbarie de la integración sistémica, la destrucción de los presupuestos de la comunicación y de la legitimidad por obra de la lógica del dinero o del poder, que no respetarían la legitimidad social, sino que la inducen mediante mecanismos de "legitimación por el procedimiento" y sustitución de los mecanismos consensuales de fondo.

El creciente auge teórico del relativismo cultural y el comunitarismo ha llevado a Habermas a pronunciarse de modo pormenorizado sobre el peso que en la formación del consenso racional y de las condiciones que lo hacen posible han de jugar las tradiciones y culturas en las que cada persona se socializa y forja su identidad individual. Reiteradamente afirma que esos contextos hacedores de la identidad merecen protección, pero sin llegar nunca al límite de admitir que el peso de tradición ninguna pueda privar a ningún sujeto del derecho a ser partícipe en la construcción comunicativa de las normas de la vida colectiva. En la medida que la comunicación mediante el lenguaje y sus presupuestos es común a toda cultura y el instrumento mediante en el que en toda cultura se pueden sentar las normas de todo tipo que garantizan la coordinación social, los requerimientos trascendentales de la comunicación son compartidos más allá de toda diversidad cultural, y esto otorga al individuo la común condición de titular de esos derechos comunicativos[160].

Cosa distinta es que no en todas las culturas hayan podido a día de hoy realizarse por igual esos derechos dimanantes de la condición de sujetos con capacidad de interlocutores. De hecho, "entre las ventajas del racionalismo occidental se cuenta la posibilidad de distanciarse de las propias tradiciones y ampliar las perspectivas"[161]. Ciertamente "la integridad de la persona jurídica individual no puede ser garantizada sin la protección de aquellos ámbitos compartidos de experiencia y vida en los que ha sido socializada y se ha formado su identidad", pues "la identidad del individuo está entretejida con las identidades colectivas"[162]. Ahora bien, *la protección de esa identidad colectiva no puede realizarse a costa de la autonomía indivi-*

---

160 La "inclusión del otro" se postula como requisito de una moral universalista que puede estar por encima de y abarcar las diversas éticas, dado su anclaje en el elemento común y aglutinador de cualquier cultura, como es la comunicación lingüística. Ninguna diferencia nos aleja del otro tanto como para no poder entendernos sobre presupuestos comunes que fundamentan una "comunidad moral" universal. Se trataría de superar la falsa alternativa entre comunidad y sociedad mediante un universalismo "sensible a la diferencia" y que postula el igual respeto para todos, también para "el otro", no sobre la base de homogeneizarlo o reducir su diferencia, sino del respeto a su "otredad" (vid. Habermas, J., *La inclusión del otro,* op. cit., pp., 23-24). A aquella comunidad moral, más allá de las éticas comunitarias particulares, "pertenecen todos aquellos que se han socializado en una forma —cualquiera— de vida comunicativa" (ibid.., p.59). La común posesión por los individuos, por encima de su comunidad, de la capacidad argumentativa fundamenta una "comunidad inclusiva" que no excluya a ningún sujeto lingüísticamente capaz (ibid., pp. 72-73).

161 Habermas, J., *Die postnationale Konstellation. Politische Essays,* Frankfurt M., Suhrkamp, 1998, p. 179.

162 Habermas, J., *La inclusión del otro. Estudios de teoría política,* Barcelona, Paidós, 1999, trad. de J.C. Velasco Arroyo y G.Vilar Roca, p. 209.

dual y de las condiciones que la hacen posible: "La protección de las tradiciones y de las formas de vida que configuran las identidades debe servir, en último término, al reconocimiento de sus miembros; no tiene de ningún modo el sentido de una protección administrativa de las especies. El punto de vista ecológico de la conservación de las especies no puede trasladarse a las culturas (...) ya que una tal garantía de la supervivencia de las culturas habría de robarle a los miembros precisamente la libertad de decir sí o no, que hoy en día constituye una condición necesaria para la apropiación y preservación de la herencia cultural[163]".

2.10. Racionalidad procedimental

Ahora vamos a pasar revista a otra característica que reviste, para Habermas, la fundamentación racional de la validez de las normas en general: su carácter *procedimental*. Dirimente de esa racionalidad no va a resultar la coincidencia de los resultados del discurso con principio material ninguno ni con el contenido de ninguna norma preestablecida, sino la *adecuación del proceso argumentativo a ciertas reglas y presupuestos procedimentales que no son sino las reglas y presupuestos de la argumentación racional*. Por eso la ética discursiva, que gobierna el discurso práctico, no sienta contenidos ni prejuzga de contenidos, y de ahí el *formalismo* de esta doctrina ética.

La cuestión que sin embargo se plantea es la de si pueden absolutamente cualesquiera contenidos ser admisibles siempre que se aprueben por los afectados con arreglo al procedimiento discursivo racional o si, por el contrario, existirían normas con un contenido tal que hace imposible su aprobación argumentativa,

---

163 Habermas, J., *La inclusión del otro*, op., cit., p. 210. Y añade: "Bajo las condiciones de una cultura que se ha hecho reflexiva sólo pueden mantenerse aquellas tradiciones y formas de vida que *vinculan* a sus miembros con tal que se sometan a un examen crítico y dejen a las generaciones futuras la *opción* de aprender de otras tradiciones o de convertirse a otra cultura y de zarpar hacia otras costas" (Habermas, J., *La inclusión del otro*, op., cit., p. 210).

por contravenir los presupuestos mismos de esa argumentación. ¿Cabe por ejemplo fundamentar racionalmente la validez de una norma constitucional que excluya para el futuro todo proceder democrático para la aprobación de las normas jurídicas?

Habermas mismo destaca la naturaleza *procedimental y formal de su ética*: "El principio básico de la ética discursiva toma pie en un *procedimiento*, esto es, la comprobación discursiva de las pretensiones normativas de validez. A este respecto cabe calificar con razón la ética discursiva de *formal*. Ésta no ofrece orientación de contenido alguno, sino un procedimiento: el discurso práctico"[164], y dicho procedimiento tiene su sentido en "garantizar la imparcialidad en la formación del juicio"[165]. Como ya se ha visto con anterioridad, no se trata mediante dicho procedimiento en que esta ética se resume, de llegar al conocimiento o producción de nuevos contenidos, sino de someter a examen de racionalidad, de validez, los contenidos que desde el trasfondo del mundo de la vida se proponen para las normas rectoras de la convivencia. En el discurso práctico, gobernado por un procedimiento que busca asegurar la universalidad de las normas que se fundamentan en él, se dirime qué pretensiones normativas, qué normas son admisibles por satisfacer ese requisito de universalidad y cuáles son rechazables por no encarnar más que intereses particulares en perjuicio del interés general[166].

---

164 Habermas, J., *Conciencia moral y acción comunicativa*, op. cit., p. 128.

165 Ibid., p. 143.

166 "El postulado de la universalidad funciona como un cuchillo que hace un corte entre «lo bueno» y «lo justo», entre enunciados evaluativos y enunciados normativos rigurosos. Los valores culturales llevan consigo, desde luego, una pretensión de validez intersubjetiva, pero están tan implicados en la totalidad de una forma de vital especial que no pueden aspirar, sin más ni más, a la validez normativa en sentido estricto; en el mejor de los casos son *candidatas* (sic) a una materialización en normas que han de poner de manifiesto un interés general" (Habermas, J., *Conciencia moral y acción comunicativa*, op. cit., p. 129). "La ética discursiva delimita el ámbito de lo moralmente válido frente al de los *contenidos* valorativos culturales" (ibid., p. 143).

Con arreglo a ese procedimentalismo, la idea de *justicia*, concepto con el que tradicionalmente se juzgan las normas, aparece teñida en Habermas de los mismos tonos: justo significa lo mismo que éticamente fundado con arreglo a un procedimiento racional[167]. En el caso de preceptos morales, estos serán justos y racionales, éticamente válidos, *si son susceptibles de fundamentación discursiva y, por tanto, universalizables, capaces de alcanzar el asentimiento de todos si todos, en defensa de sus intereses, pudieran participar en el proceso argumentativo de su fundamentación.* Cuando se trata de normas *jurídicas*, producidas conforme a un procedimiento legal, es decir, establecido por normas jurídicas anteriores que forman parte del ordenamiento jurídico, serán justas, válidas racionalmente, cuando, como veremos, dicho proceso de producción legal equivalga a la *institucionalización del procedimiento de discusión racional propuesto por la ética discursiva.*

Sabemos que la integración social es posible por la existencia de normas jurídicas y morales, normas que pueden ser racionales y válidas en cuanto fruto de un acuerdo que se sigue de un procedimiento que garantiza la universalización de sus resultados. Pero nos encontramos con que no siempre los sujetos se guían por los cánones de la acción comunicativa, sino que pueden perseguir intereses no generalizables a través de acciones teleológicas, para lo cual pueden recurrir a la manipulación o coacción de sus semejantes. Y, además, como veremos al referirnos al derecho, las normas que constituyen el núcleo de organización social no sólo han de ser válidas y racionales, sino que, para que realmente las expectativas que generan sean fiables y se protejan frente a quienes no actúan movidos por el respeto al interés general, han de ir dotadas de un respaldo coactivo. Pues bien, tanto en uno como en otro caso vemos que junto a las normas entra en juego el poder. En el primer caso se trataría de un poder que atenta contra el interés general; en el segundo, de

---

167 Habermas, J, "Gerechtigkeit und Solidarität. Eine Stellungnahme zur Diskussion über «Stufe 6»", op. cit., p. 306.

un poder que respalda ese interés. A éste lo llamaríamos poder legítimo; a aquél, ilegítimo.

Con esto está delimitado ya el criterio de legitimación, de diferenciación entre poder ilegítimo y autoridad legítima. El poder, en cuanto implica dominación y forzamiento de conductas y voluntades, sería en sí mismo algo irracional. Por ello su existencia precisa siempre de justificación para ser racional, requiere ser *legitimado*. *Y esa legitimación sólo puede producirse cuando los sujetos aceptan ese poder en su propio interés, cuando ese poder es expresión de la voluntad general de los sujetos.* Esto equivale a sostener que el poder, que es necesario como respaldo de las expectativas de conducta que las normas producen, sólo es legítimo cuando se ampara en normas válidas, es decir, justas, racionales. Siempre estará el poder legítimo sometido al "poder comunicativo"[168]. A la postre, "legitimidad significa que la pretensión que acompaña a un orden político de ser reconocido como correcto y justo no está desprovista de buenos argumentos; un orden legítimo merece el reconocimiento"[169].

2.11. Sobre el derecho moderno y su validez

Ya se ha aludido a la función de integración social que hace a las normas necesarias para que la coordinación sea posible y al papel que las normas jurídicas ejercen como refuerzo y garantía de las expectativas normativas en la sociedad. Y conocemos ya que moral y derecho son órdenes especializados en el restablecimiento del consenso que se rompe cuando una pretensión de rectitud o corrección es cuestionada. Una pretensión de rectitud o corrección (*Richtigkeit*) es la que se eleva cuando se trata del juicio sobre si normativamente algo que se hace es correcto o incorrecto. Pretensiones de rectitud enfrentadas darían lugar a conflictos de

---

[168] Habermas, J., "La soberanía popular como procedimiento", en *Letra internacional* 15-16, 1989, p. 48.

[169] Habermas, J., *La reconstrucción del materialismo histórico*, op. cit., p. 243.

acción irresolubles si no existieran las referencias normativas superiores que permiten su reconducción a un acuerdo en torno a normas establecidas. En ámbitos especialmente relevantes para la integración colectiva esas normas aparecen respaldadas por mecanismos de sanción institucionalizados.

Esa función de garantizar el mantenimiento de la integración social la comparten las normas morales y las jurídicas. Pero dentro de ese marco, el *derecho* satisface una función de garantía última para los casos en que el vínculo racional que dimana de las normas válidas no sea bastante para mover las conductas de todos y, con ello, para asegurar la generalidad de las expectativas de comportamiento en la sociedad. Las normas jurídicas "absorben inseguridad, y el propio derecho obtiene una justificación moral de su existencia por cuanto que supone "una compensación de las debilidades de la moral autónoma"[170]. Una moral posconvencional, en la que, decaídas las tradiciones dogmatizadas, el individuo se erige en juez supremo de la calidad moral de sus actos, no asegura el cumplimiento efectivo de sus preceptos, y para obtener certeza al respecto "normas moralmente válidas habrán de ser transformadas en normas legalmente vinculantes"[171]. Por eso se requiere también un poder que maneje ese instrumentario jurídico, poder político que será legítimo cuando actúe él mismo regido por e imponiendo normas jurídicas racionalmente válidas, expresión de la voluntad general. "Así, —dice Habermas— la necesidad funcional de *derecho y política* puede ser explicada en términos de condiciones necesarias para una formación racional de una voluntad colectiva que sea a la vez imputable y efectiva[172]".

---

170 Habermas, J., "Wie ist Legitimität durch Legalität möglich?", *Kritische Justiz* 1, 1987, p. 14.

171 Habermas, J., "Towards a Communication-Concept of Rational Collective Will-Formation. A Thought-Experiment", en *Ratio Iuris* 2,1989, p. 146.

172 Habermas, J., "Towards a Communication-Concept of Rational Collective Will-Formation. A Thought-Experiment", op. cit., p. 147.

Justificada así la presencia social del derecho, su problema mayor deriva de su naturaleza dual, "ambivalente"[173]: las normas jurídicas serán racionalmente válidas en cuanto reconocidas por ser expresión de una voluntad general, pero, además, van respaldadas por un elemento tan aparentemente contrario a la libertad y el consenso como es la coerción, el uso de la fuerza para imponer comportamientos. De ahí que el problema de la validez se presente en el derecho con caracteres aun más acuciantes que en la moral, pues habrá que fundamentar, para que las normas jurídicas puedan ser válidas, *que esa coacción puede ser racional*, compatible con los mecanismos del entendimiento y el discurso práctico.

Con la llegada de la modernidad, las normas jurídicas pierden el soporte de la tradición y se ven necesitadas de nuevos mecanismos de legitimación, es decir, de motivación a la obediencia, de aceptación, incluida la aceptación de su potencial coercitivo. Será el momento en que podrán funcionar con ese fin *mecanismos de la ética discursiva, procesos garantizadores de una producción normativa imparcial que respete la generalización de los intereses.* En el moderno Estado de Derecho la exigencia de legitimación de la normatividad jurídica se habría hecho particularmente perentoria. Nada puede justificar la racionalidad de la obediencia al derecho si no es el convencimiento fundado de los ciudadanos de estar obedeciendo a su propio interés. Por mucho que el derecho moderno sea, como veremos, derecho positivo, no puede ese derecho producirse de cualquier modo ni, consiguientemente, poseer cualquier contenido que no tenga en el proceso de producción normativa una garantía de respeto al interés general.

La validez propia y característica del derecho moderno se desdobla en dos dimensiones, necesitadas ambas de satisfacción: *facticidad de la imposición estatal, coactiva, de las normas jurídicas y legitimidad, basada en el procedimiento racional de creación de esas normas.* "Las normas jurídicas deben estar constituidas de tal manera que (...) simultáneamente puedan ser contempladas como normas coactivas y

---

173 Habermas, J., "Wie ist Legitimität durch Legalität möglich?" op. cit., p. 5.

como leyes de la libertad. Tiene que ser posible al menos seguir las normas jurídicas no sólo porque fuerzan a la obediencia, sino porque son legítimas. La validez de una norma jurídica significa que el poder estatal garantiza al mismo tiempo producción legítima del derecho e imposición fáctica del mismo. El Estado debe asegurar ambas cosas, por un lado la legalidad de los comportamientos, en el sentido de que por regla general sean seguidas, en caso necesario con el forzamiento mediante sanciones, y, por otro lado, la legitimidad de las reglas, que asegure que el seguimiento de una norma puede llevarse a cabo por respeto a la ley misma"[174].

Los caracteres estructurales de este derecho moderno los sintetiza Habermas del siguiente modo: "El derecho moderno es *formal* porque se basa en la premisa de que todo lo que no está explícitamente prohibido, está permitido. Es *individualista* porque hace de la persona individual el portador de derechos subjetivos. Es un derecho *coactivo* porque está *sancionado* estatalmente y se extiende solamente a conductas legales o conformes a reglas: por ejemplo, puede dejar al arbitrio de cada uno la práctica de una religión, pero no puede prescribir convicción alguna. Es un derecho *positivo* porque se basa en las decisiones —modificables— de un legislador político; y, en resumen, es un derecho *establecido procedimentalmente* porque se legitima mediante un procedimiento democrático. Si bien el derecho positivo exige sólo una conducta *legal*, debe ser no obstante *legítimo*: aunque deja al arbitrio de cada uno los motivos de la obediencia del derecho, éste debe estar creado de tal manera que en todo tiempo pueda ser obedecido por los destinatarios también por respeto a la ley. Un ordenamiento jurídico es, pues, legítimo si asegura de modo equitativo la autonomía de todos los ciudadanos. Éstos son autónomos sólo si los destinatarios del derecho pueden entenderse a sí mismos simultáneamente como sus autores"[175].

---

174 Habermas, J., *Die postnationale Konstellation. Politische Essays*, op. cit., p. 172-173.

175 Habermas, J., *La inclusión del otro*, op., cit., p. 202.

Va perfilándose así la peculiar relación entre derecho y moral que sería característica de la modernidad. Por mucho que el derecho sea derecho positivo, no habrá perdido sus vínculos con la moral. Con esto se desmarca Habermas del positivismo jurídico de un Austin o un Kelsen[176]. Pero *ese vínculo entre derecho y moral tampoco opera como mecanismo de control de la validez de las normas jurídicas particulares,* al modo como lo utiliza tradicionalmente el iusnaturalismo. Es, y luego nos extenderemos más al respecto, el conjunto del ordenamiento el que ha de poseer un engarce con la moral, a través de los procedimientos de la ética comunicativa.

En las sociedades modernas y sobre la base de una conciencia posconvencional, el derecho y la moral han visto separarse sus normas y su mecánica de funcionamiento. La moral queda desinstitucionalizada y remitida exclusivamente a los controles privados, internos, mientras que el derecho, sancionado por el Estado, "se convierte en una institución desconectada de los motivos éticos de aquellos para quienes rige el sistema jurídico"[177]. *Las normas jurídicas no necesitan ya la adhesión moral a sus contenidos, ni condicionan su vigencia al respaldo en ningún principio moral material.* Otra cosa es que la adhesión de los sujetos al conjunto del ordenamiento, adhesión que posibilita el acatamiento incluso de normas que el sujeto pueda tener por contrarias a sus convicciones morales, tenga que basarse en una legitimidad global de ese ordenamiento.

Con el principio de *positivación* como rector del derecho moderno, se introduce una nueva dimensión de "validez", la *validez como legalidad,* es decir, la validez de las normas interna al conjunto del ordenamiento jurídico vigente, la consonancia de esas normas con el ordenamiento del que forman parte; en suma, la validez positiva de las normas. Es el modo de validez que toma en cuenta el positivismo jurídico como único posible. Se podría decir que lo que así ocurre es que *se* establece *un eslabón más en la cadena de fundamentación de las pretensiones de validez jurídica:* un acto se pretende jurídica-

---

176 Habermas, J., "Wie ist Legitimität durch Legalität möglich?", op. cit., p. 3.
177 Habermas, J., *Teoría de la acción comunicativa,* op. cit., vol. 2, p. 246.

mente válido en relación con una norma jurídica que lo rige. Pero cuando esa norma se cuestiona en su validez, el paso siguiente no consiste en tratar de mostrar su justicia, su validez racional, sino su legalidad, su validez positiva: se comprueba si esa norma es parte válida del ordenamiento legal. Por ello, el cuestionamiento de racionalidad o justicia sólo aparece cuando, en un paso más, se cuestiona ese mismo ordenamiento. En tal caso, el discurso práctico versará sobre los caracteres estructurales del mismo y su compatibilidad con los procedimientos de la racionalidad discursiva. Es decir, *la norma será justa y racionalmente válida, además de legal, si forma parte de un ordenamiento cuyos procedimientos de producción normativa reproducen los procedimientos que la ética discursiva establece para la producción imparcial de normas,* o sea, para la creación de normas que expresen una voluntad general y, con ello, recojan el interés general, sean universalizables. Iremos desgranando todo esto a continuación.

Por de pronto, tenemos que con el surgimiento de ese nuevo eslabón en la cadena de fundamentaciones, subsiguiente al dato de que las normas se legitiman en primer lugar como positivas, como legales en el seno de un ordenamiento jurídico, se produce lo que denomina Habermas un *desplazamiento de la fundamentación*: ya no se tratará de fundamentar racionalmente cada concreta norma, sino "las bases del sistema jurídico"[178]. "El efecto específico de la positivación del orden jurídico —afirma— consiste en un *desplazamiento de los problemas de la fundamentación,* es decir, en que el manejo técnico del derecho queda descargado, *durante largos tramos,* de problemas de fundamentación; pero no en la *eliminación* de esa problemática. Muy al contrario, precisamente la estructura postradicional de la conciencia jurídica agudiza la problemática de justificación convirtiéndola en una cuestión de principios, que ciertamente queda desplazada a la base, pero que no por ello desaparece"[179]. La clave estribará, por tanto, en la fun-

---

178 Habermas, J., *Teoría de la acción comunicativa,* op. cit., vol. 1, p. 338, y vol. 2 p. 252 y 517.

179 Habermas, J., *Teoría de la acción comunicativa,* op. cit., vol. 1, p. 338.

damentación del ordenamiento jurídico, de sus principios estructurales, *especialmente de los mecanismos y presupuestos de producción y aplicación de normas.*

Así pues, al tiempo de enjuiciar la validez de los ordenamientos jurídicos la pauta no será otra que la que rige para el discurso en general y para el discurso práctico en particular: será racional y justo, racionalmente válido, aquel ordenamiento que contenga preceptos universalizables, por ser expresión de un acuerdo que podrían suscribir todos y cada uno de los afectados por ese ordenamiento en caso de que tomaran parte en el discurso fundamentador, acuerdo que se haría posible sobre la base de recoger ese ordenamiento los intereses de todos. Y por extensión *la validez racional de ese ordenamiento se transmite a sus normas.* La nota de generalidad de la ley hallaría por ese camino una clara justificación: "al poder expresarse sólo en la forma de leyes generales y abstractas, la voluntad unificada del ciudadano se ve de por sí obligada a una operación que excluye todos los intereses no generalizables y admite sólo regulaciones que garantizan iguales libertades para todos"[180].

Pero inmediatamente salta a la vista una peculiaridad: *aquí no se están justificando normas concretas, sino conjuntos normativos, ordenamientos.* Y esos ordenamientos conforman una realidad en buena medida dinámica: sus normas varían, se modifican unas, se derogan otras, se crean otras nuevas. Consiguientemente, *tratar de la validez racional de un ordenamiento no puede equivaler a examinar discursivamente cada una de sus normas.* Esto supondría acortar ese eslabón que hemos visto que con el derecho moderno se añadía a la cadena fundamentadora: *la positividad de las normas perdería su razón de ser si cada una pudiese ser discutida antes de su aplicación* y ésta dependiese de la índole del acuerdo alcanzado en el discurso. No, esas normas funcionan como derecho positivo y se justifica su aplicación sustraída a la discusión en cuanto se presumen legí-

---

[180] Habermas, J., "La soberanía popular como procedimiento", op. cit. p. 45.

timas por emanar de un ordenamiento legítimo[181]. Pero para Habermas la legitimidad de un ordenamiento no es en modo alguno la suma o resultante de la legitimidad de sus normas, sino a la inversa: la legitimidad (y no sólo la validez formal) les viene a las normas del ordenamiento cuando éste reviste ciertos caracteres.

Por tanto, nos encontramos con que el procedimiento discursivo de justificación de normas lleva, en el caso del derecho, a ponerse de acuerdo sobre el carácter fundamentado no de normas, sino de un procedimiento de producción normativa, procedimiento que sólo en el paso siguiente, ya dentro de la mecánica de funcionamiento del ordenamiento así justificado en su base, recibirá la forma de normas, generalmente normas constitucionales. En este sentido, la teoría de Habermas se muestra como muy potente: tratando de la validez racional del derecho proporciona incluso un criterio que permite dirimir la validez de las propias constituciones positivas[182]. La Constitución que no provea ese procedimiento de creación racional de normas jurídicas carecerá de validez racional, de legitimidad, y lo mismo ocurrirá, por

181 De ahí que Habermas, siguiendo a Günther en su crítica a Alexy, explique que el tipo de discurso que acontece en la decisión judicial no sea el discurso de fundamentación, sino el discurso de aplicación. El primero es el que sirve a la creación de normas jurídicas válidas; en el discurso de aplicación, en cambio, "no se trata de la validez, sino de la *adecuada referencia* de una norma a, o de la adecuada relación de una norma con, una situación concreta" (Habermas, J., *Facticidad y validez*, op. cit., p. 288).

182 "La Constitución ha de justificarse en virtud de unos principios cuya validez no puede depender de que el derecho positivo coincida con ella o no. Por este motivo, el Estado constitucional moderno sólo puede esperar la obediencia de sus ciudadanos a la ley si, y en la medida en que, se apoya sobre principios dignos de reconocimiento a cuya luz, pues, pueda justificarse como legítimo lo que es legal o, en su caso, pueda comprobarse como ilegítimo" (Habermas, H., "«Razonable» *versus* «verdadero», o la moral de las concepciones del mundo", en J.Habermas/J.Rawls, *Debate sobre el liberalismo político*, Barcelona, Paidós, 1988, trad. de G.Vilar Roca, p. 58.

extensión, con las normas que se le subordinen, por mucho que sean positivamente válidas.

El criterio legitimador en el derecho va a ser, por tanto, *procedimental,* acorde con el carácter también procedimental de la ética discursiva y de toda fundamentación racional. Será válido, por poder presentarse como capaz de alcanzar el asentimiento de todo sujeto racional que participara en el discurso en que esa validez se discutiera, aquel ordenamiento que establezca determinados procedimientos de creación y aplicación de normas, procedimientos que han de garantizar en ambos casos la imparcialidad de los resultados. Pero no se pueden establecer esos procedimientos sin dotar a las normas que los regulan de cierto contenido. El que el criterio de validez sea procedimental y el factor dirimente sean los procedimientos legalmente establecidos para la producción y aplicación de las normas, no impide, sino que exige, fijar en normas de contenido material las condiciones y presupuestos de ese proceder: habrá que establecer condiciones de participación, plazos, criterios de decisión o de término final del procedimiento, etc. Ahora bien, estás normas de contenido que se sitúan a la base del sistema no se justificarían de modo inmediato en razón del valor absoluto o el fundamento *a priori* de sus contenidos, sino sólo mediatamente, en cuanto sean esos contenidos condiciones exigidas para el desenvolvimiento del procedimiento racional.

El derecho, para ser racional, ha de institucionalizar las exigencias de la fundamentación discursiva y el modo de su resolución argumentativa. La tesis general sería que el derecho es tanto más válido, tanto más justo, *cuanto más institucionaliza los procedimientos decisorios del discurso moral.* Ése es el "contenido moral implícito en las cualidades formales del derecho"[183]. Ése es el vínculo que une inextricablemente derecho y moral precisamente en el tema de la validez jurídica.

183 Habermas, J., "Wie ist Legitimität durch Legalität möglich?" op. cit., p. 12.

En consecuencia, *la separación entre derecho y moral se manifiesta únicamente a nivel de las normas particulares, no a escala del ordenamiento jurídico en su conjunto,* que requiere el mencionado fundamento moral, su congruencia con los postulados procedimentales de la ética discursiva[184]. Así es como en el seno mismo del derecho positivo se instala un "punto de vista moral" que garantiza una formación imparcial de la voluntad. *La moral ya no puede ser contemplada como normas supralegales, separadas del derecho y situadas por encima de él,* sino que "se retrotrae a procedimientos que se interpenetran con el derecho positivo"[185]; la moral "ya no flota por encima del derecho (...), emigra al interior del derecho positivo pero sin agotarse en él"[186]. Con esto el derecho moderno sigue contando con un momento de "indisponibilidad" que le exime de ser mero instrumento de la acción de poder, momento que, como antes vimos, en el derecho tradicional venía contenido en el ligamen entre validez y fundamento trascendente y que en el derecho moderno, acorde con el nivel posconvencional de las sociedades, se expresa en la unión entre validez y ética discursiva.

Por ser esa racionalidad de carácter procedimental, es compatible con los más distintos contenidos. Aquí podemos ver este criterio funcionando de modo similar a como en general ya señalamos al hablar del principio de universalización. La moral (discursiva) penetra en los procedimientos (no en los contenidos) de creación del derecho positivo y condiciona su legitimidad[187], pero esto sólo puede ser *sobre la base de eliminar ciertos de esos posibles contenidos de las normas: aquellos precisamente que supusieran atentar contra los presupuestos ineludibles del procedimiento racional.* ¿Cuáles son esos contenidos sin los que el procedimiento de creación normativa no es racional por no asegurar la aceptabilidad del resultado y

---

184 Habermas, J., *Teoría de la acción comunicativa,* op. cit., vol. 2, p. 447.

185 Habermas, J., "Towards a Communication-Concept of Rational Collective Will-Formation. A Thought-Experiment", op. cit., p. 149.

186 Habermas, J., "Wie ist Legitimität durch Legalität möglich?" op. cit., p. 15.

187 Habermas, J., "Towards a Communication-Concept of Rational Collective Will-Formation. A Thought-Experiment", op. cit., p. 149.

su compatibilidad con el interés general? Habermas los centra básicamente en dos postulados: *los derechos humanos y la soberanía popular.* Bajo esos presupuestos y con los controles procesales adecuados, la clave del asunto puede sintetizarse en el *respeto al procedimiento democrático.* "El catálogo de derechos fundamentales que contienen las constituciones burguesas cuando están fijadas por escrito, junto con el principio de la soberanía popular, el cual vincula la facultad de legislar a una comprensión democrática de la toma de decisiones colectivas, es expresión de esa justificación que ahora se torna estructuralmente necesaria" a raíz de la positivación del derecho[188].

Si la racionalidad comunicativa exige para el discurso práctico que las normas en cuestión, para ser válidas, pudieran ser aprobadas por todos los interesados (si participaran en un hipotético discurso bajo condiciones ideales) y si ese modelo ideal de discurso ofrece la pauta o principio regulativo a cuya luz medir la legitimidad de los concretos discursos y la validez de sus resultados, tenemos que resultaría contradictorio con tales presupuestos, vulneraría tal principio regulativo, una organización del discurso jurídico en que, sin justificación universalizable, se vieran excluidos de los procedimientos de producción normativa los ciudadanos en general, o un grupo de ellos, ya se delimite éste por razón de sexo, raza, riqueza, poder o cualquier otra. Tendencialmente, y dada la base comunicativa de esta ética, todo sujeto capaz de lenguaje y de abstracción normativa debería ser respetado como copartícipe en el discurso normativo. Naturalmente, la imposibilidad práctica de la democracia directa se traduce *en la necesidad de fijar las condiciones de la participación democrática* para que tal principio siga siendo viable con las menos restricciones posibles[189].

Esa capacidad de todos como copartícipes en el discurso normativo se expresaría en el principio de soberanía popular. Y contra

---

188 Habermas, J., *Teoría de la acción comunicativa,* op. cit., vol. 1, pp. 338-339.

189 Habermas, J., "Towards a Communication-Concept of Rational Collective Will-Formation. A Thought-Experiment", op. cit., p. 153.

esa condición de sujetos con derecho a participar en la creación de las normas, de partes en el procedimiento legal, se atentaría no sólo privándoles de la vida o la libertad, sino también de todos aquellos resortes que les permiten formarse una opinión libre, agruparse para mantenerla o evitar que las presiones de quienes persigan sólo intereses estratégicos o se muevan únicamente por los parámetros de la economía o el poder les impidan desarrollarse en esa su condición ineludible de personas libres y capaces de opinión. Así podrían justificarse racionalmente derechos fundamentales como el de expresión, manifestación, asociación, etc. Serían aquellos que llama Habermas "'principios constitucionales valiosos en sí mismos" y que "*merecen* reconocimiento", sin cuyo concurso, además, no puede racionalmente un ordenamiento merecer obediencia[190].

En su libro *Facticidad y validez*, que recoge por extenso la aplicación de los postulados de Habermas a la filosofía jurídica, expone *cuáles son los cinco grupos de esos derechos* "que los ciudadanos han de reconocerse mutuamente si quieren regular legítimamente su convivencia con los medios del derecho positivo"[191] y que deben estar constitucionalizados e institucionalmente protegidos en el Estado de Derecho, ya que son los derechos exigidos para hacer posible la efectiva realización del principio discursivo, base del procedimiento democrático y fundamento de la legitimidad (y, con ello, de la validez racional) de las normas resultantes .

En primer lugar, están los "derechos fundamentales que resultan del desarrollo y configuración políticamente autónomos del derecho al *mayor grado posible de iguales libertades subjetivas de acción*"[192]. En segundo lugar se sitúan los "derechos fundamen-

---

[190] Habermas, J. *Ensayos políticos*, Barcelona: Península, 1988, trad. de R. García Cotarelo, p. 58.

[191] Habermas, J., *Facticidad y validez. Sobre el derecho y el Estado democrático de derecho en términos de teoría del discurso,* Madrid, Trotta, 1998, trad. de Manuel Jiménez Redondo, p. 147.

[192] Habermas, J., *Facticidad y validez,* op. cit., p. 188.

tales que resultan del desarrollo y configuración políticamente autónomos del *status* de miembro de la asociación voluntaria que es la comunidad jurídica"[193]. En tercer lugar, los "derechos fundamentales que resultan directamente de la *accionabilidad* de los derechos, es decir, de la posibilidad de reclamar judicialmente su cumplimiento, y del desarrollo y configuración políticamente autónomos de la *protección de los derechos* individuales"[194]. Vienen luego los "derechos fundamentales a participar con igualdad de oportunidades en procesos de formación de la opinión y la voluntad comunes, en los que los ciudadanos ejerzan su *autonomía política* y mediante los que establezcan derecho legítimo"[195]. Y, por fin, los "derechos fundamentales a que se garanticen condiciones de vida que vengan social, técnica y ecológicamente aseguradas en la medida en que ello fuere menester en cada caso para un disfrute en términos de igualdad de oportunidades de los derechos civiles mencionados" en los cuatro grupos anteriores de derechos[196]. En suma, quedan así fundamentados, como base del sistema jurídico-político legítimo, los derechos *de libertad*, los derechos *a la condición de titular de una nacionalidad*[197], que da la condición de

---

[193] Habermas, J., *Facticidad y validez*, op. cit., p. 188.

[194] Habermas, J., *Facticidad y validez*, op. cit., p. 188,

[195] Habermas, J., *Facticidad y validez*, op. cit., p. 189.

[196] Habermas, J., *Facticidad y validez*, op. cit., p. 188.

[197] Hay que tener en cuenta que el discurso jurídico-político acontece en el derecho moderno en el interior de las fronteras de los estados nacionales, por lo que el derecho a la ciudadanía se torna fundamental. Según nuestro autor "las reglas jurídicas, a diferencia de las reglas morales, no norman interacciones posibles entre sujetos capaces de lenguaje y de acción *en general*, sino los contextos de interacción de una sociedad concreta (...) Las normas jurídicas provienen de resoluciones de un legislador histórico, se refieren a un ámbito jurídico geográficamente delimitado y al colectivo de miembros de una comunidad jurídica, socialmente delimitado y, por tanto, a un ámbito restringido de validez" (Habermas, J., *Facticidad y validez*, op. cit., p. 189, 190). Pese al vínculo entre moral y derecho, en cuanto presididos en última instancia por idéntico principio discursivo, el discurso jurídico y el moral tienen, según Habermas, diferente implantación. El discurso moral se dirige a

partícipe en el proceso político, los derechos *a las garantías procesales*, los *derechos políticos* y los *derechos sociales básicos*.

La soberanía popular, con los derechos políticos en que se expresa, por un lado, y los derechos de libertad constitutivos de la autonomía personal, por otro, se exigen mutuamente y no están en situación de subordinación ninguna. La autonomía pública y la privada "se presuponen mutuamente. La interna interrelación entre democracia y Estado de Derecho consiste en que, por un lado, los ciudadanos sólo pueden hacer un adecuado uso de su autonomía pública si son suficientemente independientes, sobre la base de una autonomía privada asegurada de modo igualitario. Pero, por otro lado, sólo pueden alcanzar un grado igual de disfrute de la autonomía privada si, en cuanto ciudadanos, hacen un adecuado uso de su autonomía política. Por todo esto los derechos fundamentales liberales y políticos son inseparables" y tienen un carácter igualmente originario[198]. "El derecho legítimo cierra el círculo entre la autonomía privada de sus destinatarios,

---

un auditorio universal y trata únicamente de intereses perfectamente universalizables, mientras que *el jurídico se inserta en un concreto marco estatal y social*. Esto significa que el discurso jurídico no sólo está abierto a consideraciones morales, sino también a otras de carácter pragmático (relativas a estrategias o medios para fines preestablecidos) y ético (referidas a los fines a compartir en un determinado colectivo o grupo, como pueda ser un Estado nacional). Por tanto, las razones que respaldan la validez jurídica de una norma no tienen por qué ser sólo razones morales, es decir, razones de justicia referidas a si la correspondiente praxis es buena para todos en la misma medida. Todo esto no quita para que los resultados de ese discurso ético-político mediante el que se sientan democráticamente las normas dentro de una comunidad nacional deban ser compatibles con los postulados morales universalistas, en el sentido de que, por ejemplo, una resolución estatal discriminatoria con otros Estados o ciudadanos (por ejemplo, de carácter racista) sería rechazable en su validez racional, aunque fuera democráticamente creada.

198 Habermas, J., *Die postnationale Konstellation. Politische Essays*, op. cit., p. 176-177.

que son objeto de un trato igual, por un lado, y, por otro lado, la autonomía pública de los ciudadanos que, en tanto que autores del orden jurídico, dotados de unos mismos derechos, tienen que ponerse (o tienen que acabar poniéndose) de acuerdo acerca de los criterios de trato igual"[199].

La mera vigencia fáctica o la validez positiva no son bastante *para justificar la obediencia a una norma.* La mera obediencia al derecho, por el simple hecho de ser derecho positivo formalmente correcto o porque la mayoría lo siga, no es ya una cualidad moral en sí misma. *Si el respectivo ordenamiento jurídico no reúne los citados principios básicos que aseguren la justicia, la racionalidad comunicativa de sus normas, su obediencia se contradice con la propia racionalidad que implícitamente acepta todo hablante.* El Estado de Derecho no exige, en puridad, obediencia simple, sino una "obediencia cualificada"[200]: la que sea fruto de un reconocimiento de las normas derivado de la legitimidad del ordenamiento, no de su mera juridicidad o facticidad. Así se explica la insistencia en recalcar que validez no es lo mismo que vigencia o aceptación fáctica de las normas en una sociedad. "La vigencia social de las normas en vigor —dice— ya no es coincidente con la validez de las normas justificadas (...) el respeto a la ley ya no cuenta como un motivo ético *per se.* A la heteronomía, esto es, a la dependencia de las normas vigentes, se contrapone el hecho de que el actor ya no recurre a la vigencia social de una norma como determinación de su acción, sino a su validez"[201].

2.12. *Legitimidad política y desobediencia civil*

Llegamos así a tener perfilado también el parámetro con que enjuiciar la legitimidad de los sistemas políticos. Poder político, como poder estatal, y derecho se interrelacionan en nuestro

---

199 Habermas, J., *Facticidad y validez,* op. cit., p. 498.

200 Habermas, J. *Ensayos políticos,* op. cit., p. 83.

201 Habermas, J., *Conciencia moral y acción comunicativa,* op. cit., pp. 190-191.

tiempo de modo circular. El poder estatal crea y aplica derecho, pero se legitima por mediación de ese mismo derecho. "*La autorización del poder por el derecho* y *la sanción del derecho por el poder* tienen que acaecer *uno acto*"[202], no se explica lo uno sin lo otro y viceversa. Esto genera una situación paradójica: *el derecho positivo legitima a un poder político que, sin embargo, puede modificar ese derecho* e, incluso, valerse de sus propios mecanismos de positividad para engendrar normas ilegítimas, sin validez racional. Dos formas de producción de poder se encuentran enfrentadas: la producción de poder comunicativo a través de los cauces del discurso racional institucionalizado y la producción de poder por una Administración que trata de autolegitimarse. *Poder legítimo sólo lo será el producido comunicativamente, en consonancia con los presupuestos normativos insertos en la base del habla.* De ahí que ese poder comunicativo sólo se produzca "en la medida en que las decisiones de la mayoría (...) se verifican discursivamente", sin que el sistema político deje sin efecto los fundamentos normativos de la comunicación[203].

Para Habermas, esa paradoja de la relación circular entre derecho y poder estatal no tiene más salida que afirmar que, mientras se quiera mantener la racionalidad y legitimidad del derecho, éste no puede ver antepuesta ninguna finalidad a la de ser instrumento de justicia[204]. Ante la manipulación por el poder de los cauces de validez del derecho, no existen garantías empíricas que la eviten. Sólo queda la constatación teórica de que ese poder podrá seguir siendo legal, pero habrá dejado de ser legítimo y se podrá entender racionalmente que *ha dejado de merecer obediencia.* Se rompe así la circularidad entre legalidad y legitimidad, entre derecho y poder, y se pone de relieve que al derecho le es inmanente un género de moralidad que está por encima de las contingencias de

---

202 Habermas, J., "Towards a Communication-Concept of Rational Collective Will-Formation. A Thought-Experiment", op. cit., p. 148.

203 Habermas, J., "La soberanía popular como procedimiento", op. cit., p. 48.

204 Habermas, J., "Towards a Communication-Concept of Rational Collective Will-Formation. A Thought-Experiment", op. cit., p. 148.

cualquier poder y condiciona su legitimidad[205]. La desobediencia al derecho por motivos morales ya no estaría condenada a hacerse únicamente en nombre de valores absolutamente personales e incapaces de fundamento racional, como pudieron pensar Max Weber o Kelsen. Para eso es la discursiva una ética cognitivista que estima que son posibles juicios morales racionales y fundamentados, sobre la base de considerar el efecto de vínculo de los presupuestos de la comunicación.

Llegados a este punto, vemos que *tanto la validez racional de las normas jurídicas como la legitimidad del poder que las promulga y respalda se hacen depender de la pureza de los procedimientos democráticos.* Y la democracia sólo tiene sentido como vía de formación y expresión de una opinión pública libre e ilustrada[206]. De ahí la insistencia de Habermas en que la esfera de la opinión pública tiene que estar vinculada al mundo de la vida sin la mediatización deformante del Estado, pues toda actuación del sistema político sobre los mecanismos de formación de la opinión pública se llevará a

---

205 "Dado que los derechos humanos sólo pueden "realizarse" en el marco de un ordenamiento estatal como derechos protegidos de los ciudadanos, remiten a la voluntad de un legislador político. Pero puesto que al mismo tiempo fundamentan una comunidad democrática, un legislador soberano no puede disponer libremente sobre tales normas fundamentales" (Habermas, J., Die interkulturelle Diskurs über Menschenrechte", en: W.R.Köhler/M.Lutz-Bachmann, (ed.), *Recht auf Menschenrechte,* Frankfurt M., Suhrkamp, 1999, p. 216).

206 La participación que se exige "requiere el trasfondo de una cultura política igualitaria, desprovista de privilegios educativos, intelectualizada *en toda su extensión*" (Habermas, J., "La soberanía popular como procedimiento", op. cit., p. 50). "Naturalmente, un espacio público liberal necesita de una red de asociaciones libres, necesita que el poder de los medios de comunicación sea un poder domesticado, necesita de la cultura política de una población *acostumbrada* a la libertad y necesita también del medio y elemento favorable que representa un mundo de la vida más o menos racionalizado. A ese mundo de la vida racionalizado corresponden, por parte de las estructuras de la personalidad, identidades del yo de tipo posconvencional" (Habermas, J., *Más allá del Estado nacional,* op. cit, p. 156).

efecto desde la perspectiva del "medio" poder en que el sistema político-administrativo-burocrático se expresa, y no en clave de promoción del entendimiento libre.

Salvado ese elemento previo de integridad de la opinión pública, la propia lógica del procedimiento discursivo racional, tal como ha venido perfilándose, permite puntualizar las *condiciones del procedimiento democrático auténtico*. Como dice Habermas, "los procedimientos democráticos del Estado de Derecho tienen el sentido de institucionalizar las formas de comunicación necesaria para una formación racional de la voluntad"[207].Vista así la democracia, *la soberanía popular exige estrictas condiciones de participación y control por parte de los representados*. Se requieren elecciones iguales, libres y secretas, pero también, por un lado, la continua apertura de los representantes elegidos hacia una opinión pública que se ha de procurar que emane únicamente de una "esfera pública informada, pluralista y espontánea", y, por otro, *una práctica parlamentaria que sea también acorde con los parámetros de racionalidad discursiva*[208]. Y esto último, ya lo sabemos, sólo se asegura mediante la garantía de ciertos derechos fundamentales[209]. Gracias a la

---

207 Habermas, J., "La soberanía popular como procedimiento", op. cit., p. 48.

208 Habermas, J., "Wie ist Legitimität durch Legalität möglich?" op. cit., p. 16.

209 Aquí se inserta también la justificación que del *papel de los tribunales constitucionales* ofrece Habermas. Puesto que "sólo las *condiciones procedimentales de la génesis democrática de las leyes* aseguran la legitimidad del derecho establecido" (Habermas, J., *Facticidad y validez*, op. cit., p. 336), los tribunales constitucionales han de velar por el sistema de derechos que es fundamento y condición de posibilidad de la efectividad de ese procedimiento discursivo de creación del derecho. "El Tribunal Constitucional habría de proteger precisamente ese sistema de los derechos que posibilita la autonomía privada y pública de los ciudadanos (...) De ahí que el Tribunal Constitucional haya de someter a examen los contenidos de las normas controvertidas en conexión sobre todo con los presupuestos comunicativos y las condiciones procedimentales del proceso democrático de producción de normas. Tal *comprensión procedimentalista de la Constitución* da al problema de la legitimidad de la juris-

institucionalización de los "derechos humanos tradicionales"[210], que contienen la exigencia de que "aquellas condiciones comunicativas que necesariamente presuponemos como necesitadas de cumplimiento en el discurso práctico-moral se hagan operativas y se realicen en la mayor medida posible"[211], se puede hacer efectivo el principio de soberanía popular, pues sólo así se proveen las oportunidades para discursos en los que los participantes puedan juzgar acerca de políticas y normas desde el punto de vista de una moral racional. Por todo esto, *no cabe*, para Habermas, *un derecho racionalmente válido, es decir, fruto de una formación imparcial de la voluntad colectiva, sin una democracia realizada*[212].

De manera realista entiende Habermas que no siempre la racionalidad procedimental, tal como aparece institucionalizada, garantiza la racionalidad de los resultados. Al fin y al cabo, *la argumentación racional ofrece únicamente un modelo ideal de procedimiento que sólo aproximativamente puede ser plasmado en la realidad* y, además, sabemos ya que la racionalidad argumentativa es compatible con el falibilismo de los contenidos, pues creencias firmemente establecidas en la conciencia social de una época pueden aparecer en un momento ulterior como inadecuadas y necesitadas de revisión ante mejores argumentos. Sin embargo, estima Habermas que no por ello debe perder el proceso legal fuerza vinculante en sus resultados, si es que quiere seguir satisfaciendo la función social de defensa de expectativas que el derecho tiene encomendada. En esto *la vinculación meramente legal ha de imperar sobre las consideraciones de racionalidad, y en este punto cabría un cierto acuerdo con el positivismo: en los casos ordinarios de creación y aplicación de normas, cuando no están en juego los funda-*

---

dicción constitucional un giro en términos de teoría de la democracia" (Habermas, J., *Facticidad y validez*, op. cit., pp. 336-337).

210 Habermas, J., "Towards a Communication-Concept of Rational Collective Will-Formation. A Thought-Experiment", op. cit., p. 153.

211 Habermas, J., "Towards a Communication-Concept of Rational Collective Will-Formation. A Thought-Experiment", op. cit., p. 153.

212 Habermas, J., "Wie ist Legitimität durch Legalität möglich?" op. cit., p. 16.

mentos normativos del sistema, bastará la mera corrección formal del procedimiento para que las decisiones jurídicas, legislativas o judiciales, deban imponerse con la fuerza del derecho[213].

Mas ese elemento de incerteza que inevitablemente se introduce en cuanto a la racionalidad última de los contenidos legalmente vinculantes y en cuanto a su compatibilidad con los presupuestos de realización de la soberanía popular y la democracia, nos conduce de nuevo a la *posibilidad de justificar aquel tipo desobediencia a la ley que se ampare en motivos de legitimidad,* que pretenda cuestionar normas bajo el argumento de que contradicen los presupuestos últimos de un ordenamiento jurídico racional y válido[214]. Nadie poseería el monopolio sobre la verdad o los mejores contenidos normativos en ese punto y, además, si la construcción y legitimación del orden social han de ser colectivas, por imperativo de la ética discursiva, el orden legítimo y democrático sólo puede construirse y evolucionar sobre la base de no reprimir a quienes tratan de perfeccionarlo.

Nada más ajeno a la esencia del Estado legítimo, según Habermas, que un "legalismo autoritario"[215], que privaría a la sociedad de los impulsos que permiten la evolución hacia formas superiores de convivencia y realización de los principios de universalización: "cuando se comprueba cómo las generaciones pasadas han venido engañándose siempre nadie puede estar seguro, a la vista del horizonte de su tiempo, de que se haya realizado por completo el proyecto del Estado de Derecho y que lo único que precisa es administrar el bien heredado con conciencia de felices herederos"[216]. *Ningún derecho positivo puede defenderse como si fuera la*

---

213 Habermas, J., "Towards a Communication-Concept of Rational Collective Will-Formation. A Thought-Experiment", op. cit., p. 150.

214 "La desobediencia civil se remite a principios fundamentales que son los que sirven para legitimar la misma Constitución" (Habermas, J. *Ensayos políticos,* op. cit., p. 73).

215 Habermas, J. *Ensayos políticos,* op. cit., p. 70-71.

216 Habermas, J. *Ensayos políticos,* op. cit., p. 84-85.

encarnación definitiva del orden más racional. No por ello ha de dejar de ser vinculante y aplicado, pero tiene que dar cabida, si es un ordenamiento democrático, a la *desobediencia civil*: "es preciso reconocer la desobediencia civil como parte componente de la cultura política de una comunidad democrática", como contrapeso de "la falibilidad que aparece en el proceso histórico de realización de principios constitucionales universales"[217]. La democracia no se concibe sin la apertura permanente a la discusión de sus propios fundamentos, única vía segura para evitar su anquilosamiento o su desfiguración bajo móviles ajenos a su *ratio*[218].

La desobediencia civil aparece así justificada para todos aquellos entre los que "se propugne una idea del Estado de Derecho orientado hacia su propia realización y no se tome como único criterio el derecho positivo"[219]. Por tanto, la desobediencia civil se justifica a partir de "una comprensión dinámica de la Constitución como un proyecto inacabado"[220]. Esto no quiere decir que la desobediencia pueda ser legalizada, pues los requisitos funcionales del derecho no permiten ese paso si se quiere que el derecho siga siendo operativo para sus fines sociales, pero sí que debe forzar a que no sea tratada como un delito igual a los otros. A fin de cuentas, "el Estado democrático de derecho no sería congruente consigo mismo si no diera a entender que admite que el que quebranta hoy una norma puede ser un protector potencial de su legitimidad"[221].

---

217 Habermas, J. *Ensayos políticos,* op. cit., p. 85.

218 "Sobre los fundamentos normativos de la democracia se seguirá discutiendo siempre, porque de la autocomprensión de la democracia depende no sólo la estabilidad de una práctica existente, sino también los fundamentos normativos que son menester para su evaluación crítica" (Habermas, J., *Identidades nacionales y postnacionales,* op. cit., p. 80).

219 Habermas, J. *Ensayos políticos,* op. cit., p. 86.

220 Habermas, J., *Facticidad y validez,* op. cit., pp, 465-466.

221 Habermas, J. *Ensayos políticos,* op. cit., p. 86.

3. DISCREPANCIAS EN EL MARCO DE LA RACIONALIDAD ARGUMENTATIVA Y SOBRE EL ALCANCE DE LA ÉTICA DISCURSIVA EN EL DERECHO: HABERMAS Y GÜNTHER VS. ALEXY[222]

Hemos dicho aquí ya y sabemos que la ética discursiva habermasiana es un pilar importantísimo en la teoría de la argumentación de Robert Alexy y que esta figura como la teoría estándar de la argumentación jurídica en nuestros días. En las reglas de la argumentación racional que Alexy sistematizó en su libro *Teoría de la argumentación jurídica* estaba absolutamente presente esa filosofía de Habermas que acabamos de sintetizar, pero hemos visto ya también alguna alusión a cómo más adelante los caminos iusfilosóficos de Alexy y Habermas se separan.

La de Alexy es una teoría de la argumentación jurídica orientada antes que nada a la decisión judicial, mientras que la doctrina habermasiana trata de dibujar los fundamentos discursivos y argumentativos del derecho moderno y explica dos cosas en inevitable tensión: que el derecho moderno se legitima sobre una base democrática, base democrática que equivale a la institucionalización de los presupuestos de racionalidad de la acción comunicativa, los presupuestos de la ética discursiva, anclada en las condiciones de posibilidad de la comunicación lingüística misma; y que ese derecho moderno es inevitablemente derecho positivo y que las concretas normas que configuran el sistema jurídico como conjunto de normas positivas no pueden ser cuestionadas o sometidas a nuevo escrutinio de su fundamentación racional o su justicia caso a caso; es decir, que el juez no puede ni debe preguntarse en cada caso si está o no justificado aplicar la norma que al caso viene, sino que debe aplicarla cuando esa norma forma parte de un sistema jurídico que es legítimo porque está presidido por una

---

222 En este apartado se recogen contenidos que en parte provienen de García Amado, J.A., "La teoría de la argumentación jurídica. Logras y carencias", *Revista de Ciencias Sociales*, 45, 2000, pp. 103-129.

constitución que consagra la soberanía popular y los derechos fundamentales, todo ello en los términos que acabamos de ver en Habermas.

Podríamos decir, resumiendo lo antes mostrado al hablar de Habermas, que este, desde su cognitivismo ético de base constructivista, reunifica el derecho y la moral por el lado de la legitimidad de los sistemas jurídicos y explica que las normas jurídicas no engendran una obligación racional de obediencia, sino más bien al contrario, cuando no forman parte de un sistema jurídico-político de auténtica democracia deliberativa. Pero, al mismo tiempo, Habermas se mantiene más cercano al iuspositivismo contemporáneo que al iusmoralismo de Alexy cuando insiste en que en un Estado de Derecho democrático y garante de los cinco tipos de derechos humanos lo que de profundamente moral hay en los procedimientos discursivos, deliberativos, de creación de las normas jurídicas fundamenta respecto de estas una obligación de obediencia que es particularmente acusada en el caso del juez.

Podrá estar moralmente justificada, desde los fundamentos morales y racionales del sistema mismo, la desobediencia civil del ciudadano, pero no la inaplicación por el juez de la norma que viene al caso que el juez juzga, so pretexto de que considere el juez que esa norma no es suficientemente justa. No es a cada juez ni a cada ciudadano a quien corresponde enmendar al legislador cuando este es legítimo, sino que el juez que quiera cambiar los contenidos de tal o cual norma jurídica deberá embarcarse, en tanto que un ciudadano más, en los consiguientes procesos colectivos de deliberación y acción política, y no sabotear desde su personal conciencia moral la norma nacida de la argumentación racional entre todos. Por esto es, seguramente, por lo que Habermas y Alexy acaban discrepando respecto de la ponderación.

La lectura de la mayor parte de las obras principales de teoría de la argumentación jurídica de corte iusmoralista, con la de Alexy o Atienza a la cabeza, deja una cierta sensación de perplejidad, derivada de lo siguiente. El centro de su preocupación es, como llevamos dicho, la racionalidad de la decisión jurídica, y paradigmáticamente de la decisión judicial. Sin embargo, si nos preguntamos por la utilidad práctica y real para el trabajo del juez, si planteamos cómo debería proceder un juez que quisiera respetar y aplicar las reglas de la argumentación racional, algunas dudas parecen inevitables.

Ciertamente estas teorías podrían tener utilidad para fundamentar las reglas del derecho procesal propias del derecho moderno y, en particular, del Estado de Derecho. Es fácil ver un proceso judicial como un debate entre al menos dos partes, partes que argumentan ante un tercero imparcial y que lo hacen bajo unas normas (de derecho procesal) que quieren garantizar ese equilibrio e igualdad que la teoría de la argumentación propugna[223]. Lo curioso, sin embargo, es preguntarse por el modo como puede ser argumentativamente correcta, racional en este sentido, la sentencia de ese tercero que es el juez, más allá de la mencionada exigencia de que ha de esforzarse en dar de sus opciones las más y las mejores razones.

Reparemos en que el consensualismo del que participan los teóricos de la argumentación indica que una norma o mandato será racional cuando pueda alcanzar, bajo ciertas circunstancias ideales, o al menos favorables, el consenso de todos los interesados. Si la sentencia es una norma o mandato, resulta bastante quimérico pensar que tenga que ser la culminación consensual de un conflicto que ha llegado a hacer necesaria la sentencia precisamente por la ausencia de acuerdo. Y si creemos que la razón por la que el juez ha de argumentar de modo tan exigente es para persuadir a las partes de que acepten la sentencia sin recurrirla o a los tribunales superiores para que no la casen, el asunto se nos desliza por el terreno de la retórica y de prácticas de difícil encaje en los parámetros de la racionalidad, pues ahí habría que hablar más de eficacia de la argumentación judicial que de su racionalidad.

---

223 Cfr. Habermas, J., *Facticidad y validez*, op. cit., p. 307.

Y más desenfocado aún parece que se le esté implícitamente exigiendo al juez que realice encuestas de opinión o que lleve a cabo en solitario el experimento mental de preguntarse qué acordarían todos los miembros de la sociedad como resolución justa del conflicto. Máxime cuando el principio de legalidad impide que la solución se busque en términos de pura justicia, ya que han de respetarse los límites que impone la legalidad establecida. En suma y en términos más simples, la pregunta sería qué debe hacer un juez que quiera ser respetuoso con las pautas de racionalidad marcadas por la teoría de la argumentación (y que quiera ser considerado también con el sistema de normas jurídicas), además, por supuesto, de argumentar con honestidad.

Los planteamientos de Alexy han sido cuestionados por Klaus Günther y Habermas como insuficientes para dar cuenta de la índole de la labor judicial. Tratemos de resumir su postura. Según Habermas, la construcción teórica de Alexy sería muy adecuada como respuesta al *problema de la racionalidad de la decisión legislativa.* Proyectadas sobre la actividad del legislador, las reglas de la argumentación racional de Alexy ofrecerían un buen criterio para determinar cuándo la decisión legislativa es legítima y racional, por constituir el resultado de un proceso discursivo abierto a la participación general, respetuoso con los derechos argumentativos de todos y reflejo de un acuerdo que, en razón de la imparcialidad que las reglas del discurso garantizan y las constituciones democráticas institucionalizan, es manifestación de un interés general, expresado precisamente en la norma general que el legislativo dicta. Por tanto, la teoría de la argumentación de Alexy serviría para responder a la cuestión de la racionalidad y legitimidad de la norma legal. Estaríamos ante lo que Günther y Habermas llaman el *discurso de fundamentación de las normas.* La norma que emana de una adecuada actividad discursiva sería la norma racionalmente válida.

Pero al juez las normas válidas le vienen dadas por el sistema en que se inserta. Y si dicho sistema es el del Estado de Derecho, regido por una Constitución que institucionaliza los procedimientos democráticos y demás cauces aseguradores de los derechos personales, procesales y participativos de los ciudadanos, el juez no está legitimado para cuestionar los contenidos de tales normas y tiene, como los ciudadanos, un deber racional de obediencia a esas normas legítimas. ¿Significa esto que se vuelve a un modelo de juez autómata que ni valora ni crea derecho? Nada más lejos de la realidad. El juez es quien da sus perfiles precisos a las normas legales, traduciéndolas de generales y abstractas a normas aplicables a los casos.

Pero los problemas no se los platean las normas en sí mismas (siempre y cuando, repetimos, que se trate de normas legítimas, avaladas por un discurso de fundamentación racional), sino lo que, en términos clásicos, es la subsunción del caso bajo la norma. Las normas generales y abstractas que el legislador crea no pueden ser sino bocetos de la regulación efectiva de los particulares conflictos, el legislador no puede prever una solución precisa para cada particular caso con sus especiales detalles. Y de ahí que la esencia del trabajo judicial consista en determinar si un caso particular, con esos sus concretos perfiles, encaja o no bajo una norma u otra y qué concretas consecuencias se pueden extraer para el caso de la norma que se estime aplicable. Por tanto, la argumentación del juez, su discurso que se quiera racional, no versará sobre la norma en sí misma y su valor o aptitud en general, sino sobre la *adecuación* (*Angemessenheit*), en terminología que Günther toma de Dworkin, para resolver un caso. Y esto quiere decir que el centro de las consideraciones se hallará en los pormenores y circunstancias del caso. No estaríamos, por tanto, ante el discurso de fundamentación de normas, sino ante el *discurso de aplicación*. Es la búsqueda de la justicia del caso concreto la que guía el trabajo del juez que quiera decidir racionalmente, si bien esa búsqueda no opera al margen o en contra de las normas legales, sino perfilándolas y precisándolas desde el caso[224]. Ese es el punto de vista que, contra Alexy, toma Habermas de Klaus Günther.

---

224 En palabras de Günther, "el establecimiento de normas jurídicas debe estar institucionalizado en un procedimiento que se corresponda con

Esa compatibilidad entre discurso de aplicación y búsqueda de la solución adecuada o justa para el caso concreto, por un lado, y respeto a los mandatos del legislador legítimo, por otro, la consideran Günther y Habermas posible sobre la base de su idea de las normas jurídicas legales. Que las normas legales sólo puedan aludir a casos genéricos que constituyen su supuesto, supone que el legislador no tiene la posibilidad de determinar qué casos concretos encajan y cuáles no bajo esa genericidad del supuesto. Esa es la tarea del juez. Y al decidir el encaje de cada supuesto bajo una norma u otra el juez está añadiendo, por así decir, un trazo a la norma, la está precisando, ciertamente para y desde un caso concreto, pero con un propósito de mantener idéntico criterio para cualquier caso futuro igual[225]. En resumidas cuentas, el centro de la argumentación en que consiste el discurso de aplicación que el juez lleva a cabo ha de situarse en la justificación de su valoración de las circunstancias y detalles del caso y, a partir de ahí, proyectarse en la selección de la norma y su interpretación. No se tratará ya de convencer a un auditorio de que se aplica una buena norma (a la norma legítima la bondad se le presupone), sino de que se aplica y se aplica del mejor modo la norma que hace mejor justicia al caso[226].

---

las reglas del discurso práctico, de modo que puedan hacerse valer los intereses de cada uno. La aplicación de normas debe estar institucionalizada en procesos que posibiliten la toma en consideración de todas las especiales notas de una situación" (Günther, K. *Der Sinn für Angemessenheit*, Frankfurt M., Suhrkamp, 1988, p. 337).

225 El juez que resolviera de modo divergente y sin justificación adecuada casos idénticos estaría obrando arbitrariamente, irracionalmente, mostrando que sus razones no se pretendían universalizables. Véase al respecto, K. Günther, *Der Sinn für Angemessenheit*, op. cit., pp. 65ss.

226 Una curiosa y sorprendente secuela de estos planteamientos es que en el ordenamiento jurídico dejarían de tener existencia real las antinomias. Cuando a un mismo caso le son *prima facie* aplicables dos normas que llevan a consecuencias jurídicas contradictorias, el juez estaría ante un caso más de la necesidad de seleccionar la norma aplicable, y las peculiaridades del caso le llevarían a elegir la que mejor se adecue a él.

Alexy ha respondido a estos cuestionamientos. Su réplica podemos resumirla del siguiente modo. En primer lugar, explica, sobre la base del mismo ejemplo manejado por Günther, que cuando dos normas colisionan, por ser aplicables al mismo caso con consecuencias contrapuestas, y a la luz de la concreta situación se declara aplicable una sola, lo que se está haciendo es añadir una excepción al enunciado general de la norma no aplicable[227]. Con ello la norma inicialmente fundamentada en el discurso de aplicación se habría modificado y, por tanto, si se pretende válida es necesario un nuevo discurso de fundamentación, no bastando el de aplicación, es decir, la pura consideración para el caso concreto[228]. En segundo lugar, no sería cierto que, como dice Günther, en el discurso de fundamentación se manejen sólo casos genéricos o típicos, pues los argumentantes en ese discurso, que es el legislativo, poseen el saber que les da la experiencia y la posibilidad de imaginarse todo tipo de casos. Sí sería verdad que siempre pueden surgir situaciones imprevistas e imprevisibles cuando la norma se creó, pero si la respuesta que la nueva situación exige es una modificación de la norma, el discurso de fundamentación

---

Pero con eso no estaría realmente optando por dos normas igualmente aplicables, sino tomando la única que realmente se le aplica racionalmente y, con ello, deshaciendo la aparente antinomia al añadirle a una de las normas el correspondiente matiz, precisión o excepción que el legislador, por las razones que ya hemos mencionado, no pudo apuntar por razón de la inevitable abstracción de sus términos. Como dice Günther, "en cada situación hay *varias* normas *válidas* aplicables prima facie, pero sólo *una* norma *adecuada*" (Günther, K. "Un concepto normativo de coherencia para una teoría de la argumentación jurídica", en *Doxa*, 17-18, 1995, p. 285).

227 Esto es, si una norma dice que si se da *h* se debe hacer *x* y otra norma dice que si se da *j* se debe hacer *y*, se dan simultáneamente *h* y *j* y *x* e *y* son incompatibles, y se decide a la luz del caso que predomina la obligación de hacer *y*, esto equivaldría a reformular la norma primera del siguiente modo: si se da *h* se debe hacer *x*, salvo que se dé *j*.

228 R. Alexy, "Normbegründung und Normanwendung", en R. Alexy, *Recht, Vernunft, Diskurs*, Frankfurt M., Suhrkamp, 1995, pp. 63ss.

se haría inevitable y no basta limitarse a un discurso de aplicación que atienda a la justicia sólo para el caso[229].

Esta réplica de Alexy suena convincente frente a la sospecha de casuismo que nos asalta ante la otra postura, pero deja abierta nuevas y aún más importantes dudas, pues cabe de inmediato preguntarse cómo se desarrollaría o, más aún, cómo se podría institucionalizar un tal discurso de fundamentación, que tendría que ser llevado al cabo por el juez que precisa o reemplaza la norma que ha perdido su fundamento ante las nuevas circunstancias. Alexy tiene razón cuando señala que la idea del discurso de aplicación, que impone tomar en consideración todos los puntos de vista y circunstancias, es "vacía", pues no señala cuáles serían esos puntos de vista merecedores de consideración, y además es equívoca, pues puede servir de tapadera para una praxis decisoria no universalista, es decir, puramente casuística, por lo que concluye que el concepto de "adecuación" es "demasiado indeterminado para poder solucionar el problema de la decisión jurídica racional"[230]. Ahora bien, esa misma objeción se puede volver contra el propio Alexy, pues igualmente podemos preguntarnos qué pautas rigen el discurso racional del juez, máxime cuando tiene que llevar a cabo un discurso de fundamentación. La salida de Alexy consiste en reiterar su tesis de que el discurso jurídico de aplicación del derecho es un "caso especial" del discurso práctico general[231], donde rigen las reglas de racionalidad de éste, unidas a especiales reglas que operan en la praxis jurídica y obligan a dar primacía a determinados argumentos institucionales. Pero la pregunta queda en pie: ¿cómo puede hacer eso el juez?

---

229 "La norma que a la vista de un caso se precisa, se cambia o se crea como nueva debe ser susceptible de justificación en un discurso de fundamentación, y la norma que se rechaza debe poder acreditarse como no fundamentada" (*ibid.*, p. 69).

230 R. Alexy, "Jürgen Habermas´ Theorie des juristischen Diskurses", en R. Alexy, *Recht, Vernunft, Diskurs,* cit., p. 171.

231 Vid. *Ibid.*, pp. 172ss.

Lección 5

Argumentos sobre hechos y pruebas

1. DESCRIBIR HECHOS, PROBAR HECHOS, CALIFICAR HECHOS

1.1. Quiénes, cómo y para qué declaramos probados hechos

Veamos unos pocos ejemplos de distintas situaciones que tienen que ver con hechos y su prueba.

Juan le dice a su pareja, María, que sabe que ella ya no lo ama y que él está seguro de que eso es así por estas dos razones: porque hace más de tres años que ella no le hace ningún regalo y porque a ella se le han olvidado los dos últimos cumpleaños de él.

Ese razonamiento de Juan, y en general un razonamiento probatorio, podemos elementalmente esquematizarlo así:

$$R^1, R^2 PH$$

Lectura: por las razones R^1 y R^2, probado H. Siendo, en el ejemplo, H el hecho de que María ya no ama a Juan.

¿Quién ha extraído esa que podemos llamar conclusión probatoria de que María ya no ama a Juan? El propio Juan. ¿Qué patrón de medida, baremo o estándar de prueba ha utilizado Juan para tener por verdadero que María ya no lo ama? Uno suyo, que vendrá determinado seguramente por factores tales como su carácter, su biografía y experiencia vital, su educación, su socialización, etc.

Ahora pongamos que Juan y María andan debatiendo sobre eso, pues él sigue en sus trece de que esas dos circunstancias acreditan de modo más que suficiente la falta de amor de María y ella insiste en que no es así y que aún lo ama igual que antes. Y entonces acuden a usted, amigo lector, para que usted sea quién dirima. Confían los dos en el juicio suyo y en su ecuanimidad y sabiduría. Juan le argumenta que cualquiera en la situación de él llegaría a la misma conclusión sobre la falta de amor de María, a la vista de esos dos hechos a modo de prueba, mientras que María dirá que no es normal ni razonable extraer tal conclusión de esos dos hechos sin apenas importancia, aun concediendo que sean verdaderos.

Usted les pregunta por más detalles de su relación, pero no les saca más cosa relevante. Así que tiene que dictaminar, tiene que hacer su propio juicio sobre si habrá quedado o no, con esas dos razones, suficientemente probada la falta de cariño de María. Y usted concluirá que sí tiene el hecho a probar por probado o que no lo tiene por probado.

¿Cuál es la ventaja de sea usted el que formule tal juicio? Pues que, a diferencia de lo que ocurre con María y Juan, usted es un tercero imparcial y está en mejores condiciones para aplicar patrones de juicio o estándares de prueba más objetivos. Eso será así tanto más, cuanto más usted se halle en una posición equidistante entre Juan y María y no sea, por ejemplo, más amigo de uno que del otro; entre otras cosas. No obstante, en ese asunto de si uno ama a otro o no lo ama no cabe una objetividad plena, pues el amor no es mensurable o constatable como lo es la composición química de un líquido o el ADN de una persona, pongamos por caso. De modo que seguramente en el juicio probatorio de usted habrá algo menos de subjetividad que en el de los directamente implicados y se dará un mayor componente de lo que podríamos llamar estándares social o culturalmente vigentes sobre la materia. Pero, con todo y con eso, restará un buen margen de subjetividad en la conclusión suya, un peso de valoraciones que son eso, apreciaciones de usted y no fruto de mediciones o constataciones plenamente objetivas e independientes de usted en su resultado.

Imaginemos que en un proceso judicial penal se está juzgando a Alberto como acusado del homicidio de Fernando. Fernando apareció muerto en un camino del bosque, de resultas de una puñalada en el corazón con un cuchillo que se encontró al lado del cadáver. El juez que juzga del caso solo cuenta con dos pruebas incriminatorias. Un testigo ha declarado que, a la hora aproximada en que Fernando murió, según el dictamen del médico forense, vio ese testigo a Alberto salir de ese bosque, lo vio a una distancia de unos cincuenta metros. Y en el cuchillo aparece una huella de Alberto, quien dice que ese cuchillo lo había perdido unos días antes. Suponiendo, un tanto artificiosamente, que ningún otro elemento probatorio de incriminación o de descargo concurra, la pregunta es la siguiente: ¿puede o debe ese juez dar por probado el hecho de que Alberto mató a Fernando?

Dos cuestiones surgen a este propósito de la prueba judicial, en ese ejemplo o en cualquier caso. Una, la de cuál es el patrón, parámetro, baremo o estándar con el que se deben relacionar los hechos probatorios con el hecho a probar. En nuestro ejemplo, los hechos probatorios son esa declaración del testigo y esa huella en ese cuchillo, y el hecho a probar es que Alberto mató a Fernando. La otra cuestión es la de cuál sea el grado de objetividad con la que puede el juez aplicar ese estándar y cuánto habrá, por tanto, de objetivo o de valorativo o discrecional en su conclusión de probado H o no probado H.

A la primera cuestión se responde que tal patrón o estándar de prueba varía según la rama del derecho o campo de lo jurídico en que nos hallemos. No es la misma la convicción o certeza que se exige para dar por hecho probado que yo no pagué a mi casero la renta que me reclama en un proceso civil, que para condenarme a mí como reo de homicidio en un proceso penal. La segunda exigencia es más alta, porque juega a favor del reo la presunción de inocencia y en nuestra cultura jurídica está más o menos establemente sentado que tal presunción solo puede ser derribada con una prueba en contra que no deje lugar a duda razonable en el que juzga y que, por extensión, no sea esperable que las deje tampoco en cualquier observador imparcial y competente en la materia. Por eso se suele decir que el estándar de convicción en contra del reo, en el proceso penal, es el de "más allá de toda duda razonable".

Con la cuestión segunda, la de con qué nivel de objetividad o subjetividad puede el juez aplicar el estándar de que se trate, arribamos a un problema bien complicado. El juez no estuvo presente cuando Fernando fue asesinado y, para colmo, si él hubiera visto el crimen, no podría juzgarlo como juez, al menos según muchos sistemas jurídicos de nuestro tiempo y nuestro ámbito cultural, pues, entre otras cosas, no se permite que el juez use como fuente probatoria su conocimiento privado de los hechos, salvo en ciertos casos especiales en que se admite la prueba de reconocimiento judicial, que en realidad es cosa distinta. Así que el juez tiene que decidir, en nuestro ejemplo, sobre la base de esas dos pruebas, la del testigo y la de la huella.

En este punto hay que matizar. El testigo declara lo que él vio, y cuando dice que vio a Alberto está explicando el contenido que él atribuya a una percepción suya. Cuando yo digo que vi desde la ventana de mi oficina a mi hijo cruzar la calle de la mano de una mujer de su edad a la que no conozco, puedo estar contando de total buena fe mi interpretación de una percepción mía, pero puedo estar a la vez equivocándome, porque resulta que la persona que vi no es la que pienso o interpreto que vi, la que creí que reconocía como mi hijo, y ese error puede deberse a que mi hijo y esa otra persona se parecen mucho y además tienen una camisa con los mismos colores.

¿Y la huella? Un laboratorio plenamente acreditado y en el que se apliquen con garantía las técnicas correspondientes y los parámetros de verdad científica habrá dictaminado que la huella del cuchillo era de Alberto. Respecto a la verdad del enunciado "la huella del cuchillo era de Alberto", emitido por el personal de ese laboratorio que exprese el resultado del análisis, podemos y debemos mantener una expectativa de verdad objetiva mucho mayor que en lo concerniente al enunciado que el testigo profirió, el de "Vi a Alberto saliendo del bosque a tal hora".

El proceso judicial debe configurarse de modo que las pruebas puedan ser obtenidas, expuestas y analizadas con la mayor expectativa posible de verdad y la mayor confianza posible en que se destierre el error. Pero supongamos ahora que es indudablemente verdad que la huella del cuchillo pertenece a Alberto y que también lo es que el testigo vio a Alberto salir del bosque unos minutos después, por ejemplo, porque, además, no se cuenta meramente con su testimonio, sino también con una fotografía que él tomo con su teléfono y donde quedó registrada la hora y bien se reconoce a Alberto. ¿Habría quedado, pues, probada la verdad de que Alberto mató a Fernando? No. Analicemos por qué, porque hasta lo evidente merece a veces algo de análisis, para resolver posibles equívocos.

Una cosa es el grado de verdad comprobable y comprobada *de los hechos probatorios* y *otra cosa es el grado de verdad* comprobable y comprobada *del hecho a probar.* Aun cuando sea absolutamente cierto e indiscutible que la huella del cuchillo es de la mano de Alberto y aunque no quepa duda de que Alberto salió a tal hora del bosque donde fue asesinado Fernando, el problema está en la inferencia hacia la conclusión "Alberto mató a Fernando".

La certeza de los hechos probatorios no se transmite como certeza idéntica del hecho a probar en todos los casos. A veces sí y a veces no. El hecho probatorio constituido por una prueba de ADN que señala ciertas coincidencias genéticas entre A y B puede dotar de certeza plena a la conclusión de que A es el padre de B, pero la total certeza, plenamente objetiva, de que es la huella de Alberto la que está en el cuchillo no se traduce en certeza igual de que Alberto mató a Fernando. Por eso muchas veces las pruebas operan por acumulación y es su suma la que permite alcanzar el debido grado de convicción sobre el hecho a probar. Si, además de las dos pruebas que hemos dicho, constara que en la camisa de Alberto había restos de sangre de Fernando, que varias personas lo vieron también entrar en aquel bosque persiguiendo a Fernando y enarbolando un cuchillo y se supiera también que Alberto llevaba días diciendo a mucha gente que en cuanto se topase con Fernando lo mataría, la conclusión de que Alberto mató a Fernando resultaría mucho más convincente y segura. Si un juez así lo declarara probado, ¿satisfaría el estándar que para la prueba penal rige? Sin duda sí, sentado que no concurrieran otras pruebas en sentido contrario, de descargo. ¿Y puede, con todo, ser en los hechos falso que Alberto mató a Fernando? Sin duda; es improbable o poco verosímil, pero es un error que cabe. Y por eso se repite tantas veces, con razón, que la regulación de la prueba en el proceso es gestión de los errores posibles y opción entre la proporción posible de falsos positivos y falsos negativos.

¿Y en nuestro ejemplo, en el que solo se disponía de aquellas dos primeras pruebas, la del testigo que vio a cincuenta metros y la de la huella, y ni un hecho probatorio más, de ningún tipo? Si el juez condena, ¿vulnera el estándar probatorio? ¿Lo vulnera si absuelve? Creo que aquí podríamos concluir que no lo vulnera en ninguno de los dos casos, y con esto llegamos a lo que quería mantener en este momento: que hay un inevitable componente de *discrecionalidad* en lo que solemos llamar *la valoración de la prueba.*

Y un último detalle ahora. Eso que llamamos *valoración de le prueba* tiene *dos par*tes o dimensiones. Una tiene que ver con el grado de verdad o certeza que el juez asigne *a cada hecho probatorio.* Por ejemplo: ¿en qué medida podemos tener por verdadero el dictamen del laboratorio que afirma que la huella del cuchillo pertenece a Alberto y en qué medida podemos tomar por verdadero que el testigo vio a una persona (y no por ejemplo a un perro) salir del bosque y que esa persona que vio era Alberto? Y la otra dimensión de la valoración de la prueba se refiere a *la inferencia probatoria final o relación entre los hechos probatorios y el juicio sobre el hecho a probar.* En ambas partes puede haber componentes más o menos altos de duda razonable y, por tanto, de discrecionalidad inevitable.

1.2. Hechos como pruebas y razones y argumentos para declarar probados hechos

En el primer ejemplo de arriba, Juan partía de dos hechos: que hace tres años que María no le regala nada y que hace tres años que María se olvida del cumpleaños de Juan. Tomado en sí mismo, cada uno de ellos es perfectamente equiparable al hecho de que María ayer desayunara chocolate o que se lime las uñas de los pies todos los viernes. El enunciado que recoja cada uno de esos tres hechos ("Hace tres años que María no le regala nada a Juan", "Hace tres años que María se olvida del cumpleaños de Juan" y "María se lima las uñas de los pies todos los viernes") podrá ser verdadero o falso según que lo que se dice se corresponda o no con lo empíricamente acaecido, con lo acaecido de hecho. Pero ahora pongamos que los tres enunciados son verdaderos.

Juan ha proferido otro enunciado y lo ha proferido con pretensión de que es verdadero y debe contar como verdadero, el enunciado "María ya no me ama". ¿Cómo sabemos si es verdadero o falso tal enunciado en particular? Si preguntamos por eso a la ciencia, habría que poner en marcha complicados procesos de investigación científica aplicada al caso de María y para dictaminar con el mayor rigor posible los contenidos de lo que María siente respecto de Juan. Habría que oír a psicólogos, por ejemplo y estos deberían basar su juicio en la observación del comportamiento de María, en entrevistas con María, en la aplicación de tests científicamente homologados para fines así, etc. En un marco tal de investigación científica sobre el sentimiento de María y con esas elevadísimas pretensiones de verdad y objetividad que son propias de la ciencia, aquellos dos hechos (la falta de regalos a Juan y el olvido de sus cumpleaños) tendrán una relevancia proporcionalmente muy escasa, si es que alguna tuvieran.

Pero Juan no es un científico ni pretende rigor científico para su conclusión. Probablemente tampoco le interesará demasiado, en el fondo, lo que la ciencia concluya sobre los sentimientos de María hacia él. A Juan le importa sentirse amado según sus personales patrones de lo que amar signifique. Según esos patrones o estándares de Juan, aquellas dos conductas de María cuentan como indicios que, sumados, le permiten concluir que ella a él ya no lo quiere. Cabría que un tercer hecho, aparentemente irrelevante, también mereciera ser considerado a esos efectos. Supóngase que Juan es pío seguidor de una religión que considera pecado nefando cortarse o limarse las uñas en viernes. Juan le ha pedido a María muchas veces que no lo haga, por respeto a la fe de él, y ella se había abstenido siempre, pero de hace un tiempo para acá ya cada viernes se lima las uñas y Juan lo interpreta como indicio cierto de desamor, sumado a los otros dos, para colmo.

Los hechos en sí y los enunciados, aun verdaderos, que los expresan no constituyen por sí prueba de nada. Un hecho se convierte en "hecho probatorio" al transformarse en una *razón*, en el marco de un razonamiento. Los hechos no son en sí mismos razones, es el sujeto el que convierte un hecho en razón y esa conversión tiene lugar siempre en un contexto significativo, contexto significativo del que pueden formar parte tanto condiciones epistémicas como condiciones normativas. Así que un *hecho probatorio* es un hecho contenido en una *razón probatoria*. Una razón probatoria se convierte en *argumento probatorio* cuando es comunicada a otros con un propósito de generar adhesión o convencimiento a la tesis en cuestión. Analicemos todo esto más despacio.

El razonamiento de Juan establece una relación entre el hecho de que María no le hace regalos y el hecho de que María no lo ama. Lo primero a Juan le consta y pongamos aquí que no se discute la verdad del enunciado "María no le hace regalos a Juan". Lo segundo, que María no ama a Juan, es un hecho dudoso. Lo primero es un hecho probatorio y lo segundo es un hecho a probar. Juan se interroga a sí mismo sobre eso, porque en el marco de su vida y su relación de pareja, a él le importa mucho. Así que Juan razona relacionando un hecho que tiene por seguro (que María no le hace regalos) con un hecho sobre el que duda (que María no lo ama), y *del primero extrae una razón para considerar cierto el segundo*. Esa razón es una *razón probatoria*. Digamos que a Juan, en su fuero interno, el hecho de que María no le haga regalos le funciona o le vale como razón probatoria a partir de la que concluye que es cierto o tiene por probado que María no lo ama.

Si cualquiera al que Juan quiera o deba tomar en cuenta en relación con ese tema le pregunta de dónde saca, en qué basa esa conclusión de que María no lo ama, Juan explicita esa razón probatoria y de ese modo lo convierte en *argumento probatorio*. Y, evidentemente, ese interlocutor de Juan podrá evaluar la calidad de esa razón probatoria (analizando si vale como prueba y en qué medida puede valer como prueba) y lo hará en buena manera condicionado por el modo como el argumento probatorio en cuestión le haya sido presentado por Juan. No es lo mismo que Juan argumente "María no me hace regalos y eso para mí es indicio más que suficiente de que ya no me quiere, y punto" o que argumente "María no me hace regalos y tú sabes muy bien que todo miembro de la pareja que quiere al otro le regala cosas, como forma de mostrar interés por el otro y de tratar de agradar a la persona amada". Este último argumento es más completo que el anterior, cumple mejor con el requisito de saturación que ya conocemos.

Decíamos hace un momento que un hecho se convierte en razón probatoria y, luego, en argumento probatorio en un contexto significativo, contexto significativo del que forman parte tanto condiciones epistémicas como condiciones normativas. Las *condiciones epistémicas* hacen más o menos razonable la relación fáctica o empírica entre hecho probatorio y conclusión probatoria que se articula en la razón probatoria y en el argumento probatorio consiguiente. La relación que Juan establece entre el hecho de que María no le haga regalos y la conclusión probatoria de que María no lo ame se apoya en la asunción de algún postulado empírico, como pueda ser este: las personas que aman a otras les hacen (comúnmente) regalos. O este otro: María de hecho me dijo que mientras me amara, siempre me haría regalos[232].

---

232 Imaginemos que a Juan también le consta que María escucha una sinfonía de Beethoven cada lunes por la tarde, después del almuerzo. ¿Por qué no usa ese hecho como hecho probatorio de la falta de amor? En primer lugar, porque no hay ningún vínculo empírico entre lo uno y lo otro, salvo que se haga valer que sí existe tal vínculo; por ejemplo, probando que María le había prometido a Juan, como expresión de amor,

La otra parte del contexto significativo la pueden constituir ciertas *condiciones normativas*. Así, Juan puede entender que la práctica de darse regalos en la pareja no es meramente un hábito social, sino que tiene un sustento normativo, responde a una regla que está bien cumplir, de modo que María no solo ha dejado de hacer lo que generalmente se hace, sino que ha incumplido una regla. Es el incumplimiento de la regla lo que proporciona su componente de reprochabilidad y refuerza su valor como razón probatoria. María no simplemente se comporta, de hecho, de modo distinto a lo ordinario entre las parejas, sino que se toma la molestia de vulnerar una regla que sabe que rige, con lo que han de ser más fuertes sus razones para no hacerle regalos a Juan y eso dota de mayor fundamento la hipótesis de que ya no lo ama.

La proporción entre elementos epistémicos y elementos normativos en las razones probatorias puede variar.

1.3. Cómo argumentar sobre un juicio probatorio

Siempre que alguien toma por probado un hecho H, podemos preguntarnos por qué ese juicio de probado H. La justificación de un juicio del tipo "probado H" supone dar argumentos que razonablemente justifiquen "probado H" como conclusión. Insisto en que cuando en una sentencia se da por probado un hecho, lo que en realidad manifiesta o tácitamente se expresa es algo así como "válidamente probado H"; o, dicho de otro modo, probado H dentro del respeto a las reglas que el sistema normativo de que se trate establece para que sean válidos los juicios sobre prueba de hechos.

Añadamos un matiz al esquema básico de un razonamiento probatorio:

---

que dedicaría la tarde entera de cada lunes a nadar con él en la piscina y sin música.

R1, R2... Rn JjPH

Lectura: *por las razones R1, R2... Rn está jurídicamente justificado declarar probado H*

El cuestionamiento de un juicio probatorio, en derecho, puede venir por el lado de las R o de la J. Esto es, puede referirse a *la calidad epistémica de las razones por las que se estima probado que H sucedió* o puede aludir a elementos normativos que hacen que, aunque las razones sirvan en su función de respaldo o sostén de la conclusión "probado H", tales razones no sean admisibles como *justificación* de un juicio probatorio válido a tenor de ese sistema jurídico. Veamos lo uno y lo otro sucintamente.

1.3.1. El cuestionamiento de la calidad epistémica de las razones que sostienen el juicio probatorio

En pro de la simplicidad, vamos a hablar aquí nada más que de un juicio probatorio positivo del tipo que venimos mencionando, "probado H". Salvo esta pequeña nota que viene a continuación.

Un juicio probatorio negativo sería el que concluyera "no probado H".

Téngase muy en cuenta también la esencial diferencia entre "no probado H" y "probado no H". "Probado no H" es el tipo de juicio que se hace cuando se trata de juzgar si concurrieron o no omisiones", pues, por ejemplo, la responsabilidad penal (si responsabilidad penal es lo que se dirime y estamos en un proceso penal) se imputa por un delito de omisión, por no haber el acusado hecho algo que tenía obligación de hacer (o de intentar hacer, en algunos casos). Así, por ejemplo, en un caso penal en que se analice si los acusados incurrieron en delito de *omisión* de socorro.

Para nuestros efectos, "probado no H" es un juicio probatorio positivo equivalente a "probado H", pues en uno y otro caso se trata del juicio que afirma que se dan los elementos que permiten la calificación de la conducta con arreglo a la norma en cuestión. "Probado H" equivale a afirmar que queda probada la conducta activa en cuestión y "Probado no H" supone afirmar que queda probada la conducta omisiva en cuestión.

Según esto, "no probado H" viene a significar que no se ha probado la conducta activa en cuestión, mientras que el juicio que indica que no ha quedado probada la conducta omisiva en juego se podría también expresar como "no probado no H". Así es si decimos que no ha quedado probado que el acusado de omisión de socorro omitiera el socorro debido, que no ha quedado probado que no socorriera a quien según la norma debía socorrer.

Como ya hemos visto, un juicio probatorio del tipo "probado H" es el resultado de un razonamiento en el que hay razones que justifican o fundamentan de alguna manera tal juicio a modo de conclusión. En otras palabras, tales razones dan los porqués de ese juicio final que concluye teniendo por probado H. Cuando Juan le dice a su pareja María que bien sabe que ella ya no lo quiere, porque ya nunca le hace regalos y porque nunca recuerda su cumpleaños, Juan está razonando que da por probado ese hecho de ya no ser querido por María y que las razones que fundan tal juicio son esas dos que se han mencionado. Si María quiere atacar tal conclusión o juicio probatorio final, debe o bien cuestionar la verdad de lo que en alguno o todos los argumentos o razones se expone (María dice a Juan que sí le hace regalos y que sí recuerda sus cumpleaños), o bien tratar de mostrar que, aun cuando fuera verdad lo que en $R^1 \ldots R^n$ se dice, no es base suficiente para tal conclusión (María le replica a Juan que es verdad que no le hace regalos y que es verdad que se olvidada de sus cumpleaños, pero que de ahí no es razonable concluir que no lo ama). O cabe, por supuesto, debilitar alguna de esas razones a base de poner en solfa su verdad para, luego, indicar que no bastan las razones verdaderas que restan para fundar el juicio final (María le dice a Juan: es cierto que no te hago regalos, pero no es verdad que no te hable de mis asuntos, y por el mero hecho de que no te haga regalos no puedes concluir que ya no te quiero).

Un sujeto S, frente a un sujeto P, da por probado el hecho H de P y esa conclusión de tener por probado H se justifica mediante razones que son argumentos hacia P y cualquier otro interlocutor posible[233]. Pongamos que para justificar su "probado H" S emplea dos argumentos, R^1 y R^2. Si seguimos con el ejemplo de antes, Juan da por probado que María no lo ama y como porqués o bases de tal conclusión da estos dos: que María nunca le hace regalos (R^1) y que María nunca recuerda cuándo es su cumpleaños (R^2).

La pregunta que puede hacerse María es la siguiente: ¿en verdad puedo yo considerar suficientemente justificada la conclusión de Juan al afirmar, por esas razones que Juan invoca y valora, que queda probado que no amo a Juan?

Avanzamos un paso más si nos salimos del elemento personal de desacuerdo o disputa entre los protagonistas, Juan y María y nos planteamos la interrogación de este otro modo: para *un tercero imparcial* genérico, T, maduro y razonable, ¿resulta (suficientemente) probado H sobre la base de esas dos razones R^1y R^2? En lo que sigue ya no vamos a referirnos específicamente a Juan y María, sino a S, P y T.

Cuando P o T someten a escrutinio y contraargumento el juicio probatorio de S, pueden moverse en dos terrenos diferentes: el de la calidad epistémica de las razones probatorias y el del fundamento normativo del juicio probatorio.

En cuanto a la *calidad epistémica de las razones* argumentadas por S (R^1 y R^2), cabe examinar esas razones tomadas individualmente, de una en una, o cabe someter a escrutinio el juicio que lleva a concluir "Probado H" a partir de la conjunción o suma de esas razones ($R^1 + R^2$).

---

[233] Juan puede preguntarse a sí mismo por las razones por las que tiene por cierto o probado H o puede exponer tales razones ante María u otros. Aquí nos importan especialmente los argumentos con los que un sujeto funda o justifica frente a otros su "probado H". Estamos distinguiendo entre lo que es una razón para el propio sujeto y lo que como razón expresa frente a su interlocutor o auditorio. Esto último son argumentos: razones para otros con las que se justifica ante esos otros o para esos otros una tesis.

(i) Tomado en sí cada argumento o razón que se aporta en pro de un juicio probatorio del tipo "probado H", y sin ánimo de exhaustividad, diría que se puede cuestionar al menos lo siguiente:

a) La *verdad* de todos o parte de los enunciados de apoyo del juicio probatorio. Por ejemplo, puede mostrar S que es falso que no le haga regalos a P, pues le ha hecho cinco durante el último año.

b) La *pertinencia* de los argumentos o razones. Así, si P le dijo a S que sabe que ya no lo quiere porque ya nunca se toma cerveza cuando están juntos en casa, S le puede razonablemente replicar a P que qué tiene que ver eso con el amor que le pueda profesar.

c) La *relevancia* de las razones o argumentos. Un argumento puede no ser relevante porque haya circunstancias que le quiten su significado en ese caso en particular. Así, S le puede decir a P que es cierto que no le hace regalos y que en general las personas que quieren a otras les hacen regalos, pero que entre ellos nunca ha sido así y siempre han hablado que se puede querer sin regalar, con lo que aquel argumento con el que P respaldaba su conclusión de que S no lo quiere no es relevante en su caso. O puede argumentarle S a P que si no le ha hecho regalos es porque está en la ruina y no tiene con qué comprarlos, que no le regala nada porque nada le puede regalar, y que, por tanto, el hecho de que no regale deja de ser relevante en cuanto indicio de falta de amor.

d) La *resistencia* de las razones o argumentos. Los argumentos, como ya sabemos, son tanto más resistentes cuanto menos vulnerables a la *contradicción* y a la *compensación.*

Un argumento A^2 *contradice* a otro argumento A^1 cuando en él se mantiene lo contrario. Por ejemplo, S le replica a P que sí le hace regalos. Si la contradicción entre argumentos se da respecto de hechos, nos movemos en el campo de la verdad.

Un argumento A^2 *compensa* un argumento A^1 cuando le resta su fuerza o parte de su fuerza en el caso. Tal sucede si S le replica a P que tampoco P le hace regalos a S y que, si eso significa falta de amor, pues será que P tampoco quiere a S.

(ii) También cabe argumentar sobre *la relación de fundamentación o justificación entre las razones, en su conjunto, y el juicio probatorio final.* Esto se refiere a que los argumentos han de ser bastantes para que, sumados, puedan razonablemente sostener la conclusión final "probado H". Así, S puede replicarle a P que, aunque fuera cierto y relevante que no le hace regalos y que no le habla de sus cosas, no basta con eso para que tenga sentido dar por probado que no lo ama.

Aquí es donde seguramente desempeña su papel lo que se llama a veces inferencia a la mejor explicación. Dicho en términos sencillos y llanos, se trata de plantear si con los hechos probatorios de que se dispone es posible ofrecer una hipótesis más razonable que aquella que conducía a probado H. Así, si María ya no hace regalos a Juan ni recuerda sus aniversarios, también puede deberse a que esté deprimida y no a que haya dejado de amar a Juan. Si los hechos probatorios encajan mejor, de manera más coherente y de modo más explicativo, en una "historia" que desemboque en que María está deprimida (o en otra que diga que tiene muchísimo trabajo últimamente, etc.), habremos socavado en buena medida la fuerza del razonamiento que concluía en la falta de amor a partir de aquellos dos hechos probatorios.

1.3.2. El cuestionamiento de la admisibilidad de las razones o argumentos, con base en elementos normativos

Supongamos que P le dice a S que una prueba de que S ya no ama a P es que hasta los hijos pequeños de la pareja dicen que qué frío y grosero es S con P, y que S replica que no meta a los niños en este debate suyo. Lo que S está diciendo es que hay razones por las que no se debe tomar en cuenta aquí lo que los hijos de la pareja digan, por ejemplo, porque su juicio no es fiable, porque se les debe mantener al margen de las disputas de sus mayores, etc. Un argumento es normativamente inadmisible cuando tiene alguna propiedad que hace *indebida* su invocación, aunque pudiera ser pertinente si se prescindiera de esa propiedad. De ese modo, lo que se ataca, por razones que podemos llamar normativas, es el uso de ese argumento como base para el juicio, aunque en términos puramente epistémicos pueda resultar verdadero, pertinente, relevante y resistente.

Evidentemente, tales elementos normativos no suelen tener mucha presencia en nuestros debates cotidianos sobre hechos, pero sí la tienen, y grande, en el campo jurídico, en relación con si, aun pudiendo estar epistémicamente justificado el juicio "probado H", está normativamente justificado tal juicio "probado H". De nuevo sin ningún propósito de agotar el tema, podemos mencionar que el cuestionamiento, con base normativa, de las razones o argumentos que avalan un juicio probatorio puede referirse a los siguientes aspectos:

a) La *validez normativa* del argumento como respaldo o sustento del juicio probatorio. El ejemplo seguramente más claro de esto es el referente a la prueba ilícita. Pongamos que un juez ha tenido conocimiento del resultado de una prueba ilícitamente obtenida y que, a la luz de esa prueba, H queda patentemente demostrado. Sin embargo, si ese juez invoca el resultado de tal prueba como argumento a favor de "probado P", se le dirá que tal argumento no es admisible y que debe ser descontado como respaldo de dicho juicio probatorio. Aquí se ve con particular claridad la diferencia entre el componente epistémico y el componente normativo de "Justificado declarar probado H".

b) La *satisfacción del estándar probatorio* que rija en el ámbito normativo de que se trate. En aquella discusión entre S y P sobre si sería cierto o no que S ya no amaba a P, cada uno puede aplicar su propio estándar o patrón de prueba suficiente y, a falta de acuerdo sobre tal extremo, cada cual puede quedarse con el "para mí sí está probado" o con el "pues para mí no". P puede decir que para él son más que suficientes aquellas dos razones que invocaba y S puede insistir en que para él no lo son en modo alguno. Pero en el ámbito jurídico puede haber reglas que indiquen que se necesita un cierto grado de fuerza probatoria de los argumentos para que quepa tener por válidamente fundado el juicio probatorio final "probado H". Donde esto se ve con más facilidad es en el campo penal, en el que las pruebas obrantes contra el reo han de tener peso o valor suficiente para destruir la presunción de inocencia. Si hay pruebas, pero tal estándar o nivel tan exigente no se alcanza, será normativamente válido el juicio probatorio "no probado H", que implica absolución de la acusación, y no será normativamente válido el juicio "probado H", que implica condena.

Una última observación sobre la r*elación entre los componentes epistémicos y normativos* de "probado H", cuando en derecho hablamos. Es normal y lógico que la exigencia de cierta calidad epistémica de las razones o argumentos probatorios y de la ligazón entre dichos argumentos y el juicio probatorio final esté normativamente respaldada también. Así, estamos acostumbrados a que la normativa procesal o la jurisprudencia establezcan que las pruebas han de ser suficientes para sostener la conclusión probatoria o que no han de contradecir el saber común o las máximas de experiencia o que no puede ser ilógica o irrazonable la inferencia de la conclusión probatoria a partir de los argumentos probatorios. En consecuencia, existe también lo que podemos denominar un *control normativo sobre la calidad epistémica en el razonamiento probatorio.* Es lo que observamos en tantísima jurisprudencia que repite esa idea de que el razonamiento que al juez que valora la prueba lo conduce a la declaración de hechos probados ha de ser lógicamente correcto y no contener inferencias erróneas y tiene que ser acorde con las máximas de experiencia y el sentido común y no debe oponerse a conocimientos científicos indubitados.

2. LA CALIFICACIÓN JURÍDICA DE LOS HECHOS

La calificación jurídica es aquella operación intelectual o razonamiento mediante el que el juzgador pone en relación los hechos probados (en el sentido amplio de la expresión, incluyendo los hechos aceptados por las partes (cuando así puedan disponer) o los hechos no discutibles en el proceso (como puedan ser las presunciones que no admitan prueba contraria, donde estas sean posibles) con el supuesto de hecho de una norma, a fin de aplicar la consecuencia jurídica de tal norma cuando aquellos hechos configuran un caso o ejemplar de tal supuesto. A esa operación de encaje se la suele denominar en la teoría jurídica subsunción. Semejantes operaciones también se hacen continuamente en la vida ordinaria, a la hora de determinar si el destinatario de algún tipo de petición, ruego, mandato, orden, condición etc. ha cumplido o no.

Un ejemplo. Usted le pide a su amigo Z el favor de que le ayude a pintar las paredes de su casa. Ese es el favor pedido y así se lo expresó usted. Luego los hechos fueron los siguientes: a) usted tardó cinco días en pintar toda su casa; b) Z solo acudió dos días de esos cinco, el tercero y el quinto; c) el tercer día, Z permaneció con usted dos horas, durante las que le ayudó dos veces a mover la escalera, le tomó una llamada telefónica y limpió una mancha de pintura que había caído en el suelo del salón-comedor; d) el quinto día, Z permaneció junto a usted treinta minutos mientras usted pintaba y en ese tiempo bajó una vez a su trastero a buscar un bote de pintura roja que usted necesitaba para rematar una pared de una habitación, y el resto del tiempo estuvo hablando con usted mientras usted pintaba y le informó sobre algunas habladurías de esos días en el barrio. Pregunta: ¿Cumplió Z con el favor que usted le había pedido o no se puede decir que le haya hecho tal favor? Tenemos el supuesto genérico "ayudar a pintar la casa", tenemos las circunstancias precisas en que ese favor de ayudar a pintar la casa se lo pide usted a Z y tenemos un conocimiento bien preciso de lo que Z ha hecho y que viene al caso. ¿Concluimos que Z le hizo el favor solicitado o que no? Ahí será normalmente usted, será el ciudadano particular el que aplique sus personales estándares para concluir lo uno o lo otro, y hasta podrá tranquilamente quedarse con la duda.

Poco cambian las cosas si a la petición del favor va unida una consecuencia a modo de promesa de premio o recompensa, por ejemplo. Usted le dice a su amigo Z que si le ayuda a pintar las paredes de su casa, le invita a comer en el mejor restaurante de la ciudad en cuanto terminen. Lo que Z hizo es eso que ya sabemos. ¿Le debe usted el cumplimiento de su promesa o compromiso de invitarlo al restaurante en cuestión? Depende de si usted estima que lo que Z hizo encaja o se subsume bajo el supuesto o categoría genérica de "ayudar a pintar la casa", siempre en el contexto peculiar en que se dio la petición suya y la acción de Z.

Pues básicamente lo mismo sucede cuando se trata de calificar de modo directamente normativo una conducta. Téngase en cuenta que también es posible calificar normativamente otras realidades, como un estado de cosas (ejemplo, si una casa está en estado ruinoso o un río está contaminado...), una norma (por ejemplo, en un pleito que verse sobre si es válida o no es válida la norma N o si ha sido derogada o está vigente...), etc. Pero, para simplificar, vamos a referirnos aquí solamente a la calificación normativa de conductas.

Cuando se trata de derecho y decisiones judiciales, la calificación de la que depende la solución del caso ha de recaer insoslayablemente, pues rige la prohibición del *non liquet* y el juez tiene que fallar tanto si lo ve claro como si se le plantean muchas dudas. En algunas ramas del derecho operan ciertas reglas tendentes a indicarle al juez por qué opciones debe inclinarse en caso de duda o qué grado de duda es compatible con la preferencia de una u otra de las opciones entre las que tiene que elegir.

La calificación jurídica lo es de los hechos relevantes y en función de las normas que concurran como alternativas para tal calificación, obviamente. Por ejemplo, en un caso en que una persona mató deliberadamente a otra pueden concurrir, como candidatas para la calificación, la norma que tipifica el homicidio simple y la que tipifica el asesinato u homicidio agravado, y para que sea esta la rectora de la calificación habrá de darse por probado que fácticamente concurre alguno de los hechos agravatorios que especifican el asesinato u homicidio agravado frente al homicidio simple, como pueden ser, en el caso español (art. 139 del Código Penal), la alevosía, el ensañamiento o el matar por precio, recompensa o promesa.

El esquema del razonamiento de calificación normativa podemos representarlo así, bajo una forma condicional:

Si en el hecho (probado) H se dan las condiciones C1, C2… Cn, entonces H es un supuesto del tipo normativo T.

Como hace un momento se ha dicho, H puede ser una conducta o puede ser otra cosa. Si aquí hablamos solo de la calificación de conductas, podemos expresar ese esquema así:

Si en la concreta conducta K del sujeto S se dan las circunstancias C1, C2… Cn, entonces K es un supuesto del tipo normativo T.

Si concurren o no tales condiciones es cuestión que se habrá tenido que establecer al elaborar la relación de hechos probados.

En algunos ámbitos jurídicos, y en especial en el derecho penal, tal vez fuera más exacto representar ese esquema bajo la forma del doble condicional, sí y solo sí, como consecuencia de que rige el principio de legalidad estricta, lo que significa, en el caso del derecho penal, que solo se pueden calificar como delito D las conductas que encajen en el tipo penal del delito D y ninguna otra, pues no se permite, por ejemplo, la aplicación analógica de las normas penales que tipifican delitos.

Entonces, el esquema sería:

Si y solo si en el hecho H se dan las condiciones C1, C2… Cn, H es un supuesto del tipo normativo T

Prescindiremos aquí de esa cuestión y seguiremos usando el condicional simple.

Esas condiciones C^1, C^2... C^n son las que deben concurrir en los hechos del caso para que se puedan calificar esos hechos como un caso particular o ejemplar del supuesto de la norma N.

El artículo 138.1 del Código Penal español dice: "El que matare a otro será castigado, como reo de homicidio, con la pena de prisión de diez a quince años". ¿Cuáles son, pues, las condiciones (C^1... C^n) para que la conducta del sujeto S pueda ser calificada como homicidio, de conformidad con esta norma, para luego (si no concurren otras circunstancias puestas en otras normas como agravantes, atenuantes o eximentes, etc.) imponerle a S la consecuencia jurídica correspondiente? Intentemos enumerarlas:

— Primera condición: S ha debido matar a alguien, a la víctima (pongamos que la víctima se llama F). A tenor del citado artículo 138.1, para que haya homicidio tiene que haber uno que mató, el homicida, y uno que murió, la víctima. Por el lado de los hechos pueden plantearse graves problemas probatorios respecto de lo uno y de lo otro. Por ejemplo, es posible que no haya aparecido el cadáver de F y que la conclusión probatoria de que esté muerto deba inferirse a partir de indicios. Pero, sea como sea, ahí estamos en el ámbito de los razonamientos probatorios, no en este de la calificación, que viene después.

— Segunda condición: S debe haber matado dolosamente a F. ¿Dolosamente? ¿Dónde dice el art. 138 que esa muerte que S causó a M deba ser dolosa? En verdad, dicha conclusión se justifica a partir de una interpretación sistemática de las normas del Código Penal. En el art. 142.1 del mismo Código Penal se lee que "El que por imprudencia grave causare la muerte de otro será castigado como reo de homicidio imprudente, con la pena de prisión de uno a cuatro años", y en el número 2 del mismo artículo vemos que "El que por imprudencia menos grave causare la muerte de otro será castigado con la pena de multa de tres meses a dieciocho meses". Sumado eso a que el artículo 5 del Código Penal español dice que no hay pena sin dolo o imprudencia, si no queremos pensar que dentro del Código Penal hay una antinomia, tendremos que concluir que el artículo 138 se refiere al homicidio intencional o doloso y solamente a ese. Ahí estamos haciendo ya un razonamiento interpretativo, aunque este podemos decir que es un razonamiento interpretativo simple o de sentido común jurídico y de muy fácil justificación.

— Tercera condición: Para que la víctima del homicidio verdaderamente lo sea porque esté muerta, ha de hallarse en condición de muerte cerebral irreversible. Supongamos sin mayor debate que este sea el concepto de muerte que se maneje en un país en el que rige un Código Penal que contenga normas exactamente iguales a esas que he citado del español. ¿En qué norma se dice que la muerte que cuenta a efectos de determinar si hubo homicidio es la muerte cerebral? En ninguna; supongámoslo así[234].

Recordemos que en lo jurídico compiten al menos dos nociones principales de muerte, la muerte cerebral y la muerte clínica. Hay muerte cerebral cuando han cesado las funciones cerebrales o encefálicas y no son recuperables. Hay muerte clínica cuando han cesado las funciones cardiorrespiratorias. Con los avances que la ciencia ha tenido, es hoy en día posible que a alguien con muerte cerebral se le mantenga mediante apoyo tecnológico la respiración, el latido cardiaco y la temperatura corporal, situación que puede durar hasta años. Así las cosas, puede darse un caso en el que S mató a F en cuanto a que la conducta de S le provocó la muerte cerebral, pero F se mantiene vivo en el otro sentido du-

---

234 Sobre algunos aspectos jurídicos muy importantes relacionados con la muerte y su certificación médica, véase, en el derecho español, el Real Decreto 1723/2012, de 28 de diciembre, por el que se regulan las actividades de obtención, utilización clínica y coordinación territorial de los órganos humanos destinados al trasplante y se establecen requisitos de calidad y seguridad. También, obviamente, la Ley 30/1979, de 27 de octubre, sobre extracción y trasplante de órganos.

rante veinte años. ¿Puede durante esos veinte años ser juzgado y condenado S por el homicidio de F o faltaría una de las condiciones que permiten calificar la conducta de F como homicidio, en conformidad con el artículo 138 del Código Penal español?

Ese es un asunto también de interpretación, solo que aquí la interpretación preferible no es tan evidente y deberá ser más firmemente argumentada, si se quiere razonable. Y serán los tribunales del país, en interacción con la doctrina, los que vayan marcando las pautas, a modo de precedente vinculante o a modo de argumento de autoridad, según las peculiaridades de cada sistema jurídico.

Apenas será posible imaginar un "tipo" legal que no necesite para más o menos casos ser interpretado para hacer posible, en tales casos, la calificación positiva o negativa de los hechos probados de acuerdo con la norma correspondiente.

Entra en juego, pues, la interpretación como paso tantas veces ineludible para la calificación jurídicas de los hechos. El *razonamiento interpretativo* es, en la *práctica* jurídica, aquel que sigue estos dos pasos:

a) Establecer los significados posibles de un enunciado normativo para un determinado caso. Por ejemplo, en ese curioso caso en que S provocó con su conducta dolosa la muerte cerebral de F, pero F conserva sus funciones cardiorrespiratorias con soporte tecnológico, las interpretaciones posibles son dos: que a efectos de la norma S mató a F, porque por muerte hay que entender en el artículo 138 la muerte cerebral, y que a efectos de la norma S no mató a F, porque por muerte se ha de entender, en dicho artículo, el cese de las funciones cardiorrespiratorias.

b) Escoger entre una de las interpretaciones posibles.

Además, la obligación de motivar las decisiones jurídicas (cuando esa obligación rige para el tipo de decisión jurídica de que se trate), y en particular las sentencias, puede y debe dar lugar a un tercer paso del razonamiento interpretativo: la justificación mediante argumentos de los dos pasos anteriores: razones, si es que hacen falta, de por qué fueron esas y no otras las interpretaciones entre las que se eligió y razones de por qué se escogió la que se escogió, de por qué se consideró esa preferible.

Ahí es donde entra en juego ese peculiar e importantísimo tipo de argumentos jurídicos que son los *argumentos interpretativos*. No corresponde extenderse aquí sobre ese tema. Baste decir que argumentos interpretativos son los que se usan para justificar la elección de una interpretación normativa de entre las posibles en un caso. La suma de argumentos interpretativos en pro de una interpretación se puede representar así:

$$R^1, R^2 \ldots Rn\ I^1PI^2 \ldots I^n$$

Lectura: por las razones$R^1, R^2 \ldots R^n$, la interpretación 1 es preferible a la interpretación 2, etc.

3. SOBRE LOS PASOS DEL RAZONAMIENTO JUDICIAL Y LA ARGUMENTACIÓN DE LAS DECISIONES

3.1. Pasos del razonamiento judicial en un caso estándar

Al plantear un caso con estructura típica o habitual, como el que acabamos de observar, un juez o tribunal debería orientar *su razonamiento* según una secuencia con los siguientes pasos:

a) Selección de la norma o normas bajo las que se plantea, en el proceso en cuestión, la subsunción; o, lo que viene a ser lo mismo, de las normas conforme a las cuáles se deben calificar positiva o negativamente los hechos probados.

b) Establecimiento de los elementos que componen el "tipo" legal de que se trate.

Un ejemplo. Si se trata del tipo penal de omisión de socorro, de acuerdo con la doctrina mayoritaria y la jurisprudencia dominante tales elementos vienen a ser los siguientes: que hubiera una persona en situación de peligro y desamparo, que hubiera otra que pudiera asistirla sin riesgo propio o de terceros, que esta omitiera tal asistencia, que tal omisión sea acreedora de reproche....

Cuando digo que se han de establecer en un primer paso los elementos del tipo legal, no me refiero únicamente a los tipos penales. Los supuestos de las normas con las que se califican conductas, estados de cosas, etc., han de poder ser "desmontados" en sus piezas o elementos constitutivos, ya resulten estos del propio tenor de las norma o normas reguladoras del "tipo" en cuestión, de las aportaciones e interpretaciones jurisprudenciales, etc. Por ejemplo, si se trata de un caso civil por desamparo de un menor, ese supuesto de desamparo ha de poder definirse o descomponerse enumerando elementos que hayan de concurrir o que alternativamente puedan concurrir (en España, véase el artículo 172 del Código Civil y Ley Orgánica 1/1996 de Protección Jurídica del Menor).

Ni que decir tiene que en esta fase pueden y suelen comparecer razonamientos interpretativos sumamente relevantes, como hace un momento hemos visto.

c) Establecimiento de los hechos que han de ser probados para que pueda llevarse a cabo la subsunción bajo el tipo legal en cuestión y a tenor de esos elementos del tipo previamente individualizados. Para esto, antes que nada, sirve el paso anterior, pues solo sabiendo qué requisitos exige la norma para que sea posible la calificación conforme a ella, podremos saber con la necesaria precisión qué importa que quede probado y qué no, para que quepa tal calificación conforme a la norma en cuestión o, lo que viene a ser lo mismo, la subsunción bajo su supuesto.

Naturalmente, lo que no se discute o las partes admiten no necesitará ordinariamente ser probado. En la mayor parte de los procesos penales por homicidio no se debate que la víctima esté muerta; lo que no quita para que en ocasiones ese pueda ser un punto determinante y discutido. Sea como sea, es un elemento clave del tipo penal y se requiere la necesaria certeza sobre su concurrencia en el caso. Si, por poner otro ejemplo, pensamos que se está juzgando un caso del delito de omisión de socorro (artículos

195 y 196 del Código Penal español), habría que probar cosas tales como que una persona se hallaba desamparada y en peligro manifiesto, que el acusado podía socorrerla sin riesgo propio ni de terceros, que ese socorro aun podía ser eficaz de alguna manera porque aquella persona no estaba ya muerta, que en esa omisión del socorro hubo dolo, al menos como dolo eventual, que hay un componente de reproche social en tal actitud omisiva, etc.

Parece que sobre tales aspectos debe tener ya claridad el juez en su cabeza cuando decide qué pruebas admite o no, de las que las partes propongan; o cuáles decreta el juez mismo, en los procesos en que eso quepa.

d) Valoración de las pruebas para producir un juicio probatorio sobre cada uno de esos elementos de hecho que componen la dimensión fáctica del caso.

Se indicó antes que el esquema de la calificación podía mostrarse así:

Si en la concreta conducta K del sujeto S se dan las circunstancias C1, C2... Cn, entonces K es un supuesto del tipo normativo T

Pues bien, cada uno de los que llamamos elementos fácticos es una de esas circunstancias enumeradas como *C1, C2... Cn.*

e) Conclusión sobre si se dan en el caso los elementos requeridos del tipo legal.

f) Establecimiento de la consecuencia jurídica. Cuando la norma presenta una horquilla de posibilidades, como sucede con las penas (entre tantos y tantos días de multa, por ejemplo), esa consecuencia no se sigue de modo puramente lógico, sino como resultado de una decisión dentro de esos márgenes normativamente establecidos.

3.2. Pasos de la argumentación judicial en un caso estándar

Una cosa es orientar el razonamiento del que decide, marcándole los pasos y la secuencia mejor y más acorde con la tarea encomendada, y otra es explicar cómo puede o debe justificar mediante argumentos las opciones que toma en cada uno de esos pasos. Ahí es donde deben regir algunas pautas de racionalidad argumentativa.

Veámoslo según la misma secuencia anterior, pues es un buen orden o estructura para la sentencia misma:

(i) Se debe justificar la selección de las normas como normas que vienen al caso. Normalmente ya las partes se ocupan de incardinar los hechos bajo la norma de la que la aplicación de su consecuencia jurídica se pretende o se discute. Pero puede haber ocasiones en que el juez tenga que justificar por qué trae a colación determinada norma o por qué excluye de partida que se tome en consideración tal otra.

(ii) La determinación de los que hemos llamado los elementos del tipo legal correspondiente, que es el supuesto de la norma o normas en el paso anterior escogidas (y cuya selección se ha justificado argumentativamente si era dudosa o discutida) debe, en cuanto a su argumentación, estar gobernada por las siguientes pautas:

a) La selección de un elemento del tipo legal no necesita ser argumentada cuando es la propia norma la que lo recoge.

Así, no hace falta justificar por qué el tipo legal de homicidio del artículo 138 del Código Penal español requiere como elemento primero que alguien haya muerto; es la propia norma la que pone como condición que uno haya matado a otro.

b) La inclusión de elementos que no estén explicitados en la norma y que no sean completamente evidentes o de sentido común debe ser justificada. Un ejemplo: en los delitos de omisión de socorro, en el derecho español, el artículo 195 no recoge un requisito de reproche moral en la conducta omisiva, pero la jurisprudencia ha venido incorporando tal elemento del tipo normativo.

c) La existencia de jurisprudencia de la que proviene esa inclusión en el tipo legal de elementos no explicitados en la norma sólo exonera de argumentar cuando tales precedentes jurisprudenciales son vinculantes. Tal ocurre, en España, con la jurisprudencia del Tribunal Supremo que resuelve en casación. Fuera de tales supuestos de jurisprudencia vinculante, la invocación de precedentes solo tiene valor como argumento de autoridad.

La invocación, a este efecto, de precedentes no vinculantes exonera tanto menos del deber de argumentar sobre el fondo, sobre los porqués de añadir ese elemento al tipo legal, cuanto menos numerosa y menos homogénea es la jurisprudencia existente sobre esa cuestión.

d) La concreción por vía interpretativa de cualquier componente del tipo legal debe siempre ser justificada mediante argumentos interpretativos.

Tomemos de nuevo el artículo 195 del Código Penal español como ejemplo, que dice que en delito de omisión de socorro incurre "el que no socorriere a una persona que se halle desamparada y en peligro manifiesto y grave", etc. Cuando para el caso sea determinante, por ejemplo, establecer si lo que hizo el acusado fue o no fue "socorrer" (pensemos que se limitó a tapar su herida sangrante con un pañuelo, pero no llamó para pedir asistencia médica urgente, aunque hubiera podido hacerlo porque tenía su teléfono móvil y el número de emergencias en su agenda), el juez tendrá que elegir entre interpretaciones posibles, una de las cuales servirá para incluir el supuesto dudoso dentro de la norma así interpretada (lo que hizo aquella persona del pañuelo sí fue socorrer) y otra valdrá para excluir el supuesto dudoso de la referencia de la norma (lo que hizo el sujeto del pañuelo no fue socorrer). Y así sucesivamente para "hallarse desamparada", "peligro grave", "peligro manifiesto", etc.

e) De cada hecho probado ha de darse cuenta del fundamento de esa que es una valoración, eso hay que argumentarlo cuando no sea evidente y tanto como tenga de discutible u opinable.

f) De la conclusión final de que en el hecho complejo que se juzga concurren los elementos del tipo legal hay que dar también razón mediante argumentos cuando se exige un cierto grado de certeza o nivel de convicción o ausencia de dudas.

g) Se ha de argumentar sobre el alcance de la consecuencia jurídica, cuando caben alternativas compatibles por igual con la calificación recaída. Cuando la consecuencia jurídica no está unívocamente tasada en la norma correspondiente, sino que se deja una horquilla o conjunto de alternativas al juzgador, suelen los tribunales considerar que es perfectamente discrecional su concreta elección en el caso y que esto no necesita ser argumentado. Parece más que discutible ese proceder.

4. LA COMPLEJA RELACIÓN ENTRE HECHOS, PRUEBAS Y NORMAS SOBRE PRUEBAS. ANÁLISIS DE UN CASO

Vamos a utilizar ahora un caso español real para ver cuán compleja es la interacción entre hechos y normas al hablar de la prueba procesal y qué significa exactamente argumentar sobre hechos y pruebas. Sugiero que los estudiantes no españoles busquen en sus países sentencias que planteen cuestiones similares y que las analicen detalladamente.

4.1. Nuestra base para creer lo que creemos

Lo que nos interesa hoy es un asunto sobre la diferencia entre formarse una convicción sobre un hecho y argumentar sobre la prueba de ese hecho. Lo haremos de la mano de una *sentencia de la Sala Penal del Tribunal Supremo Español, la número 653/2020, de 7 de julio (Tol 8232294)*.

Un acusado de homicidio declaró primero, durante la instrucción del sumario, que él había matado a la víctima, y dio todo tipo de detalles sobre el hecho y sus antecedentes, con pelos y señales. Pero en el juicio oral se desdijo de cada palabra y alegó que había sido presionado por la policía y que todo era un montaje, pues él nada había tenido que ver con la muerte violenta de su enemigo. Da la impresión de que esa autoinculpación inicial del acusado es muy relevante como prueba, pues parece que las otras que se manejaron en el juicio no resultaban totalmente coincidentes o lo bastante contundentes. Y de por medio está nada menos que la presunción de inocencia, que no puede ser derribada con cualquier indicio o sospecha, sino que exige prueba bien clara y convicción rigurosa del juzgador que vaya a condenar. Presunción de inocencia significa que uno ha de quedar penalmente como inocente a no ser que mediante las pruebas se certifique con claridad su culpabilidad, pues más vale que cien culpables se libren antes que se culpe a un inocente.

Como jugamos con fuego, es decir, con garantías que son cortafuegos ante el riesgo de que un día el aparato del Estado —o un enemigo en el vecindario— se ponga en marcha para arruinarnos la vida con falsas acusaciones o manipulación de hechos e interpretaciones arbitrarias de normas, tampoco se debe perder de vista que, a la hora de interpretar tanto las normas penales sustantivas, como las procesales que rigen todo el trámite de investigación, acusación, proceso y condena o absolución, conviene que imperen las interpretaciones favorables al reo.

Aquí está la clave de nuestro tema. En el caso en cuestión el juicio era con jurado y, en España, el apartado 5 del artículo 46 de la Ley Orgánica 5/1995, de 22 de mayo, del Tribunal del Jurado dispone, dentro del rótulo "Especialidades probatorias", lo que sigue:

> *"El Ministerio Fiscal, los letrados de la acusación y los de la defensa podrán interrogar al acusado, testigos y peritos sobre las contradicciones que estimen que existen entre lo que manifiesten en el juicio oral y lo dicho en la fase de instrucción. Sin embargo, no podrá darse lectura a dichas previas declaraciones, aunque se unirá al acta el testimonio que quien interroga debe presentar en el acto.*
>
> *Las declaraciones efectuadas en la fase de instrucción, salvo las resultantes de prueba anticipada, no tendrán valor probatorio de los hechos en ellas afirmados".*

Para no enredarnos en demasía, prescindo de toda comparación de esa norma con otras más o menos similares o relacionadas de la Ley de Enjuiciamiento Criminal, como sus arts. 714, 448 y 449.

La primera impresión para el lego será muy chocante, pues lo que viene a decirnos la referida norma es que quien juzga (en este caso el jurado; pero en adelante hablaré simplificadamente de "el juzgador") no ha de tomar en cuenta, como prueba, lo que el acusado haya declarado durante la instrucción del sumario y que luego contradice al ser interrogado en el juicio oral. Y, aquí, lo mismo que decimos para el acusado vale para testigos o peritos, de manera que si un testigo ha declarado anteriormente ante el juez que sí vio perfectamente como A apuñalaba a B, pero luego en la vista oral mantiene que no, que no lo vio o que ya no está seguro de si se estaban matando o besándose con pasión cuando él los observó, *el juzgador no debe tomar en consideración, a efectos de prueba, lo que ese testigo había dicho anteriormente.*

Es muy raro esto, qué duda cabe. Es como si uno se echa una pareja y le dicen que de todo lo que ella le diga durante no sé cuántos meses de relación e, incluso, el día de la boda, nada cuenta ni debe ser tomado en consideración, salvo únicamente lo que le manifieste durante la noche de bodas entre medianoche y las ocho de la mañana. Vaya, pero es que antes me había jurado mil veces que me amaba y esa noche, tal vez obnubilada por el alcohol o desbordada por las emociones, me confesó que le parezco feo, estúpido y que no me quiere nada. Ah, pues así lo establece la norma, que todo lo anterior no vale y que lo de esa velada particular es lo que va a misa.

La norma que hemos visto —y a la que ahora volvemos con más rigor— da un instrumento para poner a prueba el testimonio prestado en el juicio oral y que contradice el anterior del mismo sujeto y, con ello, para valorar como verdadero o no lo que en esa declaración de ahora se afirme. Pero lo que veda esa norma es que se preste confianza a la declaración anterior que esta de ahora contradice, pues aquella declaración en fase sumarial —salvo en ciertos casos muy especiales que no importa ahora relatar— no sirve como prueba, no cuenta. Es decir —y para nuestra comparación—, usted puede considerar como no verdadero, no probado, lo que esta noche su pareja le dice, pero lo que no puede es entender que vale como prueba de amor lo que antes le contaba. Se aplica la presunción de indiferencia a falta de que en esa noche haya quedado probado el amor.

Insisto, raro, ¿verdad? Es que el derecho es cosa extraña. En la vida ordinaria nadie puede prescribirnos, así, norma en ristre, cómo, con qué o a qué hora podemos formarnos nuestras convicciones o cuáles indicios o pruebas cuentan y cuáles han de descartarse. Si a uno le preguntan si está convencido de que su hijo es listo, de que el vecino del sexto es honrado o de que el Sporting de Gijón (equipo de fútbol de mi tierra) es un equipo con maneras de campeón, uno dará su parecer y, si le piden que lo fundamente, aportará variopintos datos recopilados a lo largo del tiempo y en diversos contextos. Pero ahora imaginemos que a uno le indicaran que no, que así no vale, pues los únicos datos relevantes serán los referidos a las notas que el niño sacó en la última evaluación del colegio o al resultado y juego de ese equipo durante el partido del último domingo. Si resulta que esa vez el crío tuvo mala calificación, ha de quedar probado que es torpe; si perdió el equipo por tres goles, acreditada estará su torpeza futbolística. Y uno replicaría: a ver, yo sé lo que sé y lo que yo sé no me lo va a quitar usted de la cabeza por muchas normas procesales que me miente.

4.2. Oralidad, publicidad, inmediación y contradicción

Pues el derecho es extraño a veces, pero tiene sus razones. Las comparaciones anteriores encierran un poquito de trampa. El caso tenemos que concebirlo de esta otra forma. El señor B y su pareja, A, han tenido una dura discusión y todo está en saber si en verdad se aman como parecía o si más bien se odian, como se pudo pensar al oír su último altercado dialéctico. Y ellos —o quien sea— lo llaman a usted como árbitro y se someten al veredicto suyo sobre su amor o la falta de él. Usted no llega de nuevas al caso. Desde su propia casa escuchó los gritos que se dieron. El portero del inmueble manifestó lo habitual y le hizo saber su opinión de que se llevan a matar y de que seguramente estamos ante un caso de tremenda infidelidad sexual. Y así. Pero con eso usted iría a su labor arbitral cargado de prejuicios. De modo que se dice que mejor empezar de cero y aclarar todo allí, en vivo y en directo, en conversación abierta con las dos partes del tinglado amoroso. Que lo que tengan que contarse se lo cuenten ante usted y que de lo que se sospecha que callan pueda usted preguntarles; y que entre ellos puedan corregirse o contradecirse. La norma que usted se ha dado —o que le han dado— simplemente prescribe que usted no ha de tomar en consideración aquello que le consta que uno y otro dijo aquel día en pleno fragor doméstico. Porque vaya usted a saber si no estaba fuera de sí el que de ese modo habló o no fue un malentendido o no le tendieron una encerrona. Eso sí, si lo que mantiene ahora es lo contrario de lo que consta que entonces sostuvo, pídansele aclaraciones por su parte o por la contraparte ante usted.

Pues todo eso es lo que en materia de derecho procesal probatorio suponen los principios de oralidad, publicidad, inmediación y contradicción. O sea, que todo se hable ante todos y principalmente ante quien juzga, y no por los rincones o vaya a saber en qué oscuros despachos; que cualquiera pueda oírlo para que nadie tenga base para opinar que la resolución se amañó a oscuras; que se hable a la cara, en directo, y no por intermediarios o con dimes y diretes; y que lo que una parte mantenga pueda contradecirlo la otra, pues sin debate no hay luz sino abuso, es la dialéctica la única fuente posible de la ecuanimidad. Si sólo uno habla o si sólo a uno se atiende, lo normal es que la balanza se incline del lado suyo, aunque la razón no habite ahí.

Pues así se explica aquel apartado 5 del art. 46 de la referida Ley Orgánica del Tribunal del Jurado. Pero permanece, con todo, un regusto de extrañeza.

4.3. Presumir inocencias y respetar derechos

Ahora supóngase usted juez —olvidemos lo del jurado, en aras de la sencillez mayor de las explicaciones—. Un hombre está acusado de matar a otro. Ese señor reconoció en su momento, ante la policía y ante el juez y en presencia de su abogado, que él era el homicida, narró de manera completamente verosímil todos los detalles, todo encaja. Reiteró dos o tres veces ese testimonio autoinculpatorio. Pero en su declaración en el juicio lo niega todo. Insiste ahora en que él no fue, que todo es una conspiración y que ese día se hallaba muy lejos. No hay prueba de esa coartada suya, pero de que él fuera el homicida tampoco tenemos prueba consistente que no sea aquella confesión inicial de parte. Es más, le consta a usted que el sumario se llevó con absoluto rigor y con todas las garantías, que el juez que lo instruyó es celosísimo de los derechos de los reos y que las fuerzas de seguridad no cometen desde tiempo inmemorial tropelía ninguna cuando hacen sus investigaciones.

Ya tenemos la situación adecuada, la tormenta procesal perfecta. Añadamos únicamente que la norma, como sabemos, le permite a usted interrogar al acusado para ver si lo observa en dudas, balbuceos o contradicciones que hagan poco fiable su declaración de hoy de que él no fue. Pero, y aquí está el intríngulis, la prueba de que él no fue importa muy poco en ese proceso, que es un proceso penal. ¿Por qué? Porque *la prueba de que no fue lleva a los mismos resultados que la falta de prueba de que fue: la absolución, en virtud de la presunción de inocencia.* El acusado no tiene que probar su inocencia, es el acusador quien ha de probar su culpabilidad. Y en este caso la acusación no cuenta con más prueba incriminatoria que aquella confesión en el trámite sumarial, confesión que ofrece tantas garantías como deliberadamente le hemos puesto en nuestro ejemplo, pero que la ley dice que no ha de valer como prueba. En resumen, y subrayemos esto: usted, juez, estará internamente convencido de que el acusado es culpable…, pero tendrá que absolverlo.

A la hora de organizar la práctica jurídica y sus procesos, cuentan más cosas que la verdad verdadera y en ocasiones cuentan más fuertemente que ella. Por ejemplo, las garantías de ciertos derechos fundamentales o la minimización de los riesgos del error bienintencionado. Pues unas veces por averiguar la verdad se pueden traspasar cotos vedados que es mejor respetar y otras veces la profunda convicción de estar en lo cierto es compatible con un error de mucho bulto que arruine la vida a quien no tenía ninguna culpa. Así que, por las dudas y por si las moscas, nada de verdades a cualquier precio —a veces— y muchas garantías. Por eso existen pruebas ilícitas y por eso más de cuatro veces los jueces tienen que absolver a quien para sus adentros saben culpable. No por hacerle favor al acusado, sino a nosotros, para aminorar el riesgo de que un día nos emplumen por error o a base de acosarnos malamente.

El juez no juzga exactamente por lo que sabe, sino por lo que le está permitido saber. Y como lo que uno sabe no puede borrarlo de su mente como por arte de magia, lo que la ley en tales ocasiones prescribe es que eso que el juez sabe no pueda usarlo como prueba. Una rareza más. Porque resulta que en el derecho moderno rige el principio de libre apreciación de la prueba y lo que al juzgador se le solicita —si estamos en el campo de lo penal— es que llegue a una convicción firme y sólida de la culpabilidad y que, si no, absuelva. Pero, al mismo tiempo, se le dice que de su convicción de la culpabilidad prescinda, y por tanto decrete inocencia, si la prueba no sirve jurídicamente como tal. O sea, que él tiene por demostrada tal cosa, pero tiene que absolver por no hallarse tal cosa demostrada con arreglo a las pruebas jurídicamente válidas y admisibles. Parece de locos. Pero quizá no lo es tanto.

4.4. Valorar pruebas y argumentar con pruebas: no es lo mismo

Lo que nos engaña es el lenguaje, son algunos conceptos. Resulta muy pertinente diferenciar entre *apreciación o valoración de la prueba* y *uso de la prueba*. En el derecho moderno impera el principio de libre apreciación de la prueba. Este principio es el opuesto al de prueba tasada, que gobernaba antiguamente y que daba a cada tipo de prueba un valor necesario. Por ejemplo, el testimonio coincidente de dos nobles iba a misa y el juez no podía oponerle su incredulidad, su opinión de que mentían. En cambio, ahora toda pasa por el tamiz de la valoración que de ella haga el juez, pues como prueba definitiva contará nada más que la que subjetivamente a él lo convenza. Y en esto es como en todo, a unos se les convence más fácil que a otros. Lo que el derecho penal y procesal penal ofrecen es una vía de salida a falta de convicción, en caso de duda: ante la duda, presunción de inocencia. En otras ramas del derecho se aplican reglas funcionalmente similares para dirimir empates o defecto de prueba.

Pero libre apreciación de la prueba no quiere decir que pueda el juez hacer de su capa un sayo y que le baste con decir que él está convencido, y punto. Al leer muchas sentencias queda la impresión de así se entiende aquel principio de libre valoración, pero no es correcta esa forma de concebirlo y quienes lo entienden de ese modo no han hecho más que reemplazar un absolutismo por otro.

El juez valora la prueba según su criterio, pero tiene que justificar su valoración según el nuestro, el común, el de todos. Un juez puede creerse muy en serio que su intuición es prodigiosa, pero alegando su mera intuición o su infalibilidad al echar las cartas o al interpretar el color de los higadillos de pollo no irá muy lejos a la hora de convencernos a nosotros de que está en sus cabales. Que sean unos u otros los elementos que puedan influir en la convicción que sobre los hechos el juez se forma es cuestión que nadie puede controlar, o muy difícilmente. Si el juzgador tiene información de lo que el acusado declaró durante el sumario, es muy probable que eso influya en su consideración sobre lo cierto o lo falso de los hechos que se enjuician. Decirle que en su fuero interno, en su valoración subjetiva, haga abstracción de esos datos es tan absurdo como pedirme a mí que al valorar si me gusta o no el pollo al ajillo me olvide de las últimas veces que lo comí y piense sólo si está bueno este que ahora pruebo. Cuando entre procesalistas o jueces se razona de esa forma nos perdemos en un mar de ficciones y malentendidos y acabamos por no saber de qué estamos hablando.

¿Entonces de qué se trata? Se trata de regular qué argumentos se pueden emplear en la justificación de esa valoración. No es tan chocante, es lo mismo que en la vida ordinaria. Si a usted su pareja le pregunta por qué ella le gusta, usted seguramente no podrá o no deberá argumentarle que porque su cuerpo le recuerda a un amor maravillosa que tuvo en su juventud. No, ese es un argumento excluido, vetado, no vale para la demostración que se propone. Pero seguramente tendrá otros bien sinceros que sí sirven. Use esos y olvídese de aquel. No es que lo del amor primero no influya su juicio, tal vez lo determina grandemente; es que está prohibido decirlo, por una cuestión de garantías. Si, ante la ilicitud de ese, usted no da con otros, o con otros mínimamente convincentes, podrá su pareja concluir que ella no le gusta.

Mutatis mutandis, si ante la prohibición de *argumentar* como prueba aquellas declaraciones en el sumario, usted, juez, no encuentra otras pruebas convincentes de las practicadas o reproducidas en el juicio oral, tendrá que constar en derecho y como resultado del proceso que no quedó probado el hecho en discusión; aunque para sus adentros sí lo esté más que de sobra. Porque no importa meramente lo que usted opina y valora, sino lo que se puede argumentar para una cosa o para otra, y lo que no. Y se hace así en un contexto normativo en el que se dan soluciones para distintos resultados argumentativos, siempre en el sentido de que si no se aportan argumentos probatorios válidos y suficientes en pro de la acusación o de la demanda que sea, se deberá resolver con arreglo a esta o aquella regla procesalmente dirimente. En el caso del derecho penal y procesal penal es la presunción de inocencia; en otras áreas jurídicas son otras reglas, si las hay.

4.5. Los argumentos de la sentencia

Ahora vamos con la mencionada sentencia del Tribunal Supremo español, en lo que a esto concierne. Supuso una fuerte discusión, pues concurren dos votos particulares. Versa el debate sobre la interpretación y correcta aplicación de aquel artículo que ya hemos citado en su tenor.

La sentencia sigue la doctrina que sobre este particular ya ha venido estableciendo el propio Tribunal, consistente en una interpretación relativizadora de la prohibición de aquel último párrafo del art. 46.5 de la Ley Orgánica del Tribunal del Jurado, cuando dice que "*Las declaraciones efectuadas en la fase de instrucción, salvo las resultantes de prueba anticipada, no tendrán valor probatorio de los hechos en ellas afirmados*". De resultas, se admite que alcancen cierto valor probatorio dichas declaraciones. Esto les parece a los discrepantes, en los votos particulares, una flagrante vulneración del precepto y un atentado contra el propósito garantista que anima aquella norma. Veamos sucintamente los argumentos de unos y otros.

La mayoría de la Sala recuerda en la sentencia que la razón de la mencionada regulación en el artículo 46 LOTJ se encuentra en la preservación de la oralidad, la inmediación y la publicidad de la práctica de la prueba. Pero hay un pero y de inmediato se matiza tal afirmación, ya que:

> "Cuando dicho texto legal afirma que las declaraciones efectuadas en fase de instrucción, salvo las resultantes de la prueba anticipada, no tendrán valor probatorio, lo que se quiere proclamar es que, por sí solas, son insuficientes para enervar la presunción de inocencia, de forma que la interpretación combinada de los artículos 46.5, 34.3 y 53.3 L.O.T.J. lo que pone de manifiesto es que el Legislador no ha propugnado un rechazo, siempre y en todo caso, de las declaraciones sumariales, permitiendo la incorporación de aquéllas al acervo probatorio cuando se detecten contradicciones y retractaciones entre lo dicho en el juicio oral y lo declarado en la instrucción de la causa. Esta línea jurisprudencial tiene sus antecedentes en la S.S.T.S. 1825/01, 791/02 u 86/04, que ya habían interpretado el artículo 46.5 L.O.T.J. resolviendo la aparente contradicción de este precepto, señalando igualmente que las declaraciones sumariales, por sí solas, carecen de eficacia probatoria, pero pueden ser valoradas cuando han existido contradicciones y retractaciones entre lo dicho en el juicio oral y lo declarado en la instrucción de la causa por el acusado, testigos o peritos, expresando literalmente "*si la parte que formula el interrogatorio aporta el testimonio de la declaración sumarial, ésta se incorpora al acta del juicio y los jurados disponen de la misma para constatar, comprobar e interpretar los términos y alcance de las contradicciones, valorándolas a efectos probatorios, conforme a su recta conciencia. De manera que en estos supuestos la convicción del Jurado*

> *no se forma con las declaraciones sumariales, sino con las declaraciones en el juicio que retractan y explican las declaraciones del sumario, explicando la divergencia entre unas y otras, de tal suerte que las declaraciones sumariales fueron atraídas y reconducidas al juicio oral y sometidas en él a la debida contradicción. Desde entonces, constituyen prueba válida y eficaz del plenario. Esta interpretación supone la unificación en la actuación jurisdiccional con independencia del procedimiento en el que se actúe "*. Naturalmente, como recuerda la misma sentencia, *"esta potencialidad sólo es predicable, en nuestro derecho respecto a las declaraciones vertidas ante la autoridad judicial "* (S.T.S. 86/04)".

Podemos resumirlo así: aquel testimonio en fase sumarial no cuenta por sí como prueba, salvo que haya sido contradicho en el juicio oral y haya habido cuestiones sobre tal contradicción, en cuyo caso el testimonio aquel sí cuenta. No olvidemos que, en asuntos como el de esta sentencia, dicho testimonio obra incriminatoriamente, pues sin él seguramente procedería la absolución. Se está haciendo de la norma procesal una interpretación bien perjudicial para el reo, por tanto.

No perdamos de vista las alternativas que manejamos. Tenemos un testimonio (llamémoslo en adelante T^s) obtenido durante el sumario, ante el juez y antes del juicio oral, y la norma dice expresamente que por sí no vale como prueba, pero que si quien lo prestó lo contradice en el juicio oral (denominemos T^j este nuevo testimonio opuesto al anterior), es posible que se pida cuenta de esa incoherencia. Pero *las interpretaciones posibles son dos,* y en esto está la clave.

Primera interpretación posible: T^s se puede usar como elemento de contraste para poner a prueba la fiabilidad de T^j, pero si ésta decae o es escasa, no significa que cuente como probado lo mantenido en T^s, simplemente queda el hecho en cuestión sin probar ni por uno ni por otro de tales testimonios. Si no existen otras pruebas o no convencen, deberá aplicarse la presunción de inocencia.

Segunda interpretación posible: T^s se puede usar como elemento de contraste para poner a prueba la fiabilidad de T^j, pero si ésta decae o es escasa, podrá considerarse prueba plenamente válida y admisible la contenida en T^s. Por consiguiente, T^s servirá para remover la presunción de inocencia.

La solución que en la sentencia se prefiere es la segunda, como hemos visto en el párrafo citado. Pero a la hora de resumir la postura, me parece que queda clara la *confusión* latente *entre valoración de la prueba y argumentación probatoria*, pues dice el Tribunal que

> "En suma, nada impide que los jurados valoren aquellas manifestaciones sumariales que hayan sido introducidas en la vista del modo expuesto, con las debidas garantías procesales".

Lo que aquí, en este análisis, seguramente habría que tocar también es el absurdo a que conduce el régimen de jurados. Un quiero y no puedo. Conforme a los artículos 55 y siguientes de la Ley Orgánica del Tribunal del Jurado, en relación con el 248 de la misma ley, el jurado decide sobre hechos probados, sobre si sí o si no se considera probado cada hecho relevante, pero el que argumenta, el que motiva la sentencia, incluso sobre los hechos, es el juez, si bien atado a esa valoración del jurado. Es tal cual como si usted tuviera que comer un plato, se lo eligieran sus vecinos, votando si trucha o chuleta de cerdo y según lo que a ellos les parezca más rico o más sano, y usted no sólo tuviera que comérselo, sino, además, que poner por escrito por qué efectivamente la elección fue la más acertada en términos de sabor y salud; tanto si le gustó como si no.

Los jurados votan sobre los hechos —y sobre la culpabilidad— y su voto no tienen que fundarlo apenas, no necesitan argumentar convincentemente de puertas afuera. Y el juez no decide sobre los hechos, pero tiene que argumentar ese resultado de hechos probados. Así que aquello a lo que la ley fuerza es a la esquizofrenia, si se me permite la expresión, esa esquizofrenia que apreciamos en la sentencia referida. Pues cómo no va a tomar en consideración cada miembro del jurado lo que le dé la gana, si nadie le pide cuentas de por qué esto sí o aquello no; cómo no va a estar influido y no va a considerar como prueba buena o mala las declaraciones sumariales de acusado, testigos o peritos, cuando las conozca. Es vano referirse, como hace la sentencia en la citada síntesis final de esta parte, a si los jurados pueden o no valorar esas declaraciones en el sumario si de ellas han sabido. Cada uno en su fuero interno valora lo que quiere y forma su juicio como le dé la gana. Eso no se puede evitar.

Otra cosa es el juez, el que ha de motivar, de argumentar el juicio sobre los hechos. A él sí que tiene sentido prescribirle si puede o no puede hacer mención de aquella "prueba" sumarial como justificación del veredicto sobre los hechos que está fundamentando. Pero como ya estamos en el *absurdo de que uno valora sin justificar apenas y el otro justifica lo que él no valoró*, en el absurdo seguiremos un trecho más. Pues como el veredicto sobre los hechos al juez le viene dado, tendrá que componérselas como pueda y con los argumentos que tenga a mano para justificar esa resolución probatoria que no es la suya. Es decir, si el veredicto del jurado es que sí ocurrieron los hechos de la acusación, en caso de que al juez le esté permitido mencionar como prueba válida aquella declaración sumarial lo hará si quiere, pero si no le está permitido, tendrá que decir que valió por sí bastante la prueba en juicio oral.

Es un callejón sin salida y de gran irracionalidad argumentativa. Por seguir con nuestras comparanzas: como si a usted le piden que valore expresamente como muy linda la pareja que para sí escogió su vecino. Aunque le parezca feísima por entero, tendrá que argumentar que qué bonita la nariz o qué preciosas las manos; escogerá la parte que considere menos fea; y si le parece fea por completo y sin paliativos, tendrá que inventarse algo, porque el resultado del juicio estaba comprometido de antemano; dirá lo típico, que tiene una sonrisa muy agradable y es muy simpática. La quintaesencia de la irracionalidad en materia de teoría de la argumentación jurídica, repito. La mejor razón para dejarse de jurados y cuentos.

Los votos particulares a esta sentencia hacen hincapié en lo difícilmente justificable de la "interpretación correctora" que en ella se hace de la dicción del art. 46.5 LOTJ, interpretación que, además, choca con la voluntad que claramente manifestó el autor de la Ley en su Exposición de Motivos. Tal interpretación alteradora del sentido más evidente y pretendido de la norma resulta particularmente discutible en este ámbito en el que está en juego la presunción de inocencia y, con ello, las garantías para los penalmente imputados. Por tanto, se inclinan los discrepantes por la primera de las dos antes citadas interpretaciones posibles del precepto, y lo hacen, a mi juicio, con buenas razones; si bien hay un magistrado que, en su voto particular, critica de *lege ferenda* el excesivo rigor de la mencionada norma y considera que no se dañarían aquellas garantías para el acusado si no apareciese en el art. 46.5 ese último inciso que impide la virtualidad probatoria de las declaraciones en el sumario.

Aunque, en mi opinión, la confusión de fondo no la resuelven los autores de los votos particulares, ya que tampoco ellos diferencian con nitidez entre valoración de la prueba, como evento que acaece en la psique del juzgador, y argumentación de esa valoración, como comunicación mediante razones que han de ser legalmente admisibles e intersubjetivamente convincentes, por ese orden.

5. REGULACIÓN DE LA PRUEBA PROCESAL Y DE LA ARGUMENTACIÓN PROBATORIA

Como ya bien sabemos, que en un pleito se suele dirimir es un conflicto que versa sobre hechos pasados. Así que lo que el juez acaba juzgando es una reconstrucción de tales hechos pasados, hechos que generalmente él no ha contemplado y sobre los que cada parte da versiones distintas y discute su relevancia. De modo que entre lo que en realidad y empíricamente sucedió y los hechos sobre los que la decisión del juez versa acontece una etapa esencial: la prueba de los hechos relevantes para el caso. El juez aplica las normas a los *hechos probados* y sobre ellos falla. Esto quiere decir que tal vez las cosas fueron como el juez las considera probadas o tal vez no. Por eso importa que existan garantías en el sistema probatorio para que los errores sobre los hechos adulteren lo menos posible la justicia o adecuación de los fallos judiciales. Y para que los riesgos y consecuencias terribles de esos fallos, en el porcentaje en que sean inevitables, sean los menos que quepa[235]. Otras veces lo que al juez le queda, una vez practicadas todas las pruebas propuestas/y o posibles (según el tipo de proceso de que se trate), es la duda sobre si tal hecho clave ocurrió o no, o sobre si ocurrió de tal forma o de tal otra. Para esos casos de duda también sienta el sistema jurídico, en cada rama o tipo de procesos, unas reglas decisorias.

Respecto de los hechos y su prueba el propio sistema jurídico pone una serie de condiciones. Repasémoslas con brevedad y a grandes rasgos y comprobemos que la consideración judicial sobre los hechos está mediada por una larga serie de regulaciones que en el sistema jurídico se contienen y que especialmente se refieren a la prueba de los hechos.

Aquí tomaremos como muestra las regulaciones contenidas en el derecho español. Los lectores o estudiantes de otros países harán bien en buscar y analizar la normativa similar que en ellos rija sobre estas cuestiones.

5.1. Qué debe ser probado y qué no necesita ser probado

Muchas veces los procesos versan sobre hechos cuyo acaecimiento se discute entre las partes, aunque también puede ser que sobre los hechos ocurridos haya acuerdo y que lo debatido en el pleito sea la calificación jurídica de los mismos, la norma que se les deba aplicar o la interpretación de esta que haya de prevalecer. Así que no cualquier hecho relevante en un proceso puede o debe ser objeto de prueba. Así:

---

235 Por eso, por ejemplo, la presunción de inocencia y el *in dubio pro reo*: porque mejor será que unos cuantos culpables se libren que no que pague un inocente por lo que no hizo.

a) No hace falta probar lo *evidente* y *notorio*, lo que nadie discutiría, y tampoco tienen que probarse *los hechos sobre los que hay conformidad de las partes*. Un ejemplo de regulación de estos aspectos nos lo da el art. 281 de la Ley de Enjuiciamiento Civil (Ley 1/2000, de 7 de enero), que dice:

> "1. La prueba tendrá como objeto los hechos que guarden relación con la tutela judicial que se pretenda obtener en el proceso.
>
> 2. También serán objeto de prueba la costumbre y el derecho extranjero. La prueba de la costumbre no será necesaria si las partes estuviesen conformes en su existencia y contenido y sus normas no afectasen al orden público. El derecho extranjero deberá ser probado en lo que respecta a su contenido y vigencia, pudiendo valerse el tribunal de cuantos medios de averiguación estime necesarios para su aplicación.
>
> 3. *Están exentos de prueba los hechos sobre los que exista plena conformidad de las partes*, salvo en los casos en que la materia objeto del proceso esté fuera del poder de disposición de los litigantes.
>
> 4. *No será necesario probar los hechos que gocen de notoriedad absoluta y general*".

Otra muestra de nuestra legislación procesal. El art. 60, apartado 3, de la Ley 29/1998, de 13 de julio, reguladora de la Jurisdicción Contencioso-Administrativa, dice:

> "Se recibirá el proceso a prueba cuando exista disconformidad en los hechos y éstos fueran de trascendencia, a juicio del órgano jurisdiccional, para la resolución del pleito. Si el objeto del recurso fuera una sanción administrativa o disciplinaria, el proceso se recibirá siempre a prueba cuando exista disconformidad en los hechos".
>
> b) No admiten prueba en contra las *presunciones iuris et de iure*.

Recordemos que el esquema de una presunción es así: X cuenta como Y. El ejemplo clásico y más claro es el de la presunción de paternidad del marido. Si un sujeto es el marido de la mujer que da a luz después de los ciento ochenta días siguientes a la celebración del matrimonio y antes de los trescientos días posteriores a la separación, el hijo se presume del marido (artículo 116 del Código Civil). En el esquema: si X es el marido, entonces (para el derecho) X cuenta como padre. Tradicionalmente esa era una presunción *iuris et de iure*, lo que significaba que, para el derecho, ese marido era legalmente padre con independencia de que fácticamente, en términos biológicos, lo fuera o no y sin que esa presunción se pudiera destruir con prueba que demostrara que materialmente ese marido ni era ni podía haber sido el progenitor biológico de la criatura[236].

5.2. A quién le corresponde probar qué

En los sistemas jurídicos se regula también lo que se llama la *carga de la prueba*. Se trata de saber quién debe probar para ganar el pleito. Ese que debe probar, que tiene la carga de la prueba u *onus probandi*, pierde si no prueba los hechos que él invoca y aun cuando la otra parte se abstenga de toda actividad probatoria. Subrayemos esto último: cuando quien tiene la carga de la prueba no prueba, la otra parte sale indemne de ese proceso, aun cuando ella no pruebe nada. Con un ejemplo de derecho penal se entenderá mejor. En derecho penal rige la regla de que quien acusa prueba. Es decir, es la acusación (el fiscal, el querellante, la acusación particular...) la que ha de probar que el imputado cometió el delito que se le reprocha. Si la acusación no consigue probar eso, el acusado ha de ser absuelto, aun cuando él no haya demostrado su inocencia, no haya probado que no hizo eso que se le achacaba. Es lo que, en otras palabras, se llama la *presunción de inocencia*. Las presunciones van ligadas a la carga de la prueba.

Digámoslo todavía de otra forma. El derecho procesal regula a quién se da la victoria si el partido termina con empate a cero: ni

---

236 También puede pasar que la presunción funcione como *iuris et de iure* pero con admisión de un único tipo de prueba en contra. Así, el antiguo art. 108 del Código Civil, refiriéndose a la presunción de paternidad del marido, decía: "Contra esta presunción no se admitirá otra prueba que la de la imposibilidad física del marido para tener acceso con su mujer en los primeros ciento veinte días de los trescientos que hubiesen precedido al nacimiento del hijo".

uno ni otro probaron nada. Siguiendo con el ejemplo anterior, si tal pasa en un proceso penal la victoria será para la parte acusada: tendrá que ser absuelta. ¿Porque es inocente? No, porque no se probó su culpabilidad y, en consecuencia, *se presume* inocente.

Los sistemas jurídicos suelen establecer, en sus diversas ramas, una regla general sobre carga de la prueba. Así, en derecho penal debe probar quien acusa, como ya se ha dicho, mientras que en derecho privado (civil, mercantil...) la regla general es que ha de probar quien demanda, quien por vía judicial exige algo de la otra parte. Como ejemplo, veamos el art. 217 de la Ley de Enjuiciamiento Civil, referido a la "carga de la prueba":

> "1. Cuando, al tiempo de dictar sentencia o resolución semejante, el tribunal considerase dudosos unos hechos relevantes para la decisión, desestimará las pretensiones del actor o del reconviniente, o las del demandado o reconvenido, según corresponda a unos u otros la carga de probar los hechos que permanezcan inciertos y fundamenten las pretensiones.
>
> 2. Corresponde al actor y al demandado reconviniente la carga de probar la certeza de los hechos de los que ordinariamente se desprenda, según las normas jurídicas a ellos aplicables, el efecto jurídico correspondiente a las pretensiones de la demanda y de la reconvención.
>
> 3. Incumbe al demandado y al actor reconvenido la carga de probar los hechos que, conforme a las normas que les sean aplicables, impidan, extingan o enerven la eficacia jurídica de los hechos a que se refiere el apartado anterior".

En los casos en los que el ordenamiento jurídico sienta excepciones para esas reglas generales se dice que hay una *inversión de la carga de la prueba*[237]: corresponde probar a la parte que normalmente no ha de probar, y si no prueba esa parte a la que la

---

237 Con carácter general y para su ámbito de aplicación, así lo admite la Ley de Enjuiciamiento Civil, en cuyo art. 217, después de puestas aquellas reglas generales sobre el *onus probandi* se dice (apartado 6): "Las normas contenidas en los apartados precedentes se aplicarán siempre que una disposición legal expresa no distribuya con criterios especiales la carga de probar los hechos relevantes".

carga de la prueba excepcionalmente se ha transferido, perderá el pleito. En derecho penal no hay tales excepciones, no cabe la inversión de la carga de la prueba, que haría que en algún caso fuera el acusado el que, para poder ser absuelto, debiera acreditar su inocencia. En otras ramas del derecho esas inversiones de la carga de la prueba sí aparecen con cierta frecuencia. Veamos algunos ejemplos.

El mismo art. 217 de la Ley de Enjuiciamiento Civil dice, en sus apartados 4 y 5, lo que sigue:

> "4. En los procesos sobre competencia desleal y sobre publicidad ilícita corresponderá al demandado la carga de la prueba de la exactitud y veracidad de las indicaciones y manifestaciones realizadas y de los datos materiales que la publicidad exprese, respectivamente.
>
> 5. De acuerdo con las leyes procesales, en aquellos procedimientos en los que las alegaciones de la parte actora se fundamenten en actuaciones discriminatorias por razón del sexo, corresponderá al demandado probar la ausencia de discriminación en las medidas adoptadas y de su proporcionalidad".

Ahí tenemos supuestos de inversión de la carga de la prueba. Una como esa del apartado 5 la vemos igualmente en el apartado 7 del art. 60 de la Jurisdicción Contencioso-Administrativa, apartado introducido por la Ley Orgánica 3/2007:

"De acuerdo con las leyes procesales, en aquellos procedimientos en los que las alegaciones de la parte actora se fundamenten en actuaciones discriminatorias por razón del sexo, corresponderá al demandado probar la ausencia de discriminación en las medidas adoptadas y su proporcionalidad".

Algo similar, pero de más alcance, contemplamos en el art. 96.1 de la Ley 36/2011, de 10 de octubre, reguladora de la jurisdicción social:

> "En aquellos procesos en que de las alegaciones de la parte actora se deduzca la existencia de indicios fundados de discriminación por razón de sexo, orientación o identidad sexual, origen racial o étnico, religión o convicciones, discapacidad, edad, acoso y en

> cualquier otro supuesto de vulneración de un derecho fundamental o libertad pública, corresponderá al demandado la aportación de una justificación objetiva y razonable, suficientemente probada, de las medidas adoptadas y de su proporcionalidad".

En el apartado 2 de ese mismo artículo 96 observamos un ejemplo más de inversión de la carga probatoria:

> "En los procesos sobre responsabilidades derivadas de accidentes de trabajo y enfermedades profesionales corresponderá a los deudores de seguridad y a los concurrentes en la producción del resultado lesivo probar la adopción de las medidas necesarias para prevenir o evitar el riesgo, así como cualquier factor excluyente o minorador de su responsabilidad".

A efectos prácticos, la inversión de la carga de la prueba viene a equivaler a una presunción: la de que el demandado sí es responsable de lo que en la demanda se le imputa, a no ser que pruebe lo contrario. Aunque, bien pensado, también la carga normal de la prueba se podría explicar en términos de equivalencia práctica a una presunción: si el que demanda no prueba, es como si se presumiera que el demandado no es responsable de lo que el demandante en la demanda le imputaba.

Estamos ya al tanto de que las presunciones que admiten prueba en contrario son las llamadas presunciones *iuris tantum*. De las presunciones habla el art. 385 de la Ley de Enjuiciamiento Civil:

> "Las presunciones que la ley establece dispensan de la prueba del hecho presunto a la parte a la que este hecho favorezca" (apartado 1).

Ahí mismo (apartado 3) queda establecido que la regla general es que las presunciones sean *iuris tantum*, no *iuris et de iure*:

> "Las presunciones establecidas por la ley admitirán la prueba en contrario, salvo en los casos en que aquélla expresamente lo prohíba".

El efecto de las presunciones *iuris tantum* es, repetimos, que se invierte la carga de la prueba: aquel del que se presume X debe probar que él no es o no hizo X. Si no, cuenta como que sí lo es o sí lo hizo.

Un buen ejemplo de presunción *iuris tantum* es hoy en día el de la presunción de paternidad del marido, que sí admite ya prueba contraria. Dice el art. 116 del Código Civil:

> "Se presumen hijos del marido los nacidos después de la celebración del matrimonio y antes de los trescientos días siguientes a su disolución o a la separación legal o de hecho de los cónyuges".

Pero los artículos 136 y siguientes regulan la impugnación de la paternidad por el padre (entre otros) legal, incluido aquel padre presunto.

5.3. Quién puede proponer o decretar pruebas

Ni cualquier prueba de los hechos en debate en el proceso vale o debe ser admitida, como veremos, ni puede cualquier interviniente en el proceso, las partes o el juez, proponer las pruebas que le dé la gana y cuando le dé la gana. La propuesta de pruebas está regulada.

En ciertos tipos de pleitos la pauta general es que las pruebas solamente pueden proponerlas las partes, pero no el juez, mientras que en otros el juez mismo puede disponer que se practiquen pruebas que las partes no habían propuesto. Así, la Ley de Enjuiciamiento Civil dispone como regla general la de que "Las pruebas se practicarán a instancia de parte" y que sólo podrá el juez acordar de oficio, por su cuenta, que se practiquen otras pruebas en aquellos casos en que la ley expresamente lo autorice (art. 282). Sin embargo, en el ámbito penal es distinta la regulación, ya que el art. 729.2 de la Ley de Enjuiciamiento Criminal dice que sí son posibles, en ese ámbito,

> "Las diligencias de prueba no propuestas por ninguna de las partes, que el Tribunal considere necesarias para la comprobación de cualquiera de los hechos que hayan sido objeto de los escritos de calificación".

Aun más claramente, en el art. 61 de la Ley de la Jurisdicción Contencioso-Administrativa se lee que

> "El Juez o Tribunal podrá acordar de oficio el recibimiento a prueba y disponer la práctica de cuantas estime pertinentes para la más acertada decisión del asunto".

Por lo común o como pauta más frecuente, en los procesos en los que se dirimen intereses públicos se permite a los jueces y tribunales disponer la realización de las pruebas que juzguen convenientes para llegar a un convencimiento mejor fundado de los hechos en disputa, aun cuando las partes no las hayan propuesto, mientras que en los pleitos de derecho privado, entre particulares y en los que se diriman intereses contrapuestos de tales particulares, no se suele permitir al juez esa aportación.

5.4. Medios de prueba admisibles y no admisibles

La legislación procesal a veces enumera tipos de pruebas que caben y hasta regula el orden en que debe hacerse uso de esos medios probatorios. Así, el art. 299 de la Ley de Enjuiciamiento Civil menciona como medios de prueba posibles los siguientes: interrogatorio de las partes, documentos públicos, documentos privados, dictamen de peritos, reconocimiento judicial e interrogatorio de testigos. Seguidamente aclara que también caben

> "los medios de reproducción de la palabra, el sonido y la imagen, así como los instrumentos que permiten archivar y conocer o reproducir palabras, datos, cifras y operaciones matemáticas llevadas a cabo con fines contables o de otra clase, relevantes para el proceso".

Pero en el último apartado de ese mismo artículo, el tercero, se acaba haciendo una lista abierta de pruebas posibles:

> "Cuando por cualquier otro medio no expresamente previsto en los apartados anteriores de este artículo pudiera obtenerse certeza sobre hechos relevantes, el tribunal, a instancia de parte, lo admitirá como prueba, adoptando las medidas que en cada caso resulten necesarias".

Mas también hay pruebas que son inadmisibles por *ilícitas*. Particularmente, se trata de aquellas cuya obtención suponga vulneración de derechos fundamentales. Leamos el art. 287 de la Ley de Enjuiciamiento Civil, apartado 1:

> "Cuando alguna de las partes entendiera que en la obtención u origen de alguna prueba admitida se han vulnerado derechos fundamentales habrá de alegarlo de inmediato, con traslado, en su caso, a las demás partes".

Antes ya ha dicho el art. 283.3 que

> "Nunca se admitirá como prueba cualquier actividad prohibida por la ley".

A las pruebas ilícitas se refiere también el art. 90 de la Ley reguladora de la Jurisdicción Social:

> "No se admitirán pruebas que tuvieran su origen o que se hubieran obtenido, directa o indirectamente, mediante procedimientos que supongan violación de derechos fundamentales o libertades públicas".

La consecuencia de que en un proceso se admita una prueba ilícita puede ser la nulidad de esa prueba y de lo declarado probado con base en ella, y dicha consecuencia podrá sentarse en la instancia judicial superior y previo el correspondiente recurso. Que mediante una prueba ilícita quede terminante y absolutamente demostrado la verdad de un hecho no importa: si al conocimiento de ese hecho verdadero se llegó gracias a la práctica de tal prueba indebida, el juez no deberá tomarlo como sucedido y deberá decidir como si tal hecho así demostrado no hubiera ocurrido. Si, por ejemplo, la prueba del delito cometido por el penalmente acusado se tuvo gracias a una prueba ilícitamente obtenida (así, una escucha ilegal), el acusado deberá ser absuelto aunque para todo el mundo haya quedado claro que es culpable. Señal de que al derecho la verdad de los hechos le importa, pero no es lo que más le importa: se valoran más los derechos fundamentales de los ciudadanos, incluidos los ciudadanos que se sientan en el banquillo en condición de demandados o acusados.

5.5. Admisibilidad de las pruebas

El juez debe abstenerse de admitir u ordenar las pruebas ilícitas, como acabamos de ver. Pero la ley también da otras pautas por las que los jueces y tribunales tienen que guiarse a la hora de admitir o inadmitir las pruebas que las partes proponen. Así, no deben ser admitidas aquellas pruebas que no resulten *pertinentes* o *relevantes* para los asuntos que en el respectivo proceso se discutan.

El art. 283 de la Ley de Enjuiciamiento Civil sienta en sus dos primeros apartados esto:

> "1. No deberá admitirse ninguna prueba que, por no guardar relación con lo que sea objeto del proceso, haya de considerarse impertinente.
>
> 2. Tampoco deben admitirse, por inútiles, aquellas pruebas que, según reglas y criterios razonables y seguros, en ningún caso puedan contribuir a esclarecer los hechos controvertidos".

5.6. Reglas sobre la práctica de la prueba

Es el juez el que tiene que valorar las pruebas para llegar a una convicción seria y fundada sobre los hechos del caso. Y, como sobre todos los extremos del proceso, esa convicción el juez tiene que alcanzarla en el marco de un debate libre y equilibrado entre las partes, pues si se oyera solo a una de ellas, podría el juzgador quedar condicionado por esa circunstancia y atado a los puntos de vista del único que puede hablar y argumentar. Además, tal debate sobre cualesquiera extremos en discusión en el proceso ha de hacerse de modo abierto a la opinión de cualquiera, en la idea de que la opinión que el juez se forma es la que podría formarse cualquier observador capaz e imparcial que asistiera al proceso y escuchara los argumentos de cada parte en él.

Pues bien, a esos requerimientos responden los tres principios básicos que el derecho impone para la práctica de la prueba: *inmediación*, *contradicción* y *publicidad*.

El de inmediación significa que el juez debe estar personalmente presente durante la práctica de las pruebas, siempre que ello sea posible. Así, de cosas tales como la fiabilidad de un testigo, la competencia que en sus intervenciones demuestre un perito o las actitudes de las partes que declaran juzgará por sí mismo y no de oídas. No es lo mismo leer lo que declaró un testigo, por ejemplo, que verlo mientras habla y observar y calibrar sus reacciones ante las preguntas y contrapreguntas.

Precisamente porque cada prueba tendrá un valor u otro según como se mire y en razón de quién la contemple, es importante que sobre cada una de ellas puedan pronunciarse las partes y que en la práctica de ellas puedan las partes intervenir. Por ejemplo, interrogando cada una a cada testigo o a cada perito. De ahí el principio de contradicción.

Y todo esto tiene que pasar ante los ojos de cualquiera que, con interés directo o sin él, quiera verlo, sin ocultamientos ni manejos ocultos. A esto alude el principio de publicidad.

Sobre estas cuestiones de "Forma de practicarse las pruebas" fija el art. 289 de la Ley de Enjuiciamiento Civil que

> "1. Las pruebas se practicarán contradictoriamente en vista pública, o con publicidad y documentación similares si no se llevasen a efecto en la sede del tribunal.
>
> 2. Será inexcusable la presencia judicial en el interrogatorio de las partes y de testigos, en el reconocimiento de lugares, objetos o personas, en la reproducción de palabras, sonidos, imágenes y, en su caso, cifras y datos, así como en las explicaciones impugnaciones, rectificaciones o ampliaciones de los dictámenes periciales".

Y en el apartado 4 de ese mismo artículo 289:

> "La infracción de lo dispuesto en los apartados anteriores determinará la nulidad de pleno derecho de las correspondientes actuaciones".

Antes, ya había dicho el art. 137 lo que sigue:

> "1. Los Jueces y los Magistrados miembros del tribunal que esté conociendo de un asunto presenciarán las declaraciones de las

> partes y de testigos, los careos, las exposiciones, explicaciones y respuestas que hayan de ofrecer los peritos, así como la crítica oral de su dictamen y cualquier otro acto de prueba que, conforme a lo dispuesto en esta Ley, deba llevarse a cabo contradictoria y públicamente.
>
> 2. Las vistas y las comparecencias que tengan por objeto oír a las partes antes de dictar una resolución se celebraren siempre ante el Juez o los Magistrados integrantes del tribunal que conozca del asunto".

5.7. Reglas sobre valoración de la prueba

Puesto que por lo general las pruebas no son tan claras y concluyentes, tan determinantes como en la ciencia natural (la Química o la Física), por ejemplo, un paso decisivo es la valoración de las pruebas por el juez. Aquí, en el derecho moderno se ha impuesto el *principio de libre valoración* o *libre apreciación de la prueba* por el juez.

Que el juez tenga que valorar la prueba supone que él ha de decidir qué valor probatorio tiene cada una que se practique. Por ejemplo, si el testimonio de tal testigo de cargo es creíble o no lo es. Hubo épocas en las que no regía este llamado principio de libre apreciación o libre valoración judicial de la prueba, sino el de prueba legal o tasada. Consistía este en que cada prueba tenía un valor predeterminado que al juez se le imponía, de manera que no era el personal juicio suyo el que calificaba las pruebas y lo que cada una aporta para la convicción sobre los hechos del caso. Por ejemplo, la declaración coincidente de dos testigos que pertenecieran a la nobleza hacía prueba bastante y no podía el juez estimar lo contrario.

Que rija el principio de libre apreciación de la prueba no quiere decir que el juez pueda valorar cada una como le dé su reverendísima gana, sino que debe respetar las reglas de la lógica, de la evidencia y del sentido común y en la motivación de la sentencia debería también argumentar, dar las razones en que apoya su valoración de cada prueba, y no limitarse a decir esta me convenció y la otra no.

5.8. *Reglas sobre cómo debe resolver el juez en caso de duda sobre el valor de las pruebas*

También disponen los sistemas jurídicos reglas para que el juez resuelva sobre los hechos cuando duda sobre el valor de su prueba, sobre si han quedado en el proceso suficientemente probados o no. Un ejemplo claro lo encontramos en derecho penal con la regla de in *dubio pro reo*, que podemos entender así: si usted, juez, duda sobre si la culpabilidad del reo ha quedado bien probada o no, si no tiene completamente claro que las pruebas demuestren esa culpabilidad, resuelva la duda a favor del reo, absuelva. Es evidente el parentesco entre esta regla de *in dubio pro reo* y la presunción de inocencia.

5.9. *Ante todo, el juez tiene que ser imparcial. Reglas sobre abstención y recusación*

No sólo para valorar la prueba de los hechos, sino para resolver cualquier extremo del pleito, el juez tiene antes que nada que ser imparcial, no puede hallarse en situación que lo lleve a o lo haga sospechoso de tener un prejuicio o un interés a favor o en contra de una de las partes. De ahí que los ordenamientos jurídicos intenten asegurar esa cualidad de los jueces mediante el establecimiento de causas de abstención y recusación. Nos haremos una idea con sólo leer los artículos 217, 218 y 219 de la Ley Orgánica 6/1985, de 1 de julio, del Poder Judicial.

> Artículo 217:
>
> "El juez o magistrado en quien concurra alguna de las causas establecidas legalmente se abstendrá del conocimiento del asunto sin esperar a que se le recuse."
>
> Artículo 218:
>
> "Únicamente podrán recusar:
>
> 1.En los asuntos civiles, sociales y contencioso-administrativos, las partes; también podrá hacerlo el Ministerio Fiscal siempre que se trate de un proceso en el que, por la naturaleza de los derechos en conflicto, pueda o deba intervenir.

2. En los asuntos penales, el Ministerio Fiscal, el acusador popular, particular o privado, el actor civil, el procesado o inculpado, el querellado o denunciado y el tercero responsable civil".

Artículo 219:

"Son causas de abstención y, en su caso, de recusación:

1. El vínculo matrimonial o situación de hecho asimilable y el parentesco por consanguinidad o afinidad dentro del cuarto grado con las partes o el representante del Ministerio Fiscal.

2. El vínculo matrimonial o situación de hecho asimilable y el parentesco por consanguinidad o afinidad dentro del segundo grado con el letrado o el procurador de cualquiera de las partes que intervengan en el pleito o causa.

3. Ser o haber sido defensor judicial o integrante de los organismos tutelares de cualquiera de las partes, o haber estado bajo el cuidado o tutela de alguna de éstas.

4. Estar o haber sido denunciado o acusado por alguna de las partes como responsable de algún delito o falta, siempre que la denuncia o acusación hubieran dado lugar a la incoación de procedimiento penal y éste no hubiera terminado por sentencia absolutoria o auto de sobreseimiento.

5. Haber sido sancionado disciplinariamente en virtud de expediente incoado por denuncia o a iniciativa de alguna de las partes.

6. Haber sido defensor o representante de alguna de las partes, emitido dictamen sobre el pleito o causa como letrado, o intervenido en él como fiscal, perito o testigo.

7. Ser o haber sido denunciante o acusador de cualquiera de las partes.

8. Tener pleito pendiente con alguna de éstas.

9. Amistad íntima o enemistad manifiesta con cualquiera de las partes.

10. Tener interés directo o indirecto en el pleito o causa.

11. Haber participado en la instrucción de la causa penal o haber resuelto el pleito o causa en anterior instancia.

12. Ser o haber sido una de las partes subordinado del juez que deba resolver la contienda litigiosa.

13. Haber ocupado cargo público, desempeñado empleo o ejercido profesión con ocasión de los cuales haya participado directa o indirectamente en el asunto objeto del pleito o causa o en otro relacionado con el mismo.

14. En los procesos en que sea parte la Administración pública, encontrarse el juez o magistrado con la autoridad o funcionario que hubiese dictado el acto o informado respecto del mismo o realizado el hecho por razón de los cuales se sigue el proceso en alguna de las circunstancias mencionadas en las causas 1ª a 9ª, 12ª, 13ª y 15ª de este artículo.

15. El vínculo matrimonial o situación de hecho asimilable, o el parentesco dentro del segundo grado de consanguinidad o afinidad, con el juez o magistrado que hubiera dictado resolución o practicado actuación a valorar por vía de recurso o en cualquier fase ulterior del proceso.

16. Haber ocupado el juez o magistrado cargo público o administrativo con ocasión del cual haya podido tener conocimiento del objeto del litigio y formar criterio en detrimento de la debida imparcialidad".

5.10. Cómo deben aparecer los hechos en la sentencia

Las pruebas las valora ese juez o tribunal que asistió a su práctica con respeto al mentado principio de inmediación. A esa valoración de las pruebas, libre pero no arbitraria, sigue la exposición de tales hechos probados que el juez lleva a cabo en la sentencia. De aquellos hechos brutos, de aquella amalgama inicial, se produjo en la etapa inicial del trámite judicial una primera poda, seleccionando los hechos relevantes y afinando su calificación jurídica. Luego, en el juicio esos hechos relevantes son sometidos a prueba en lo que tengan de dudosos, y sobre la base de esas pruebas y su valoración se forma el juez su convencimiento. Con los hechos valorados y declarados como probados construye al fin el juez, en la sentencia, la narración definitiva: para la sentencia esto fue lo ocurrido y a tales hechos les corresponde definitivamente tal calificación y, en aplicación de la normativa correspondiente, tal consecuencia jurídica.

También el sistema jurídico da indicaciones sobre *cómo debe estar redactada la sentencia y sobre el modo en que en ella tiene que figurar esa narración o relación de hechos probados*. Véase, por ejemplo, el art. 218 de la Ley de Enjuiciamiento Civil, que bajo el epígrafe de "Exhaustividad y congruencia de las sentencias. Motivación", dice así:

> "1. Las sentencias deben ser claras, precisas y congruentes con las demandas y con las demás pretensiones de las partes, deducidas oportunamente en el pleito. Harán las declaraciones que aquéllas exijan, condenando o absolviendo al demandado y decidiendo todos los puntos litigiosos que hayan sido objeto del debate.
>
> El tribunal, sin apartarse de la causa de pedir acudiendo a fundamentos de hecho o de derecho distintos de los que las partes hayan querido hacer valer, resolverá conforme a las normas aplicables al caso, aunque no hayan sido acertadamente citadas o alegadas por los litigantes.
>
> 2. Las sentencias se motivarán expresando los razonamientos fácticos y jurídicos que conducen a la apreciación y valoración de las pruebas, así como a la aplicación e interpretación del derecho. La motivación deberá incidir en los distintos elementos fácticos y jurídicos del pleito, considerados individualmente y en conjunto, ajustándose siempre a las reglas de la lógica y de la razón.
>
> 3. Cuando los puntos objeto del litigio hayan sido varios, el tribunal hará con la debida separación el pronunciamiento correspondiente a cada uno de ellos".
>
> O dice el art. 97.2 de la Ley reguladora de la Jurisdicción Social:
>
> "La sentencia deberá expresar, dentro de los antecedentes de hecho, resumen suficiente de los que hayan sido objeto de debate en el proceso. Asimismo, y apreciando los elementos de convicción, declarará expresamente los hechos que estime probados, haciendo referencia en los fundamentos de derecho a los razonamientos que le han llevado a esta conclusión, en particular cuando no recoja entre los mismos las afirmaciones de hechos consignados en documento público aportado al proceso respaldados por presunción legal de certeza. Por último, deberá fundamentar suficientemente los pronunciamientos del fallo".

Un último ejemplo. El art. 741 de la Ley de Enjuiciamiento Criminal establece en su primer párrafo que

> "El Tribunal, apreciando, según su conciencia las pruebas practicadas en el juicio, las razones expuestas por la acusación y la defensa y lo manifestado por los mismos procesados, dictará sentencia dentro del término fijado en esta Ley".

Ahí vemos plasmado el criterio o principio de libre apreciación de la prueba, antes aludido.

5.11. Quién puede revisar la valoración de las pruebas

Es el juez o tribunal que conoce en primera instancia, aquel ante el que se celebra el primer juicio, el que asiste a la práctica de la prueba y la valora sobre esa base de la inmediación y después de haber oído las alegaciones que sobre la prueba quiera hacer cada parte en el litigio. En cambio, cuando esa sentencia de primera instancia es recurrida ya no cabe normalmente reproducir la práctica de la prueba, volver a empezar con eso. De ahí que si el tribunal que resuelve recurso en segunda o sucesivas instancias revisara la valoración de la prueba que hizo el primer juez o tribunal, estaría valorando sin respeto a aquel principio de inmediación. Por ejemplo, tendría que valorar si el testigo Fulano era creíble o no en su testimonio, pero ahora sin verlo ni oírlo en directo, no como el juez de primera instancia ante el que esa prueba se practicó, cuyo juicio sobre esa prueba sí se basó en tal presencia inmediata.

Por eso la regla general es que mientras que los tribunales que resuelven recursos contra sentencias pueden sin límite revisar la interpretación dada a las normas o la calificación normativa de los hechos declarados probados, no pueden alterar tal declaración inicial de hecho probados en la primera sentencia. Es decir, la valoración del primer juez o tribunal debe ser respetada y no puede variarse en instancia superior, a no ser que dicha valoración inicial incurra en error patente. En concreto, dice siempre nuestra jurisprudencia que dicha revisión de la prueba nada más que es posible si en el razonamiento del juez sobre los hechos y su prueba se deja ver alguna de estas cosas[238]:

---

[238] Por ejemplo, y con la mirada puesta en la prueba pericial, dice lo siguiente la *sentencia del Tribunal Supremo, Sala Civil, 58/2010 (Tol 2793060)*: "la valoración de la prueba es función soberana y exclusiva de los juzgadores que conocen en instancia, que no es verificable en el recurso extraordinario, salvo que se conculque el art. 24.1 de la Constitución por incurrirse en error de hecho palmario, irracionalidad o arbitrariedad (STS 18 de junio 2009), y que en caso de la prueba pericial se concreta

a) Incongruencia evidente, por ejemplo, porque el juez se contradice.

b) Atentado contra el sentido común y las máximas de la experiencia compartida.

c) Atentado contra la verdad científica perfectamente establecida.

---

cuando en los informes de los peritos o la valoración judicial se aprecia un error de tal magnitud, es decir un error patente, ostensible o notorio, cuando se extraigan conclusiones contrarias a la racionalidad, absurdas o que conculquen los más elementales criterios de la lógica, se adopten criterios desorbitados o irracionales, se efectúen apreciaciones arbitrarias o contrarias a las reglas de la común experiencia, se tergiversen las conclusiones periciales de forma ostensible, se falseen arbitrariamente sus dictados o se aparte del propio contexto del dictamen pericial (STS 10 de junio 2009, y las que cita)".

Lección 6

Argumentos normativos en casos de lagunas normativas

1. ARGUMENTACIÓN ORDINARIA Y ARGUMENTACIÓN JURÍDICA

En la vida ordinaria y en todos los campos de actividad dependientes de la coordinación social se argumenta. Sin argumentar no serían posibles los acuerdos que permiten dicha coordinación de las conductas, no resultaría viable que los miembros de la sociedad se condujesen según pautas comunes al grupo entero o a subgrupos. No podría, por ejemplo, un grupo de cazadores primitivos repartirse la pieza cazada si no comparten sus integrantes un lenguaje, por muy elemental que sea, y si no son capaces de usarlo para dirimir las disputas sobre la porción que a cada uno corresponde. La alternativa, entonces, sería que esa pieza no la repartiesen, sino que se la disputasen violentamente. La diferencia está en lo siguiente: si se la disputan, simplemente cada uno se queda con lo que pueda, dependiendo de su fuerza o habilidad física; en cambio, si se la reparten es porque han compuesto un acuerdo sobre el modo de establecer lo que a cada cual se le da, y ese acuerdo nace de una contienda previa que es contienda en la que de un modo u otro se contraponen argumentos y se acuerda un final. Que ese argumentar y ese acuerdo sean expresión de pautas racionales o que existan condicionamientos fácticos que lo alejan de ser un acuerdo imparcial y equitativo es cuestión distinta. Cuando, hoy, el ladrón apunta con su pistola a la víctima y le ordena que le entregue el dinero, bajo amenaza de dispararle si no lo hace, se está haciendo algo distinto de arrebatarle a la víctima ese dinero mediante el empleo directo de la fuerza física. No es lo mismo decirle a alguien que le dé a uno la cartera, aunque una pistola apunte al destinatario de ese mensaje, que arrebatarle por la fuerza y sin más esa cartera. Si la víctima entrega el dinero, habrá habido un acuerdo basado en la comunicación, se habrán entendido y habrán llegado a tal acuerdo, aunque no se pueda decir que sea un acuerdo racional y logrado de modo imparcial y con respeto a las reglas del racional argumentar.

Argumentamos continuamente y siempre que nos interesa que otros acepten la verdad de lo que decimos, los juicios valorativos que emitimos o las decisiones que tomamos, y argumentamos también cuando queremos que los demás se conduzcan de la manera que deseamos. Si yo le digo a mi hija que no maneje el teléfono móvil mientras come, le estoy haciendo una petición sobre su conducta, y normalmente se la justificaré mediante argumentos. Insisto en que ese argumento tanto puede ser una sesuda consideración sobre el daño que provoca el exceso de tiempo ante una pantalla, el recordatorio de una norma de cortesía en la mesa o la amenaza de que la voy a castigar físicamente si no lo hace. Esos argumentos merecerán distinto calificativo en cuanto a su racionalidad y su respeto a las reglas de base de la acción comunicativa (recordemos la lección en que estudiamos la teoría de Habermas, por ejemplo), pero serán argumentos en todo caso. La diferencia se ve si comparamos ese proceder argumentativo, mejor o peor justificable, con el que directamente yo le arrebate de sus manos el teléfono y lo ponga fuera de su alcance. En este caso logré el mismo objetivo que yo tenía, pero no argumentando, sino mediante la acción física directa.

Puesto que el regirse por normas es la alternativa a la violencia[239], en cuanto modo de interacción social, todo sistema nor-

---

239 Eso no está en contradicción con que las normas estén respaldadas por sanciones y que en ciertos casos o para determinados tipos de normas, como las jurídicas, esas sanciones tengan su respaldo último en alguna forma de violencia. La aplicación de la sanción violenta es consecuencia del fracaso, por así decir, de la norma, del fracaso, pues, del acto comunicativo que la norma supone.

mativo tiene un esencial componente comunicativo. Cualquier norma contiene un mensaje que busca ser entendido y, luego, seguido, y cuando no se da tal seguimiento de mano y cuando se discrepa sobre lo que la norma implica para un caso, se argumenta en torno a los hechos de ese caso y al fundamento y significado de la norma. Así, y continuando con el ejemplo anterior, lo primero que se requiere es que mi hija sepa que hay ciertas cosas que las normas de urbanidad prohíben hacer durante las comidas y que una de esas prohibiciones versa sobre la utilización excesiva o no puntualmente justificada del teléfono móvil. Cuando ella lo está usando durante el almuerzo y yo le recuerdo la norma, puede ella alegar que no le encuentra sentido a esa concreta prohibición o aducir que su uso del teléfono fue mínimo o que era porque tenía una llamada urgente y muy importante. O podrá argumentar por el lado de los hechos y decir que lo tenía sobre la mesa, pero no en uso; etcétera.

En sus estructuras básicas, la argumentación es igual en la vida ordinaria y en ramas de actividad específica, como puedan ser la ciencia, la política, el derecho, etc. Hay una argumentación general u ordinaria y existen campos argumentativos especializados. Lo que da su especificidad a cada rama especial de la argumentación es el manejo de terminología peculiar o con sentido especial y el uso de argumentos propios y particulares del respectivo campo. Así, en un proceso penal se argumenta básicamente igual, en cuanto a las estructuras y el sustrato, que cuando mi hija y yo debatimos sobre si merece o no ella el reproche por haber incurrido en la descortesía o mala educación de haber usado indebidamente el teléfono móvil durante la comida. Pero en el proceso penal se emplearán nociones que en nuestro diálogo casero no concluyen, como antijuridicidad, dolo, preterintencionalidad, punibilidad, causales de justificación, presunción de inocencia, etc. y, además, ese argumentar estará encauzado y acotado dentro de un esquema de reglas que son reglas procesales y que dicen qué, cuándo, cómo o dónde se puede o debe argumentar.

En lo que la práctica del derecho tiene de praxis argumentativa, concurren tres clases de argumentos:

a) Argumento ordinarios en su sentido común, que son los que manejamos en la vida cotidiana. Así, tanto en uno como en otro ámbito podemos decir que cierto comportamiento es injusto, que un razonamiento es absurdo, que determinado gasto es ruinoso, que tal afirmación no tiene sentido, que aquel enunciado es falso, etc., etc. Un buen ejercicio, que se ha hecho pocas veces con propósitos teóricos serios, consiste en buscar argumentos ordinarios en las argumentaciones jurídicas; por ejemplo, en las sentencias judiciales.

b) Argumentos ordinarios con un sentido o una función específicos. Un ejemplo puede ser el argumento analógico. Veremos aquí que el argumento analógico, en cuanto argumento jurídico, es uno de los que llamaremos argumentos creativos y que, por tanto, tiene la función, en derecho, de aportar justificación para la creación de una norma con cierto contenido y con el fin de colmar una laguna normativa.

El argumento analógico se usa en la práctica jurídica, cuando se usa bien, con precisión analítica y con importante claridad sobre sus requisitos en este ámbito. Piénsese, por ejemplo, en la relevancia del requisito tradicionalmente llamado de "identidad de razón"[240]. Pero, con un esquema más laxo, también se emplean continuamente argumentos analógicos o por analogía en el trato diario. Así, estaré usando un argumento analógico si le digo a mi pareja que si puedo beber vino en nuestros almuerzos y a ella le parece bien, por qué no voy a poder beber igualmente cerveza, si a los efectos que importan el vino y la cerveza son parecidos. E intuitivamente ella, que no quiere que tome cerveza con las comidas, sabrá que para rebatirme el argumento debe contraargumentar que, *a los efectos que importan y que dan sentido a la comparación en nuestro caso,* el vino y la cerveza no son similares, sino diferentes.

---

240 Véase más adelante.

Desde el punto de vista de ser bebidas alcohólicas, son bien similares, ciertamente, y hasta se puede alegar que la cerveza tiene menor graduación alcohólica que el vino y que, por tanto, si se puede tomar vino, con más razón se podrá beber cerveza[241]..., si lo que importa como razón para beber o no es el alcohol. Pero mi interlocutora no caerá en esa trampa, a nada que sea inteligente, y tendrá que fundamentar una diferencia relevante entre el vino y la cerveza si es que acepta que beba yo el primero y no la segunda. Por ejemplo, dirá que lo que a ella la guía es la preocupación por mi alto ácido úrico y que la cerveza hace aumentar el ácido úrico mucho más que el vino, y de ahí que no sean comparables *a los efectos que aquí importan.* ¿Será verdad que vino y cerveza afectan así de distintamente a tal dolencia? Si deseo rebatir el contraargumento de mi esposa, eso es lo primero que debo analizar, y si resulta que vino y cerveza tienen sobre ese padecimiento la misma influencia o si hasta es menor tal efecto nocivo en la cerveza, habré dado con un contraargumento que contradice el de mi mujer, anulándolo, y estaré restaurando la validez de mi analogía. Esto era solo un ejemplo de cómo argumentamos por analogía en las relaciones sociales comunes; más adelante trataremos despacio de la analogía como argumento jurídico.

c) Argumentos específicamente jurídicos. Son los propios y particulares de la argumentación jurídica y que normalmente no encontraremos en otro tipo de argumentaciones. Así, un argumento interpretativo lógico-sistemático raramente lo vamos a hallar en el argumentar común. Veremos en su momento que tal argumento es aquel que prescribe el descarte de una de las interpretaciones posibles de la norma, para que dicha norma no entre en conflicto o antinomia con otra del mismo sistema y sea necesario declarar la no validez de una de las dos, excluir una del sistema, a costa incluso de provocar una laguna normativa.

---

241 Ahí tenemos un argumento *a fortiori,* modalidad *a maiore ad minus,* como también veremos después con calma. El argumento *a fortiori* es, por así decir, primo hermano del argumento por analogía o *a simile.*

Con todo, las fronteras entre estas tres clases de argumentos no son muy nítidas, si bien tampoco nos importa demasiado afinar la diferenciación, pues no es esa la clasificación de los argumentos de la práctica jurídica de la que vamos a partir aquí. Arrancaremos de la diferencia entre argumentos interpretativos y argumentos creativos.

Y una cuestión más en este punto de partida. Sean del tipo que sean los argumentos que en la práctica jurídica se utilicen, para todos ellos valen las condiciones de un buen argumento que venimos resaltando: admisibilidad, pertinencia, relevancia, saturación y resistencia a la contradicción y a la compensación.

2. ARGUMENTOS CREATIVOS

2.1. Qué son y para qué sirven los argumentos creativos y cómo se diferencian de los interpretativos

2.1.1. Cómo vienen los hechos al caso

En adelante hablaremos aquí de los argumentos que versan **sobre normas**. Hemos partido de que en un caso jurídico ordinario o de los más frecuentes se establece una relación entre hechos y normas, pero esa relación no es entre lo que podríamos llamar los hechos en bruto y las normas sin más, sino que se imponen ciertas precisiones. La primera, que ya conocemos bien, es que la norma se va a aplicar a los hechos probados, y ya sabemos que, cuando los hechos del caso son discutidos, es complejo el razonamiento sobre los mismos y la argumentación sobre su relevancia y su prueba.

La segunda precisión es que las normas no vienen por sí solas a tomar posesión de los hechos. La solución del caso dependerá de cómo se subsuman o cuadren, o no, los hechos tenidos por probados bajo la norma o normas que puedan venir al caso, pero esa especie de "apareamiento" entre hechos probados y normas no sucede sin que tenga un tercero que contribuir en algo, pues, al igual que de entre el maremágnum de circunstancias fácticas hubo que seleccionar cuáles hechos podían ser relevantes y decidir cuáles quedaban probados, también sobre las normas para el caso puede haber mucha duda y mucha argumentación. Toda decisión judicial de casos termina en un razonamiento subsuntivo, pero a esa subsunción final se llega después de haber tomado decisiones previas sobre los hechos y su prueba y sobre las normas y su estatuto y significado, y el componente de discrecionalidad que hay en lo uno y en lo otro es la razón principal por la que cobra carácter argumentativo esa actividad jurídica.

Hay que comenzar por aclarar lo que significa que la norma venga al caso. Esta expresión se refiere a que, conforme a las reglas de la lógica y del lenguaje y la comunicación, tenga algún sentido afirmar que los hechos del caso son ejemplares del hecho que se describe en el supuesto de hecho de la norma. Así, si lo que se ha declarado probado es que deliberadamente Andrés mató a Pedro, a ningún hablante competente de nuestra lengua y que esté en sus cabales se le va a ocurrir que la norma aplicable a esa conducta de Andrés que se quiere calificar penalmente es la del artículo 205 y concordantes del Código Penal español que tipifican el delito de injurias y describen así la conducta del que lo cometa: "Es injuria la acción o expresión que lesionan la dignidad de otra persona, menoscabando su fama o atentando contra su propia estimación". Puede que un juez considere que la pena justa para esa conducta de Andrés, consistente en quitarle intencionadamente la vida a Pedro, sea la de multa de seis a catorce meses, que es la que el artículo 209 del Código Penal fija para las injurias graves hechas con publicidad, pero no puede ni aplicar esa pena de la injuria ni calificar como injuria la acción de Andrés, porque la acción de matar a otro no es un ejemplar de acción o expresión que lesione la dignidad de una persona"[242].

---

242 Un sofista amateur podría decir que qué mayor manifestación de atentado contra la dignidad de una persona que matarla, pero ese argumento no merece ser atendido ni por un minuto. En su contexto, es

Pero resulta que en el Código Penal español hay más de una norma que contempla la acción deliberada de matar. Por ejemplo, el art. 138 tipifica el homicidio simple y el art. 139 tipifica el asesinato. La conducta de Andrés encajará en una norma u otra según que concurra o no alguna de las causas que convierten el homicidio en asesinato, de conformidad el mentado art. 139: alevosía, precio, recompensa o promesa, ensañamiento y que se mate para facilitar la comisión de otro delito o evitar que se descubra. Que la conducta homicida se inserte en una norma u otra de las dos depende muchas veces de qué interpretación hagan los tribunales de lo que sea, por ejemplo, alevosía. Por tanto, inicialmente vendrán a cuento las dos normas y, una vez interpretada la que plantee la duda, se habrá determinado bajo cuál de ambas el hecho se subsume.

Veamos un ejemplo. Está en la sentencia 94/2020 de la Sala Penal del Tribunal Supremo español. Dos hombres tienen una fuerte discusión. Uno da un golpe en la cara al otro durante esa discusión y este otro saca un cuchillo y se lo clava con ánimo de matarlo. Se discute si hay o no alevosía y si por tanto procede condenar por asesinato o por homicidio. Lo esencial es que la puñalada no se asestó por la espalda ni totalmente por sorpresa, sino de frente, habiendo visto la víctima venir tal agresión y habiendo podido interponer su brazo, aunque esto último no evitó que el cuchillo del agresor se clavara en su cuerpo. Dice la sentencia esto:

> "De prosperar la tesis del recurrente, cualquier agresión con arma blanca debería calificarse como alevosa, pretensión equivocada que no se ajusta a los parámetros de la doctrina jurisprudencial. En suma, si bien es habitualmente alevoso el ataque con arma de fuego, cuando la víctima se encuentra inerme, pues priva de cualquier defensa al perjudicado (nada puede hacerse para defenderse de un arma de fuego), y ello lo conoce el agresor, no cualquier ataque con arma blanca convierte la acción criminal sobre una persona en alevosa, sino exclusivamente en los casos en que se demuestre que el ataque fue absolutamente sorpresivo y evitó cualquier resorte defensivo por parte de la víctima".

---

evidente que la expresión con que se tipifican la injuria no tiene nada que ver con acciones como la de matar o robar.

Vemos ahí cómo el tribunal opta por una de las opciones interpretativas y justifica esa opción mediante un argumento interpretativo que podemos llamar consecuencialista por generalización, pues explica que considerar que en este caso hubo alevosía supone dejar sentado que cualquier ataque con arma blanca es alevoso, sea por la espalda o sea de frente y tenga o no tenga la víctima alguna pequeña posibilidad de reacción.

Los argumentos interpretativos aportan razones a favor o en contra de la elección de entre las interpretaciones posibles de la norma en cuestión. Funcionan, pues, cuando una norma concurre para un caso y tiene varias interpretaciones posibles esa norma, de modo que, según cuál de ellas se elija, los hechos del caso son o no subsumibles bajo tal norma o se sigue de ella una u otra consecuencia en el caso.

En cambio, los argumentos normativos *creativos* entran en juego cuando para los hechos probados de un caso que el juez tiene que decidir no hay norma ninguna del correspondiente sistema jurídico que sea aplicable[243]. Entonces, el juez deberá crear la norma con la que resolverá ese caso y en pro de que la norma en cuestión tenga un contenido u otro se emplean lo que aquí llamamos argumentos creativos. Así pues, los argumentos normativos creativos aportan razones a favor o en contra de una norma que es candidata a colmar una laguna en un caso judicial.

2.1.2. Creación de derecho por los jueces y por los legisladores

En los sistemas jurídicos modernos rige la llamada prohibición de *non liquet*. Así, el art. 1.7 del Código Civil español dice así:

> "Los Jueces y Tribunales tienen el deber inexcusable de resolver en todo caso los asuntos de que conozcan, ateniéndose al sistema de fuentes establecido".

---

[243] Lo que se acaba de decir es exacto para las que más adelante llamaremos lagunas normativas plenas y requiere algún matiz en el caso de las que se denominarán aquí lagunas normativas teleológicas.

Y remacha el Código Penal, art. 448, que

> "El Juez o Magistrado que se negase a juzgar, sin alegar causa legal, o so pretexto de oscuridad, insuficiencia o silencio de la Ley, será castigado con la pena de inhabilitación especial para empleo o cargo público por tiempo de seis meses a cuatro años".

¿Cuándo crean normas los jueces? Cuando colman una laguna normativa; es decir, cuando no está preestablecida en el sistema jurídico ninguna norma bajo cuyo supuesto encajen los hechos del caso que se juzga y que sea aplicable a ellos. Puesto que los jueces no pueden escudarse en que no encuentras norma aplicable al caso, deberán crearla, porque en caso contrario vulnerarían su obligación de decidir los casos que válidamente se les sometan.

Los jueces, por tanto, crean derecho, y lo crean en un doble sentido. Por un lado, como se acaba de decir, cuando colman lagunas y producen la norma para ese caso, que será una norma individual y concreta. Por otro, lado cuando una norma provoca en un caso dudas interpretativas y los jueces deben escoger de entre alguna de las interpretaciones posibles de la norma para ese caso. Entonces no es que creen una norma nueva, sino que, por así decir, aplican la que hay añadiéndole un trozo, la interpretación con la que dirimen para ese caso aquella duda interpretativa y lo resuelven de conformidad con tal interpretación de dicha norma.

También crean derecho los jueces en aquellas ocasiones excepcionales en que resuelven una antinomia de segundo grado, es decir, una contradicción para el caso entre normas coetáneas (no se aplica la regla de *lex posterior* para resolver la antinomia), de igual jerarquía (no se aplica la regla de *lex superior* para resolver la antinomia) y del mismo alcance en su formulación (no se aplica la regla de *lex specialis*)[244].

---

[244] Sabemos que las dificultades que al juez se le pueden suscitar en relación con la norma a aplicar son principalmente tres, aunque luego veremos alguna más: que no haya en el sistema norma previa aplicable al caso (laguna), que haya dos que se contradigan para el caso (antinomia) o que la norma aplicable al caso pueda tener más de un significa-

También el legislador crea normas[245], evidentemente, pero en esto hay diferencias muy relevantes. En primer lugar, el legislador crea, por lo común, normas generales y abstractas, aun cuando ocasionalmente pueda también hacerlas individuales y concretas[246], mientras que, con la relativa excepción de las normas generales creadas cuando los tribunales sientan precedentes vinculantes, los jueces y tribunales producen normas individuales y concretas: normas que tienen en su supuesto los concretos hechos del caso y los concretos sujetos del caso. Es abstracta la norma N que dice "El que matare a otro será castigado, como reo de homicidio, con la pena P". Mientras que es individual y concreta la norma que dice: "Se condena a Juan Pérez Sánchez, con documento de identidad personal número..., a la pena P como autor de un delito de homicidio tipificado en la norma N". Como enseñó Kelsen, el acto mediante el cual un juez aplica una norma general y abstracta a un caso es un acto en el que ese juez produce, en su fallo, una norma individual y concreta para ese caso.

Tenemos, como ya se ha dicho, que el juez crea trozos de norma que añade para el caso a la norma general y abstracta que aplica (cuando el juez interpreta la norma escogiendo de entre las interpretaciones posibles de la misma[247]) y que cuando colma

do para tal caso y que de esos diferentes significados o interpretaciones posibles se sigan resultados diferentes para el caso.

245 Y las crean todas las instancias públicas o privadas a las que el respectivo sistema jurídico atribuye tal competencia. Por ejemplo, las administraciones públicas hacen normas administrativas de rango reglamentario, los sindicatos y patronales acuerdan convenios o convenciones colectivas de trabajo, entidades tales como sociedades mercantiles, fundaciones o asociaciones crean sus normas estatutarias, etc.

246 Por ejemplo, cuando una cámara legislativa aprueba la concesión de una condecoración o nombramiento a una persona determinada y tiene pleno valor y trámite normativo ese acto.

247 Esa interpretación que el juez hace en un caso vale para ese caso, y otro juez, aun en casos iguales, podrá elegir de esa misma norma otra de las interpretaciones posibles, salvo que esté sometido a precedente interpretativo vinculante. Un mismo juez o tribunal puede cambiar también

lagunas crea normas *ex novo* y por completo, pero como normas individuales y abstractas, normas para ese caso y con efecto únicamente para él, salvo que alcancen valor de precedente vinculante.

Lo que más importa aquí resaltar, en segundo lugar, es que cuando el legislador crea normas, lo hace sin más límite que la obligación de respeto a la Constitución, obligación que la propia Constitución (o sus intérpretes más autorizados) establece y cuyo cumplimiento será vigilado por el órgano que ese mismo sistema constitucional designe para esa misión (por ejemplo, un tribunal constitucional). Fuera de ese límite constitucional, el legislador no está sometido, en su potestad normativa, a límite ninguno. Por ejemplo, puede el legislador español ahora mismo cambiar ciento por ciento el contenido del Código Civil, sin más limitación que la señalada, la constitucional. El legislador debe su potestad al sistema jurídico-político, como es obvio, pues su poder no cae del cielo, sino que es instituido por la Constitución y el bloque de constitucionalidad, pero a la hora de dotar de contenido a las normas que crea, el legislador se debe a la política, al sistema político, no al sistema jurídico. El mismo legislador que hoy prohíbe en España el matrimonio poliándrico o poligámico puede permitirlo mañana, si la Constitución no se lo impide, y no está atado a ninguna obligación de respeto a otros contenidos del sistema jurídico. Precisamente, la suprema competencia del legislador es esa, la de poder alterar a su voluntad los contenidos de las normas jurídicas, siempre que lo haga sin rebasar los límites que la Constitución le pone[248].

En cambio, el juez está sometido al derecho, debe decidir según el sistema de fuentes establecido, como dice el Código Civil español. El rol institucional del juez tiene su primer elemento definitorio en su sumisión al derecho. Quiere esto decir que no le corresponde

---

su precedente interpretativo, siempre que el sistema no se lo impida y con arreglo a los requisitos que el sistema le imponga para esa modificación, si acaso.

248 Por ejemplo, si la Constitución declara abolida la pena de muerte, el legislador no podrá disponer tal pena para tal o cual delito.

decidir en conciencia, sino conforme a las normas predispuestas en el sistema jurídico, en todo lo que en estas quede delimitado, y que hasta su ejercicio de la discrecionalidad que dichas normas le permiten ha de estar lo más guiado que sea posible por dicho sistema y buscando la coherencia de fondo mayor que quepa con el mismo. Esto es lo que da su sentido, por ejemplo, a la vieja idea de los principios generales del derecho[249]. Y eso es lo que hace que el juez que colma una laguna y crea la norma para el caso no deba hacer un puro razonamiento en equidad o sentirse plenamente desvinculado de su ordenamiento jurídico, aunque este no le dé una norma precisa para ese caso que ahora juzga, sino que deberá buscar que la norma que para ese caso crea sea lo más congruente posible con el sistema en su conjunto o con las normas existentes de ese sector del ordenamiento. Esto lo vamos a ver en acción al hablar de argumentos creativos y es lo que da su peculiaridad ahí a los requisitos que se suelen exigir de argumentos como el analógico o el *a fortiori*.

Evidentemente, todo esto cambia bastante bajo una doctrina jurídica principialista de corte iusmoralista. Para el iusmoralismo, tanto en su versión iusnaturalista como en su versión constructivista, el contenido verdadero de los auténticos valores morales, traducido a norma, ocupa la parte superior de cualquier sistema jurídico. El iusmoralismo siempre tiene que ir de la mano con alguna variante del objetivismo moral y, desde ahí, se concibe que valores morales como justicia o dignidad tienen un contenido objetivo y no dependiente de las fluctuantes convicciones de los individuos o los grupos. Los valores morales, con ese su contenido objetivo, se expresan en los sistemas jurídicos como principios, y tales principios moral-jurídicos obran dentro de los sistemas jurídicos bien directamente como normas que son principios, bien como sustrato de las reglas[250].

---

249 Aludiremos a ellos más adelante, al hablar de la analogía *iuris*.

250 Estoy utilizando la tan conocida división de las normas jurídicas en reglas y principios que hace Robert Alexy y que, por lo demás, me parece bastante equívoca y discutible.

Para el iusmoralismo, el sometimiento del juez al derecho es antes que nada sometimiento a esa parte suprema de los sistemas jurídicos que es de raigambre moral. Por eso, para el iusmoralismo, a fin de cuentas, lo que tiene que hacer el juez en cada caso es ver cuál es la solución que ofrecen el derecho positivo o legislado y luego cotejarla con lo que como solución manda para esos mismos hechos de tal caso la moral. Si lo que dispone para ese caso el derecho positivo es fuertemente discrepante de lo que la moral para tal caso ordena, el juez, según los iusmoralistas, debe aplicar la solución moral, pero como solución que es, a la vez, jurídica. Así, para tales autores, cuando la norma de la moral verdadera derrota en un caso a la norma jurídico-positiva podemos decir que estamos ante una decisión *contra legem*, pero no contra *ius*, contra el derecho, pues, para el iusmoralismo, el derecho se compone de *lex* (derecho positivo) y de moral y esta predomina sobre aquella, si para un caso se contradicen sus soluciones.

En consecuencia, para los iusmoralistas, las diferencias entre los casos en que hay norma aplicable, pero con dudas interpretativas, y los casos de laguna, en que no la hay, se vuelve menos importante, pues, a fin de cuentas, en las dos ocasiones tiene el juez que hacer lo mismo, preguntarse cuál es la solución justa para esos hechos y hacer un razonamiento último que es moral. De ahí que los iusmoralistas no concedan excesiva importancia ni a los argumentos interpretativos ni a los creativos, como la analogía, pues los argumentos que a ellos más les importan son los argumentos directamente morales. Y por eso mismo prefieren la ponderación, que es el prototipo de razonamiento para la decisión cuando un sujeto tiene que solucionar un dilema moral y lo soluciona en clave moral, buscando el mejor balance posible entre el bien y el mal, entre las consecuencias moralmente deseables y moralmente indeseables.

2.1.3. El argumento *a contrario* y sus relaciones con el argumento analógico. Y sobre las clases de lagunas normativas

También la analogía es un argumento que se emplea en nuestras relaciones ordinarias. Pongamos que su pareja le ruega a usted que, al volver a casa, compre un ramo de claveles. Usted llega a la floristería y le cuentan que los claveles ya se agotaron, pero ve usted que quedan rosas y le lleva a su pareja un ramo de rosas. Si alguien pone en duda que sea una elección adecuada, a falta de claveles, usted argumentará probablemente que la belleza de ambas flores es similar y que a su pareja le gustan parecidamente y que sabe que las quiere para adornar el salón mañana, cuando reciben invitados, y que, si bien apropiados son los claveles para eso, lo son similarmente las rosas.

Ahora bien, si su pareja le dijo a usted que si no había claveles no los sustituyera por ninguna otra flor, o si usted tiene buenas razones para entender que los claveles son las únicas flores que le agradan y que detesta todas las demás, entonces no debería usted tratar de compensar la falta de claveles llevando rosas, pues la petición de su pareja hay que entenderla así: o claveles o nada, tráeme única y exclusivamente claveles.

Con esto último llegamos a una interesante cuestión previa, la de la relación entre argumento analógico y argumento *a contrario sensu*.

Dice lo siguiente el artículo 848 del Código Civil español, que traigo aquí como ejemplo: "La desheredación sólo podrá tener lugar por alguna de las causas que expresamente señala la ley". Y, luego, el Código menciona una serie de ellas. ¿Qué es lo que en realidad está vetando el artículo 848 del Código Civil? Está excluyendo la aplicación por analogía de otras causas de desheredación. Es decir, está haciendo que la enumeración de tales causas que hace el Código sea taxativa y no cabe que los jueces añadan otras porque resulten, a ciertos efectos relevantes, parecidas a las que están. Es como en el ejemplo anterior, cuando su pareja le dijo que trajera a casa claveles y nada más que claveles. Le estaba cerrando la posibilidad de que comprara otras flores que usted encontrara similares y parecidamente apropiadas para el objetivo que su pareja se propusiera.

El artículo mencionado deja las cosas bien claras y excluye la analogía. Sabemos también que la analogía está vedada en materia penal en perjuicio del reo. El primer artículo del Código Penal español ya lo acota de ese modo: "No será castigada ninguna acción ni omisión que no esté prevista como delito por ley anterior a su perpetración". Lo ratifica de otro modo el artículo 4, cuando dice que "Las leyes penales no se aplicarán a casos distintos de los comprendidos expresamente en ellas". Podemos entender que está eliminando la posibilidad de que una pena prevista para un delito se aplique a otro parecido, pero como tal no tipificado en ley previa.

Así pues, hay campos, como el penal, en el que sin más se excluye la llamada analogía *in malam partem*, aunque sí cabe aplicar analógicamente normas que favorezcan al reo, por ejemplo, en materia de causas de justificación. Y en otros ámbitos de lo jurídico la analogía no está excluida con carácter general o casi, pero puntualmente el legislador la destierra para ciertos supuestos, con preceptos como aquel 848 del Código Civil español, en relación con las causas de desheredación.

Otras veces las cosas no están tan claras y será la interpretación de la norma correspondiente lo que nos llevará a argumentar y decidir sobre si la enumeración que en tal norma se contiene es taxativa, excluyente, o es una enumeración que puede ser ampliada judicialmente, agregándole elementos que guarden una similitud relevante con algunos de los presentes en la norma. Imaginemos que el legislador quiere que las personas a las que falte un brazo no tengan que pagar por viajar en los transportes públicos. La norma correspondiente que el legislador elabore podría ser enunciada de alguna de las siguientes maneras:

(a) Las personas sin algún brazo, y solo ellas, no estarán obligadas a pagar para viajar en los transportes públicos.

(b) Las personas sin algún brazo no estarán obligadas a pagar para viajar en los transportes públicos.

Con la primera formulación se está cerrando la puerta a la posibilidad de que un juez dé la razón un día a un ciudadano sin una pierna que solicitó el mismo trato, la posibilidad de viajar gratis en el transporte público. Con la primera fórmula, la (a), un juez respetuoso con la legalidad no podrá extender al cojo ese derecho al manco, por muy similares que podamos ver la situación de ambos y las razones para que ni uno ni otro pague. En cambio, con el segundo enunciado, el (b), la norma solo estaría diciendo que el que no tenga algún brazo no paga, pero calla respecto a los cojos y cualquier otra persona que se halle en cualquier situación específica.

Esto es curioso, porque nos lleva a un tema que es crucial al hablar de los argumentos que aquí llamamos creativos, como el analógico, el tema de lo que sea una laguna normativa. Hemos dicho hasta aquí, al modo de la doctrina habitual, que la analogía u otros argumentos creativos se usan cuando el juez tiene que crear una norma para resolver el caso que ninguna norma de ese sistema jurídico contempla previamente. Pero es llegada la hora de introducir matices en esto.

Es en la práctica poco menos que inimaginable que, sobre el precio de los viajes en el transporte público, solo haya una norma que diga que los mancos no pagan. Para empezar, para que esa norma tenga sentido ha de haber una base normativa para entender, por contraste, que otros sí tienen que pagar. Así que lo más probable será que, en el sistema de nuestro ejemplo, exista una norma que fije el precio de los boletos de transporte para todos, a la vez que esta otra que exonera de pagarlo a los mancos. Así que en el caso de los faltos de una pierna no se trata de que no esté previsto si pagan o no: pagan, en virtud de esa norma que establece el régimen general de pago y precio. Entonces, ¿hay o no hay laguna para el caso de esos cojos? Pues digamos que en cierto sentido no y en cierto sentido sí. Expliquemos esto.

Formalmente no hay laguna, porque con la conjunción de las dos normas, la general y la especial para los mancos, queda cubierto todo el universo de casos posibles. Se funciona con el esquema regla-excepción, en el presupuesto de que todo lo que no entre en la excepción cae bajo la regla. Es como si decimos que debemos tratar a todas las personas o como hijos, en cuyo caso debemos darles cariño y ayuda, o como extraños, en cuyo caso no tenemos por qué quererlos o ayudarlos. O, si nos ponemos más jurídicos, como si imaginamos un sistema jurídico que en materia de alimentos solo tenga una norma que diga que los padres deben dar alimentos a los hijos.

Formalmente, no hay ahí lagunas, ni en un ejemplo ni en otro. Sin embargo, los dos chirrían y en ambos intuimos algo incoherente. No es que nos quede algo sin regulación, es que a esa regulación le vemos algo absurdo, algo de incongruencia. Y no porque nos parezca sencillamente injusta[251] esa regulación, sino por un motivo más sutil y que tiene que ver con las razones de la norma que regula el caso especial, que establece la excepción a la pauta general.

En efecto, nos parece bien comprensible, por obvias razones, que los padres quieran y apoyen a los hijos, pero estamos todos muy convencidos de que razones iguales o similares valen para que los hijos amen y ayuden a los padres, o los hermanos a los hermanos. Si la razón de ser del trato especial para los hijos tiene que ver con el afecto que se supone o la solidaridad que se debe entre parientes cercanos, que la norma solamente obligue a los padres frente a los hijos parece profundamente incoherente. Si queremos salvar el sentido de la norma, tendremos que buscar como fundamento o motivo de la misma algo que sea específico de padres respecto de los hijos, algo que dé sentido a que la obligación vaya en esa dirección y no en la otra también. A falta de tal justificación (y bien difícil parecerá encontrarla), podremos decir que también en ese sistema hay una laguna normativa. Lo que ya nos pone en la pista de que hay dos tipos de lagunas normativas: por falta de norma y por falta de coherencia normativa.

La misma impresión tendremos en el caso de los mancos y los cojos. O damos con una característica de los mancos que haga

---

251 Ahí iríamos a parar a la idea de laguna axiológica, en su sentido más fuerte. Luego volveremos sobre esa categoría.

su situación exclusivamente relevante a efectos del precio de los transportes, o, si se trata de ayudarlos por razón sus mayores dificultades físicas, sociales y, probablemente, económicas, pensaremos que las mismas razones que valen para que ellos no abonen los billetes de bus, tren o metro, justifican que tampoco paguen los cojos.

Así que reitero los dos tipos de lagunas normativas que podemos hallar. Uno, el de la *laguna normativa plena*, que es cuando el sistema tiene realmente un vacío y los hechos del caso no son encuadrables bajo ninguna norma del sistema jurídico de que se trate. Otro, el de lo que voy a denominar la *laguna normativa teleológica*, y que se da cuando el sistema es completo según un esquema regla general-excepción especial, pero hay una incongruencia valorativa dentro de él, pues las mismas razones que sirven para justificar la excepción introducida por el legislador deberían valer, pensamos, para justificar otras excepciones que el legislador no incluyó, pero que tampoco excluyó claramente[252].

Démonos cuenta de que si el legislador de nuestros ejemplos no hubiera sentado esa excepción para los mancos o no hubiera puesto para nadie la obligación de alimentos, no encontraríamos tal inconsecuencia valorativa, teleológica, aun cuando podría parecernos injusto el régimen general, precisamente por no ver excepciones. Ahí está la clave y por eso podemos distinguir entre lagunas normativas teleológicas y lagunas *axiológicas*, categoría esta muy del gusto del iusmoralismo. Si el sistema no da descuentos a nadie en el precio de los autobuses o no fija para nadie y en favor de nadie el deber de alimentos, habrá quien diga que es injusto que, por ejemplo, no obligue el derecho de familia a que los padres asistan económicamente a sus hijos hasta que estos puedan valerse por sí, o los hijos a sus padres necesitados, pero no se podrá reprochar incoherencia del sistema porque da un trato

---

252 Como las excluiría si dijera, por ejemplo, que única y exclusivamente los que no tengan un brazo estarán exentos de pagar el transporte y que todos los demás, sin ulterior excepción, deberán hacer dicho pago.

especial a los padres frente a los hijos y no lo da a los hijos frente a los padres, cuando no se ven razones para esa diferencia de trato y una vez que se ha introducido una excepción a la pauta general de no pagar alimentos[253]. Los que digan que es muy injusto que el sistema jurídico no contemple obligación de alimentos entre familiares sostendrán, si son iusmoralistas, que hay una laguna axiológica. Si son iuspositivistas, afirmarán, sin más, que el sistema es injusto en ese punto y que habría que cambiarlo. Pero en el caso de la incongruencia teleológica en el juego regla general-excepción, algunos, al menos los iuspositivistas a los que nos gusta distinguir y aquilatar bien los conceptos, diremos que existe una laguna normativa, una laguna normativa teleológica.

Las lagunas normativas, de una clase o de otra, se colman con argumentos creativos, y estos serán aún más importantes cuando se trata de una laguna normativa teleológica, ya que se debe justificar que se crea para el caso una norma con cierto contenido, sino que se introduce una nueva excepción a la regla general o norma por defecto.

Sigamos ahora con el argumento a contrario. Este argumento no es de los que llamamos creativos, y si se menciona aquí es porque tiene una relación peculiar con la analogía. Lo que interesa resaltar es que cuando el argumento a contrario puede entrar en juego es porque se ha establecido mediante la interpretación previa que no hay laguna para el caso que se discute y que, por tanto, no ha lugar para que funcione justificadamente la analogía que, si se usara, daría lugar a una decisión *contra legem*. Y porque cuando la interpretación ha dado que sí hay laguna para el caso, el argumento a contrario no tiene nada que decir para colmarla, pues es un argumento que refuerza la idea de que el caso ha de resolverse según la norma bajo cuyo significado se subsume y es-

---

253 Esa es la pauta general, en efecto, pues ninguna norma *jurídica* dice que tenga yo que darlos a mis vecinos o mis compañeros de trabajo, por muy necesitados que anden.

tamos diciendo que no hay tal norma y por eso existe laguna, sea laguna plena, sea laguna teleológica.

Por otro lado, el argumento a contrario solo vale respecto de una norma que tiene la estructura lógica de un bicondicional (sí y solo si…, entonces) y no de un condicional simple. Una tal norma con estructura de bicondicional es la que tenga el siguiente sentido, "Sí y sólo si se han cumplido dieciocho años, entonces se es mayor de edad". Es evidente que tal sentido de fondo en clave de "sí y solo sí… entonces" resultará las más de las veces de la interpretación que de la norma se haga, en su contexto, y no directamente del enunciado normativo, de sus palabras. Así, cuando el artículo 12 de la Constitución Española dice que "Los españoles son mayores de edad a los dieciocho años", puede, sobre el papel, entenderse de dos maneras. Una, en el sentido de que todos los de dieciocho o más años son mayores de edad, sin que necesario sea dar por excluido que también lo puedan ser otros que no tengan esa edad. Es como cuando decimos que los madrileños son españoles, lo cual no excluye que también lo sean los asturianos o los andaluces. Ahí la estructura lógica es la de un condicional simple: si X tiene dieciocho o más años, entonces es mayor de edad, y si X es madrileño, entonces es español, de lo que no se sigue que si X es mayor de edad, entonces tiene dieciocho años, igual que de que X sea español no se infiere que X sea madrileño. Para que haya esa correspondencia exacta entre el conjunto de los mayores de dieciocho años y el de los mayores de edad o entre los madrileños y los españoles, hay que poner el bicondicional, el "si y solo si… entonces". Sí y solo sí se es madrileño, entonces se es español; si y solo si se es mayor de dieciocho años, entonces se es mayor de edad.

¿Por qué a nadie se le ha ocurrido en España pensar que el artículo 12 de la Constitución no excluye que pueda haber mayores de edad con menos de dieciocho años? Pues, evidentemente, porque todos damos por sentado que la interpretación correcta de esa norma es la consistente en establecer una condición taxativa y excluyente y que tiene esa estructura del bicondicional, aunque en sus palabras no se haga ver: si y solo si se tienen dieciocho o más años, entonces se es mayor de edad[254].

Así pues, incurre en defecto y casi error lógico quien aplique a contrario una norma cuya estructura sea la del condicional simple, "si… entonces". Veámoslo con algún ejemplo[255] de nuestra jurisprudencia constitucional. Empezaremos con la sentencia 8/1981 del Tribunal Constitucional, español, de 14 de abril.

El art. 9.3 de la Constitución dice que

> "La Constitución garantiza...la irretroactividad de las disposiciones sancionadoras no favorables o restrictivas de derechos individuales".

¿Se contiene, *a contrario sensu,* en ese artículo alguna regulación para el caso disposiciones sancionadoras favorables, determinando si deben o no ser retroactivas? El Tribunal Constitucional ha dicho que sí, que tal caso está regulado a contrario por dicho precepto constitucional ¿De qué modo se extrae tal conclusión de aquel artículo? ¿Se "impone" a contrario sensu realmente?

Podemos representar así la referida norma, siendo SNF «disposición sancionadora no favorable» y R retroactividad (por tanto, ¬R = no retroactividad, irretroactividad):

---

254 Nuestras emisiones lingüísticas, y también los enunciados normativos, suelen tener más contenido de lo que expresamente dicen y son los sobreentendidos los que nos ahorran numerosos malentendidos. Pensémoslo al hilo de esta misma norma del artículo 12 de la Constitución Española, "Los españoles son mayores de edad a los dieciocho años". Una lectura descontextualizada y con gran despiste podría agarrarse a esa literalidad para mantener que lo único que queda claro es que quien está en los dieciocho años es mayor de edad, pero que ahí nada menciona de si esa condición la tienen los de diecinueve o cuarenta y cinco. Consideraríamos absurda lectura puramente literal porque hay acuerdo unánime en que la expresión "a los dieciocho años" en realidad alude a "dieciocho o más años".

255 Los ejemplos que siguen y gran parte del modo en que se presentan están tomados de mi siguiente trabajo: García Amado, J.A., "Sobre el argumento a contrario en la aplicación del derecho", *Doxa,* 24, 2001.

SNF → O¬R (Si la norma es SNF, entonces no debe ser aplicada retroactivamente)

¿Cómo cae bajo ese *dictum* una disposición sancionadora favorable? El razonamiento que lleva a cabo el TC tendría esta estructura (usamos SF por «disposición sancionadora favorable»):

1. SNF → O¬R (Si la norma es SNF, entonces no debe ser aplicada retroactivamente)
2. SF (La norma es sancionadora favorable)

———

3. OR (Entonces, debe ser aplicada retroactivamente)

En tales términos lógicos, la conclusión es lógicamente arbitraria. Pero eso no cambia si añadimos una premisa 2. con la negación del antecedente de 1.:

1. SNF → O¬R (Si la norma es SNF, entonces no debe ser aplicada retroactivamente)
2. ¬SNF (La norma no es sancionadora no favorable)
3. SF (La norma es sancionadora favorable)

———

4. OR (Entonces debe ser aplicada retroactivamente)

La Constitución guarda silencio respecto de la retroactividad o no de las disposiciones sancionadoras favorables, y de ese silencio no se sigue nada para ellas. La norma expresada en 4 es una invención del Tribunal, invención que puede considerarse avalada por buenas razones morales o políticas, pero no por argumentos de otro género. La Constitución no dispone nada sobre si deben o no ser retroactivas las disposiciones sancionadoras favorables.

¿Cambia algo si reformulamos como bicondicional la norma expresada en 1? Veamos que no:

1. SNF ↔ O¬R (Si y solo si la norma es sancionadora no favorable no debe ser aplicada retroactivamente)

2. ¬SNF (La norma no es sancionadora no favorable)

———

3. ¬O¬R (La norma no debe ser aplicada no retroactivamente = no obligatorio aplicar la norma irretroactivamente)

Es claro que «no obligatorio no R» equivale lógicamente a «permitido R» y «permitido no-R», pero en ningún caso a «prohibido R». O sea, que de la negación de que una norma sancionadora sea desfavorable, esto es, de la afirmación de que sea favorable, no se sigue, con arreglo a 1, que sea obligatoria para ella la retroactividad. Es lógicamente inválido el siguiente razonamiento:

1. SNF ↔ O¬R(Si y solo si la norma es sancionadora no favorable no debe ser aplicada retroactivamente)
2. ¬SNF ^ SF(La norma no es sancionadora no favorable y es sancionadora favorable)

———

3. OR(La norma debe ser aplicada retroactivamente)

El razonamiento sólo sería válido si a la norma recogida en 1 se le añadiese una previsión relativa a SF:

1. (SNF → O¬R) ^ (SF → R) (Si la norma es sancionadora no favorable, entonces es obligatorio no aplicarla retroactivamente, y si la norma es sancionadora favorable, entonces es obligatorio aplicarla retroactivamente)

De ese modo sí se contendría en la norma una regulación perentoria de todos los casos posibles de normas sancionadoras en cuanto a los efectos de su favorabilidad sobre la retroactividad. Pero, repito, la segunda parte de esa fórmula no se contiene en el art. 9.3.

¿Qué consecuencia extraemos para nuestro tema? Que el argumento *a contrario* juega ahí en falso, que no tiene ninguno de sus sustentos posibles (la semántica más la lógica del razonamiento en que se aplica), y que es un puro subterfugio retórico para proporcionar una pseudojustificación de la creación de una nueva norma constitucional, que, si pudiera estar justificada, tendría que estarlo sobre otros argumentos o razones, y eso admitiendo que el Tribunal Constitucional pueda crear normas constitucionales.

¿Y no venimos sosteniendo, con la que estimamos mejor doctrina, que el argumento a contrario puede jugar sólo y siempre que la norma tiene la estructura del bicondicional? La respuesta es que sí, en efecto, pero no de cualquier manera. Y en este caso jugaría de la manera opuesta a la que engañosamente muestra el TC. Si el art. 9.3 se interpreta[256] en términos de «*si y sólo si* una norma sancionadora es no favorable es obligatoria la irretroactividad de esa norma», lo único que a contrario puede mantenerse válidamente es que si una norma sancionadora es favorable, no es obligatoria la irretroactividad de esa norma. Por tanto, a la única pretensión a la que dicho argumento se opondría sería a la que sostuviera que una norma sancionadora favorable es obligatoriamente irretroactiva. Es decir, sólo cabe defender que puede esa norma ser retroactiva, pero no determina que deba serlo. O sea, lo contrario de lo afirmado por el TC.

Este que estamos analizando es un ejemplo de cómo una decisión que valorativamente nos resulta grata se dota de un fundamento erróneo y falsamente objetivo. Se quiere presentar con la fuerza de la semántica y la lógica lo que precisamente desde ellas se desautoriza.

Veamos ahora un segundo ejemplo, también de nuestra jurisprudencia constitucional. El art. 25.3 CE dice que

> «La Administración civil no podrá imponer sanciones que, directa o subsidiariamente, impliquen privación de libertad».

---

[256] Hay que insistir en que tal interpretación es previa y habría de hacerse con los argumentos interpretativos admisibles y oportunos. Que resulte convincente o no, no depende de ningún argumento *a contrario.*

El Tribunal Constitucional, en su sentencia 21/1981, de 15 de junio (f.j.8), dice que

> "La Constitución española reconoce la singularidad del régimen disciplinario militar. *Del artículo 25.3 se deriva "a sensu contrario" que la Administración militar puede imponer sanciones que, directa o subsidiariamente, impliquen privación de libertad*. Y el artículo 17.1 establece que nadie puede ser privado de su libertad sino en los casos y en la forma previstos en la ley. De ambos artículos se deduce la posibilidad de sanciones disciplinarias que impliquen privación de libertad y la remisión a la ley para la fijación de los supuestos".

Si el art. 25.3 significa que "si se es Administración Civil, entonces no le está permitido imponer sanciones que impliquen privación de libertad" (AC → O¬SPL), estamos ante un condicional que no impone ni excluye ninguna solución para otros supuestos, que nada «dice» ni significa para la Administración Militar. Negando el antecedente no se niega lógicamente el consecuente.

¿Qué ocurriría si interpretáramos esa norma como bicondicional (si y sólo si se es Administración Civil, entonces no le está permitido imponer sanciones que impliquen privación de libertad)? AC ↔ O¬SPL. Aquí negar el antecedente implica negar el consecuente:

1. AC ↔ O¬SPL (Si y sólo si se es Administración Civil, entonces no le está permitido imponer sanciones que impliquen privación de libertad)
2. AM → ¬AC(La Administración militar no es Administración civil)
3. AM(Es Administración militar)

———

4. ¬O¬SPL(No es obligatorio no imponer sanciones que impliquen privación de libertad)

La conclusión expresada en 4, lógicamente correcta, nos dice, pues, que (dado 3, Administración Militar) no es obligatorio no imponer sanciones privativas de libertad, lo que equivale a que está permitido imponer sanciones privativas de libertad.

En este caso vemos que el argumento *a contrario* está correctamente empleado, pero a condición de que sea admisible la interpretación previa que lo sustenta, interpretación de la norma en términos de «si y sólo si». Por el hecho de aplicar el argumento *a contrario* de modo lógicamente competente, el Tribunal no tiene garantizada la corrección de su decisión. Para que lo esté, repito, hay que ver si realmente da argumentos interpretativos a ese respecto o si falazmente los sustituye por la mera apariencia de interpretación que da el argumento a contrario.

Un ejemplo de decisión que hace uso del argumento *a contrario* sobre la base de una interpretación de la norma en términos de «si y sólo si» y que justifica dicha interpretación con argumentos interpretativos bien desarrollados, lo ofrece la sentencia del Tribunal Constitucional 184/1994, de 20 de junio. La norma es el art. 894.1 de la Ley de Enjuiciamiento Criminal, según el cual la incomparecencia injustificada de los defensores de las partes no será motivo de suspensión de la vista. En el caso que se examina se planteaba la cuestión de si debe ser causa de suspensión de la vista la incomparecencia *justificada* de los defensores (en el caso, el defensor tenía señalada otra vista de casación para el mismo día y hora, lo cual el propio Tribunal, en la sentencia que motiva el amparo, había reconocido como causa justificada de incomparecencia). Representemos así el art. 894.1 LECrim. (II = incomparecencia injustificada de defensores; SV = suspensión de la vista):

$$II \rightarrow \neg SV$$

En tales términos, como condicional simple, nada se sigue para el caso de incomparecencia justificada (IJ), como ya sabemos. Pero el TC realiza un razonamiento *a contrario* y extrae del art. 894.1 el mandato de que debe ser motivo de suspensión la incomparecencia justificada. Para ello, está interpretando dicho artículo en términos de “si y sólo si la incomparecencia de los defensores es injustificada no será esa incomparecencia motivo de suspensión de la vista". Es decir:

$$II \leftrightarrow \neg SV$$

Y el razonamiento queda de la siguiente forma, lógicamente correcta:

1. $II \leftrightarrow \neg SV$ (Si y solo si incomparecencia injustificada, entonces no suspensión de la vista)
2. $IJ \rightarrow \neg II$ (Si incomparencia justificada, entonces no incomparecencia injustificada)
3. IJ (Incomparecencia justificada)

———

4. $\neg(\neg SV)$ (Entonces, no obligatorio no suspensión de la vista)

La interpretación del art. 894.1 LECrim. en la forma reflejada en 1 la sustenta en TC en diversos argumentos atinentes a "principios como el de contradicción y de igualdad entre las partes que han de presidir el procedimiento penal en cualquier instancia". Se podrá opinar sobre el carácter convincente o no de dicha justificación de aquella interpretación, pero no se puede discutir que se ofrecen razones admisibles para la misma y que el razonamiento *a contrario* que sobre ella se lleva a cabo es correcto. Quien quiera desactivarlo deberá atacar aquellos argumentos interpretativos y fundar una interpretación diversa.

En suma, tenemos que el argumento *a contrario* se constituye en determinante de la corrección del fallo cuando o bien el propio enunciado de la norma tiene el carácter de «si y sólo si», o bien mediante la interpretación se le asigna dicho carácter en términos generales[257]. Sobre esa base, tienen razón los que dicen

---

257 Como ya sabemos, La cuestión se suscita a menudo cuando el enunciado legal contiene una lista de objetos o acciones a los que se liga la consecuencia jurídica. El problema interpretativo, a falta de expresiones como «sólo», «únicamente» o similares, será determinar si esa lista

que el argumento posee cierto carácter trivial, pues no es sino explicitación de una consecuencia que se impone con necesidad lógica. Para cualquier concepción del razonamiento jurídico decisorio que admita que este sólo puede ser correcto (condición necesaria, aunque no suficiente) cuando es respetuoso con las reglas de la lógica, no será correcta la decisión que se base en una aplicación lógicamente defectuosa del argumento *a contrario.* Pero con esto de ninguna manera se quiere indicar que la lógica aporte nada más que esto. *En sí,* el argumento *a contrario* sólo puede ser atacado o admitido por razones de corrección lógica de su aplicación, pero tal cosa no quiere decir que toda decisión que aplique de manera lógicamente correcta dicho argumento sea ya, sin más, una decisión correcta y admisible. Pues ya sabemos que la corrección material de la decisión o su admisibilidad requerirá que se entienda correcta o admisible la interpretación de la norma de base, interpretación en términos de bicondicional que habilita el uso del argumento *a contrario.* Cuestionado el resultado de esa interpretación, se cuestiona la conclusión que se infiere mediante lo que se llama el razonamiento *a contrario.*

---

constituye una enumeración meramente ejemplificativa o exhaustiva, pues sólo en este último caso cabe trabajar con el argumento *a contrario.* Un ejemplo. La Sentencia del Tribunal Constitucional 102/1995 (*Tol 82841*), al enjuiciar en conflicto de competencias la constitucionalidad del art. 33.1 del Real Decreto 1095/1989, de 8 de septiembre, que desarrolla en materia de caza y pesca la Ley 4/1989, relativa a la normativa básica de protección del medio ambiente, parte de que en dicho artículo 33 se dice que se considera "objeto de caza y pesca las especies que se relacionan en los anexos I y II". Y mantiene el TC: «A *contrario sensu* las especies excluidas de ellos no pueden ser capturadas o muertas», diciendo que se trata, pues, de una "prohibición implícita". Por tanto, esa relación de especies es una lista cerrada, y la corrección de tal interpretación se acredita fácilmente tomando en cuenta que el art. 33.1 de aquella Ley 4/1989 dice que "La caza y la pesca en aguas continentales sólo podrá realizarse sobre las especies que reglamentariamente se declaren como piezas de caza y pesca". No hay, pues, ninguna laguna respecto de las especies no mencionadas: rige la prohibición de su caza y pesca.

2.2. *El argumento* a simile *o analógico y los argumentos* a fortiori *o a mayor razón*

2.2.1. El argumento *a simile* o analogía

Vamos al fin con las características del argumento analógico, en cuanto argumento creativo.

A. *Analogía legis*

Ya sabemos que, en virtud de la prohibición del *non liquet*, el juez que no dé con norma directamente aplicable tendrá que crearla, a fin de resolver con ella ese caso en el que existe una laguna normativa. Pues bien, los argumentos principales para justificar la creación de esa nueva norma aplicable a tales hechos son la analogía o argumento analógico o *a simile* y los argumentos *a fortiori* (*a maiore ad minus* y *a minore ad maius*). Dentro de la analogía, no estará de más que distingamos entre analogía *legis* y analogía *iuris*.

La analogía es contemplada por el artículo 4.1 del Código Civil español, que dice así:

> "Procederá la aplicación analógica de las normas cuando éstas no contemplen un supuesto específico, pero regulen otro semejante entre los que se aprecie identidad de razón".

Ahí se dejan ver los dos requisitos que tradicionalmente se vienen exigiendo para que proceda el argumento analógico: la similitud entre los dos supuestos, el regulado en el supuesto de hecho de una norma que sí está en el sistema jurídico y este otro para el que hay laguna, por un lado, y, por otro, que se dé la llamada identidad de razón, lo que significa que la misma razón o fin por el que se explica que la norma que regula un caso parecido le asocie cierta consecuencia jurídica, vale para justificar ahora que para este otro caso que no tiene norma aplicable, pero que es parecido desde ese punto de vista finalístico, se le cree por el juez una norma nueva, pero con la misma consecuencia jurídica que aquella otra. Por consiguiente, paso previo para la aplicación del argumento analógico será la interpretación teleológica de aquella norma que existe para el otro caso y que ahora se va a aplicar a este caso lagunoso.

Para ilustrar todo eso, juguemos primero con un ejemplo inventado y manejemos después uno real[258].

Pensemos que en un reglamento de exámenes de una universidad hubiera un capítulo sobre "Medios de escritura que los estudiantes podrán emplear en los exámenes" y que dicho capítulo contuviera estas dos normas:

N^1: "Los estudiantes podrán escribir sus exámenes con bolígrafo"

N^2: "Los estudiantes no podrán escribir sus exámenes con lápiz".

¿Será posible escribir los exámenes con rotulador o marcador? Si aceptamos que el rotulador es un objeto distinto del bolígrafo, que una cosa es un bolígrafo[259] y otra un rotulador[260], y si no hay ninguna otra norma más en el sistema que disponga con qué se pueden escribir los exámenes y con qué no, nos hallaríamos ante una laguna plena si se planteara el caso de un estudiante que pretende escribir su examen con rotulador. Si un juez tiene que

---

258 Similarmente en mi libro *Razonamiento jurídico y argumentación*, ed. Eolas y ed. Zela, sucesivas ediciones.

259 Aunque el Diccionario no es ninguna panacea para el jurista, veamos cómo el de la Real Academia Española de la Lengua define bolígrafo: "Instrumento para escribir que tiene en su interior un tubo de tinta especial y, en la punta, una bolita metálica que gira libremente". En algunos países, a lo que en España se le dice bolígrafo se le llama "esfero" (Colombia), "lapicero" o "birome" (Argentina), "lápiz pasta" (Chile), "pluma" (México, Cuba, Puerto Rico), "puntabola" (Bolivia)... En Portugal y Brasil se llama "caneta".

260 Según el Diccionario de la Real Academia, "rotulador" es: "Instrumento semejante a un bolígrafo o a una estilográfica, que escribe o dibuja con un trazo generalmente más grueso que el habitual, mediante una escobilla o pincel de fieltro". En algunos países latinoamericanos se le dice "marcador", "plumón" o "fibra".

resolver un caso así, necesitará *crear* la norma que el sistema no le proporciona, la norma con la que resolver el caso. Pero no podrá crearla a su capricho, sino que tendrá que argumentar por qué decide así, con esa norma que él aporta, en lugar de decidir de otra manera y con otra norma distinta, también por él creada. Sería otro ejercicio de discrecionalidad, que el juez ha de argumentar para convencernos de que no ha sido arbitraria su decisión.

Tenemos que N^1 permite el bolígrafo y N^2 prohíbe el lápiz, pero que nada se contiene sobre si debe permitirse o no el rotulador. Tendremos que preguntarnos si bolígrafo y rotulador son similares, pero el resultado de una comparación depende siempre del *tertium comparationis*, del punto de vista desde el que la comparación se haga, del propósito de la misma. Un bolígrafo y un rotulador son parecidos o diferentes según como se mire y según a qué fin. Así que tenemos que irnos ya a la finalidad de la norma y preguntar por qué será que N^1 permite los bolígrafos. Si establecemos que la razón es, por ejemplo, que su tinta no se borra, podremos decir que, *a esos efectos*, el rotulador es similar al bolígrafo, pues tampoco se borra su tinta. De esta manera, estaría justificada la analogía y que el juez decidiera conforme a esta norma, que no estaba antes y él crea y justifica con tal razonamiento analógico.

Norma que el juez ha creado para el caso, basándola en la analogía: "*Los estudiantes podrán escribir sus exámenes con rotulador*".

¿Por qué? Porque si la razón de ser, la "razón" de la norma que permite la escritura con bolígrafo es que la tinta no se borra, esa misma razón vale para el rotulador. Tendríamos identidad de razón y similitud, por tanto, entre ambos medios de escritura. ¿Y si el fin de N^1 no fuera ese, sino otro bien distinto, que con el rotulador no se cumpliera? Entonces no estaría justificada la extensión, por analogía, al rotulador, no se cumpliría con la identidad de razón. Vemos cuán grande es la dependencia de la interpretación teleológica de N^1 o, mejor, de la interpretación teleológica en conjunto de N^1 y N^2.

Ya vemos, por tanto, que la mejor manera de atacar un argumento analógico es poniendo en solfa la interpretación teleológica que está en su base y que fundamenta la similitud entre los supuestos, similitud que se da y se vuelve relevante precisamente desde esa finalidad de la norma existente y que vale también para la que el juez crea para colmar la laguna. Por decirlo con este mismo ejemplo imaginario, ese argumento analógico que usó nuestro juez en el caso parece perfecto, salvo que quien lo cuestione nos convenza de que no es la perdurabilidad de la tinta de bolígrafo lo que llevó al legislador a permitirlo y prohibir el lápiz, si no otra razón que vale para el bolígrafo y no vale para el rotulador. Por ejemplo (y aunque sea muy rebuscado este ejemplo), porque la mina del lápiz deja en la escritura una sustancia dañina para la salud, sustancia dañina que no está en la tinta del bolígrafo, pero que sí es común también en la tinta de los rotuladores.

¿Y un portaminas? En la situación que vimos, vigentes N^1 y N^2 y sin ninguna otra norma sobre la materia, ¿puede un estudiante escribir su examen con un portaminas? Depende de cómo interpretemos "lápiz" en N^2. Si realizamos de "lápiz" una interpretación restrictiva, lápices y portaminas son cosas distintas, a efectos de esa norma. Pero, si cabe y llevamos adelante una interpretación extensiva de lápiz, resultaría que los portaminas pueden verse como un tipo de lápices. ¿Qué comprobamos con esto, sin extendernos más? Que también la existencia de lagunas puede depender grandemente de la interpretación que se haga de las normas existentes. Cuanto más alcance le doy a los términos de una norma, más hechos abarcan y, consiguientemente, menos quedan sin regulación, en el caso de que no resulten subsumibles bajo otra norma distinta[261].

---

[261] Cuando, al interpretar, se da a una norma un alcance más amplio o extenso, para que abarque bajo la referencia de sus términos esos casos dudosos que caen en la zona de penumbra, se hace interpretación *extensiva*. Interpretación *restrictiva* es la contraria, aquella que restringe o acota la referencia del término o expresión que se interpreta y que, así, deja fuera de esa referencia los casos dudosos.

Ahora veamos brevemente un ejemplo real, tomado de una sentencia, concretamente la *Sentencia 200/2012 del Tribunal Supremo, Sala Primera, de lo Civil, de 26 de marzo de 2012.* Hubo un accidente, al chocar una moto con un camión. Murieron los dos ocupantes de la moto. Se trata de establecer a qué herederos se debe indemnizar por ese fallecimiento y en qué cuantía. Uno de los fallecidos no tenía cónyuge ni hijos, pero sí padres y hermanos. Además, tenía en régimen de acogimiento y era tutor de un primo suyo menor de edad.

El problema está en que en la Ley de Responsabilidad Civil y Seguro en la Circulación de Vehículos a Motor, y en el sistema que establece para la valoración del daño corporal en accidentes de tráfico figuran como posibles beneficiarios de la correspondiente indemnización los cónyuges, padres, hijos y hermanos, pero no los primos, ni siquiera los primos de los que la víctima fuera tutor y que con ella vivieran. Es decir, y simplificando, una norma dispone que, en caso de fallecimiento en accidente de circulación, tienen derecho a indemnización los X y los Y del fallecido, pero no los P. De los P nada dice la norma, ni que tengan ese derecho (no los menciona) ni que no puedan tenerlo. Si entendemos que tal norma contiene una enumeración taxativa y cerrada (sólo y exclusivamente los X y los Y tienen derecho a indemnización), la indemnización no cabe para los P, en nuestro caso para los primos menores de los que el fallecido sea tutor o acogedor. Si no entendemos que la enumeración es cerrada, podemos ver una laguna teleológica: la norma dice cuál es el tratamiento que se debe dar a los X y los Y, pero sobre los P calla, no dice ni que sí ni que no.

En la mencionada sentencia, el Tribunal Supremo se inclina por la analogía y admite que el primo menor en acogimiento puede ser beneficiario de la indemnización. Lo fundamenta afirmando que la situación del primo hermano en acogimiento es similar o parangonable a la del hermano menor conviviente (que sí tiene derecho a indemnización, según la ley), pues, además de la convivencia, se puede suponer una parecida relación de afectividad. Esto es, que hermanos o primos menores guardan con ese pariente con el que conviven y que los cuida una relación bien similar. Como el fin de la norma que ampara a los hermanos en cuanto beneficiarios de la indemnización es protegerlos, en tanto menores y en tanto dependientes del fallecido, la misma razón vale para el primo menor conviviente.

Mirémoslo de otra manera. Con el muerto convivían tanto una hermana menor como ese primo pequeño que se hallaba en situación legal de acogimiento. La norma aplicable dice sin lugar a dudas que la hermana sí tiene derecho a percibir la indemnización. El tribunal añade que, *análogamente*, se debe reconocer el mismo derecho al primo, aunque la norma nada mencione del asunto. Por tanto, está creando una norma allí donde no existía, y aplicándola: la que establece que también los primos convivientes, dependientes y unidos por una relación de afectividad análoga, similar a la fraterna, tienen derecho a recibir dicha indemnización. Se ha aplicado un argumento analógico, se ha decidido con base en la analogía.

El enunciado que he dado a esa norma creada es deliberadamente equívoco. En realidad, lo que el Tribunal Supremo dijo fue que ese primo menor en acogimiento tenía derecho a la indemnización por el accidente, con lo que no se trata de una norma general y abstracta (*todos los X tienen derecho a D*), sino de una norma individual y concreta (este sujeto tiene derecho a esta indemnización). En verdad, solo habrá producción de una norma general y abstracta si el tribunal en cuestión, en este caso el Tribunal Supremo español, sienta ahí jurisprudencia, produce precedente vinculante, como en España ocurre cuando resuelve en casación. Entonces, todos los demás tribunales están obligados, mientras el Tribunal Supremo no cambie su precedente, a resolver todo caso futuro de un primo menor en acogimiento de la misma manera, diciendo que sí tiene derecho a indemnización por muerte en accidente de circulación, con lo que habrá nacido por esa vía jurisprudencial una norma general y abstracta y, por tanto, ya no habrá laguna; o habrá laguna legal, en la ley, pero ya no laguna en el sistema jurídico, pues ha sido colmada por vía jurisprudencial.

B. Analogía iuris y principios generales del derecho

Esta a la que nos estábamos refiriendo es la llamada analogía *legis*. También se refiere la doctrina a la analogía *iuris*. Esto se relaciona con los llamados principios generales del derecho.

Dice el art. 1.1 del Código Civil español que

> "Las fuentes del ordenamiento jurídico español son la ley, la costumbre y los principios generales del derecho" y el art. 1.4 aclara que "Los principios generales del derecho se aplicarán en defecto de ley o costumbre sin perjuicio de su carácter informador del ordenamiento jurídico".

Los principios generales del derecho son aquellas ideas regulativas que subyacen a un sector el derecho o a un grupo determinado de normas del mismo. Son los principios o ideas inspiradoras que dan su sentido de conjunto y su explicación congruente de fondo a tales conjuntos de normas.

Inventemos un ejemplo. Supóngase que hay una norma legal que dice que los perros que se tengan en las casas deben ser convenientemente alimentados y aseados, otra que dispone que los gatos domésticos deben mantenerse en adecuadas condiciones de higiene, alimento y sanidad y otra que dispone que los pájaros que se tengan en los hogares deben disponer de comida apropiada y de jaulas de un mínimo tamaño y que les permitan cierta movilidad. Ahora imaginemos que se plantea un problema en relación con la tenencia de hámsteres en los pisos y casas. Nada dice del hámster ninguna norma, pero del conjunto de las otras tres normas que existen podríamos sacar un *principio general* relativo a la tenencia y cuidado de animales domésticos o caseros: el de que deben contar con cuidados mínimos y condiciones apropiadas de vida. De este modo habríamos extraído un principio general a partir de aquellas tres normas, principio que les da su sentido de conjunto y que sirve, además, como nueva norma que abarca los casos no enunciados expresamente en normas concretas del sistema.

Usemos otro ejemplo, parecido al que más atrás manejamos. Imaginemos que en un sistema hay una norma que dice que en los transportes públicos podrán viajar gratis los cojos, otra que da el mismo derecho a los mancos, y otra a los sordos, pero nada dice norma ninguna de los ciegos. Si solo hubiera la norma de los sordos, podríamos tratar de usar un argumento analógico, tipo analogía *legis*, para extender a los ciegos el tratamiento legal de los sordos en este tema, pero como en verdad contamos con esas tres normas (para cojos, mancos y sordos), es más contundente el argumento de tipo analogía *iuris*, que funcionaría así: de ese conjunto de tres normas inferimos un principio general, un principio común a las tres e inspirador de las tres, que vendría a decir que tiene mucho sentido que viajen gratis las personas con alguna incapacidad física relevante. Bajo esa norma ya sí cuadran los que no encajaban bajo ninguna de aquellas tres normas legales: los ciegos. Y, en cuanto se pretende que ese principio es *general*, se está diciendo que hay laguna "legal", pero no laguna en el sistema jurídico, pues estaría presente en él, tácitamente, esa norma que dice que las personas con relevantes incapacidades físicas tienen derecho a viajar sin pagar en los transportes públicos. Por eso se entiende que el Código Civil mencione los principios generales entre las fuentes del derecho.

Conviene puntualizar que este tipo de normas, a las que tanta relevancia otorgó la teoría tradicional de las normas jurídicas y de las fuentes del derecho, nada tiene que ver ni con los principios de los que habla Alexy como normas distintas de las reglas, ni con los principios morales que, según los iusmoralistas, son contenido necesario de todo auténtico derecho. Los principios generales del derecho, sentados mediante ese razonamiento al que se llama analogía *iuris*, no se extraen de una reflexión moral y no pretenden expresar ninguna idea de justicia con pretensiones cercanas a las del objetivismo moral, sino que se infieren a partir de un conjunto de normas positivas del sistema jurídico de que se trate. En tal sentido, los principios generales del derecho[262] pueden re-

---

262 El nombre siempre se ha prestado a gran equívoco, ciertamente, y por eso tantos iusnaturalistas han intentado a lo largo de los tiempos colar

sultarnos perfectamente injustos, en consonancia con la injusticia que imputemos a las normas legales que les sirven de base. Así sucedería en un ordenamiento jurídico en el que hubiera una norma positiva que dijera que los perros caseros pueden ser matados por sus dueños de cualquier manera, otra que estipulara que cualquiera puede ejecutar como se le antoje a su gato y otra que permitiera a los que tienen conejos o pollos como mascotas terminar libremente con su vida y por cualquier procedimiento. De ahí se puede extraer el principio general de que los dueños de mascotas pueden acabar con su vida como deseen, con lo que ese régimen, en virtud de tal principio, se extendería también a los hamsters o los patos o los pájaros o a cualquier otra especie que en casa quepa tener como mascota.

2.2.2. Los argumentos *a fortiori* o a mayor razón

Refirámonos ahora a los argumentos *a fortiori*, también llamados argumentos a mayor razón. Tienen dos variantes: *a maiore ad minus* y *a minore ad maius.*

El argumento *a maiore ad minus* se usa para extender permisos y viene a decirnos esto: si está permitido lo más, con mayor razón estará permitido lo menos. Pongamos algún ejemplo de nuestra invención. Imagínese que hay una norma positiva que dice que en los estadios de fútbol está permitido entrar portando bebidas alcohólicas. Pero ninguna norma dice nada de si se puede o no meter botellas de agua en tales recintos. Podría defenderse que hay, pues, una laguna sobre este extremo del agua. Cabría colmarla justificando mediante un argumento *a maiore ad minus* la creación de la norma que permite entrar con agua: *si está permitido lo más,* como es el alcohol, *con mayor razón estará permitido lo menos,* el agua.

---

por ahí el derecho natural, aunque siempre contrariados porque, en España, el título preliminar del Código Civil español subordinara estos principios generales a la ley y la costumbre.

La clave de la comparación la ofrece, al igual que en el caso de la analogía, el fin de la norma, para lo que deberemos hacer y justificar una interpretación teleológica. Si ponemos que la finalidad de la norma es que los espectadores puedan saciar la sed mientras contemplan los partidos, estará bien traída la idea de que, si se puede calmar la sed bebiendo vino, ginebra o ron, con mayor razón se podrá saciar con la ingesta de agua, y que, por tanto, esa razón que justifica que se toleren las bebidas con alcohol tanto más justificará que se admita el agua. Pero si tenemos que atacar el argumento *a fortiori* y la norma nueva que fundamenta (la que permite el agua), deberemos desactivar aquella interpretación teleológica de la norma existente. Por ejemplo, haciendo ver que la norma que autoriza las bebidas alcohólicas no tiene como fin que los espectadores puedan saciar su sed sino, mismamente, fomentar la venta de bebidas con alcohol.

El argumento *a minore ad maius* es útil para extender prohibiciones o restricciones de derechos. Así es su esquema: si está prohibido lo menos, con mayor razón estará prohibido lo más. Ejemplo. Supóngase que hay una norma que prohíbe acceder a los estadios con armas blancas (puñales, cuchillos, navajas, dagas, bayonetas...) y que no hay norma ninguna que diga nada de las armas de fuego. Sobre las armas de fuego existe, pues, una laguna. Así que un sujeto intenta entrar al estadio en día de partido con una escopeta de cañones recortados o con un fusil. Ante la objeción del portero que no le permite el paso, podría preguntar ese señor que dónde dice que con armas de fuego no cabe el acceso. Cualquiera, y también un juez, le podría contestar de este modo: *si está prohibido lo menos, con mayor razón estará prohibido lo más.*

¿Menos o más según qué punto de comparación? El que nos brinda el fin de la norma. Si el objetivo de la norma que veta la entrada con armas blancas es proteger la vida y la integridad física de jugadores, árbitro y espectadores ante posibles agresiones, estará bien pensado que, a esos efectos, más peligrosas que las navajas son las escopetas. También aquí si se quisiera desactivar el argumento habría que atacar esa interpretación teleológica que le subyace.

3. PROBLEMAS DE SUBINCLUSIÓN Y DE SOBREINCLUSIÓN Y REFERENCIA REGULATIVA DE LAS NORMAS. CÓMO SE SOLUCIONAN ESOS PROBLEMAS Y CÓMO SE ARGUMENTAN LAS SOLUCIONES

Como ha subrayado un autor tan importante como F. Schauer, cuando las normas se refieren a hechos y a tales hechos anudan consecuencias jurídicas, pueden surgir problemas de subinclusión y problemas de sobreinclusión. En el primer caso la norma abarca menos de lo que con ella se pretende y en el segundo caso bajo la pura referencia semántica de la norma caen hechos a los que materialmente parece absurdo aplicar la consecuencia jurídica correspondiente.

Ejemplos de subinclusión ya los hemos visto más arriba, cuando se aludió a una imaginaria norma que dijera que los mancos tendrán derecho a viajar gratis en los transportes públicos, pero no se refiriera expresamente a los cojos o a quienes deben ir en sillas de ruedas y estuviera claro que la finalidad de la norma era reforzar el apoyo a las personas con discapacidades físicas severas. Veíamos que ahí formalmente puede no haber una laguna normativa o propiamente dicha, pero que es fácil detectar lo que estamos denominando una laguna teleológica. En casos de lagunas, también de las teleológicas, se puede razonar y con argumentos analógicos, a fortiori o de principios generales del derecho.

Ejemplos de sobreinclusión los examinaremos seguidamente. Advirtamos que el argumento más útil para tratarlos es el de reducción teleológica, como pronto comprobaremos.

Para entender y situar cabalmente los problemas de subinclusión y de sobreinclusión y para manejarse con los correspondientes argumentos que los tratan sin caer en los excesos del iusmoralismo, conviene que nos acostumbremos a diferenciar entre referencia semántica y referencia regulativa de las normas, para que captemos que una regulación jurídica no es un mero texto lanzado irreflexivamente o que es derecho por puro azar, sino que las normas obedecen a propósitos prácticos precisos y que siempre hay que aplicarlas juntando lo que dicen con lo que quieren y buscando que al atender a lo que dicen no se contravenga por completo lo que quieren.

Como buenos supuestos de subinclusión ya los hemos analizado (el ficticio de los mancos y los cojos, el real del primo menor de edad que estaba bajo tutela del que falleció en el accidente de moto...), vamos a enfrentarnos en este momento con supuestos de sobreinclusión.

Seguramente el supuesto más famoso, desde Hart, es el de las ambulancias en los parques. Supóngase que en una ciudad hay una norma jurídica que declara prohibida la entrada de vehículos en los parques. Parece bien claro que, en razón del fin imaginable para una norma así, encajan sin problema bajo la prohibición los vehículos de motor de uso ordinario, pero habrá que dilucidar por vía interpretativa si quedan bajo lo prohibido abarcados también los vehículos que no son de motor, como bicicletas o triciclos; y hasta habrá que ver si la entre esos vehículos prohibidos están igualmente ciertos de motor de características y funciones bien especiales, como el camión-grúa que se usa para retirar del parque un grueso árbol que el viento tumbó o la ambulancia que acude a socorrer y evacuar a un paseante que resultó herido por la caída de ese árbol.

No se me ocurre ningún jurista en sus cabales que intentaran justificar que se multe al conductor o propietario de la ambulancia que, para asistir a un herido, penetró en los caminos de un parque donde está prohibida la circulación de vehículos de motor o que (recordando el viejo ejemplo tantas veces citado por tantos o similar al de El Mercader de Venecia) solicite que se aplique al médico que hace una cirugía de gran urgencia en plena calle y con una navaja la sanción que la norma prescribe para el que derrame sangre en el asfalto.

Primero, porque los sistemas jurídicos complejos contienen casi siempre justificaciones expresas para casos así, excepciones previstas y que vuelven justificado el que se inaplique la sanción a tales conductas, aunque formalmente encajen en el supuesto de hecho de la norma sancionadora. Y, segundo, porque ni al iuspositivista más duro le costará admitir que las normas todas tienen un fin pragmático o razón de ser teleológica; que, precisamente porque no caen del cielo, sino que surgen en cada sociedad concreta para anticipar en lo posible la solución de problemas más o menos determinados, es *absurdo* que la aplicación estricta y totalmente insensible de la norma provoque justamente el efecto contrario al que *la misma norma* busca, a la finalidad que *a la norma respectiva* da su sentido.

Si, pongamos, el fin que razonablemente podemos atribuir a la norma que prohíbe los vehículos de motor en los parques es amparar ciertos bienes de los usuarios de los parques, empezando por su vida e integridad física, y siguiendo por su tranquilidad y esparcimiento, mal casará con ese fin, sino que lo contradirá, aplicar la prohibición a las ambulancias o al vehículo que recoge los trozos cortados del gran árbol caído. Ese es el mecanismo típico y tópico del llamado argumento de reducción al absurdo, que los juristas vienen usando con toda naturalidad desde siempre y que poco dirimente aporta en el debate entre iuspositivistas razonables y iusmoralistas razonables. Más adelante observaremos lo mucho que el argumento de reducción al absurdo se relaciona con el que llamamos argumento de reducción teleológica.

Llamo referencia regulativa de la norma al *sentido pragmático o teleológico de la norma*, a lo que *sitúa el enunciado normativo en su contexto operativo y funcional*, haciendo que la aplicación de la norma no resulte obviamente absurda, disfuncional por completo, atentado contra la base material y conductual sobre la que la norma misma se asienta y cobra su razón de ser. Porque, al menos mientras presupongamos un mínimo de racionalidad legislativa, de racionalidad de los emisores autorizados y legítimos de las normas jurídicas, no podemos suponer que estas, las normas, se contienen en enunciados lanzados a humo de pajas, sin ton ni son, sin propósito ni reflexión, para nada y por puro sentido lúdico o por el placer de recrearse en el caos.

Un caso que en España ha comentado algún querido amigo, Alfonso García Figueroa. El artículo 4 de la Ley 30/1979 sobre extracción y trasplantes de órganos prohíbe que los menores sean donantes de órganos para trasplantes entre vivos, pero ocurrió que la menor era la madre de una niña que necesitaba con extrema urgencia una tal donación y, por cuestiones de compatibilidad, solo la de la madre era posible y llegaba a tiempo[263].

Ahora, otro caso famoso y muy del gusto también de mis amigos iusmoralistas, el de la norma aquella que en la vieja República de Florencia prohibía el derramamiento de sangre en las calles, con grave castigo para los infractores. Un médico tiene que intervenir a vida o muerte a un enfermo en la calle, por ejemplo, haciéndole con una navaja una traqueotomía para que no se ahogue, y se derrama en el empedrado sangre del que así se salvó.

En algunos manuales aparece este otro supuesto excelente. Un ciudadano vive en una calle que lleva solo a su casa y la de otro vecino y que no tiene salida. En la entrada del garaje tiene una señal de prohibido aparcar, puesta con toda legalidad por el municipio y previo pago de la tasa correspondiente. Es claro que el que aparque allí (por ejemplo, su otro vecino o alguien que a este visite o uno que trabaja en una empresa cercana, etc.) infringe la norma.

---

263 El caso, real, lo presenta así Alfonso García Figueroa: "Una niña sevillana, Noara, necesitaba un trasplante de hígado. Dado que este tipo de trasplante sólo necesita una parte del órgano del donante, es posible que éste sea una persona viva. Felizmente se comprobó que la propia madre de Noara era una donante idónea. Sin embargo, se planteó un impedimento legal: la madre de Noara era menor de edad y ya sabemos que existe una regla que prohíbe a los menores donar órganos" (García Figueroa, A., *Criaturas de la moralidad. Una aproximación neoconstitucionalista al derecho a través de los derechos*, Madrid, Trotta, 2009, p. 153). Téngase en cuenta que lo que la madre pretendía donar y donó a su hija no fue el hígado, sino una parte del mismo.

Pero, ¿y si el que en ese espacio prohibido aparca es el propio dueño de la casa y único usuario del garaje de la casa?

¿Qué tienen en común todos esos ejemplos y tantísimos más que podríamos traer? Lo siguiente: cualquier persona mínimamente razonable admitirá que, a falta de otros datos o detalles, es absurdo aplicar la consecuencia jurídica de la norma, pues o bien se provocan resultados contrarios a la finalidad de la norma misma, o bien se imponen consecuencias que, a tenor de la razón de ser de la norma en cuestión, no se justifican y resultan arbitrarias. Detengámonos a analizarlo al hilo de esos ejemplos (dejo de lado el del ruego o mandato no jurídico de cerrar la puerta).

Sobre la ambulancia del parque han corrido ríos de tinta, pero creo que lo principal habría que decirlo al modo castizo: qué tiene que ver la velocidad con el tocino. Sean cuales sean las razones justificativas para que se prohíba el acceso de vehículos a los parques, siempre van a tener en común el ser razones atinentes al bienestar de los ciudadanos que los usan, ya sea la seguridad para su vida y su integridad física, ya sea la limpieza del aire que allí se respira, ya sea la calma y el silencio, etc. Si se aplica a ciegas la norma y se sanciona al conductor de la ambulancia que entra para asistir y transportar a un herido o al que ha sufrido un infarto, se están haciendo las cosas más opuestas al tipo de finalidades que a la norma misma dan sentido. Cosa distinta, por supuesto, sería si la ambulancia accediera al parque porque a su conductor le apetece comerse un bocadillo allí o recoger a su novia que paseaba su perrillo por los senderos.

En cuanto a la donación de un órgano que hace la madre menor a su hija, sucede algo bien parecido. La razón que explica la prohibición seguro que está en proteger a los menores para que no sucumban a trampas y enredos y no sufran por eso un daño tal como la privación de un órgano corporal, pero en el caso de esa madre está fuera de duda que la protección de la misma no se resiente en modo alguno si se hace la excepción, pues a ella misma se la está librando de una pérdida para ella más grave que la de una parte de un órgano, la pérdida de una hija.

No creo, para nada, que se trate de ponderar o comparar lo que vale una vida y lo que vale un órgano no vital, porque en ese caso habría que admitir la plena validez de toda donación hecha por un menor cuando no haya alternativa o exista riesgo grave para la vida del otro porque no aparece a tiempo otro donante o no se sabe de alguno más que sea compatible. No es lo que vale o pesa la vida de la niña frente a lo que vale o pesa el órgano de la madre, pues, insisto, entonces habría que dar por buenas mil y una excepciones a la norma que prohíbe las donaciones de órganos por menores[264]. De lo que se trata es de analizar si en verdad

---

264 En este punto radica, creo, mi sustancial diferencia con el planteamiento de García Figueroa, quien interpreta este mismo caso por él tan usado, el caso Noara, como indicador de que cualquier regla puede y debe ser derrotada por razones éticas, lo que tiene que significar que siempre que la moral pida la derrota de la ética no solo debe acontecer tal derrota, sino que será esa la decisión plenamente jurídica. Oigamos a García Figueroa: si se afirma, como él afirma, "que la revisabilidad del contenido de las reglas obedece precisamente a su naturaleza ética, entonces podremos salvar los devastadores efectos escépticos kripkeanos, pues bajo este esquema la relación interna entre la regla y sus casos de aplicación se halla, por decirlo así, *bajo control*, el control de la razón práctica general. Con esto quiero decir que las reglas son derrotables para preservar una exigencia de la razón práctica, pero al mismo tiempo la razón práctica nos brinda la guía en los casos de efectiva derrota o revisión de la norma. La vinculación a la razón práctica de las normas jurídicas es la causa de la derrotabilidad, pero también es el instrumento para su ministración". Y agrega que "La derrotabilidad es causada por la vinculación de las normas a la razón práctica en el sentido de que debemos reservarnos, como en el caso Noara, la *posibilidad* de poder revisar el contenido de una regla como «prohibido a los menores donar órganos» ante una nueva situación (la relación de maternidad con la receptora) no prevista (y *a fortiori* en un caso imprevisible *ex ante)* y que justifique exceptuar el contenido de la norma. Y ello porque sería irracional que canceláramos la posibilidad de revisar el contenido de la regla existiendo la posibilidad de que en el futuro surja un caso imprevisible (o efectivamente imprevisto). Desde este punto de vista, la derrotabilidad es consecuencia de la dimensión ética del derecho" (García Figueroa, G., "El ADN del neoconstitucionalismo y la mutación

sigue protegiendo a esa madre menor la norma que le veta donar órganos, cuando esa norma se aplica para impedir que los done a su hija y para que esta viva.

En lo concerniente al caso del derramamiento de sangre en la calle, estamos en lo mismo, pero más claro aun, si acaso. Que una norma que sin duda estaría fundada en el propósito de salvar vidas y evitar lesiones se aplique precisamente para castigar al que salva una vida implica un radical absurdo.

Y en lo que se refiere al aparcamiento del coche propio ante la propia entrada del que es uno el único usuario y donde rige una prohibición de aparcar, nos encontramos ante un caso más de lo que algunos llaman una reducción teleológica. Viene a ser como si en la entrada de un quirófano de hospital hubiera un letrero que dijera "Prohibido el paso" y el guardia de seguridad impidiera la entrada al cirujano que como tal se ha identificado y que va a hacer allí una operación a su paciente.

Si la norma que prohíbe aparcar en las entradas de los garajes se explica por el objetivo de que no se obstaculice así la entrada y salida de los usuarios, de lo más absurdo sonaría que el hombre de nuestro ejemplo lo estuviéramos sancionando por impedirse a sí mismo el acceso al garaje del que es dueño y usuario exclusivo[265].

Con todos estos ejemplos pretendía ilustrar lo que he llamado la *referencia regulativa* de las normas. Se trata del tipo de problemas a los que las normas se refieren y para los que tratan de ofrecer regulación mediante sus consecuencias jurídicas. La norma que dice "El que matare a otro será castigado, como reo de homicidio, con la pena de prisión de diez a quince años" (art. 138 del Código

---

garantista de Luigi Ferrajoli", en Carbonell, M. (coord..), *Para leer a Luigi Ferrajoli*, Ciudad de México, Tirant lo Blanch, 2017, p. 133).

265 Si se quisiera atacar esa excepción de la norma que trata de evitar un absurdo a tenor del fin de dicha norma, habría que tratar de mostrar que la finalidad de la misma es otra; por ejemplo, que los bomberos tengan siempre una vía de acceso al interior de los edificios, sin vehículos de por medio.

Penal español) tiene unos significados posibles, que dan las reglas de la semántica y la pragmática del uso social de sus términos, pero a ese marco básico se le superpone una finalidad regulativa que condiciona también la aplicación de la norma en cuestión.

Por eso el legislador muy a menudo explicita excepciones a una norma que se justifican en nombre de su propio fin, como pasa cuando prevé que no se castigue al que mata a otro si actúa en legítima defensa propia o de terceros, para salvar la vida propia o la de otros y si no hay una alternativa menos dañina. Y, de hecho, es muy difícil imaginar un sistema jurídico desarrollado en el que la mayoría de los casos antes traídos como ejemplos no tengan asignada una excepción expresa en el propio sistema. Desde luego, en España o en cualquier país de nuestro entorno jurídico-cultural ni por asomo se le ocurriría ni al más excéntrico postular la sanción del conductor de ambulancia que entre en lugar prohibido para vehículos para atender a un herido o enfermo, igual que no se intentaría castigar al bombero que derribe una puerta y entre sin permiso en una casa o al que sujete a otro para impedirle tomar una bebida envenenada, al cirujano que intervenga sin permiso al enfermo muy grave que está inconsciente y no tiene ningún familiar cercano que pueda consentir por él, etc., etc. Para todos esos casos concurrirán las bien conocidas causas de justificación.

Pero no siempre será así. Posiblemente en nuestro ordenamiento jurídico no podríamos incluir en una excepción tasada ni el caso de la madre menor donante de órgano ni el del que aparca ante su propio garaje exclusivo. Entonces, el propio respeto de fondo a la norma misma, que no es solamente respeto a su texto, sino también a su sentido y utilidad práctica, exige cotejar el fin normativo con los efectos de aplicar la consecuencia jurídica de la norma, de modo que si la aplicación estrictamente literal lleva a que sea peor el remedio que la enfermedad, mayor el daño para, precisamente, lo que con la norma se quiere amparar, está justificada desde la norma misma, desde su referencia regulativa, la excepción en el caso.

No es tan original, en modo alguno, lo que estoy planteando, pues, como ya indiqué anteriormente, estamos ante lo que en alguna doctrina se conoce como argumento de reducción teleológica y que es perfectamente simétrico al que podríamos llamar argumento de extensión teleológica y que básicamente coincide con el analógico.

Mediante el razonamiento analógico resolvemos problemas de subinclusión, que son los que surgen cuando la norma, según su finalidad, debió aludir a más hechos que los que encajan en la dicción de su supuesto de hecho. Si la norma dice que los mancos de un brazo tendrán derecho a viajar gratis en los transportes municipales, pero nada expresa sobre los que no tengan una pierna[266] y, además, no hay en el sistema una norma que mande cobrarles el billete en los transportes públicos a estos, será fácil que juzguemos que, en virtud del mismo fin protector de la norma, son parejas ambas situaciones y tiene pleno sentido no cobrar tampoco a los que no tengan pierna. Hemos extendido el alcance de la norma más allá de sus palabras, pero en congruencia con su referencia regulativa, y lo hemos hecho sin vulnerar ninguna otra norma del sistema.

A través de un argumento de reducción teleológica resolvemos problemas de sobreinclusión, que nacen cuando la norma abarca en su dicción, en su descripción en términos generales del supuesto de hecho, más hechos de los que, a tenor de su fin, se quiere que sean calificados y resueltos mediante la aplicación de su consecuencia jurídica, sin que en la propia norma o en otras del sistema se haya estipulado de forma expresa una excepción. Cuando el homicidio intencional no se castiga porque concurre estado de necesidad o legítima defensa, por ejemplo, no hace el aplicador una reducción teleológica, sino que es el propio legislador el que ha hecho algo por el estilo al establecer la excepción expresa, y

---

266 O nada dice sobre los mancos de ambos brazos, en cuyo caso más que un argumento analógico propiamente dicho lo procedente será un argumento a fortiori, a mayor razón.

no tiene el aplicador que justificar la imposición de la excepción mediante argumentos teleológicos y pragmáticos, sino que le bastará con mostrar que, concurriendo los elementos del homicidio, se dan también los de esa causa de justificación.

Así que si se carece de esa previsión expresa de excepción, pero, fin de la norma en mano, resulta absurdo o hasta contraproducente aplicar la norma en sus términos, toca plantear una reducción teleológica, que se llama así porque la referencia semántica de la norma queda reducida o acortada en razón del *telos* de la norma misma, convirtiéndose en un sinsentido la aplicación a ciegas o a ojos cerrados, insensible a los fines de esa norma y a las consecuencias de tal aplicar.

Si se sanciona al que aparca ante su propio garaje exclusivo nada se aporta a la realización de la finalidad regulativa, ya que ese aparcar concreto a ninguno le priva de acceso al garaje suyo; si no se permite la donación de la madre menor a su hija de un órgano no vital de aquella que le salve la vida a esta, y puesto que a la postre se trata con la prohibición de evitar daños graves a los menores, estaríamos usando la aplicación literal de la norma de marras para causarle a la madre menor un daño más grande, la pérdida de una hija, y en el ámbito del mismo tipo de bienes, los relativos a la protección de la vida y la integridad física.

Fijémonos incidentalmente en un detalle muy importante. He dicho antes y repito ahora que se trata de cotejar el daño para la propia madre menor, la donante del órgano, y no el daño para la donante menor con el daño para la hija. Porque si fuera esto último lo que se hiciera, siempre que se tratara de ver si un menor puede donar un riñón u otro órgano no vital a otra persona que se va a morir sin esa concreta donación (por ejemplo, porque se acaba el tiempo para seguir esperando por otro donante compatible), se habría de concluir que es válida jurídicamente, admisible, la donación del menor. Entonces, habríamos dinamitado la norma que prohíbe la donación de órganos por menores, y que prohíbe tal para proteger a los menores y sean cuales sean las consecuencias para los demás, por otra norma que vendría a rezar así:

"Los menores solo podrán donar órganos cuando no haya otra alternativa para salvar la vida del receptor del órgano donado". Y eso ya es legislar y legislar es labor del legislador legítimo, no del juez.

Se habla mucho hoy en día de derrotabilidad de las normas de derecho y son legión los que afirman que todas las normas son derrotables, y que lo son cuando se excepcionan en nombre de principios opuestos de más peso o contundencia en el caso concreto. Como afirmación empírica, esa es indiscutible, pues cada vez que una norma se desobedece es derrotada, y cada vez que un juez la inaplica, aun viniendo al caso, porque no le gusta la consecuencia que al caso impone, la norma es vencida. Pero la tesis habitual sobre la derrotabilidad no viene a afirmar semejante trivialidad, sino que tiene un planteamiento normativo.

Con la tesis que estoy manteniendo aquí, no pretendo que cuando una norma se excepciona del modo y por las razones que propongo estemos ante supuestos de derrota de la norma, sino de aplicación plena de la norma. Si la norma es significado de sus términos (referencia semántica) más finalidad de la regulación (referencia regulativa), no declarar inválida la donación de la madre menor o no sancionar al que aparca a la puerta de su propio garaje, obstruyéndose a sí mismo el paso a ese garaje, no es desacato a la norma, no es vencerla desde fuera, desde otra norma, sino aplicar la norma misma en su integridad normativa.

No sé cuánto de convincentes serán estos planteamientos que acabo de exponer, pero sí estoy seguro de dónde aparece la diferencia y el debate con los colegas iusmoralistas. Lo que nos diferencia es que, a sus ojos, seguro que cuanto digo es bien entrado en razón y se alegrarán de toparse con un positivista que les parezca tan civilizado y tan cargado de matices, pero dirán que este positivista se queda muy corto. Lo que los iusmoralistas propugnan es que la norma pueda y deba ser por el juez excepcionada no solo desde los propios y fundamentos teleológicos y pragmáticos de la misma norma, sino desde cualquier principio o valor moral que en el caso pese más, o pese notablemente más.

Y consideran también que, en supuestos como los que he manejado aquí a título de ejemplo, lo que se pone de manifiesto en el fondo es que la moral condiciona la solución de todo caso e impera sobre las normas, sus significados y sus fines específicos. Lo que he defendido como referencia regulativa de la norma y como atención necesaria a los objetivos o fines que a cada norma jurídica dan sentido, para el iusmoralista no será más que una expresión de algo de mucho más grosor y mucho más relevante, como es la unión conceptual entre derecho y moral y la vinculación de los jueces a la moral (verdadera) por encima de su atadura a la ley.

Ahí está la diferencia y, en mi opinión, el que dejemos de una vez de presentar el positivismo como una especie de doctrina elemental y casi paleolítica que afirma que las normas se aplican poco menos que a ojos cerrados y sin atender a más que a la lógica y la semántica no quiere decir que las valoraciones morales de los jueces o los profesores tengan que imperar sobre las valoraciones que el legislador legítimo ha realizado al legislar. Porque, si saltamos en serio ese límite, cualquier iusmoralista que haya pagado en impuestos exactamente lo que la ley le exige, tendrá que admitir que el juez sentencie que debe abonar por tal concepto más de eso que legalmente se tasa, siempre y cuando que resulte justo que, dada su fortuna y emolumentos, ese iusmoralista aporte al fisco bastante más. O jugamos en serio o rompemos la baraja y o aplicamos la justicia siempre, si la justicia debe de imperar siempre como los iusmoralistas proclaman, o se nos dirá fanáticos de la ley del embudo.

Lección 7

Argumentos interpretativos (I). La regla de interpretación literal, gramatical o semántica: significado y alcance

1. PARA SITUAR EL TEMA Y A MODO DE REPASO: QUÉ SON Y PARA QUÉ SIRVEN LOS ARGUMENTOS NORMATIVOS

Cuando en derecho se ha de juzgar sobre un hecho, se busca una norma que lo abarque y fije o enmarque su solución. En la lección anterior vimos qué sucede cuando no hay tal norma para el hecho enjuiciado (laguna normativa) o cuando la pura aplicación de la norma que hay deviene un sinsentido, pues en este caso aparece una fuerte tensión entre lo que para esos hechos formalmente la norma dice y el fin que a la norma le da sentido práctico (laguna teleológica). En esta lección y la siguiente vamos a ver cómo se trabaja y se argumenta con las normas que vengan al caso, cómo se razona en la práctica jurídica cuando para los hechos juzgados no hay laguna, sino norma o normas aplicables.

Sabemos que en la práctica jurídica se argumenta sobre hechos y sobre normas. Respecto de los hechos se debate básicamente sobre su relevancia y sobre su prueba. Con los hechos se compone el caso. Un caso no es un conjunto infinito de circunstancias fácticas y acciones (si llovió ese día, si el demandado vestía de verde, si la marea estaba alta, si antes de que ocurriera el accidente el demandado llamó a su tía…), sino un conjunto de ellas recortado en virtud del fundamento normativo de la pretensión o consecuencia que se discute. Del sinnúmero de eventos, estados de cosas y acciones se recortan los que importan, en función de esa pretensión y de su respaldo normativo. Correlativamente, el que venga al caso una u otra norma y con una consecuencia jurídica u otra dependerá también de cómo dicha configuración del caso tenga lugar. Tal vez es en este contexto práctico de configuración del caso y de su tratamiento normativo donde mejor vale aquella imagen que hizo célebre Engisch cuando explicó que el razonamiento jurídico práctico o aplicativo es un ir y venir de la mirada de los hechos a las normas y de las normas a los hechos.

Una vez que el caso ha quedado configurado mediante esa selección de hechos, que se hace en función de las normas que puedan ser relevantes para el caso, queda delimitado un conjunto en el que algunos de tales hechos cuentan de mano como ciertos y otros serán objeto de debate en el proceso. Cuando hay hechos respecto de los que se discute si acaecieron o cómo acaecieron, alcanza relevancia decisiva todo lo que tiene que ver con la prueba de tales hechos: qué pruebas se proponen y quién puede proponerlas o decretarlas, cuáles se admiten, cómo se practican, cuáles cuentan o no como respaldo de la conclusión probatoria, qué estándar de prueba se aplica, cómo se valoran las pruebas practicadas de conformidad con dicho estándar y cómo se justifica o motiva esa valoración y la correspondiente declaración probatoria, declaración de hechos probados.

Después de que el caso ha quedado dibujado en su configuración fáctica, toca poner esos hechos en relación con la norma o normas que vengan al caso. El paso final del razonamiento judicial consiste en una subsunción. Subsunción viene a significar lo mismo que encaje. La decisión final o fallo consiste en determinar si para los hechos que conforman el caso corresponde o no una determinada calificación jurídica y cuáles son las consecuencias de dicha calificación jurídica.

Esa calificación jurídica puede analíticamente desglosarse en varios pasos, aun cuando no siempre sean específicamente enumerados en la enunciación del fallo. Serían los siguientes:

(i) Si encajan los hechos o no bajo el supuesto de hecho de la norma que finalmente vino o se trajo al caso: ¿la conducta del acusado es o no es constitutiva de homicidio, a tenor del artículo 138 del Código Penal español? ¿Hubo o no hubo daño indemnizable, de conformidad con el artículo 1.902 del Código Civil español? ¿Estaba o no estaba el demandado obligado a presentar la declaración del impuesto sobre la renta, según los artículos 8 y siguientes de la Ley 35/2006 del impuesto sobre la Renta de las Personas Físicas (España)?

El supuesto de hecho de la norma en cuestión puede dibujar varios requisitos para que los hechos del caso sean bajo él subsumibles, y tales requisitos pueden ser acumulativos o alternativos. Un ejemplo: el artículo 1261 del Código Civil español enumera tres requisitos para que los acuerdos entre dos personas valgan jurídicamente como contratos y, por tanto, se les apliquen las consecuencias jurídicas propias de tal calificación. Esas tres condiciones o requisitos son consentimiento, objeto y causa, y sobre sus pormenores se extienden los artículos 1262 y siguientes de dicho Código. Así, el artículo 1263 dispone la regla general de que los menores no pueden prestar consentimiento contractual y pone ciertas excepciones a esta regla general, como la referida a aquellos contratos "relativos a bienes y servicios de la vida corriente propios de su edad de conformidad con los usos sociales". Así pues, objeto de un pleito en materia contractual puede ser si el contratante tenía o no la edad requerida o si, no teniéndola, versaba el acuerdo sobre uno de tales bienes o servicios propios de la edad y conforme con los usos sociales. Si la respuesta es negativa en ambos extremos, no procede aplicar las consecuencias jurídicas que se siguen de la calificación jurídica de un acuerdo como contrato; si es positiva respecto de alguna de esas dos condiciones (mayoría de edad o tipo de bienes en relación con la edad y los usos sociales), sí.

Evidentemente, ya vemos que es diferente el grado de indeterminación que puede haber en la descripción de esas condiciones del "tipo" legal y, consiguientemente, la dificultad que puede tener la interpretación de cada elemento. Normalmente no habrá mucho debate sobre qué se pueda entender por mayoría de edad en estos casos, pero sí hay diferentes interpretaciones posibles, todas más o menos razonables, en cuanto a qué sean "bienes y servicios de la vida corriente propios de su edad de acuerdo con los usos sociales".

Lo que aquí tratamos de resaltar es que en este primer paso se aplica una especie de razonamiento binario en términos de sí encaja/no encaja, sí se subsume/no se subsume la parte fáctica del caso bajo la norma de referencia.

(ii) El segundo paso que analíticamente podemos distinguir consiste en determinar la consecuencia jurídica consiguiente al paso anterior. Si se ha concluido que los hechos del caso no son encuadrables bajo el supuesto de hecho de la norma (la conducta no es constitutiva de homicidio, no hubo daño indemnizable, no hubo contrato por faltar alguno de los requisitos legalmente puestos, el sujeto no era de los obligados a presentar la declaración del impuesto sobre la renta...), entonces ahí termina el asunto, porque la consecuencia es que no ha lugar a la aplicación de la consecuencia jurídica estipulada en esa norma (no procede aplicar la pena del homicidio, no procede fijar la indemnización, no se aplicará a las partes la consecuencia que habría si hubiera sido un contrato, no habrá consecuencia jurídica por no haber presentado la declaración del impuesto sobre la renta...).

Cosa diferente es que pueda estar en reserva, por así decir, otra norma con la que haya que hacer el mismo razonamiento. La relación entre esas normas concurrentes para el caso puede ser de distintas clases y no es este el momento para analizarla. Lo más común será que operen como alternativas, de modo que o se aplica una o se aplica la otra. Así, en el derecho penal español, si se da por probado que alguien mató a otro (y, para no enredarnos, pongamos que no concurren circunstancias modificativas de la responsabilidad penal), puede tratarse del homicidio simple del artículo 138 del Código Penal o de asesinato del 139 o 140 o de algún otro de los tipos penales de delito contra la vida.

También es claro que puede que las normas no operen exactamente como alternativas para una calificación, sino que ofrezcan calificaciones independientes. Así, un delito puede dar lugar a responsabilidad civil[267] y entonces esas dos calificaciones, la civil y la penal, son independientes entre sí: puede haber delito sin responsabilidad civil, responsabilidad civil pese a la absolución del delito y delito más responsabilidad civil.

Si, por tanto, la subsunción resulta negativa, se podría decir que no hay caso: no hay caso de homicidio, no hay caso de ilícito tributario, no hay caso de daño indemnizable... Si no hay caso, en lo que a la norma de referencia se refiere, las cosas quedan como están, en el sentido de que no se aplica su consecuencia jurídica.

(iii) Si la conclusión en cuanto a la subsunción o encaje de los hechos del caso bajo la norma de referencia es positiva, entonces el siguiente paso es el de la determinación de la consecuencia que a partir de esa norma se aplica. Ahí puede haber normas que fijen una consecuencia completamente tasada y otras que marquen alternativas o que establezcan una horquilla dentro de la que el juez valora discrecionalmente. Por ejemplo, en materia de responsabilidad por daño extracontractual la indemnización puede estar fijada con un sistema de baremo muy detallado[268], mientras que para los daños causados en otros ámbitos de actividad rige una fuerte discrecionalidad judicial[269] a la hora de determinar el monto de la indemnización, especialmente cuando se trata de

---

267 Véanse, por ejemplo, los artículos 109 a 115 del Código Penal español.

268 Así sucede, en el derecho español, en lo referido a los accidentes derivados de la circulación de vehículos a motor. Véase el Anexo del Real Decreto Legislativo 8/2004, de 29 de octubre, por el que se aprueba el texto refundido de la Ley sobre responsabilidad civil y seguro en la circulación de vehículos a motor. Ahí se contiene un baremo reformado por Ley 35/2015, de 22 de septiembre.

269 Aunque en materia de daño consistente en muertes y lesiones, cada vez más a menudo los tribunales españoles aplican por analogía el baremo citado de accidentes de tráfico.

daño no patrimonial y muy especialmente cuando se indemniza el daño moral.

Así pues, una vez declarados los hechos probados, la consecuencia que para ellos se siga dependerá de las normas que vengan al caso, pero la norma del caso no toma por sí los hechos, no los asume o los incorpora, sino que tendrá la propia norma que ser sometida a un análisis para salir de dudas, si las hay, respecto de las siguientes cuestiones: si esa norma es válida, si está vigente, si es aplicable y cómo debe interpretarse.

2. ARGUMENTOS INTERPRETATIVOS. EL ARGUMENTO LITERAL

2.1. ¿Qué es interpretar?

Para que los enunciados lingüísticos cumplan su función comunicativa deben ser comprendidos por su emisor y su destinatario. Aquí vamos a diferenciar, a efectos analíticos y expositivos, entre comprender e interpretar.

Comprendo una emisión lingüística[270] cuando capto su significado, cuando sé lo que significa. Toda emisión significativa, para tener efecto y cumplir su función de comunicación, implica algo así como una decodificación por el receptor. Las emisiones de nuestro lenguaje no significan por sí, sino en virtud de tal proceso por el que son comprendidas, aun cuando esa comprensión es clara y en nada dudosa y coincide perfectamente lo que el emisor quiso significar con el significado que el receptor reconstruye.

En derecho hay un viejo adagio que reza "*in claris non fit interpretatio*" o "*interpretatio cessat in claris*", que viene a significar que lo que en la norma resulta clara no necesita interpretación. Muchas veces se ha dicho que es inadecuada esa idea, pues siempre hay

---

[270] O un símbolo, por ejemplo, una señal de tráfico. Aquí nos concentraremos exclusivamente en los enunciados lingüísticos.

que interpretar una norma para saber qué significa lo que dice. Seguramente a esa crítica subyace la confusión entre comprender e interpretar. La comprensión, como hemos dicho, implica un proceso mental de reconstrucción del sentido de los signos lingüísticos, y si a eso lo llamamos interpretación, interpretación hay siempre que nos comunicamos y para cada palabra y frase[271].

Aquí llamaremos interpretación al proceso que se inicia cuando se toma conciencia de que una expresión puede tener más de un contenido significativo distinto, bien porque caben significados independientes diferentes (ambigüedad), bien porque se puede dudar de cuál es el alcance exacto de la referencia de esa expresión (vaguedad)[272].

Un término es *ambiguo* cuando, en nuestro lenguaje usual, posee dos o más significados distintos e independientes. Por ejemplo, si yo digo "al estudiante que supere esta lección con la máxima calificación le rendiré homenaje con una copa", puede haber dudas sobre en qué consistirá mi homenaje, pues ahí copa tanto puede significar un trofeo como un bebedizo alcohólico bajo mi invitación. Sucede que la palabra copa significa distintas cosas en nuestro idioma, tales como "Vaso con pie para beber" (primera acepción en el Diccionario de la Real Academia), "Líquido que cabe en una copa" (segunda acepción), "Conjunto de ramas y hojas que forma la parte superior de un árbol" (tercera acepción), "Parte hueca del sombrero, en que entra la cabeza" (cuarta acep-

---

271 De la comprensión intersubjetiva de textos se ha ocupado destacadamente la filosofía hermenéutica, que tiene su más relevante autor en H.G. Gadamer. Ha habido distintos intentos de proyectar sus tesis en el campo jurídico. Véase al respecto J.A. García Amado, "Filosofía hermenéutica y derecho", *Azafea*, 5, 2003, pp. 191-211. En la teoría jurídica iberoamericana merece mención a este respecto la obra de Lenio Streck. Véase su libro *Diccionario de hermenéutica*, Valencia, Tirant lo Blanch, 2019, con prólogo de J.A. García Amado.

272 Algunos de los párrafos siguientes están tomados de Juan Antonio García Amado, *Razonamiento jurídico e interpretación. Nociones introductorias* (diversas ediciones).

ción), "Cada una de las partes huecas del sujetador de las mujeres" (quinta acepción), "Cada una de las cartas del palo de copas en los naipes" (octava acepción), "Premio que se concede en algunos certámenes deportivos" (novena acepción), etc.

Normalmente el contexto en que el enunciado se pronuncie o se encuentre servirá para descartar que vengan a cuento algunas acepciones. Por ejemplo, mi frase antes puesta como ejemplo y dirigida a mis alumnos en la Facultad de derecho claramente no hace referencia a la copa de un árbol cuando digo que homenajearé con una copa a los que logren las mejores calificaciones; también parece obvio que no les voy a entregar una carta de la baraja española con el as de copas. En cambio, puede caber duda sobre si pienso a invitar a tomar una copa en un bar o si voy a obsequiar un trofeo de los que también denominamos copas.

Hasta aquí hemos estado hablando de la *ambigüedad semántica.* Pero cabe también ambigüedad de otro tipo, *ambigüedad sintáctica.* Esta última se da cuando el modo de colocar las palabras en un enunciado hace que la referencia de ese enunciado pueda tener más de un sentido, pues puede ser entendido de dos maneras diferentes y, en consecuencia, modificarse así su referencia.

Veamos una ambigüedad sintáctica en el art. 268.1 del Código Penal español. Dice:

> "Están exentos de responsabilidad criminal y sujetos únicamente a la civil los cónyuges que no estuvieren separados legalmente o de hecho o en proceso judicial de separación, divorcio o nulidad de su matrimonio y los ascendientes, descendientes y hermanos por naturaleza o por adopción, así como los afines en primer grado si viviesen juntos, por los delitos patrimoniales que se causaren entre sí, siempre que no concurra violencia o intimidación...".

¿La expresión "si viviesen juntos" a quiénes se refiere? ¿Solamente a los afines en primer grado o a todos los parientes enumerados antes (ascendientes, descendientes, hermanos por naturaleza o por adopción y afines en primer grado")? Caben esas dos interpretaciones y, según que se elija una u otra, las consecuencias serán muy importantes: si se escoge la primera, los padres están exentos de responsabilidad criminal por los delitos patrimoniales que cometan contra sus hijos sin concurrir violencia o intimidación, y tanto si viven juntos padres e hijos, como si viven separados. Lo mismo para los hijos respecto de los padres, los hermanos entre sí, etc. En cambio, si se opta por la segunda interpretación, más restrictiva, los padres respecto de los hijos, los hijos respecto de los padres y los hermanos entre sí sólo estarán exentos de tal responsabilidad por delitos patrimoniales sin violencia o intimidación en el caso de que el autor del delito y esa víctima emparentada vivan juntos; si no, no.

Observamos que la ambigüedad es sintáctica porque no estamos debatiendo sobre qué significa, pongamos por caso, "hermano" o "padre" o "adopción", sino sobre una equivocidad que resulta del modo de organizar la frase. Con un orden distinto de las palabras o una estructura distinta de la frase, dicha ambigüedad sintáctica se habría evitado. Pero, siendo las que son y hallándose las palabras colocadas de esa forma, la ambigüedad es inevitable[273].

El otro gran problema determinante de los equívocos e incertidumbres que puede provocar nuestro lenguaje ordinario, y también el jurídico, es la *vaguedad.* Decimos que un término es vago o tiene vaguedad cuando no está del todo claro a qué se refiere dicho término, qué "cosas" son aludidas por él. Aquí no es que tengamos, como en el caso de la ambigüedad, que escoger entre dos significados diferentes, sino entre alcances o extensiones distintos de un mismo significado. Comprobémoslo más despacio.

Pongamos que a dos estudiantes de una clase mía en la Universidad les ruego que salgan y cuenten, cada uno por su lado, cuántos *árboles* hay en el campus universitario en el que nos encontremos. Es muy probable que traiga cada cual una cuenta distinta, y no precisamente porque no sepan contar bien y hayan errado la

---

273 Sobre cómo es posible defender con buenos argumentos tanto una como otra de aquellas dos interpretaciones posibles del art. 268 CP puede verse, a título de muestra, la sentencia 1801/2000, de 20 de diciembre, de la Sala Segunda del Tribunal Supremo español (*Tol 4923237*), así como el voto particular que contiene.

suma. Tampoco es que cada uno haya entendido que al decir "árbol" me refiero a cosas diferentes. El término "árbol" también es ambiguo, pero es fácil suponer que los dos comprendieron que, al usarlo en aquel ruego, no me refería a cosas tales como "Punzón con cabo de madera y punta de acero, que usan los relojeros para horadar el metal" (cuarta acepción de "árbol" en el Diccionario de la Real Academia); no, el contexto dejaba claro que yo aludía a lo que el Diccionario, en la primera acepción de "árbol", describe como "Planta perenne, de tronco leñoso y elevado, que se ramifica a cierta altura del suelo".

La dificultad proviene de que, aun con ese significado concreto, el término "árbol" es vago. Por eso uno de los estudiantes me dirá, quizá, que los árboles del campus son ochenta, y otro que son ochenta y cinco. Los dos estarán muy seguros y muy de acuerdo en contar como árbol aquel pino tan sano que tiene una altura considerable y un buen grosor de su tronco, o aquel roble similar o aquel lozano castaño de Indias. Pero en otros casos podrán dudar y cada uno tal vez resuelva de modo diferente esas dudas. En uno de los jardines de la Facultad de Biología encontraron unos cuantos arbustos, mismamente rosales viejos de cierto tamaño, y no sabían muy bien si computarlos o no. ¿Me estaría yo refiriendo también a dichos arbustos cuando dije que contaran los árboles? En otra parte dieron con unas docenas de bonsáis primorosamente cuidados. ¿También deben considerarlos árboles a efectos de mi encargo?

En cambio, ninguno dudó de que aquel busto en bronce que reproduce los rasgos del fundador de la universidad no es un árbol, como tampoco lo es el asno que, ajeno al académico ruido, pasta en una pradera aneja a la Facultad de Veterinaria.

Comprobamos, con el ejemplo, que hay casos claros, casos de "cosas" que caen dentro de aquello a lo que un término alude o se refiere; así, aquel pino es un caso claro de "árbol". También hay casos claros de lo contrario y nadie en sus cabales y en el contexto de nuestro ejemplillo le daría por opinar que el borrico también ha de contarse como árbol. Pero los arbustos (por ejemplo, un rosal de cierto tamaño) y los bonsáis sí nos hacen dudar, ya que entran en lo que se suele llamar la zona de penumbra del término, aquella donde está aquello a lo que lo mismo hace referencia o no la palabra en cuestión (en este caso "árbol"), según como se mire, según cómo se quiera entender.

En la teoría del derecho es muy común representar la referencia de un término o expresión, y los consiguientes problemas de vaguedad, mediante un diagrama con círculos. Así:

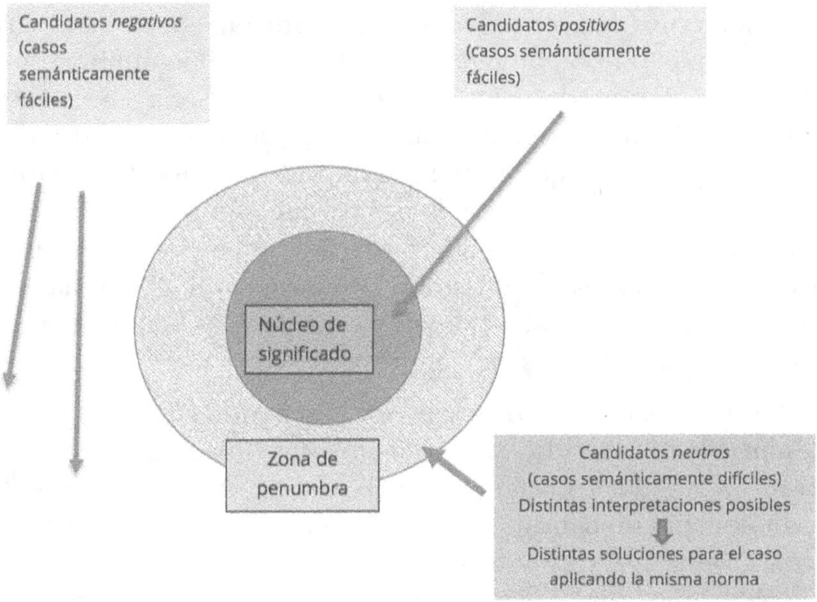

El círculo interior representa lo que se denomina *núcleo de significado*. Se trata de aquellos seres, objetos o estados de cosas que, a tenor del uso del respectivo término (por ejemplo "árbol") en un momento y lugar dados, sin duda forman parte de la referencia de tal término. Así, aquella palmera viva y bien grande o el roble de similares características irían en el núcleo de significado, pues nadie discutirá que se trata de árboles propiamente dichos y sin lugar a dudas. Esos candidatos que aparecen dentro del núcleo de significado se denominan candidatos *positivos*. Aquella palmera o el citado roble serían candidatos positivos del término "árbol".

El círculo exterior, sombreado, representa la llamada *zona de penumbra.* Ahí imaginariamente caerían aquellos seres, objetos o estados de cosas de los que cabe dudar si el término en cuestión los abarca o no en el enunciado que se toma en cuenta, si en dicho enunciado tal término se refiere o no a ellos. Son los candidatos *neutros.* En una norma que dijera "Prohibido plantar árboles a menos de cinco metros de los bordes exteriores de las carreteras nacionales", estaría fuera de duda que una palmera bien grande plantada a dos metros de tales normas infringe la norma, pero ¿y un bonsái? El bonsái andaría por la zona de penumbra, pues plantarlo a dos metros del borde de la carretera sería o no incumplimiento de dicha norma según cuál se prefiera de las dos que caben: la extensiva, que sostendría que a los efectos de la norma el bonsái sí es un árbol, que la norma también se refiere a bonsáis cuando dice "árboles"; y la restrictiva, que mantendría que a los efectos de la norma el bonsáis no es árbol, que la norma deja fuera de su referencia los bonsáis, no alude a los bonsáis cuando prohíbe plantar árboles en tales lugares.

Por último, en el espacio exterior al segundo círculo, fuera de la superficie del círculo exterior, se situarían, imaginariamente, los llamados candidatos *negativos,* aquellos seres, objetos o estados de cosas que ningún hablante en su sano juicio, aquí y ahora, denominaría árboles. Así, rigiendo esta norma supuesta que venimos ahora mencionando, candidatos negativos serían un gorrión o una lechuga normal y corriente. Nadie con seso diría en serio que quien planta una lechuga a la orilla de una carretera nacional ha plantado un árbol y viola así la norma de marras. Otra cosa será que pueda haber quien encuentre buenas razones para que también se prohíba poner ahí lechugas o para sancionar al que lo haga, pero eso ya no sería *aplicar* la norma que prohíbe árboles, sino otra distinta que, si no está en el sistema jurídico previamente establecida, el juez estaría creando para la ocasión, tal vez mediante un razonamiento analógico. Eso ya lo hemos visto y ya sabemos de qué son y por qué existen lagunas normativas, sean lagunas plenas o teleológicas.

Aquella representación gráfica con los dos círculos y la distinción consiguiente entre candidatos positivos, neutros y negativos nos vale también para diferenciar entre los **casos fáciles** y los **casos difíciles** desde el punto de vista de su solución con arreglo a las normas del sistema jurídico y en lo que a los problemas de significado o lingüísticos propiamente se refiere[274]. Cuando los hechos de un caso[275] configuran un candidato positivo o un candidato negativo, es decir, cuando caen en el núcleo de significado o en la zona exterior de significado de la norma, nos hallamos ante casos fáciles, pues se pueden resolver sin especiales dificultades de interpretación. La solución con arreglo a la norma viene dada sin mediación de una interpretación complicada o que suponga alternativas entre las que haya que escoger bajo incertidumbre. Que un gorrión no es un árbol es afirmación que no necesita grandes artificios hermenéuticos, sea el gorrión grande o pequeño, joven o viejo.

Por el contrario, cuando los hechos conforman un caso que cae en la zona de penumbra, un candidato neutro, estaremos ante un caso difícil por razón de interpretación. Las soluciones que a dicho caso cabe dar con arreglo a derecho, norma jurídica que venga al caso en mano, son al menos dos, son tantas como interpretaciones posibles quepan de esa norma. En el ejemplo de la norma que prohibía los árboles y del bonsái, las interpretaciones posibles son estas: que el bonsái sí es un árbol en virtud de dicha norma, en cuyo caso se le aplica la prohibición (y la consiguiente sanción si la prohibición se ha vulnerado plantando el bonsái allí), o que el bonsái no es un árbol, con lo que la prohibición no rige para los bonsáis y la norma no es incumplida si se plantan en el referido lugar.

---

274 Sabemos que a esas cuestiones de referencia semántica se añaden también las de referencia regulativa, íntimamente relacionadas con el fin de la norma y que tienen que ver con los temas de subinclusión y sobreinclusión y con las lagunas teleológicas.

275 Los hechos declarados probados o que cuenten como probados. Esa parte ya la hemos repasado varias veces.

Aquí, y en cuanto a la práctica jurídica, llamamos *interpretación* a la *operación consistente en establecer cuántos son los significados que una norma puede tener para un caso y establecer cuál es el preferible o mejor de todos ellos.* Cuando la interpretación que se hace es puramente doctrinal y teórica puede quedarse en la mera exposición de cuáles son tales interpretaciones posibles, por cuáles opta una u otra jurisprudencia, qué autores respaldan como preferible una u otra, etc. Cuando el que interpreta es un juez o tribunal u órgano que decide en derecho y según derecho, la interpretación no puede quedarse en ese nivel puramente descriptivo de las alternativas y las preferencias de otros, sino que debe decantarse necesariamente por una de las alternativas, pues sin ese paso la norma no sería aplicable. Si lo que de debate es si el que plantó un rosal a dos metros de la carretera incumple o no la norma que prohíbe plantar árboles a esa distancia, y puesto que tanto cabe interpretar que a efectos de la norma el rosal es un árbol o que no lo es, mientras esa indefinición no se zanje con la elección de una de las alternativas el caso no podrá ser resuelto.

Así pues, esa que podemos llamar interpretación jurídica operativa empieza en esos dos pasos: establecimiento de cuáles son las variantes significativas posibles de la norma para el caso y elección de una de entre ellas. Pero, allá donde rija la obligación de motivar las decisiones, deberá seguir un paso tercero, que es el de justificar mediante argumentos dicha elección interpretativa: por qué eran esas las interpretaciones posibles que se tomaron en consideración y por qué se eligió la elegida.

2.2. Cómo funcionan los argumentos interpretativos

No es nada tan diferente de lo que se hace en la vida ordinaria tantas veces. Así que veámoslo con un supuesto cotidiano[276].

---

276 En esta parte seguimos reproduciendo, con algunos cambios, contenidos entresacados de J.A. García Amado, *Razonamiento jurídico y argumentación. Nociones introductorias.*

Imaginemos que quiero o necesito comprar una corbata. Voy a la tienda correspondiente. Lo primero que he de saber, como es obvio, es qué es una corbata. De esa manera podré descartar otras alternativas de vestuario o adorno, como bufandas o pañuelos de cuello. Una vez que tenga claro lo que es una corbata, podré elegir entre las distintas corbatas que se me ofrezcan. ¿Qué me hace falta? Un *criterio* de elección, una pauta a la que atenerme. Puedo, a tal fin, preguntarme varias cosas. Por ejemplo, para qué quiero esa corbata, con qué fin la compro, para asistir a qué tipo de acto: una cena informal, mi boda, la boda de otro, un bautizo, una conferencia, una despedida de soltero a la que hemos decidido ir encorbatados de cierta manera.... Estaré empleando entonces un criterio o pauta que podríamos denominar teleológico o finalista. Con ese criterio teleológico podré seleccionar la corbata que me parezca que mejor me viene para ese fin rector.

Pero no es la única pauta o referencia posible para mi selección de la corbata que he de comprar. También puedo preguntarme con cuál se me ve más elegante o cuál me favorece más; o cuál va mejor con el traje con el que me la he de poner, que es marrón; o cuál le gustará más a mi pareja, que tiene gustos muy estrictos en materia de formas y colores de las corbatas o del vestuario en general. También puedo guiarme por el precio, como un factor más a tener en cuenta a la hora de quedarme con una corbata u otra. Y así sucesivamente.

Puede ocurrir que con arreglo a cada una de esas pautas de elección (para qué quiero la corbata, cuál me queda mejor o me favorece más, cuál encaja con mi traje, cuál le gustará más a mi esposa, cuál es el precio de cada una...) la corbata preferible sea la misma. Una corbata de las de la tienda, la de rayas azules y marrones, resulta que es la más seria o tradicional, como se requiere para el acto formal o de mucho empaque al que con ella voy a asistir, es la que tiene los colores que mejor me sientan, es la que mejor va con mi traje, que es marrón, es sin duda la favorita de mi cónyuge y, para colmo de fortuna, es la más barata de todas las que tengo para escoger. Está clarísima la compra.

Pero tanta coincidencia no es lo más esperable. Lo habitual es que unas de esas pautas de elección hagan preferible una corbata, y otras, otra corbata distinta. O, incluso, que cada criterio que apliquemos favorezca la compra de una corbata diferente. En tal caso, deberemos dar prioridad a alguna de tales pautas y, con ello, se romperá esa especie de empate entre las corbatas posibles para mi compra.

Así, de un modo muy similar a las de este ejemplo trivial, juegan los llamados argumentos interpretativos, de los que los más usuales antes solían llamarse métodos o cánones de interpretación jurídica. Los argumentos interpretativos establecen criterios o referencias para la elección entre interpretaciones posibles de una norma. Lo primero que se requiere es saber entre qué se puede elegir a la hora de resolver un caso jurídico con base normativa jurídica. Esto equivale, en el ejemplo anterior, a la necesidad de que sepamos diferenciar una corbata de otros objetos que por su forma o su función puedan guardar con las corbatas algún parecido, como bufandas o pañuelos.

Aquí nos damos de bruces inevitablemente con las diferentes concepciones iusfilosóficas acerca de la validez de las normas jurídicas y de los elementos posibles de un sistema jurídico. Para no complicarnos en exceso y puesto que los conocimientos por el particular deben darse ya por supuestos, ilustraremos esto con una elemental contraposición entre iuspositivismo y iusmoralismo.

Recordemos que el problema práctico es el de qué solución yo, juez, puedo y debo aplicar a este caso que ahora juzgo. Sé que tengo que resolver con arreglo a derecho, pues así me lo imponen la Constitución y la legislación que regula mi oficio. Por tanto, debo dar preferencia a cualquier norma jurídica válida sobre otras normatividades que se parecen en mucho a la del derecho, pero que no son jurídicas. Es decir, para sentenciar el caso debo buscar normas jurídicas y entre las normas jurídicas, de la misma manera que en el ejemplo anterior debía buscar corbatas y elegir entre las que lo sean, descartando las bufandas o los pañuelos, aunque en algo se asemejen a las corbatas.

El grave problema está en que, tal como anda la teoría jurídica, es mucho más fácil diferenciar corbatas de otros objetos que saber dónde empieza y acaba el derecho, los elementos de un sistema jurídico. Los iuspositivistas intentan que las normas jurídicas puedan reconocerse por ciertos caracteres referidos a su forma, en particular por el dato formal de quién creó la norma y con qué procedimiento. En últimas, los iuspositivistas piensan que corbatas serán aquellos objetos cuya forma es socialmente *reconocida*, en un momento histórico dado, como propia y distintiva de las corbatas, igual que jurídica será aquella norma que en un tiempo determinado es socialmente *reconocida* como jurídica, sobre todo en razón de quién y cómo la produce. Por la forma y no por otros datos, como el color o la tela de que estén hechas, diferenciamos una corbata de otros objetos que tienen una función similar, como las que en España llamamos pajaritas y que son así:

Por la forma, en ese otro sentido, y no por el contenido regulativo o por su grado de bondad o justicia, diferenciamos, según los iuspositivistas, las normas jurídicas de otras normas que también ordenan la convivencia social, como las normas morales o los usos sociales. Así que, cuando yo tengo que elegir una corbata, me voy con ese criterio diferenciador al montón de las corbatas y de entre ellas escojo una; y cuando, como juez, debo resolver un caso, me voy al montón de las normas jurídicas, y elijo, de la que he seleccionado como aplicable, la interpretación que me parece mejor.

Para los iusmoralistas, las cosas no son de tal modo. *En principio*, yo tengo que comprar una corbata. Pero puede suceder que todas me parezcan feísimas y que opine que todas ellas me sientan horrible y que ninguna encaja con mi traje nuevo. Entonces puedo decidirme por una pajarita, si me parece que esa pajarita es mucho más hermosa y me cae mucho mejor. La pregunta entonces es: ¿no hemos dicho que yo *tengo que*, debo, comprar una corbata? El iusmoralista reformularía ese deber de esta manera: *en principio* usted sí debía comprar una corbata, pero ese deber está subordinado a otro, el deber de ir bello y elegante con su atuendo; de manera que este deber fundamentador prevalece sobre aquel deber fundamentado, y en su conjunto puede decirse que quedan así: usted debe comprar una corbata para ir atractivo y elegante, pero si ninguna de las corbatas disponibles le sirve para ello y, en cambio, sí lo consigue con tal pajarita, debe comprar y ponerse esa pajarita.

Ahora llevemos la comparación al terreno jurídico. Usted, juez, debe decidir con arreglo a derecho el caso que se le somete. Para ello busca entre las normas que formalmente son derecho, en el sentido de que tienen forma de normas jurídicas y que han sido creadas en conformidad con los requisitos formales de ese sistema jurídico; y, además, busca usted entre las interpretaciones posibles de esa norma que venga al caso. Pero tal vez todas las posibilidades resultantes le parecen igual de horribles, le desagradan profundamente porque las considera muy injustas. Entonces, dice el iusmoralista, pregúntese por qué está usted, juez, obligado a decidir de conformidad con el derecho, sometido al imperio de la ley. Y ellos dicen que porque debe usted decidir con justicia los casos, pues la justicia es patrón supremo de juridicidad y condición de la validez de toda norma y de toda resolución jurídica de los litigios. Esto es, usted debe escoger de entre las normas jurídicas porque mediante ellas debe resolver con justicia. Pero si ninguna de esas de las que dispone le aporta solución justa, no pierda de vista que el deber fundante —resolver con justicia— prevalece sobre el deber fundado o condicionado —resolver conforme a las normas jurídico-positivas—. Porque, a fin de cuentas, para los iusmoralistas la norma suprema del derecho es el mandato moral de hacer justicia o, al menos, de no provocar injusticia. Así que cuando usted, juez, deja de lado, por injustas en sí o para el caso, las normas formalmente jurídicas y decide lo que honestamente estime justo, sigue decidiendo con arreglo a derecho, aunque no sea con arreglo a lo que "dice" o "dice" para el caso el derecho positivo.

Cerremos este paréntesis de teoría del derecho y volvamos al tema de qué son y cómo funcionan los argumentos interpretativos. Prescindamos en este momento de los problemas de selección de la norma aplicable a un caso y de la relación que dicha selección guarda con la interpretación de las normas concurrentes o que pueden en principio ser seleccionadas como aplicables. Pongamos que ya tenemos la norma N como norma que "viene al caso", norma con arreglo a la cual el caso debe ser fallado. Pero cabe que un término de N, el término "x", pueda ser interpretado de diferente manera, pueda significar cosas distintas o pueda tener una u otra referencia.

Supongamos que lo que "x" quiera decir o signifique en N pueda definirse de dos maneras diferentes; esto equivale a que "x" en N tiene dos diferentes interpretaciones posibles. Llamémoslas S^1 y S^2. Si yo, juez que interpreto N para resolver el caso que tengo entre manos, elijo como preferible S^1, ese caso recibirá una solución diferente de la que habría tenido si yo hubiera preferido la interpretación S^2.

Aquí hemos llegado a problemas que ya conocemos bien, el de *cómo tomo partido entre esas dos alternativas interpretativas* de las que el fallo del caso va a depender, y el de *cómo fundamento esa elección.* Ya sabemos, de capítulos muy anteriores, lo que a esto responden las doctrinas que hemos llamado irracionalistas y las racionalistas, en sus diversas variantes. No vamos a repetirlo.

Lo que la doctrina predominante en materia de interpretación sostiene es que *el juez puede y debe valerse de ciertos métodos para esa labor de decisión interpretativa y, sobre todo, para fundamentarla.* Eso lo hace (o debe hacerlo) en la motivación de la sentencia.

Los argumentos interpretativos o métodos o cánones de interpretación son pautas de elección, pautas dirigidas a guiar esa elección y su consiguiente fundamentación. En cuanto a la fundamentación, los métodos interpretativos funcionan como *argumentos* justificativos de la interpretación elegida. Si yo tuviera que justificar, que dar razón de por qué preferí la corbata azul en lugar de la verde, lo podría argumentar alegando que esa corbata me va mejor con el traje y/o que es más seria y, por tanto, más adecuada para el acto al que debo asistir vestido con mucha formalidad, etc. Si, como juez, debo justificar por qué preferí la interpretación S^1 de "x" en N antes que la interpretación S^2 de "x" en N, también usaré argumentos, argumentos interpretativos. Hay argumentos que se entienden apropiados y aceptables para esa justificación. Son los que se aquí llamaremos argumentos interpretativos.

2.3. El problema de la jerarquía de los argumentos interpretativos

Sigamos con el ejemplo de la corbata. Si resulta que parece claramente mejor la corbata de rayas azules y rojas para el fin por el que la compro, el de ir bien vestido a la boda de mi hermano, pero la corbata que mejor combina con mi traje nuevo es la lisa de color amarillo, tengo dos razones[277] válidas que avalan alternativas contrapuestas. ¿Cómo decido? Si hubiera una jerarquía entre esas razones y tuviera yo claro, por ejemplo, que es el tipo de ceremonia lo determinante y que ante esa prioridad cede la mejor o peor combinación de la indumentaria, mi problema estaría resuelto por tal regla, la de que el argumento teleológico prevalece sobre el sistemático, por decirlo en la terminología usual de la teoría jurídica. Si no tengo una regla que de esa manera me solvente el problema, tendré que decidir yo discrecionalmente y con mayor peso de mis personales preferencias a la hora de establecer prioridades.

En la teoría de la interpretación jurídica este es uno de los clásicos motivos de debate, el de si hay o no jerarquía entre los cánones o argumentos interpretativos típicos o más usuales y el de cómo se ordenarían dichos argumentos en tal jerarquía.

El primer gran sistematizador de los cánones interpretativos fue Savigny. Para Savigny, los cánones que el intérprete debía to-

---

277 Recordemos que un argumento es una razón expuesta ante un interlocutor o auditorio con el fin de lograr su acuerdo para la tesis que se quiere justificar. Esa dos razones mías se convierten en argumento cuando las expreso ante alguien con tal objetivo.

mar en consideración era cuatro: gramatical, lógico, histórico y sociológico. No importa ahora lo que para este autor significaba cada uno de ellos, sino el detalle de que, en su opinión, todos avalarían la misma solución interpretativa. Es decir, que, ante un problema de interpretación, tanto si se toma en consideración el canon o punto de vista gramatical, como el lógico o el histórico o el sistemático, la solución que resultará como preferible será la misma, los cuatro cánones apoyarán la prioridad de esa solución.

Más adelante, la doctrina verá en la diversidad de los cánones no una ventaja, sino una de las principales dificultades, pues por lo común cánones diversos sustentan la preferencia de interpretaciones distintas. Así, supongamos, es posible que echando mano de un canon o argumento teleológico nos parezca preferible la interpretación S^1 y con uno sistemático cobre prioridad la interpretación S^2; y así sucesivamente.

Veamos cómo trata este asunto uno de los filósofos del derecho europeos más importantes de las últimas décadas, el alemán Robert Alexy, uno de los más influyentes iusmoralistas de nuestra época.

Alexy[278] divide los argumentos que dirigen la interpretación en dos grupos: *institucionales* y *sustanciales*. Podemos, para simplificar, decir que estos últimos son los argumentos de justicia o que atienden a razones morales. Los argumentos institucionales son de tres tipos: lingüísticos, genéticos y sistemáticos.

— Los argumentos *lingüísticos* se subdividen en sintácticos y semánticos. Vienen a decirnos estos argumentos lingüísticos que, cuando interpretamos un término legal, debemos ceñirnos a sus significados posibles y no atribuirle otros nuevos que dicho término en modo alguno tenga, pues ello supondría ir contra el tenor literal o los límites de la respectiva norma. Cuando las interpretaciones posibles sean varias, este argumento lingüístico remite a otros argumentos interpretativos para justificar la elección entre ellas.

---

278 R. Alexy, "Juristische Interpretation", en R. Alexy, *Recht, Vernunft, Diskurs. Studien zur Rechtsphilosophie*, Frankfurt a. M., Suhrkamp, 1995, pp. 71-92.

— Los argumentos *genéticos* hacen referencia al argumento tradicionalmente llamado de interpretación subjetiva. Se trata de tomar la voluntad del legislador autor de la norma como orientación para interpretar ésta, para atribuirle significado concreto. Tiene dos variantes esta interpretación subjetiva o genética: subjetivo-semántica y subjetivo-teleológica. En el primer caso se trata de dar prelación a lo que el legislador quiso decir con las palabras de la norma, y en el segundo, de otorgar prioridad a lo que ese legislador quiso conseguir con la norma, al fin que se proponía.

— Los argumentos *sistemáticos* tienen que ver con la unidad y coherencia del sistema jurídico. Hay unas cuantas variantes de argumentos sistemáticos. Unos tratan de asegurar la congruencia del sistema, evitando contradicciones; otros sirven para sustentar la consistencia lingüística o material del sistema, etc.

Por su parte, los argumentos *sustanciales* o de justicia aluden a la corrección material, a la justicia de las soluciones que de la interpretación de las normas se desprenden para los casos que se resuelven.

Así pues, el esquema de argumentos interpretativos, según Alexy, podría quedar así:

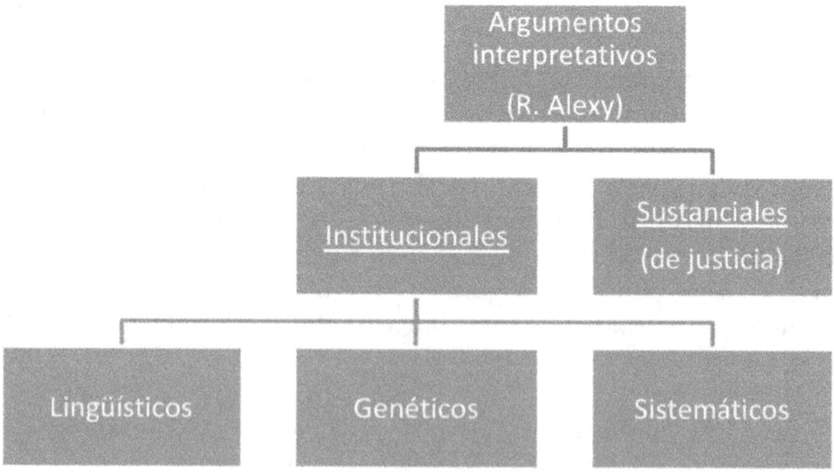

¿Qué jerarquía existe, según Alexy, entre estos argumentos? Dice que, *en principio*, los institucionales prevalen sobre los sustanciales. Y que, *en principio*, dentro de los institucionales, los lingüísticos predominan sobre los genéticos y éstos sobre los sistemáticos. Queda así trazada una jerarquía que resolvería los conflictos entre interpretaciones avaladas por esos distintos argumentos; pero ¿qué quiere decir "*en principio*"? Significa que ese orden de preferencia es provisional o a falta de potentes argumentos para revertirlo. Es decir, que si el intérprete considera que tiene y puede exponer importantes razones para que los argumentos sustanciales ganen a los institucionales y, dentro de éstos, para que los sistemáticos venzan a los genéticos o éstos a los lingüísticos, podrá decidir en consecuencia y tendrá que presentar esas razones con solvencia en la motivación de las sentencias.

En otras palabras, ¿qué nos está indicando Alexy? Pues, por ejemplo, que, al tiempo de interpretar una norma y aplicarla, la justicia de la decisión puede dominar sobre la letra de la norma, sobre la intención del legislador y hasta sobre la coherencia lógica, lingüística o material del sistema jurídico, siempre y cuando que la respectiva solución justa que vence todos esos límites esté apoyada por razones que se puedan presentar muy convincentemente. Es la ponderación lo que permite en cada caso comprobar el peso de cada opción, la legal y la *contra legem.* Este sería un buen ejemplo de teoría de interpretación derivada de una teoría del derecho de corte iusmoralista.

Por el contrario, y como veremos después, para los iuspositivistas, al menos los de corte normativista, la única jerarquía firme es la que pone por encima el argumento semántico o lingüístico (muchas veces llamado literal o gramatical) como límite irrebasable de lo que en verdad sea interpretación y como delimitador del espacio en el que juegan los otros argumentos interpretativos.

2.4. Dos tipos de argumentos interpretativos: criterios y reglas

No todos los argumentos interpretativos admisibles funcionan en el razonamiento interpretativo de la misma manera y con las mismas prestaciones. Conviene diferenciar, dentro de los argumentos interpretativos, entre *criterios* y *reglas* de la interpretación.

Los ***criterios*** de interpretación ofrecen justificaciones usuales y admisibles para una opción interpretativa. Está justificada la opción interpretativa que se apoye en un criterio interpretativo, pero siempre sabiendo que contra el criterio que respalda una opción interpretativa se puede hacer valer otro criterio que sostenga una opción interpretativa distinta. Si las interpretaciones posibles de N son S^1 y S^2, en favor de S^1 puede tal vez invocarse un criterio teleológico-subjetivo y en favor de S^2 un criterio teleológico-objetivo. Esto nos lleva a una constatación importante, como es que puede perfectamente darse el caso, y hasta suele, de que todas las interpretaciones posibles de un enunciado normativo pueden ser interpretaciones justificadas, en cuanto que en favor de cada una cabe correctamente alegar algún criterio interpretativo admisible.

Las ***reglas*** interpretativas son también argumentos interpretativos, es decir, aportan razones para la elección entre interpretaciones posibles, pero operan de otro modo. Las reglas interpretativas se invocan para *descartar o imponer* una de las interpretaciones posibles. Por consiguiente, las reglas interpretativas se dividen en reglas interpretativas *negativas* y *positivas.*

Reglas interpretativas *negativas* son las que eliminan alguna (o algunas) de las interpretaciones posibles, aun cuando pueda estar apoyada en uno o varios criterios interpretativos. Es decir, si las interpretaciones posibles de N son S^1, S^2...S^n, y si una regla interpretativa negativa es aplicable, quedará descartada una de esas interpretaciones posibles, por ejemplo, S^1. Estas reglas interpretativas negativas son las que excluyen cierta interpretación en principio posible, por poseer determinada propiedad que la regla señala como causa de exclusión.

El esquema de una regla interpretativa negativa sería así:

De entre las interpretaciones posibles de la norma N debe descartarse la que tenga el efecto E. Por ejemplo, la que tenga como efecto la aparición de una antinomia entre la norma que estamos interpretando y otra norma del sistema jurídico.

Reglas interpretativas *positivas* son las que marcan la preferencia de una de las interpretaciones posibles, por poseer cierta propiedad o efecto al que la regla alude como determinante de esa preferencia. El esquema común de las reglas interpretativas positivas podría ser este:

De entre las interpretaciones posibles de la norma N, debe preferirse la que tenga el efecto E. Por ejemplo, si se trata de una norma de derecho de menores, la regla dice que debe darse prioridad a la interpretación más favorable al menor (regla del favor minoris*).*

Naturalmente, si las interpretaciones posibles en discusión son sólo dos, la aplicación de una regla interpretativa negativa dirime a favor de la no descartada por ella. Si las interpretaciones posibles en discusión son más de dos, la elección deberá acontecer de entre las no descartadas por una regla negativa. Sean las interpretaciones posibles dos o más, la aplicación de una regla interpretativa positiva decide a favor de la preferible con arreglo a ella, frente a todas las demás.

Importa resaltar también que, a diferencia de los criterios interpretativos, las reglas interpretativas, tanto negativas como positivas, no ofrecen referencias o puntos de vista para sentar significados justificados, sino meras pautas de selección de los previamente establecidos; esto es, no proponen significados, sino que de entre los posibles y, en su caso, justificados mediante criterios, descartan unos o hacen predominar otros.

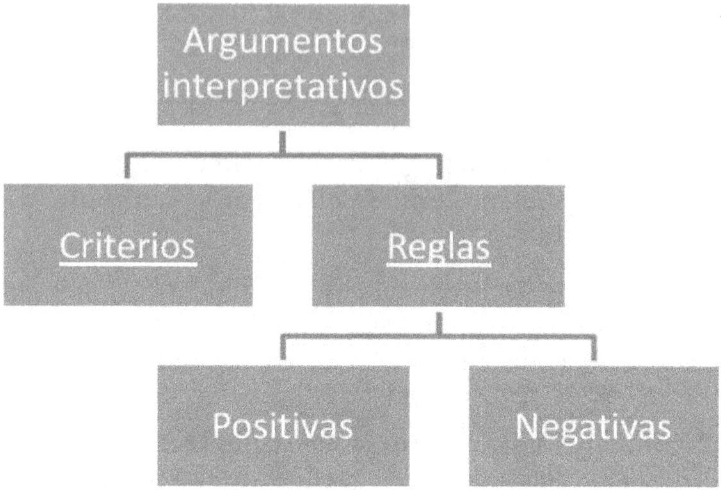

Para entender esas diferencias, volvamos primero a aquel ejemplo de la elección de una corbata. Quedamos en que yo necesitaba comprar una corbata y andaba eligiendo entre las disponibles en la tienda correspondiente. Habíamos visto que podía seguir distintos puntos de vista o pautas para escoger y, correlativamente, justificar mi elección: la que mejor sirva para el fin con que la compro (ir a una boda, ir a una fiesta...), la que sea más barata, la que mejor combine con los colores de mi traje... Si alguien me pregunta por qué compré precisamente esa que compré, puedo darle cualquiera de estas razones como justificación admisible. Son razones que no le extrañarán a mi interlocutor y que no considerará impropias. Esas razones desempeñan el papel que en la interpretación jurídica asignamos a los que hemos denominado criterios de interpretación.

Pero también puede haber, al comprar la corbata, ciertas reglas. Por ejemplo, la regla negativa de abstenerse de adquirir la corbata que me quede demasiado larga, que rebase unos palmos el cinturón de mi pantalón. Esa sería una regla negativa y valdría para excluir alguna o algunas corbatas de las que de mano eran elegibles. También puede suceder que tenga que seleccionar una corbata muy oscura, gris o negra, puesto que la necesito para asistir a un funeral. Sería una regla positiva. Las reglas interpretativas funcionan de igual manera en la argumentación jurídica.

Ahora pongamos con más detalle algunos ejemplos de las unas y de las otras en el campo de la interpretación jurídica.

Lo que muchos llaman la *interpretación lógica* y que aquí llamaremos argumento de interpretación lógico-sistemático, y que es una variante de los argumentos sistemáticos, es en realidad una regla interpretativa negativa, que rezaría así, en su formulación más frecuente: de entre las interpretaciones posibles, se debe descartar aquélla (o aquéllas, en su caso) que provoque la aparición de una antinomia en el sistema jurídico. Esto merece una breve ilustración.

Si la norma N^1 puede tener dos significados (S^1N^1 y S^2N^1) y existe otra norma N^2 cuyo significado es opuesto a S^1N^1 o S^2N^1, se debe optar por el significado de N^1 que no se oponga al significado de N^2. Más precisamente, desarrollando este esquema: si tenemos que

$S^1N^1 \rightarrow Ox$ (lectura: si se da a N^1 el significado S^1, entonces resulta que es obligatorio hacer x)

$S^2N^1 \rightarrow \neg Ox$ (lectura: si se da a N^1 el significado S^2, entonces resulta que no es obligatorio hacer x)

y hemos establecido que

$N^2 \rightarrow Ox$ (lectura: con arreglo a la norma N^2 es obligatorio hacer x)

Entonces no podemos, en virtud de este argumento[279], elegir la interpretación S^2N^1.

---

279 Esta regla la vemos operando en las llamadas *sentencias interpretativas de los tribunales constitucionales.* En ellas, como es sabido, dichos tribunales, al juzgar sobre la constitucionalidad o no de una ley, dictaminan que la misma es constitucional a condición de que no se interprete de determinada forma, con cierto significado, y la sentencia veta esa interpretación, al tiempo que declara la constitucionalidad de la ley, que ya no va

Podemos mencionar *otras reglas interpretativas negativas*, como pueda ser la de *evitación del absurdo*, regla que aparece muchas veces bajo la denominación indistinta de argumento *ad absurdum* o apagógico. Formulada como aquí proponemos, dispondría que de entre las interpretaciones posibles debe descartarse aquélla (o aquéllas, en su caso) que llevarían a que la aplicación de la norma así interpretada produjera consecuencias marcadamente absurdas o claramente contraintuitivas, contrarias, pues, al elemental sentido común o a la "naturaleza de las cosas", en el sentido menos metafísico de la expresión. Estamos cerca de las cuestiones de sobreinclusión que hemos analizado anteriormente.

Vamos ahora con las reglas interpretativas *positivas*. Son bastante comunes y muchas veces aparecen referidas a distintos sectores o ramas del sistema jurídico. Así, la regla del *favor laboratoris* en derecho laboral, la del *favor minoris* en derecho de menores, o la llamada interpretación más favorable a los derechos fundamentales, que opera con alcance general. La estructura común de todas ellas puede describirse sintéticamente así: de entre las interpretaciones posibles en discusión, óptese por aquella cuya consecuencia supone una mayor realización del bien B (la protección del trabajador, el interés del menor, la mejor realización del derecho

---

a poder ser interpretada de ese modo descartado. Con ello, los tribunales constitucionales evitan aquella interpretación que, por hacer a la ley chocar con un precepto constitucional, haría aparecer una antinomia entre la norma inferior (la ley así interpretada) y la norma superior, la constitucional, que debería resolverse invalidando la inferior, es decir, declarándola inconstitucional. La salvaguarda de la coherencia del sistema jurídico va ahí de la mano de otra regla interpretativa muy importante cuando se trata de la interpretación de normas legales, como es la de conservación de las normas jurídicas. Esta regla (que en la doctrina y la jurisprudencia suele denominarse principio, pero eso aquí ahora no importa gran cosa) dispone que, siempre que sea posible, hay que evitar que la interpretación provoque la desaparición de una norma, y ello por dos razones: para que no aparezca una laguna, en su caso, con su correspondiente producción de incerteza, y para que sea respetada en la mayor medida posible la obra del legislador legítimo.

fundamental que se vea afectado...). Naturalmente, para que una regla de este tipo funcione, tiene que ser posible distinguir entre las distintas consecuencias a que conduce la aplicación de la norma conforme a unas u otras de las interpretaciones posibles, y, sobre todo, tal diferencia en las consecuencias, por lo que al bien que se pretende dirimente se refiere, ha de aparecer suficientemente argumentada.

3. LA GRAN CUESTIÓN: EL ARGUMENTO LITERAL (O LINGÜÍSTICO O GRAMATICAL O SEMÁNTICO...). SU FUNCIÓN Y SU RELEVANCIA

3.1. La función del argumento literal y el debate entre iuspositivismo y iusmoralismo

La doctrina tradicional habla del canon literal o gramatical. Veíamos que otros, como Alexy, lo denominan argumento lingüístico. Aquí hablaremos de argumento literal, para ser fieles a aquella tradición terminológica.

Hasta ahora hemos dicho que un problema interpretativo surge cuando se plantean alternativas interpretativas para un enunciado normativo, es decir, cuando para el enunciado N caben los significados S^1 y S^2, o más. Pero ¿qué quiere decir que "caben" esos significados? Con esta pregunta llegamos a una de las más importantes bifurcaciones de la teoría de la interpretación jurídica, íntimamente relacionada con la teoría del derecho a que cada teórico de la interpretación se acoja. Veámoslo.

A la hora de manejar el significado de N pueden ocurrir dos cosas. Una, que objetivamente N contenga algún género y grado de indeterminación que impida saber con total exactitud y sin margen de duda qué quiere decir para el caso que se tenga entre manos, de forma que tanto pueda querer decir S^1 como S^2. Otra, que subjetivamente nos desagrade, por las razones que sean, el significado claro que N tenga para el caso, o cualquiera de los significados, S^1, S^2... S^n, objetivamente posibles, de manera que nos inclinemos por un significado S´ que ningún hablante competente consideraría compatible con la semántica, la sintaxis y la pragmática de N.

Ilustrémoslo con un supuesto ordinario. Mi vecino me dice: "te prometo que si necesitas comida, yo te la regalo". Esta promesa puedo interpretarla de muchas formas distintas, ninguna de las cuales vulnera las reglas de nuestro idioma. Así, puedo entender que me promete que me dará algo de comer en caso de que yo me encuentre en situación de grave necesidad o que me dará más comida si la que yo tengo no me alcanza, por ejemplo, porque soy muy glotón, o que si hay algún alimento que yo no tengo en mi despensa él me lo regalará; etc. Son varias ahí las interpretaciones objetivamente posibles. Ya se ve que llamamos *interpretaciones objetivamente posibles* a *aquellas que no son incompatibles con las reglas semánticas, sintácticas y pragmáticas de nuestro lenguaje*, ya sea éste el lenguaje ordinario o ya sea cualquier lenguaje especializado no puramente formalizado.

Siguiendo con el supuesto, ¿qué sucede si yo quiero entender que lo que mi vecino me promete es que me dará todo el dinero que yo necesite para llegar a fin de mes disfrutando de una vida cómoda y lujosa? Tanto mi vecino como cualquier conocido al que se le pregunte me responderán que no, que la promesa versaba sobre comida que yo pudiera necesitar, pero que de ningún modo tal cosa puede significar que me va a regalar dinero, y menos en la cantidad que sea de mi gusto.

Mas si yo soy jurista, podré emplear toda una serie de recursos para transmutar, a modo de alquimia lingüística, lo que objetivamente mi vecino me podía estar prometiendo en lo que a mí me interesa que sea el objeto de su promesa. Y haré razonamientos de este calibre, tan frecuentes en la praxis jurídica: el fin de su promesa era aliviarme una necesidad importante, como es la de alimentación; yo tengo otras necesidades tanto o más importantes, como la de techo o cultura, por lo que, por la misma razón (o con más razón aún) que da sentido a la promesa de alimentarme, hay que entender que queda abarcada también la de pagarme el alquiler o darme para la entrada del cine. Habré realizado así un razonamiento analógico o uno *a fortiori.* O de este otro tipo: a la promesa de mi vecino subyace la finalidad de ayudarme en mis cuitas, pues me aprecia y desea auxiliarme, y, dado ese fin, el mismo se cumple, y en tanta o mayor medida, si me paga el alquiler de la casa donde vivo, pues, aunque tal cosa no esté comprendida en las palabras de su promesa, sí que lo estará en su intención al hacerla o en su mejor sentido objetivo de fondo.

Habré llevado a cabo de esa forma una interpretación teleológica "*contra legem*", con base en que los fines que en el fondo dan sentido a una norma deben contar más aún que las palabras con que la norma se enuncia. O podré decir que la promesa de mi vecino es aplicación del principio general de que se debe ayudar al necesitado, principio inserto en la constitución moral misma de nuestra sociedad, por lo que, en coherente aplicación de tal principio, mi vecino debe apoyarme no sólo con el alimento, sino también con otras cosas, como el pago de mi vivienda, pues no habría razón aceptable para circunscribir únicamente a lo primero su propósito de ayuda. Ahí andan los principios haciendo de las suyas.

Podríamos seguir un largo trecho con este juego de lo que un jurista sería capaz de tramar para convencernos de que el vecino le prometió mucho más de *lo que le dijo* que le prometía. Y el lector juzgará que hay descaro del aprovechado que así argumentara y despropósito de sus argumentos. Pues bien, con esto llegamos a la gran pregunta que en este momento tenemos que tratar: *por qué, si tales modos de interpretar y de argumentar las interpretaciones se consideran fuera de lugar y rechazables cuando se trata de una promesa, se admiten, en cambio, por tantos y con tanta alegría cuando se trata de dar significado a los enunciados normativos del derecho.*

Hemos visto en el ejemplo anterior que, frente a las interpretaciones objetivamente posibles del enunciado de la promesa, se contraponen y se hacen imperar las interpretaciones subjetivas que el beneficiario de la promesa *quiere* darle, si bien ese su querer, ese interés que lo guía al saltarse lo que de objetivo haya en el lenguaje de la promesa en cuestión, se camufla mediante argumentos de hermosas resonancias y considerable complejidad.

¿Pasa lo mismo en la práctica del derecho cuando los jueces rebasan todo significado objetivamente posible de una norma, para presentar como significado debido uno que no cabe dentro de la semántica de sus términos, su sintaxis, su contexto normativo y la pragmática de su uso? Sostenemos aquí que, cuando tal hace, el juez *ya no interpreta una norma preexistente*, sino que *crea una norma nueva* que, para la resolución del caso en cuestión, le gusta más o le parece mucho más justa que aquella otra que era inicialmente aplicable, bajo la que el caso podía subsumirse. *No estamos hablando*, por tanto, *de la creación de normas para colmar lagunas*, sino de la inaplicación de una norma que existe, está vigente y viene al caso y su sustitución por otra, pergeñada por el juez para el asunto, que no existía previamente. Sólo en algunos casos muy precisos podríamos decir que hay una laguna normativa de tipo teleológico. Pero otros dirán que ahí concurre una laguna axiológica.

El argumento literal vale, precisamente, *para delimitar cuáles son las interpretaciones posibles de un término o expresión normativa, no para justificar la elección de una de ellas*, si son varias. El argumento literal *enmarca* la interpretación, delimita el campo de juego de la interpretación, pero no resuelve la opción interpretativa, salvo si se trata de términos o expresiones con significado inequívoco o cuando el caso que se resuelve se inserta dentro del núcleo de significado de la norma o fuera de toda referencia posible de los términos y expresiones de esa norma. Revisemos todo esto con mayor detenimiento.

Tomemos una norma imaginaria que dijera así: "*Prohibido encerrar pájaros en los zoológicos*". Ese enunciado de la norma puede causar más de un problema de interpretación. Por ejemplo, es posible preguntarse si los zoológicos no pueden tener pájaros en modo alguno o si pueden tenerlos, pero no encerrados, sino sueltos. Pero aquí vamos a tomar como ejemplo el término "pájaros". ¿Tiene dicho término algún grado de indeterminación que pueda producir problemas interpretativos? Seguramente sí. Tiene su zona de penumbra. Nadie dudará de que, a efectos de tal norma, los gorriones o los mirlos son pájaros. Si en el zoológico hay tres mirlos metidos en jaulas, no podremos discutir que aquella norma prohibitiva se vulnera. ¿Por qué? Porque, en nuestro idioma, nadie podrá razonablemente poner en duda que los gorriones o los mirlos son pájaros. Se trata de "candidatos positivos", conforme a la terminología que ya conocemos.

¿Y los hipopótamos? Si el zoo alberga un hipopótamo, ningún hablante normal y razonable de nuestra lengua podrá defender que se está violando aquella prohibición. A nadie le entra en la cabeza que un hipopótamo se pueda clasificar entre los pájaros. Es un "candidato negativo", el hipopótamo no forma parte, bajo ningún concepto, de la referencia del término "pájaro".

Es un argumento literal el que nos da la clave en estos ejemplos. Concretamente, se trata un subtipo del argumento literal, el argumento semántico. Es contrario a la semántica de nuestro idioma, en su uso actual, negar que el gorrión sea un pájaro o afirmar que sí lo sea el hipopótamo.

¿Y un pingüino? ¿Y un avestruz? Depende. Ambos son aves. Cuando aquella norma dice "pájaros", *¿se refiere* genéricamente a las aves o solamente a las aves voladoras? Los pingüinos no vuelan; los avestruces tampoco. Así que, si hacemos la interpretación extensiva que, sin más, equipara "pájaro" a ave, estarán prohibidos en los zoos los pingüinos y los avestruces, además de gorriones, mirlos y todos los que, sin duda y se mire como se mire, son pájaros. Por el contrario, si realizamos una interpretación restrictiva y entendemos que "pájaros" se refiere, en la norma, a las aves voladoras, entonces no contravendría aquella prohibición la presencia de pingüinos o avestruces en el zoo.

Es un argumento literal (en su variante de argumento semántico) el que hemos usado para dar por sentado que la norma se aplicará a los gorriones y para excluir que pueda aplicarse su prohibición a los hipopótamos. Pero con un argumento literal estamos sosteniendo también que la norma tanto puede aplicarse como no aplicarse a los avestruces o los pingüinos, dependiendo de la interpretación que hagamos de la palabra "pájaros".

¿Cuál de esas dos interpretaciones posibles (la restrictiva o la extensiva) será preferible o más conveniente? Para contestar a esa pregunta ya no nos vale el argumento literal, pues con él lo que acabamos de sentar es, precisamente, que respecto de pingüinos o avestruces son posibles las dos interpretaciones, que hay dos interpretaciones posibles. Así que para justificar el inclinarse por una de ellas deberemos acudir a otros argumentos interpretativos (teleológico, sistemático, etc., etc.). El argumento literal, al marcar cuáles son las interpretaciones posibles o qué casos caen en la zona de penumbra, ha trazado el campo de juego en el que van a concurrir y van a competir, en su caso, los otros argumentos interpretativos.

Tenemos una nueva base para volver a la distinción entre casos fáciles y casos difíciles, en lo que a la interpretación concierne. Casos interpretativamente fáciles son aquellos que, al menos en principio, quedan resueltos con un mero argumento literal. Mientras que casos interpretativamente difíciles son los que no quedan resueltos con un mero argumento literal, sino que permiten opciones interpretativas y la preferencia por una de ellas tendrá que justificarse con ulteriores argumentos interpretativos.

Con arreglo a la diferencia que antes establecimos, ¿es el argumento literal un criterio o una regla? Para las teorías iuspositivistas equivaldría a una regla y para las iusmoralistas, a un criterio. Examinemos eso.

Las doctrinas iuspositivistas de la interpretación entienden que lo que con el argumento literal se marca es un límite irrebasable para la atribución de significado a una norma por el intérprete. Ese límite se deriva de las reglas de la semántica, la sintaxis y el uso actual del idioma. Con el argumento literal señalamos cuáles son las interpretaciones posibles y delimitamos los significados entre los que el intérprete puede y debe escoger, sentando que no puede atribuir a la norma otro que resulte incompatible con la semántica o la sintaxis de los términos y enunciados de esa norma. Es decir, que, aunque haya, por ejemplo, muy buenas razones finalísticas o de justicia o de defensa de algún valor moral para atribuirle a un león la condición de pájaro, si la norma dice "pájaros" no puede en modo alguno estar refiriéndose a leones y no se interpreta ni se aplica *esa* norma cuando el tratamiento que ella prevé para los pájaros se extiende a los leones. Si, por ejemplo, la norma dice que "Los pájaros y únicamente los pájaros están prohibidos en los zoológicos", tal norma estaría excluyendo la prohibición para otros animales, para los que no sean pájaros. Aplicar la prohibición a los leones sería incurrir en una decisión *contra legem* y al decidir así no se habría interpretado la norma mencionada, sino que el aplicador habría creado otra contraria a aquella.

Las doctrinas iusmoralistas de la interpretación convierten el argumento de interpretación literal en un criterio más; o sea, en una de las referencias o pautas que el intérprete puede utilizar para atribuir contenido a un enunciado normativo, pero sólo uno más. Quiere decirse que también llaman interpretación a aquella asignación de significado a una norma para un caso en la que no se respeten los límites de la semántica, la sintaxis o el uso presente del término o expresión en cuestión. Que si, por ejemplo, el intérprete entiende que a efectos de *esa* norma y de las consecuencias que prevé, un león también es un pájaro, habría realizado igualmente una interpretación y la solución de ella derivada será correcta si la avala la justicia. Para los iusmoralistas, la regla suprema de la interpretación y aplicación del derecho es la que impone el logro de la justicia para el caso o, al menos, la evitación de la injusticia grave para el asunto de que se trate.

El iusmoralismo puede admitir que se llame decisión *contra legem* u opuesta a la ley aquella que clarísimamente vulnera los términos legales, aquella que no acoge ninguna de las interpretaciones posibles, sino que hace decir a la norma lo que parece "imposible" que los términos de dicha norma estén diciendo. Pero eso no le plantea problemas, pues el iusmoralista diferencia entre *lex* y *ius*, entre la pura legalidad positiva (las normas positivas que hay y lo que ellas efectivamente o literalmente dicen) y el derecho, siendo este algo más que derecho positivo: la suma de derecho positivo más una serie de normas morales básicas, o de justicia, que condicionan la validez en general de las normas positivas o legisladas o que condicionan su aplicabilidad a ciertos casos.

3.2. Un ejemplo real

El artículo 853 del Código Civil español dice que

> "Serán también justas causas para desheredar a los hijos y descendientes (...) las siguientes: (...) 2.ª Haberle *maltratado de obra* o injuriado gravemente de palabra".

"Maltrato de obra" es expresión con cierto grado de indeterminación semántica, pues puede resultar dudoso si una conducta es o no maltrato y si lo es de obra. Habrá casos fáciles positivos, en los que a nadie se le ocurra discutir que hubo maltrato y fue de obra, como si el hijo le pegara todos los días al padre con saña; y habrá casos fáciles negativos en los que la conducta en cuestión bajo ningún concepto puede considerarse maltratadora, como si el hijo todos los días le daba los buenos días al progenitor. Pero entre esos dos polos es posible imaginar multitud de supuestos dudosos cuyos hechos van a parar a ese espacio imaginario que hemos llamado zona de penumbra. En tales casos el que se considere o no el hecho probado como constitutivo de maltrato de obra dependerá de la interpretación que de tal expresión se elija. Bastaría repasar toda la jurisprudencia histórica española sobre ese aspecto de ese artículo 853 para tener un catálogo muy completo de supuestos problemáticos.

Uno de esos problemas se refiere a si el maltrato síquico, la vejación meramente moral, encaja o no bajo la noción de "maltrato de obra". Hasta el año 2014 la Sala Civil del Tribunal Supremo español consideró que no, pero la interpretación es modificada en su *sentencia STS 258/2014*. Vamos a referirnos brevemente a ese caso, a las cuestiones interpretativas que en él se suscitan y a cómo juegan los argumentos interpretativos manejados por el Tribunal.

Un padre hizo testamento desheredando a sus hijos por esa causa de maltrato de obra contemplada en el art. 853 del Código Civil. Los hechos probados que la sentencia de clara son los siguientes:

> "Ambas instancias (...) consideraron probado que en cuanto a su trato fue objeto de insultos y menosprecios reiterados y, sobre todo, de un maltrato psíquico voluntariamente causado por los actores que supuso un auténtico abandono familia". "...los hijos, aquí recurrentes, incurrieron en un maltrato psíquico y reiterado contra su padre del todo incompatible con los deberes elementales de respeto y consideración que se derivan de la relación jurídica de filiación, con una conducta de menosprecio y de abandono familiar que quedó evidenciada en los últimos siete años de vida del causante en donde, ya enfermo, quedó bajo el amparo de su hermana, sin que sus hijos se interesaran por él o tuvieran contacto alguno; situación que cambió, tras su muerte, a los solos efectos de demandar sus derechos hereditarios".

Caben dos interpretaciones de "maltrato de obra" y llevan a soluciones contrapuestas para el caso. Con la interpretación restrictiva la cláusula testamentaria en cuestión no será válida, pero sí lo será con extensiva. Sobre el papel, las dos soluciones, opuestas, son compatibles con la norma. Por eso nos ha de importar particularmente la argumentación de la decisión interpretativa que se tome, determinante del fallo, pues el ejercicio de la discrecionalidad interpretativa que el Tribunal haga es del todo determinante. Que puede fallar a favor o en contra de los hijos demandantes es evidente, pero nos interesa conocer los porqués, los argumentos con que se justifique la tesis interpretativa, la interpretación elegida.

El Tribunal declara probado que hubo un maltrato que califica como maltrato síquico y luego encuadra el maltrato síquico como maltrato de obra, inclinándose, pues, por la interpretación extensiva de "maltrato de obra". Justifica esa tesis interpretativa con los siguientes argumentos:

(i) Las causas de desheredación están tasadas en el art. 848 ("*La desheredación sólo podrá tener lugar por alguna de las causas que expresamente señala la ley*") y no cabe analogía ni interpretación extensiva. Pero no se debe entender que la exclusión de la interpretación extensiva se deba equiparar a la necesidad de una interpretación "con un criterio rígido o sumamente restrictivo".

Ese argumento es sumamente equívoco, pues está confundiendo interpretación extensiva y extensión de supuestos por vía de analogía. Una enumeración tasada es base para un argumento a contrario, como sabemos, y destierra el razonamiento analógico, pero no obsta a ninguna de las interpretaciones posibles que realmente sean eso, interpretaciones[280].

(ii) Los malos tratos o injurias graves a que alude el art. 853 2ª CC "deben ser objeto de una interpretación flexible conforme a la realidad social, al signo cultural y a los valores del momento en que se producen".

Estamos ante un argumento social o sociológico, que justifica que el sentido de los términos normativos se adapte al uso y el sentir de la época y no se quede anquilosado en concepciones socialmente superadas. Es el argumento opuesto al de interpretación subjetiva o voluntarística, como veremos en otra lección.

(iii) Ese argumento social lo hace dominante sobre el argumento del precedente jurisprudencial. Puesto que toda la alta jurisprudencia anterior era contraria a la línea que ahora se adopta, va a resultar muy útil alegar que el tiempo en que esa interpretación anterior podía entenderse ha pasado y que hoy el sentir social y la sensibilidad del presente respaldan una interpretación distinta. Por esa vía, dice la sentencia que en la actualidad el maltrato psicológico, como acción que determina un menoscabo o lesión de la salud mental de la víctima, debe consi-

---

280 Esto es bien sabido por los penalistas, pues en derecho penal está vetada la analogía *in malam partem*, pero eso no hace forzosa la interpretación restrictiva.

derarse comprendido en la expresión o dinamismo conceptual que encierra el maltrato de obra, sin que sea un obstáculo para ello la alegación de la falta de jurisprudencia clara y precisa al respecto, caso de las Sentencias de esta Sala de 26 de junio de 1995 y 28 de junio de 1993, esta última expresamente citada en el recurso por la parte recurrente.

(iv) Se emplea luego un argumento de valores, aduciendo que la interpretación ahora adoptada se compadece mejor con el valor o principio constitucional de dignidad de la persona: "En efecto, en este sentido la inclusión del maltrato psicológico sienta su fundamento en nuestro propio sistema de valores referenciado, principalmente, en la dignidad de la persona como germen o núcleo fundamental de los derechos constitucionales (artículo 10 CE) y su proyección en el marco del derecho de familia como cauce de reconocimiento de los derechos sucesorios, especialmente de los derechos hereditarios de los legitimarios del causante".

(v) Viene después un argumento sistemático, consistente en poner de manifiesto que el maltrato sicológico es equiparado en otras normas actuales al maltrato físico: "... así como en el propio reconocimiento de la figura en el campo de la legislación especial; caso, entre otros, de la Ley Orgánica de protección integral de la violencia de género, 1/2042".

(vi) Por último, se echa mano de un argumento que es una regla interpretativa. Sabemos que las reglas interpretativas vienen a mandar que se escoja la interpretación, de las posibles, que favorezca ciertos bienes o intereses, o que se descarte la que los perjudique. Aquí se trata de la regla de conservación de los actos y negocios jurídicos, concretada en el llamado *favor testamenti*:

> "...viene también reforzada por el criterio de conservación de los actos y negocios jurídicos que esta Sala tiene reconocido no solo como canon interpretativo, sino también como principio general del derecho (STS 15 de enero de 2013, núm. 827/2012) con una clara proyección en el marco del derecho de sucesiones en relación con el principio de *favor testamenti*, entre otras, STS de 30 de octubre de 2012, núm. 624/2012".

El que acabamos de ver es uno de tantísimos casos de sentencias que resuelven un caso cuya dificultad estriba en el problema interpretativo. Se argumenta con distintos tipos de argumentos, criterios y reglas, y tanto se trata de sostener la opción interpretativa elegida como de debilitar los posibles argumentos opuestos.

En la lección siguiente veremos cómo operan los argumentos interpretativos más usuales, dentro de ese campo de juego o espacio de discrecionalidad que deja la existencia de alternativas interpretativas o, como aquí llamamos, de interpretaciones posibles de la norma o normas que vengan al caso.

Lección 8

Argumentos interpretativos (II). Argumentos teleológicos, voluntarísticos y semánticos

En esta lección vamos a tratar de algunos de los principales o más usuales argumentos interpretativos de los que denominamos criterios, que son los que ofrecen razones normalmente consideradas fundadas o valiosas como respaldo de la elección de una de las interpretaciones posibles de una norma. Veremos los argumentos teleológicos, voluntarísticos y sistemáticos.

1. EL ARGUMENTO INTERPRETATIVO TELEOLÓGICO

El argumento interpretativo teleológico justifica la elección de aquella interpretación, de las posibles, que provoque una aplicación de la norma interpretada en la que el fin de la norma se cumpla mejor o en mayor medida que en las otras interpretaciones posibles.

1.1. El bien o valor que hace admisible el argumento interpretativo teleológico

Todo argumento interpretativo admisible recibe esta última condición, su admisibilidad, de su sustrato valorativo. Un argumento interpretativo es siempre un punto de vista, un criterio, una escala desde la que se ofrece una determinada referencia, pauta u óptica a cuyo tenor dar un significado a un enunciado legal. Un argumento interpretativo le dice al intérprete que puede atenerse a X a la hora de asignar un significado a la norma, que de X puede salir una buena razón para preferir una determinada interpretación de la norma, de entre las posibles. Los distintos argumentos interpretativos se diferencian según lo que pongan en el lugar de X: lo que el legislador quiso decir, lo que el legislador quiso conseguir, lo que es razonable querer conseguir con la norma aquí y ahora, lo que la mayoría querría lograr, etc., etc.

La *ratio* del argumento teleológico es que resulta bueno, deseable, que el fin de la norma se cumpla, por lo que dicho cumplimiento supone de realización del respectivo valor que funciona como sustrato del argumento (obediencia al legislador, a la sociedad...). Pues bien, si tal cumplimiento del fin es bueno, se presupone, al tiempo, que tal cumplimiento del fin debe darse en la mayor medida posible. Por tanto, y como ya sabemos, de entre todas las interpretaciones que quepan se debe optar, en aplicación del argumento teleológico, por la que tenga consecuencias que en proporción mayor realicen dicho fin. Ahí está funcionando algo así como una regla interna al argumento teleológico, la que podríamos llamar regla de maximización de las consecuencias buscadas con la norma.

Este argumento presupone una expectativa positiva respecto del legislador o respecto del sistema jurídico mismo. Cuando se hace uso del argumento teleológico-subjetivo se está dando por sentado que los propósitos de quienes hacen las normas son positivos y que, por tanto, con las normas se buscan efectos sociales beneficiosos para el país, para el interés general. Cuando se trata del argumento teleológico-objetivo, lo que se está dando por sentado es que la regulación jurídica tiene una función beneficiosa y que es esa función buena a la que sirve cada norma y cada sector de lo jurídico lo que ha de tratar de maximizarse por vía de interpretación y haciendo que las normas se apliquen en su versión que más a fondo lleve el cumplimiento del designio positivo de las normas de que se trate.

Si llamamos N a la norma y representamos su finalidad como F, y si escribimos las interpretaciones posibles como S^1 y S^2, podemos esquematizar así el argumento teleológico:

Dado que el fin de N es F, es preferible S^1 antes que S^2 porque S lleva a una mejor realización de F.

Dos preguntas podemos lanzar a quien emplee un argumento interpretativo teleológico. Una: *¿por qué sabemos que el fin de N es F y no F´?* ¿Por qué partimos de que el objetivo de esa norma es aquel que se señala y no otro que razonablemente pueda caber? Y dos: *¿Con qué base o grado de certeza se afirma que la interpretación elegida da pie a un mejor cumplimiento de ese fin que las posibles interpretaciones alternativas?*

Aplicando la regla básica de la racionalidad argumentativa, que dice que toda aseveración relevante y de contenido no evidente debe justificarse hasta el límite de lo razonablemente posible[281], tenemos que, si la respuesta a esas cuestiones no es perfectamente obvia y si, pese a no ser obvia, no se justifica con ulteriores datos, indicios o razones aceptables, el argumento teleológico será deficiente y, más allá de la pura retórica, no contendrá una auténtica justificación aceptable de la alternativa interpretativa elegida.

Dos son, por consiguiente, los asuntos que deben a su vez argumentarse al utilizar este argumento: la asignación de finalidad a la norma y el establecimiento, a la luz de ese fin, de preferencias entre interpretaciones posibles de esa norma.

a) ***Asignación de fin a la norma.***

En este aspecto es donde se observa la contraposición entre dos tipos de interpretación teleológica, la teleológico-subjetiva y la teleológico-objetiva.

Cuando se maneja el argumento interpretativo teleológico-subjetivo es para invocar el fin que el legislador se proponía, como justificación de la preferencia por la opción interpretativa que más se adecúa a aquel propósito del creador de la norma. Volveremos a hablar de este argumento teleológico-subjetivo al referirnos a los

281 Sabemos que con esto se enlaza con un requisito muy importante de un buen argumento, el que hemos denominado requisito de saturación.

argumentos interpretativos voluntarísticos. Ahora pondremos más énfasis en la otra modalidad, en el argumento teleológico-objetivo.

El argumento teleológico-objetivo es un criterio de interpretación que pone como referencia para la elección entre interpretaciones posibles la finalidad de la norma, pero entendiendo que esa finalidad hay que verla o concebirla desde el sentir, los presupuestos y las necesidades de la sociedad *actual*, de hoy, del momento en que va a ser aplicada la norma que interpretamos[282]. También se suele decir que se trata de tomar en consideración la finalidad con que el legislador de nuestro tiempo dictaría un precepto así, en el caso de que fuera él el que lo creara, en lugar del legislador antiguo que lo puso en circulación.

Entre esas dos alternativas a la hora de apreciar la finalidad de la norma sólo habrá discrepancia cuando la norma interpretada tenga alguna antigüedad, cuando haya pasado cierto tiempo desde que esa norma se promulgó y, además, haya habido cambios importantes en la sociedad durante ese periodo que va desde que la norma apareció hasta el este instante de ahora en que se interpreta y aplica.

Será con subargumentos históricos como habrá que justificar la afirmación de que el legislador antiguo pretendía para la norma cierto fin. Siguiendo las enumeración que hace Bydlinski[283], es posible extraer tales argumentos sobre la voluntad del legislador a partir de datos e informaciones como los siguientes: cuál era la

---

282 Entre la muy abundante doctrina, especialmente alemana, dice por ejemplo Zippelius que el método interpretativo objetivo parte de que "con el cambio de la moral social dominante se modifica también el sentido de la ley" y que, por tanto, "cuando el fin que claramente se sabe que buscaba el legislador no se corresponde ya con las ideas éticas y sociales que hoy dominan, resulta legítimo adaptar la interpretación de la ley a estas ideas actuales" (R. Zippelius, *Einführung in die juristische Methodenlehre*. München, Beck, 3ª ed., 1980).

283 F. Bydlinski, *Grundzüge der juristischen Methodenlehre*, Wien, Facultas, 2005, pp. 19-21.

legislación anterior que con este norma que ahora interpretamos se modificó, qué tesis defendía sobre la cuestión concernida la literatura jurídica de aquel tiempo y qué influencia tenían aquellos autores sobre los redactores de la norma, qué anteproyectos y proyectos y distintas redacciones se manejaron hasta llegar a esta redacción final de la norma, que política o programa impulsaba sobre la materia el partido o grupo político que promovió la norma, qué informes emitieron los diversos órganos asesores o de control, qué problemas relacionados con la temática de esa norma preocupaban en la sociedad en aquel momento o recibían atención de los medios y en qué sentido, etc.

Mayor aun es el problema si se emplea el argumento teleológico en su versión teleológico-objetiva, en cuyo caso, cuando ese fin no resulte evidente o no haya sobre él acuerdo general, habrá que fundamentar convincentemente por qué se dice que es uno y no otro[284], y para eso habrá que emplear subargumentos de corte sociológico, que nos indiquen cuáles son las necesidades o convicciones que en la sociedad de hoy imperan y con las que resultará congruente proponer para la norma en cuestión una finalidad y no otra.

Téngase en cuenta, además, que en una sociedad plural y pluralista, como la que corresponde a un Estado de Derecho democrático, en el que el pluralismo es valor constitucional y su posibilidad viene asegurada mediante la garantía de toda una serie de derechos fundamentales (libertad de opinión, credo religioso,

---

284 Se ha escrito muchas veces que mientras el criterio de interpretación subjetiva se atiene al fin querido por el legislador, el método de interpretación objetiva atiende al fin de la ley, pero muchos autores han resaltado también que la ley, como tal, no tiene fines y que siempre va a ser el intérprete de turno el que se los impute, por lo que se ha de prestar rigurosa atención al respaldo argumental de tal interpretación finalística, para evitar que, sin más, el intérprete haga pasar sus personales designios como objetivos indiscutibles de la ley. Sobre el particular, contundentemente, H-J. Koch, H. Rüssmann, *Juristische Begründungslehre*, München, Beck, 1982, pp. 170-171.

expresión, información, etc., más libertades políticas y derechos políticos), los diversos grupos sociales y políticos pueden tener opiniones bien diferentes sobre el papel que debe cumplir tal o cual norma del sistema jurídico.

Con todo, esa atribución de finalidad a una norma, particularmente si es una norma reciente, puede resultar favorecida por algunos indicios suficientemente claros. Por ejemplo, hoy es moneda común que las leyes vayan precedidas de una extensa exposición de motivos o de un preámbulo donde se expliciten detalladamente los objetivos de la ley en cuestión o, incluso, de cada parte de su articulado. De ahí que, aunque el valor normativo de las exposiciones de motivos o los preámbulos sea asunto muy discutido en la doctrina, parece innegable que sí poseen al menos una importante utilidad interpretativa[285].

---

285 Escribe Rafael de Mendizábal Allende esto: "Es evidente que los preámbulos o exposiciones de motivos de las leyes, muy útiles siempre y en alguna ocasión obras maestras de la literatura jurídica, como es el caso de la Ley de Enjuiciamiento Criminal de 1882, forman parte del texto, no son algo ajeno o añadido, un estrambote en suma, aun cuando carezcan de "valor normativo" o capacidad de obligar como ocurre también con las "rúbricas a títulos" de las disposiciones respectivas (SSTC 36/1981 y 173/1998). De ello se deduce en primer lugar, que no pueden ser impugnados independientemente (STC 150/1990), y, por otra parte, que no resulta posible declarar su inconstitucionalidad total o parcial porque el objeto de estos procesos son exclusivamente normas con fuerza o rango de ley, léase preceptos, cualidad que no concurre en los preámbulos, sin embargo de lo cual se les ha reconocido una cierta función hermenéutica (STS 36/1981) por revelar la *voluntas legislatoris*, habiéndola manejado el Tribunal en más de una ocasión para interpretarlas (STC 212/1995 y 222/2006) con un límite, "lo establecido en ellos no puede prevalecer sobre el articulado de la ley (STC 173/1998), que les priva de eficacia para dar un sentido diferente a disposiciones legales inequívocas o para alterar su contenido. Como colofón se ha dicho que si un determinado precepto fuera declarado inconstitucional o interpretado conforme a la Constitución de manera contraria a lo explicado en el preámbulo, la sentencia manifestará expresamente que las referencias de éste a aquellos carecerán de valor interpretativo algu-

Otras veces es el propio nombre de la ley[286] que contiene la norma en cuestión o el título del capítulo o apartado en que esa norma se inserta lo que da la pista adecuada sobre sus propósitos. En tal caso, se dan la mano el argumento teleológico y el argumento sistemático, al que se aludirá más adelante.

Sea como sea, al hacer uso de un argumento teleológico se arranca siempre de la afirmación de que la norma está orientada por cierto fin. ¿Por qué ese fin y no otro? Debe darse razón de ello, conforme a un esquema argumental que ha de poder reconstruirse así:

Por las razones R^1, R^2...R^n, el fin de N es F

De la verdad o verosimilitud, la razonabilidad y aceptabilidad de esas razones, de lo convincentes que sean, dependerá la fuerza de esa adscripción de finalidad al precepto y, derivadamente, la fuerza del argumento teleológico como justificación de la interpretación elegida de entre las posibles.

En una parte importante de la legislación actual aparece una variante en lo que a los fines de las normas se refiere. No se invocan tanto datos sociales, referidos a las necesidades sentidas por la gente, a acuerdos sociales muy extendidos o a opiniones socialmente dominantes, cuanto valores, principios o directrices constitucionales. Suele tratarse de legislación con ánimo fuertemente reformista que pretende cambiar aspectos relevantes de la vida social, aun contra el sentir o las creencias de importantes grupos sociales o hasta de la mayoría de los ciudadanos. Un ejemplo podríamos verlo en muchas de las normas que se vienen dictando en

---

no. "En la medida que el preámbulo no tiene valor normativo no resulta necesario, ni incluso resultaría correcto hacer una declaración de inconstitucionalidad expresa en el fallo de la Sentencia" (STC 36/1981)" (R. de Mendizábal Allende, *La guerra de los jueces. Tribunal Supremo vs. Tribunal Constitucional*, Madrid, Dykinson, 2012, pp. 372-373).

286 Pongamos que sea una ley denominada "Ley de medidas para combatir el desempleo". Queda claro que ese de luchar contra el paro es el fin principal a cuya luz han de interpretarse los preceptos ahí contenido.

materia de igualdad de género y de lucha contra la discriminación femenina. Aquí, la referencia finalística la proporciona el anclaje constitucional de tales leyes. Si su propósito es, por ejemplo, el desarrollo de un derecho fundamental, tendremos que interpretar primero lo que tal derecho significa e implica, tal como aparece configurado en la Constitución y en la jurisprudencia constitucional. Así calaremos en la finalidad de la norma legal en cuestión y, sobre esa base, podremos construir la correspondiente interpretación teleológica.

Con todo, no es tan fácil, pues cualquier norma legal que desarrolle derechos fundamentales puede provocar tensiones con otros derechos fundamentales, y cada uno de esos derechos fundamentales puede dar pie para la construcción de un razonamiento teleológico que tome su protección como punto de partida. Un sencillo ejemplo: al introducir en la legislación penal, para ciertos delitos o faltas relacionados con la llamada violencia de género, penas de distinta gravedad según que el agresor sea varón o mujer, el fin es otorgar mayor protección a las mujeres, víctimas más frecuentes de la violencia de su pareja masculina; es decir se trata de brindar mejor garantía para el derecho a la vida y a la integridad física, psíquica y moral de las mujeres. Pero en ese diferente trato puede verse una discriminación (contra los hombres) incompatible con el principio de no discriminación por razón de sexo, principio sancionado por el artículo 14 de la Constitución española, por ejemplo.

b) *Determinación de cuál de las interpretaciones posibles lleva a una aplicación de la norma que implique un mejor cumplimiento de su fin.*

En este paso se presupone un razonamiento de tipo consecuencialista y prospectivo. Expliquemos esto primero con un ejemplo de la vida ordinaria.

Supongamos que usted ha conseguido ahorrar seis mil dólares. Lo que quiere hacer con ellos está claro: desea invertirlos para que le produzcan el mayor rédito posible. Estamos diciendo, pues, que el fin no se discute. Entre los muchos objetivos que usted podría plantearse en relación con ese dinero (pagar la entrada de un auto nuevo, financiarse un viaje, hacer obras de caridad...), ya ha quedado establecido el fin que lo mueve: usar ese dinero para ganar más dinero. Ya tenemos cumplido el primer paso del razonamiento teleológico.

Lo siguiente es sopesar alternativas, en este caso alternativas de inversión. Por ejemplo, si invertir los seis mil euros en acciones de una empresa petrolera o si depositarlos a plazo fijo en un banco al interés que hoy le ofrece. Usted quiere ganar lo más posible y se pregunta con cuál de esas dos alternativas lograría mejores resultados para ese fin. Pongamos que usted se decide por la compra de las acciones. Si yo le pregunto por qué ha preferido esa opción y no la otra, me responderá que porque quiere sacar a esos ahorros el mayor rendimiento que pueda y le parece que colocándolos en acciones ganará más que si los mete en el banco a un interés fijo. Bien, eso ya lo sabía yo, o lo suponía, pero mi pregunta más concreta es: ¿qué cuentas ha hecho usted para saber o suponer que tendrás mayor beneficio así? Y usted me podrá explicar toda una serie de cálculos y previsiones sobre la evolución de la Bolsa, los movimientos del mercado de acciones, las previsiones de dividendos de las acciones de compañía para los próximos años, etc.

¿Qué me indica con todo eso? Primero, que usted está haciendo previsiones sobre el futuro, sobre lo que puede pasar dentro de un mes o el año que viene. Por eso podemos llamar a su razonamiento un razonamiento prospectivo o de cálculo sobre ciertos eventos futuros. Segundo, que está ponderando consecuencias futuras de sus posibles preferencias de hoy. Con sus datos, echa cuentas de cuánto puede probablemente ganar (o perder) con las acciones y cuánto con el depósito bancario. Por eso el suyo es también un razonamiento consecuencialista y prospectivo, ya que su decisión ha dependido de la atribución de consecuencias hipotéticas a cada una de las alternativas que manejaba; y se inclinó por la que, según sus cálculos hipotéticos, le presentaba las mejores consecuencias a la luz de aquel fin con el que las medía: maximizar los rendimientos de sus ahorros.

¿Cuánto habrá de racional o razonable en esos cálculos suyos sobre lo que pasará más adelante y sobre los posibles efectos futuros de sus elecciones? Dependerá de lo que de ciertos y apropiados tengan los datos en que usted haya apoyado ese razonamiento y del grado de certeza o seguridad con que pueda preverse el futuro de cosas tales como las cotizaciones bursátiles de una empresa o los beneficios de la misma.

En las mismas estamos muchas veces cuando un juez usa un argumento interpretativo teleológico. De igual manera que, ante mis preguntas, si usted quiere aparecer como un inversor muy razonable y no como un loco que sí desea tener dinero, pero no sabe administrarlo, tendrá que intentar convencerme de lo sólidos que son sus datos y lo apropiado de sus cálculos y previsiones, el juez que ha preferido la interpretación S^2 porque dice que encaja mejor con el fin de la norma y permitirá un mejor cumplimiento del mismo, tendrá que aportarnos también argumentos de por qué lo estima así. Pues su razonamiento tiene ese mismo carácter de hipotético, prospectivo y consecuencialista. En esquema:

Por las razones R^1, R^2...R^n, se estima que la norma N, interpretada en sentido S^2, verá mejor cumplido su fin para este caso que si se interpreta en sentido S^1.

Tantas más y tanto más sólidas y convincentes esas razones, tanto mejor justificada esta segunda parte de la interpretación teleológica.

Juntemos ahora las dos partes, la de atribución de fin a la norma y la de elección entre interpretaciones posibles en función de ese fin. Un argumento teleológico completo, bien desarrollado, tendría este esquema, en el que a las razones que justifican el establecimiento del fin de la norma aparecen como R^f y las que justifican el cálculo de consecuencias de las interpretaciones figuran como R^c:

Por las razones R^{f1}, R^{f2}...R^{fn}, el fin de N es F y por las razones R^{c1}, R^{c2}...R^{cn}, se estima que la norma N, interpretada en sentido S^2, verá mejor cumplido su fin que si se interpreta en sentido S^1.

Recordemos otra vez aquella *regla de oro*: en lo que no resulte perfectamente evidente, si faltan esas razones, bien sea al atribuir a la norma el fin, bien al tiempo de evaluar las consecuencias de las interpretaciones con ese fin como metro, habrá una deficiente racionalidad argumentativa y sospecha de arbitrariedad en el empleo del argumento teleológico.

Por supuesto, no estamos hablando de cálculos exactos ni de automatismos de ningún tipo. Más de una vez damos con sentencias en las que la mayoría hace un razonamiento teleológico y, en su virtud, atribuye un fin a la norma y concluye que una interpretación es para ese fin la más adecuada, pero en la misma sentencia aparece algún voto particular que, partiendo del mismo fin de la norma, considera que la solución que más lo respeta es la opuesta, la basada en la interpretación alternativa. Y puede ser que nos suenen muy convincentes tanto las razones de los unos como de los otros. El derecho, recordemos, no es matemática; y los argumentos interpretativos tampoco se corresponden con cálculos puramente formales. Estamos, no lo olvidemos, en los ámbitos de la razón práctica, que son los de la elección bajo incertidumbre; más o menos incertidumbre, según las ocasiones, pero incertidumbre siempre.

1.1. Ejemplos y análisis de casos de uso del argumento interpretativo teleológico

1.1.1. El fin de la norma como referencia ineludible de la interpretación, aunque no siempre bien argumentado. El caso de la legitimación activa en el delito de abandono de familia

El Código Civil español establece la obligación de alimentos de los padres para con los hijos, entre otros casos (art. 143). El artículo 93 del mismo Código, en su párrafo segundo, dice que

> "Si convivieran en el domicilio familiar hijos mayores de edad o emancipados que carecieran de ingresos propios, el Juez, en la misma resolución, fijará los alimentos que sean debidos conforme a los artículos 142 y siguientes de este Código".

Dejar de pagar a los hijos los alimentos a que se está obligado constituye delito, de conformidad con el artículo 227.1 del Código Penal, que reza del siguiente modo:

> "El que dejare de pagar durante dos meses consecutivos o cuatro meses no consecutivos cualquier tipo de prestación económica en favor de su cónyuge o sus hijos, establecida en convenio judicialmente aprobado o resolución judicial en los supuestos de separación legal, divorcio, declaración de nulidad del matrimonio, proceso de filiación, o proceso de alimentos a favor de sus hijos, será castigado con la pena de prisión de tres meses a un año o multa de seis a 24 meses".

A lo que el art. 228 añade lo que sigue:

> "Los delitos previstos en los dos artículos anteriores, sólo se perseguirán previa denuncia de *la persona agraviada* o de su representante legal".

He subrayado la expresión que dará lugar a un importante problema interpretativo, "*la persona agraviada*". Se ha planteado repetidamente un caso como el que se describe a continuación, resuelto por *sentencia 508/2017 de la Audiencia Provincial de Albacete*, de fecha 29 de diciembre.

Un matrimonio con dos hijos se había divorciado y la sentencia había fijado la obligación del marido de pagar alimentos para las dos hijas, que vivían con la madre. Durante años dejó él de cumplir dicha obligación y la madre interpuso denuncia por el mencionado delito del artículo 227 del Código Penal, conocido como delito de abandono de familia. Una de las hijas era ya mayor de edad cuando la denuncia de la madre contra el padre se interpuso y la otra cumplió la mayoría de edad durante la tramitación del procedimiento, y ninguna de las dos hijas ratificó en el acto del juicio la denuncia planteada por su madre. La hija mayor manifestó su deseo de que no continuase el procedimiento contra su padre y la otra no compareció en el juicio, al no haber sido propuesta como testigo ni por la acusación particular ni por el Ministerio Fiscal.

El problema es de legitimación activa. Siendo mayores de edad las hijas y no teniendo ya la madre su representación legal, poseerá la madre o no tal legitimación según cómo interpretemos "persona agraviada" en el citado artículo 228 del Código Penal.

Las interpretaciones posibles son dos. La restrictiva llevará a que por "persona agraviada" haya que entender, a estos efectos, nada más que el hijo titular del derecho a la pensión de alimentos. La interpretación extensiva permite considerar que también es "persona agraviada" el progenitor que convive con el hijo o los hijos perceptores y que ha de hacerse cargo de todos los gastos, ante el impago del otro, resultando así económicamente perjudicado.

La jurisprudencia española se muestra dividida sobre cuál de las dos es la interpretación más apropiada. Esta sentencia que tomamos como referencia se inclina a favor de la interpretación extensiva y va a usar un argumento teleológico para justificar esa elección, si bien de una manera que podríamos llamar tácita o dando por supuesto un razonamiento finalístico que no se explicita por completo.

Dice así:

> "Esta sala (...) se alinea con esta última postura jurisprudencial, y entiende que la denunciante sí es persona agraviada por el delito de abandono de familia cometido por Rubén a pesar de que sus hijas sean mayores de edad, ello en tanto en cuanto dichas hijas siguen dependiendo económicamente de su madre y del propio acusado, siendo así que el incumplimiento de sus obligaciones por el padre se traduce en un notable perjuicio económico para la madre, que se ve obligada a sufragar en exclusiva los alimentos en sentido amplio de las hijas comunes. No en vano el Diccionario de la RAE define el agravio como el <<perjuicio que se hace a alguien en sus derechos e intereses>>, y parece evidente que, en esta situación de dependencia de Aurora y Concepción de sus padres a pesar de su mayoría de edad, las agraviadas o perjudicadas directamente por el delito no son sólo o únicamente ellas como titulares o acreedoras del derecho a percibir esos alimentos de parte de su padre, sino también —y casi cabría decir que princi-

palmente— su madre, que es la que sufre directamente el perjuicio económico derivado de ese incumplimiento".

Lo que ahí viene a quedar sentado, aunque no por completo explicitado, es lo siguiente:

(i) El fin de la figura delictiva del artículo 227 del Código Penal no es meramente estipular una obligación en favor de los hijos y a cargo de los progenitores, sino también el de evitar que el incumplimiento por un progenitor de su deber de alimentos implique que el otro deba cargar con esa parte del gasto, con el consiguiente perjuicio económico.

(ii) Durante la minoría de edad de los hijos, el progenitor que con ellos vive puede denunciar al otro que no paga alimentos, pues tiene la representación legal de tales hijos menores.

(iii) Si, en la mayoría de edad de los hijos con derecho a percibir alimentos el progenitor con el que viven y que los mantiene no tiene legitimación activa para denunciar al otro que no paga, se consuma el perjuicio para dicho progenitor, pudiendo incluso ocurrir que no haya tal perjuicio para los hijos si tienen sus necesidades cubiertas por el progenitor con el que conviven.

(iv) En consecuencia, solo la interpretación extensiva de "persona agraviada" conduce a una mejor realización del fin de la norma y a evitar que dicho fin se frustre en casos como el examinado.

Es muy común encontrar sentencias que contengan razonamientos de este tipo, que podríamos llamar argumentos interpretativos no suficientemente desarrollados y no rigurosamente esquematizados. Se opta por una especie de apelación inmediata a lo inicuo de un perjuicio cuando, en verdad, se está escogiendo una interpretación con base en un entendimiento de la norma de base en cuanto justificada precisamente por el propósito o fin de evitar tales tipos de perjuicios.

También podemos entender ese modo de argumentar como consecuencialista. En verdad, se está descartando una interpretación de las posibles y prefiriendo la otra en razón de que la descartada tiene consecuencias negativas (el perjuicio claro para el progenitor conviviente y que mantiene a sus hijos) que la otra interpretación evita. Pero no debemos perder de vista que las consecuencias siempre tienen que valorarse desde un parámetro, que es el que las ordena como mejores o peores, aceptables o inaceptables. Y ese parámetro en la interpretación jurídica siempre incluye en su base una idea finalista, la postulación de un objetivo para la norma o para la parte o rama del sistema jurídico de que se trate.

La sentencia que comentamos combina ese argumento con algún otro de otro tipo. Así, emplea también un argumento sistemático, pues indica que en vía de reclamación civil el progenitor con el que conviven los hijos mayores de edad que se hallen en la situación de necesidad a que se refiere el art. 93, párrafo segundo, del Código Civil está legitimado para demandar al otro progenitor el pago de los alimentos, por lo que "no parece lógico" negarle la legitimación activa "en un procedimiento penal dirigido a la misma dual protección". Observamos cómo el argumento sistemático siempre se apoya en el ideal de congruencia del sistema jurídico. De eso hablaremos más adelante en esta lección.

1.1.2. Cuando el fin no es tan obvio como parece o no se argumenta bien

Trabajaremos ahora con la *sentencia de 22 de abril de 2002 de la Sala de lo Contencioso-Administrativo del Tribunal Supremo* español. Se resolvieron en ella dos cuestiones de interpretación en las que jugó papel determinante el argumento teleológico.

El problema jurídico estalla a propósito de la elección para cubrir vacantes en la Real Academia de Jurisprudencia y Legislación. El total de puestos de académico de número que hay en esa Real Academia es de cuarenta y las vacantes en el momento eran trece y debían ser cubiertas mediante en la votación que provoca la disputa.

El primer asunto se refiere a si se dio o no en esa votación el quorum jurídicamente requerido. La norma aplicable para esa cuestión es el artículo 4 del Real Decreto 1.333/1963 sobre procedimiento para la provisión de vacantes en las Reales Academias que integran el Instituto de España, en cuyo artículo 4 leemos lo siguiente:

> "La sesión en que deba procederse a la votación de nuevo Académico quedará válidamente constituida cuando se encuentren presentes *la mitad más uno de los Académicos de número*".

He puesto en cursiva el fragmento que da pie a la disputa interpretativa, pues hay dos interpretaciones posibles. Veamos por qué. Debemos tener bien presentes las cifras que concurren:

— Total de puestos de académico de número en la mentada Academia: 40.

— Total de vacantes que se deben cubrir en la votación: 13.

— Total de académicos de número en ejercicio y que, por tanto, pueden votar: 27.

— Total de académicos de número que efectivamente concurrieron a la sesión para la votación y votaron: 20.

El quorum mínimo para que la votación valiera sabemos que es de "la mitad más uno de los Académicos de número". ¿Se cumplió en el caso dicho requisito? Depende de cómo se interprete "la mitad más uno". Pues hay dos alternativas:

— Entender que ha de tratarse de la mitad más uno del total de puestos para académicos de número que hay en la Academia. Sería, pues, la mitad más uno de 40; o sea, 21. Con esa interpretación no se habría cumplido el requisito de quorum, pues comparecieron nada más que 20 académicos. La votación realizada sería nula.

— Interpretar que ha de ser la mitad más uno de los académicos de número en ejercicio en ese momento en que se hace la sesión para cubrir vacantes mediante votación. Como son 27 tales académicos en ejercicio, el quorum exigido sería de 14 y, por consiguiente, la votación habría sido válida.

El Tribunal opta por esta segunda posibilidad y sustenta su interpretación en un contundente argumento al absurdo, expresado en estos términos:

> "...de prosperar el criterio de la recurrente, si en un momento dado, por la simultaneidad de fallecimientos en un breve espacio de tiempo o por otra causa, la cifra de Académicos de número existentes y posesionados de sus cargos fuese de veinte, o inferior a ella, la Real Academia estaría condenada a que desapareciesen los académicos de número, ya que nunca podría reunirse el quorum de asistencia de veintiún miembros con esta categoría, interpretación de la norma que no es posible aceptar".

Vemos que la idea de fondo, planteada con bastante claridad, es que la otra interpretación, la que exigiría siempre y en todo caso veintiún académicos para que hubiera quorum y que se pudiera votar válidamente, puede llevar al absurdo de que quede para siempre bloqueada la renovación de la Academia y termine vaciándose de académicos. Basta que por cualquier circunstancia lleguen a ser menos de veintiuna las plazas cubiertas (por ejemplo, una epidemia provocó en un mes la muerte de veinte de los académicos), para que nunca más se pueda cubrir ni una plaza, ni esas ya vacantes ni las que lo vayan siendo en el futuro. Se terminó la Academia.

Ahí se aprecia cómo hay en el fondo una fuerte relación entre el argumento al absurdo y el *telos* o fin de la norma. Si esa normativa electoral, de la que forma parte el artículo que interpretamos, sirve al propósito de permitir la renovación de la Academia y la elección de nuevos miembros que cubran las vacantes que haya, interpretar esas normas de manera que dicha renovación resulte imposible implica sabotear la razón de ser misma de tales normas, hacer de ellas impedimento para que se alcance el objetivo mismo que les da sentido.

Considérese esa parte del caso examinado como un excurso sobre la relación entre argumento al absurdo e interpretación teleológica. Vamos ahora con el segundo problema en esa sentencia y veamos ya un uso deficiente del argumento teleológico en lo que tiene con la justificación del fin que a la norma interpretada se asigna.

La norma sobre cuya interpretación habrá esta vez debate es el artículo 7 del Reglamento de la Real Academia de Jurisprudencia y Legislación, según el cual en la sesión para cubrir vacantes pueden votar los Académicos de número que estén en posesión del cargo y *hayan asistido, por lo menos, a una quinta parte de las sesiones celebradas en el Pleno de numerarios en los doce meses anteriores a la votación,* hállense o no presentes en la reunión en que haya de realizarse ésta.

Resultó que el académico L.F.F. votó, pero sólo siete días antes había tomado posesión de su puesto de académico de número. ¿Vale o no vale su voto?

Una vez más, son posibles dos interpretaciones de aquella norma: la de que para poder votar válidamente es imprescindible en todo caso haber asistido al menos a una quinta parte de las sesiones durante el año último y la de que tal exigencia sí rige, pero únicamente para los que llevan un año al menos ocupando su plaza de académicos de número; es decir, para los que pudieron asistir a las sesiones de los últimos doce meses y no estuvieron ni en una quinta parte de ellas.

Con la primera interpretación el voto de L.F.F. no tendrá validez, mientras que con la segunda sí será válido, ya que si no fue a ninguna sesión antes de esta en la que se vota fue porque no tuvo oportunidad, puesto que antes no era académico aún.

El tribunal da validez a ese voto y se sirve de un argumento teleológico para sostener la correspondiente interpretación. Dice que el fin de la norma es incentivar la asistencia de los académicos a los plenos de la Academia y que por eso se quita el derecho de voto a los que no van ni a un quinto de las sesiones. Pero L.F.F. no pudo asistir a ninguna sesión antes, pues acaba de tomar posesión y, "Por tanto, no existe razón alguna para privarle del derecho de voto en la elección de un nuevo Académico, ya que no pudo haber incurrido en la causa que el Reglamento establece para dicha privación".

En esquema, podemos representar así ese razonamiento del tribunal:

(1) Con la norma se pretende incentivar a los académicos para que asistan a las sesiones de la Academia.

(2) Se aplica un incentivo negativo, quitando el voto en la elección de nuevos académicos a aquellos que, pudiendo, no vayan ni a una quinta parte de las sesiones de un año.

(3) L.F.F. no pudo asistir a ninguna sesión anterior porque acababa de tomar posesión de su puesto de académico.

(4) Por tanto, en L.F.F. no se dan las condiciones para que se le aplique esa sanción por no asistir a las sesiones del año anterior.

Parece impecable el razonamiento, pero debemos tomar conciencia de que en el esquema se acaba de introducir, en el paso (2), un "pudiendo" que no está en la norma y que determina el sentido de esta.

¿Cómo cabe contraargumentar frente a un argumento teleológico así? Respuesta: tratando de hacer ver que es igualmente razonable, o incluso más, asignarle a la norma un fin que haga preferible la otra interpretación, por ser la que mejor se corresponde con él. Por tanto, frente al fin invocado y no suficientemente acreditado en la sentencia, podríamos probar con una finalidad normativa diferente y no menos razonable. Para eso hace falta imaginación clara y buen tino para presentar la alternativa. Intentémoslo.

¿Y si la finalidad razonable o más defendible de la norma fuera que solo votaran los académicos que, por participar con cierta regularidad en las actividades de la Academia, tengan una idea más clara de lo que para ser un buen académico se requiere? Si lo vemos así, el académico absentista no es "castigado" por poco diligente o indiferente, sino por no tener los elementos de juicio requeridos para votar con el criterio más beneficioso para la propia Academia.

Esta otra consideración teleológica obra en pro de la interpretación contraria a la elegida por el tribunal. No es que el voto de L.F.F. valga porque no tenga sentido sancionarlo por absentista, ya que propiamente no lo fue, sino que no habría de valer su voto porque no tiene la mínima experiencia como académico y dicha experiencia estaría siendo tácitamente requerida por la norma. La norma, así vista, no estaría tanto castigando a los académicos no activos, cuanto dejando en manos de los activos y buenos conocedores las decisiones que más importan para la Academia misma. Parece asunto de matiz, pero según que el énfasis se ponga en lo uno o en lo otro cambia la interpretación de la norma que ha de dirimir un caso como este.

La primera receta para combatir un argumento teleológico eficazmente consiste en desactivar el fin normativo invocado y reemplazarlo convincentemente por uno que sirva de sustento para la consecuencia interpretativa opuesta.

1.1.3. Cuando la interpretación que se propone no parece la que mejor se acomoda al fin que a la norma se le ha imputado

Si hace un momento veíamos uno de los flancos que se puede encontrar en una argumentación teleológica, el referido al fin asignado a la norma, ahora vamos a pasar revista a un caso en que, aun cuando no cuestionemos tal finalidad a la norma asignada, parece más que dudoso que sea razonable decir que la que se elige, de las posibles, es la interpretación más acorde con ese fin.

Trabajemos con la *sentencia 551/2019 de la Sala Civil del Tribunal Supremo* español y comencemos, como siempre, por exponer la norma de cuya interpretación depende el sentido del fallo.

El artículo 268.1 del Código Penal, que ya conocemos, dice que

> "Están exentos de responsabilidad criminal y sujetos únicamente a la civil los cónyuges que no estuvieren separados legalmente o de hecho o en proceso judicial de separación, divorcio o nulidad de su matrimonio y los ascendientes, descendientes y hermanos por naturaleza o por adopción, así como los *afines en primer grado* si viviesen juntos, por los delitos patrimoniales que se causaren entre sí, siempre que no concurra violencia o intimidación".

He subrayado "afines en primer grado" porque en eso va a estar el intríngulis de este caso, ahí radica el problema interpretativo.

Los hechos. Un viudo sigue viviendo con la madre de su esposa fallecida. El matrimonio había durado alrededor de diez años y terminó con la muerte de la mujer. Siempre, en ese tiempo, Bárbara, la madre de la esposa había vivido con la pareja. Tras la muerte, siguen viviendo bajo el mismo techo el viudo y esa mujer, que es o había sido su suegra. Entonces ella otorga a favor de él "un poder general para la administración de sus bienes, dada la relación de convivencia de muchos años y la avanzada edad de Bárbara ". Y lo que hizo el hombre fue disponer a su antojo y para su beneficio propio de tales bienes de Bárbara, pues en tres años, hasta que ella abandonó la casa en la que vivían, hizo él lo siguiente: dispuso para sí mismo de más de cien mil euros. También ordenó transferencias de más de veinte mil euros a una cuenta de la novia que durante ese tiempo él tenía.

¿Hay delito patrimonial o se aplica la excusa absolutoria del artículo 268? Depende de cómo se interprete la exigencia de parentesco por afinidad. ¿Sigue habiendo dicho parentesco entre el antiguo marido y la madre de la que fue su esposa o se terminó con el fallecimiento de ella el parentesco entre yerno y suegra, a la vez que se terminaba el parentesco entre los esposos? Caben las dos interpretaciones, la de que desaparece ese parentesco por afinidad con la muerte del cónyuge y la de que se mantiene. Con la primera interpretación hay delito porque no juega la excusa absolutoria; con la segunda interpretación concurre la excusa absolutoria y no procede condena por delito.

El Tribunal prefirió la interpretación de que el hombre y la mujer seguían siendo yerno y suegra, de que el parentesco por afinidad subsistía, por lo que lo absolvió del delito. Argumentó tal fallo apelando al fin explicativo de la excusa absolutoria del artículo 268. Así:

> "La jurisprudencia en SSTS 22-5-2013, nº 412/2013, 618/2010, 23 de junio, 91/2006 de 30 enero y 334/2003, 5 de marzo, ha recordado que <<la razón de ser de la excusa absolutoria de los delitos contra la propiedad que no impliquen violencia ni intimidación entre los parientes incluidos en la excusa absolutoria del art. 268 del vigente CP, equivalente al art. 564 del anterior CP, se encuentra en *una razón de política criminal que exige no criminalizar actos efectuados en el seno de grupos familiares unidos por fuertes lazos de sangre en los términos descritos en el art. 268 porque ello suele provocar una irrupción del sistema per se dentro del grupo familiar poco recomendable que perjudicaría la posible reconciliación familiar, estaría en contra de la filosofía que debe inspirar la actuación penal de mínima intervención y última ratio, siendo preferible desviar el tema a la jurisdicción civil que supone una intervención menos traumática* y más proporcionada a la exclusiva afectación de intereses económicos como los únicos cuestionados (...)>>".

Así que parece que existe acuerdo grande en la jurisprudencia en cuanto a que la finalidad de la norma está en evitar que los conflictos familiares se enconen con procesos penales y en que sea más fácil la reconciliación, para lo que se hace que nada más opere la vía civil para el resarcimiento.

Puesto en claro ese fin, extrae el tribunal la consecuencia supuestamente congruente para el caso, la de que el viudo y la madre de su esposa muerta siguen siendo parientes por afinidad:

> "Consecuentemente, en el momento de realizarse los hechos por el acusado, éste como yerno se hallaba unido a su suegra por los lazos del parentesco por afinidad en el primer grado. Ciertamente el art. 85 del CC, establece que el matrimonio se disuelve, sea cual fuere la forma y el tiempo de su celebración por la muerte o la declaración de fallecimiento de uno de los cónyuges y por el divorcio, pero de ningún modo se dispone que la extinción del vínculo matrimonial, suponga que el pariente afín se convierta en

> un extraño, porque el vínculo afectivo se mantiene a pesar de tal extinción del vínculo".

¿Consecuentemente? No parece que haya mucha consecuencia lógica ahí. ¿Mantenimiento del vínculo afectivo con la suegra por parte del yerno que le vacía la cuenta corriente y que se niega en todo momento después a devolver lo apropiado? Por cierto, en los hechos del caso que la sentencia cuenta está también que la mujer murió al poco de interponer denuncia y que con la acción penal prosigue una hija suya con la que el hombre aquel nunca quiso trato ni arreglo ninguno.

Si el objetivo con el que en el artículo 268 del Código Penal se inserta aquella excusa absolutoria para los delitos patrimoniales entre parientes está en que no se rompan más los vínculos familiares afectivos, no parece que la interpretación más acorde de la norma sea la que se da en este caso en que ni rastro queda de ningún vínculo que se asemeje a los que hay en una familia o que pueda restaurarse. ¿Se refiere el Tribunal Supremo al vínculo entre el hombre y la que había sido su cuñada y que lo denuncia penalmente por el expolio? Y, si el momento que cuenta es el del acaecimiento del expolio, ¿en verdad tiene sentido decir que había una relación familiar de base afectiva entre el yerno y la que había sido su suegra, mientras él le robaba todo su dinero y sin querer devolvérselo cuando ella se da cuenta y se va a vivir con su hija, poco antes de morir?

Lo que con todo esto trato de poner de relieve es que uno de los puntos débiles más comunes en una argumentación teleológica está precisamente en el modo en que se establece el vínculo entre el fin de la norma y la interpretación que se supone que es preferible por ser más acorde con dicho fin. Por mucho que tras citar el fin en cuestión se añada un "consiguientemente", no estará bien desarrollado el argumento si no se hace ver por qué se realiza esa finalidad mejor con la interpretación que se prefiere y por qué estaría dicho fin desatendido si se hubiera elegido la otra interpretación posible.

Otro argumento importante se puede traer en contra de la resolución que el Tribunal Supremo tomó en este caso. Conforme al artículo 268 del Código Penal, si se hubiera dado el divorcio de los esposos y el que fue esposo y la madre de ella hubieran seguido compartiendo casa, si el esposo robaba a su antigua esposa ya no habría parentesco y no concurriría la excusa absolutoria, pero, según esta sentencia, sí se mantendría esa excusa si robaba a la suegra. Eso parece de una incongruencia grande y nos lleva a pensar que el divorcio pone fin al parentesco legal entre los cónyuges, pero no con los suegros. La unión entre yerno o nuera y suegra o suegro es, al parecer, indisoluble.

2. EL ARGUMENTO INTERPRETATIVO VOLUNTARÍSTICO O SUBJETIVO

Este argumento[287] es el que toma como criterio o guía la *voluntad* del legislador, *del autor de la norma*. Tenemos una norma N de la que constatamos que son posibles, para el caso, dos interpretaciones, S^1 y S^2, y entre ellas debemos seleccionar. Un *criterio* posible para orientar tal elección es el de preguntarse en qué estaba pensando el legislador cuando usó en N el término o expresión "x". Si lo averiguamos, podremos justificar la preferencia de S^1, por ejemplo, haciendo ver que esa interpretación es, de las posibles, la que mejor se corresponde con lo que el autor de la norma tenía en mente cuando la creó.

¿Por qué se admite que acudamos al pensamiento y la voluntad del autor de la norma y no, por ejemplo, al de usted o el de

---

287 También los nombres de este argumento son variados. Por ejemplo, Tarello lo denomina argumento psicológico y lo caracteriza del siguiente modo: "El argumento psicológico (o recurso a la voluntad del legislador concreto) es el argumento por el cual a cada enunciado normativo debe ser atribuido el significado que corresponde a la voluntad de su emitente o autor, esto es, del legislador en concreto, del legislador histórico" (G. Tarello, *La interpretación de la ley*, Lima, Palestra, 2013, p. 327).

otras personas? Ya conocemos la respuesta: porque, tratándose de un legislador dotado de la adecuada legitimidad constitucional y política, se lo considera políticamente merecedor de obediencia, y cumplir su voluntad con el mayor alcance posible equivale a acatar los fundamentos del orden y la normatividad del Estado constitucional en que nos hallamos. De ahí, recordemos, que cuando en Alemania, después de la Segunda Guerra Mundial, se siguieron aplicando algunas leyes creadas en tiempos de Hitler, se renunció a este tipo de interpretación subjetiva o voluntarística, ya que el legislador nazi no era estimado como legítimo y resultaba absurdo preguntarse cuáles eran sus propósitos, para tratar de cumplirlos lo mejor posible cuando ya había cambiado el sistema político a uno constitucional y democrático, de verdadero Estado de Derecho[288].

El esquema básico de este argumento podemos presentarlo así:

De entre las interpretaciones posibles de una norma, está justificado que prevalezca la que mejor se corresponde con la voluntad del autor de tal norma.

Reconstruyamos con mucha sencillez la estructura del razonamiento que aplica este argumento. Vayamos, por así decir, de adelante hacia atrás. Tenemos un juez que, de entre las interpretaciones posibles de una norma N (S^1, S^2...S^n), ha decidido que es preferible y que prevalece la interpretación S^1. En términos formales bien simples, podemos representar ese paso así:

$$S^1\mathbf{P}S^2\ldots S^n$$

Lectura: La interpretación S^1 prevalece sobre la interpretación S^2 y las demás interpretaciones posibles.

En adelante, y en pro de la sencillez expositiva, haremos como que las interpretaciones posibles fueran siempre solamente dos, S^1 y S^2. Por tanto: $S^1\mathbf{P}S^2$.

---

288 Al respecto puede verse H-M., Pawlowski, *Einführung in die juristische Methodenlehre*, Heidelberg, C.F. Müller, 1986, pp. 90-91.

Apliquemos ahora la que venimos exponiendo como regla de oro de la argumentación: pedir razones de toda afirmación o decisión que no sea patentemente evidente. O sea, preguntémonos por qué esa prevalencia de S^1 sobre S^2 al interpretar N para aplicarla al caso que se juzga. Esa pregunta equivale a una demanda de razones, razones que tendremos que buscar en la propia sentencia en la que tal opción interpretativa se contiene. Y si no las hay, estaremos ante una grave deficiencia argumentativa, ante un claro defecto de racionalidad argumentativa por falta del requisito que llamamos de saturación: una preferencia interpretativa que el juez impone porque sí, sin dar razones. Y, como se dice a los niños, porque sí no es razón.

Si el intérprete ha echado mano de un argumento voluntarístico como razón justificadora de esa preferencia, habrá indicado que esa preferencia por S^1 obedece a que esa es la interpretación que mejor cuadra con la voluntad del legislador. Habrá empleado ese argumento voluntarístico para dar una razón admisible de su elección. En esquema formal, podemos verlo así:

$$R^V S^1 \mathbf{P} S^2$$

Lectura: por la razón R, referida a la voluntad del legislador (v), la interpretación S^1 es preferible a la interpretación S^2.

¿Es razón bastante? ¿Está suficientemente argumentado, así, el argumento voluntarístico? ¿Nos queda algún importante porqué sin respuesta? Sí, deberíamos inquirir sobre esto: *¿por qué sabe el juez que fue esa que él dice, y no otra, la voluntad del creador de la norma*? En una sentencia bien argumentada que emplee el argumento voluntarístico, debe estar explicitada la contestación a esa cuestión. Quiere esto decir que ha de aparecer razones de apoyo o subargumentos. Tenemos que poder reconstruir ese razonamiento así:

La interpretación S1 es preferible a la interpretación S2 porque es la que mejor se corresponde con la voluntad del legislador, y el contenido de esa voluntad lo inferimos a partir de los siguientes datos ***históricos****…*

Y aquí tendrán que aparecer alusiones a contenidos de cosas tales como trabajos preparatorios de la norma, debates parlamentarios, noticias de la época, declaraciones de los responsables políticos de entonces, etc., etc. Vemos, pues, que el argumento que apela a la voluntad del legislador al crear la norma debe figurar sostenido en datos históricos suficientes y suficientemente demostrativos.

Representemos el argumento así completo. Ponemos entre llaves las razones de apoyo, aquellos subargumentos de carácter histórico:

$$\{R^{h1}, R^{h2}\ldots R^{hn}\}\ R^{V}S^{1}\mathbf{P}S^{2}$$

Lectura: Por los indicios históricos 1, 2, etc., le voluntad del legislador autor de N era la voluntad V, razón por la que se da preferencia a la interpretación S^1 sobre la interpretación S^2.

Si esos indicios históricos son convincentes, el argumento estará bien utilizado. Pero tengamos en cuenta, aunque sea a costa de repetirnos, que esto no quiere decir que la norma necesariamente tenga que interpretarse así, en ese sentido y con base en tal argumento, sino que *puede* razonablemente interpretarse así; que no es arbitraria esa interpretación. Pero, naturalmente, cabe que se presenten también buenos argumentos de otro tipo para sustentar razonablemente interpretaciones alternativas.

Llegamos a otra contraposición básica en la teoría de la interpretación, la que existe entre teorías de la interpretación que podemos llamar *conservadoras* y *actualizadoras.* Según las primeras, en la interpretación ha de respetarse antes que nada el sentido que el legislador atribuía a sus propias palabras. De tal modo, los significados de las normas, especialmente de las que son bastante antiguas, se petrifican, se anquilosan. Para modificar ese sentido consolidado desde el origen habría que cambiar la norma, debería el legislador dictar una norma nueva que sustituyera a esa anterior. El derecho, así, no se actualiza por vía de interpretación, no es la interpretación una herramienta para adaptar el derecho a los cambios sociales, a las nuevas demandas de la sociedad o a las necesidades de nuevo cuño. Este planteamiento conservador aparece con mucha fuerza en el constitucionalismo norteamericano, bajo el nombre de doctrinas originalistas de la interpretación constitucional.

Las doctrinas actualizadoras entienden lo contrario: que a través de la interpretación se puede y se debe hacer esa adaptación de las normas antiguas, esa puesta al día o sintonización con los caracteres y las formas de expresarse de la sociedad contemporánea. Por tanto, para los defensores de esa postura, el argumento subjetivo-semántico no debe emplearse para justificar que se traspase el límite de las interpretaciones posibles conforme al uso actual del lenguaje o el sentir social de este momento.

Siempre se ha debatido sobre cuál es esa misteriosa voluntad que se atribuye a un ente colectivo llamado legislador. Larenz se ocupa de la cuestión en los siguientes términos:

> "En los Estados modernos el legislador no es una persona individual, sino, por regla general, una Asamblea, el Parlamento, en algunos Estados una Corporación legislativa compuesta por dos Cámaras; de vez en cuando hasta lo es la totalidad de los ciudadanos con derecho a voto. Seria evidentemente inútil investigar las ideas que, del significado de esta o aquella disposición legal, se formaron todas las personas que tomaron parte en la adopción del acuerdo o al menos aquellas que aprobaron el Proyecto de ley. Tales ideas no pueden averiguarse, y si pudieran averiguarse: ¿Cuáles debían ser determinantes cuando son divergentes? Por este motivo, algunos se contentan con la suposición de que los miembros de una Corporación legislativa, por regla general, hubieran <<aceptado aquel sentido que los verdaderos autores de la ley dieron conjuntamente al texto legal por ellos elaborado y que manifiestan en la Exposición de motivos>>. Como <<voluntad del legislador>> hubieran valido, según esto, las ideas normativas de la Comisión asesora o de los relatores ministeriales que tomaron parte en la elaboración de la ley y, en todo caso, las de los miembros de la Comisión parlamentaria competente. De ese modo la cosa se hace, por cierto, demasiado simple (...). Resulta de aquí que se tiene que distinguir, de un lado, la intención reguladora, los fines y su jerarquía, así como las decisiones fundamentales del legislador, y, de otro lado, las concretas ideas normativas de las personas participantes

> en el asesoramiento y redacción del texto legal. Sólo los fines, establecimiento de valores y decisiones fundamentales acordados en la interpretación reguladora o que de ella se siguen, sobre los que de hecho han tomado posición los participantes en el acto de legislación, pueden ser denominados <<voluntad del legislador>>, que se realiza mediante la ley. La interpretación ha de orientarse, en primer lugar, a ellos, pues sólo así puede garantizarse el papel preeminente de los órganos legislativos dentro del total proceso de creación y de concretización del derecho. En cambio, las ideas normativas concretas —es decir, ideas claras sobre el significado y alcance precisos de una disposición particular o de un término particular— pueden esperarse, a lo sumo, de los autores del texto legal y de los miembros de las Comisiones asesoras. Pero estos no son, ni individualmente ni en su totalidad <<el legislador>>. Sus opiniones son, no obstante, de gran valor para la interpretación, pues se puede suponer que, en la elección de términos, habrán pensado su alcance, y que trataron de elegirlos de modo que se aproximaran en lo posible a la intención reguladora del legislador por ellos compartida y ulteriormente examinada"[289].

Hasta aquí hablamos del argumento voluntarístico o subjetivo como si fuera un argumento homogéneo. Pero ahora debemos tomar en consideración que existen *dos variantes* del mismo. Podemos, en efecto, acudir a la voluntad del legislador para establecer dos cosas distintas: qué fue lo que *quiso decir* al redactar la norma en sus términos y qué fue lo que *quiso conseguir*, qué fin se buscaba, al dictar esa norma. Así que el argumento voluntarístico o subjetivo se bifurca en dos tipos: *subjetivo-semántico* (qué quiso decir el legislador con las palabras que usó en la norma, qué significado él les atribuía) y *subjetivo-teleológico*[290] (qué fin objetivo perseguía el legislador con tal norma).

---

289 K. Larenz, *Metodología de la ciencia del derecho*, Barcelona, Ariel, 2002, pp. 325-326.

290 Evidentemente, su contenido coincide con el que antes denominamos teleológico-subjetivo. Son dos maneras de denominar, con énfasis distinto, el mismo argumento.

2.1. Relación entre argumento teleológico y argumento subjetivo-teleológico

Cuando se maneja el argumento interpretativo subjetivo-teológico es para invocar el fin que el legislador perseguía, como justificación de la preferencia por la opción interpretativa que más se adecúa a aquel propósito del creador de la norma. En este caso no se está proponiendo una interpretación adicional a o distinta de las que llamamos interpretaciones posibles de la norma, simplemente se emplea un criterio interpretativo que da una razón a favor de una de tales interpretaciones posibles.

Es evidente que, tanto en el caso del argumento subjetivo-semántico como en este del subjetivo-teleológico, han de cumplirse aquellos requisitos de argumentación suficiente y convincente sobre cuál era la voluntad del legislador. En este último caso que ahora vemos, habrá que acudir a los indicios históricos disponibles para atestiguar cuál fue el designio que movía al legislador al alumbrar la norma en cuestión.

Un problema grave puede surgir cuando aquella finalidad legislativa resulta incongruente con los fundamentos del sistema jurídico de hoy, que es cuando la norma de entonces se aplica. No olvidemos que cuando cambia un régimen político o se dicta una constitución nueva y en ruptura con el orden anterior, no quedan sin más derogadas todas las normas anteriores, sino solamente las que contradigan las de esa nueva constitución. Por ejemplo, a día de hoy pueden mantenerse en España vigentes normas de la época de la dictadura de Franco que por su contenido no sean inconstitucionales, pero que el legislador de entonces haya creado para algún fin último que actualmente nos chocaría.

Imaginemos que se conservara una norma de aquel tiempo que castigara el delito de violación y que se suscite hoy algún problema interpretativo al aplicar esa norma. Y supongamos que estuviera claro, por los testimonios históricos disponibles, que el objetivo principal de aquel legislador fuera proteger la pureza sexual de la mujer o hasta su virginidad antes del matrimonio. ¿Podríamos hoy tomar en consideración esa voluntad legislativa y elevarla a argumento para dar preferencia a la correspondiente interpretación más favorable a aquel propósito, dado que actualmente y en este sistema constitucional y de derechos el bien que se quiere proteger con los delitos sexuales es el de la libertad sexual, y puesto que felizmente se ha derrumbado aquel tabú de la pureza femenina? Sin duda, no sería oportuno y fácilmente admisible un argumento subjetivo-teleológico en una situación tal. De donde podemos concluir que los fines del legislador sólo pueden basar un argumento interpretativo cuando no hay fuerte discrepancia entre el sistema jurídico-político en el que aquel legislador se integraba y el sistema jurídico-político del momento en que la norma se interpreta y aplica.

Este argumento subjetivo-teleológico es un argumento bifronte y, por ello, complejo. Supone razonar sobre dos asuntos bien distintos. Por un lado, sobre lo que el legislador perseguía con la norma. Ésa es la parte referida al elemento voluntarístico y, como ya sabemos, requiere el apoyo de subargumentos históricos que dejen constancia de cuál fue efectivamente aquella voluntad legislativa. Por otro lado, este argumento tiene la dimensión teleológica o finalista y nos aboca a argumentar sobre cuál es la interpretación que lleva a una mejor realización de aquellos fines. Aquí habrá que estar a lo que ya hemos dicho sobre el argumento teleológico.

2.2. *Ejemplos de uso del argumento voluntarístico*

La *sentencia 458/2019 de la Sala Penal del Tribunal Supremo* español versa sobre un caso en que un grupo de guardias civiles que estaban en un bar con sus parejas fueron severamente agredidos por un grupo de jóvenes de ideología separatista y que pertenecían a un grupo político que quería la expulsión de ese territorio, Navarra, de los cuerpos y fuerzas de seguridad del Estado. Uno de las muchas cuestiones que en esa larga sentencia se tratan es la aplicabilidad de la agravante contenida en el artículo 22.4 del Código Penal, que dice que es agravante

> "Cometer el delito por motivos racistas, antisemitas u otra clase de discriminación referente a la ideología, religión o creencias de la víctima, la etnia, raza o nación a la que pertenezca, su sexo, orientación o identidad sexual, razones de género, la enfermedad que padezca o su discapacidad".

En particular, se debate si esa aversión a la Guardia Civil que tenían los agresores encaja bajo ese supuesto motivación por "discriminación referente a la ideología" de las víctimas del caso. En las instancias anteriores del caso se había aplicado tal agravante a los condenados. El Tribunal Supremo corrige esa parte del fallo, argumentando que no es correcta la interpretación que se había llevado a cabo.

Entre los argumentos interpretativos utilizados por el alto Tribunal se halla uno alusivo a la voluntad del legislador. Leemos lo siguiente al respecto:

> "... es preciso dar un contenido preciso a la circunstancia agravatoria. Hemos de acudir a los criterios clásicos de interpretación de la norma penal. En primer lugar, la intención del legislador, criterio que, si bien no permite conocer de forma fiable el sentido de la norma, pues la intención del legislador aflora la razón que llevó al legislador a la promulgación de la norma, pero una vez publicada en el boletín oficial la norma tiene su propio contenido independiente de la voluntad del legislador. Sin embargo, permite indagar sobre la voluntad del legislador al tiempo de su promulgación. La Exposición de Motivos es clara al respecto al señalar como fundamento de la circunstancia de agravación "la proliferación en distintos países de Europa de episodios de violencia racista y antisemita y que se presentan bajo banderas y símbolos de ideología nazi, obliga a los estados democráticos a emprender una acción decisiva para luchar contra ella" las sucesivas reformas refieren distintos supuestos discriminatorio, y abordar la necesidad de alejar situaciones de violencia contra colectivos vulnerables, todavía, en nuestra cultura.
>
> El legislador al incluir como agravación un contenido propio del derecho antidiscriminatorio otorga protección a las personas vinculadas a colectivos discriminados que se encuentran en desventaja para un desarrollo en libertad de su vida, evitando que ésta pueda sufrir una situación de discriminación por la mera pertenencia a un colectivo minoritario y vulnerable".

Las discrepancias interpretativas provenían de los distintos sentidos con que podía entenderse la expresión "*por motivos de discriminación referente a la ideología*". Para que la agravante quepa en este caso, hay que hacer una interpretación muy abierta, según la cual se pueda considerar que por el hecho de pertenecer a las fuerzas de seguridad del Estado los guardias agredidos profesaban ideas detestadas por sus agresores, quienes por profesar tal "ideología", precisamente, los atacaban. No se olvide que una parte de la condena recae contra esos agresores por delito de atentado, lo que presupone que ya se ha tomado en cuenta la profesión de los agredidos como elemento constitutivo de aquel tipo penal.

Es en la exposición de motivos de la reforma legal que introdujo esa modalidad de agravación en el Código Penal donde el Tribunal encuentra base razonable para concebir cuál era la idea que movía al legislador y en qué noción de ideología pensaba cuando usaba tal término. Acreditado así que no era cualquier manera de pensar la que por ideología se entendía, sino la que lleva a agresores odiar a ciertos grupos vulnerables y a atacarlos, resultaría que aquí no concurría tal requisito de pertenencia a un grupo vulnerable que convierta en discriminatoria la actitud de los que agredían.

Veamos ahora el uso del argumento voluntarístico en la *sentencia de fecha 8 de junio de 2015 de la Sala Tercera del Tribunal Supremo español.*

La materia es derecho administrativo sancionador. Una empresa había cometido una infracción del artículo 1 de la Ley de Defensa de la Competencia[291] "al formar un cártel mediante el establecimiento de un sistema estable de intercambio de información sensible". De conformidad con el artículo 62.4 de la misma

---

[291] Alude ese artículo 1 de la Ley 15/2007 de Defensa de la Competencia a la prohibición de "todo acuerdo, decisión o recomendación colectiva, o práctica concertada o conscientemente paralela, que tenga por objeto, produzca o pueda producir el efecto de impedir, restringir o falsear la competencia en todo o parte del mercado nacional".

Ley, eso constituye infracción muy grave y se sanciona con multa "de hasta el 10 por ciento del volumen de negocios total de la empresa infractora en el ejercicio inmediatamente anterior a la imposición de la multa" (artículo 63.1.c de la misma Ley). El problema de interpretación se va a planear a propósito de la expresión "volumen de negocios total".

La normativa previa, artículo 10 de la Ley 16/1989, hablaba de un límite posible de las sanciones en el "10% del volumen de ventas correspondiente al ejercicio económico inmediatamente anterior a la resolución del Tribunal". Ahora hemos visto que, en la Ley vigente, se dice "hasta el 10% del volumen de negocios total de la empresa infractora...".

Las *alternativas interpretativas* son estas dos: que el "volumen de negocios total" se refiera a todas las actividades económicas que desarrolle la empresa o que se refiera solamente a la actividad económica de la empresa en la rama de actividad en la que ha cometido la infracción.

El Tribunal opta por la primera posibilidad interpretativa y la respalda con varios argumentos. Aquí mencionaremos nada más que el uso que hace del argumento alusivo a la voluntad del legislador. Se expone así en esta sentencia:

> "La expresión "volumen de negocios" no es en sí misma conceptualmente diferente de la expresión "volumen de negocios total", como se ha destacado con acierto. Sin embargo, cuando el legislador de 2007 ha añadido de modo expreso el adjetivo "total" al sustantivo "volumen" que ya figuraba, sin adjetivos, en el precepto análogo de la Ley anterior (así ha sucedido con el artículo 63.1 de la Ley 15/2007 frente a la redacción del artículo 10.1 de la Ley 16/1989), lo que ha querido subrayar es que la cifra de negocios que emplea como base del porcentaje no queda limitada a una parte sino al "todo" de aquel volumen. En otras palabras, con la noción de "volumen total" se ha optado por unificar el concepto de modo que no quepa distinguir entre ingresos brutos agregados o desagregados por ramas de actividad de la empresa autora de la infracción. Voluntad legislativa acorde con esta interpretación que, como bien recuerda el voto particular, rechazó las propuestas de modificación del texto, expuestas en los trabajos preparatorios

> de su elaboración, que específicamente intentaban reducir el volumen de ventas a tan sólo las realizadas en el mercado afectado por la infracción".

Y se añade acto seguido que

> "Se han puesto de relieve en ocasiones ciertas consecuencias "disfuncionales" de esta opción legislativa como serían, entre otras, el suponer un incentivo para la creación artificial de sociedades independientes, limitadas a un único ámbito de actividad, a fin de minimizar el riesgo de sanciones muy elevadas, o, desde la otra perspectiva, un obstáculo indirecto a la creación de grandes conglomerados empresariales que incluyan actividades diversificadas. Pero ni esta objeción ni otras similares que atienden más bien a razones de oportunidad o conveniencia, o a su incidencia en las decisiones de los agentes económicos, bastan para negar la validez de la opción del legislador, cuya expresión en el artículo 63.1 de la Ley 15/2007 estimamos ha de ser interpretada en el sentido que acabamos de exponer".

Ahí vemos cómo se hace una fuerte defensa de la voluntad del legislador como elemento dirimente de la interpretación preferible y se respalda en datos atinentes al sentido de las modificaciones legislativas sucesivas y a los debates parlamentarios de la norma. Puede considerarse un argumento voluntarístico bien desarrollado.

3. ARGUMENTOS INTERPRETATIVOS SISTEMÁTICOS

Los argumentos interpretativos sistemáticos son de diverso tipo, pero tienen como denominador común el de que para interpretar una norma se atiende a otras normas del mismo sistema normativo que están en el contexto de la interpretada. Lo que resulta dudoso, si miramos aisladamente la norma que hemos de aplicar, adquiere mayor claridad si vemos tal norma en el marco o en el conjunto de otras normas que regulan los mismos asuntos o que emplean los mismos términos o expresiones que en esta se interpretan[292].

El valor del sistema jurídico que da sentido a las diversas formas del argumento sistemático es el de la coherencia: el sistema jurídico funcionará mejor si es coherente, ya se trate de coherencia lógica, de coherencia lingüística o de coherencia al regular tal o cual materia.

Surgen cuatro variantes principales del argumento sistemático: el argumento lógico-sistemático, el topográfico, el sistemático-lingüístico y el sistemático-material[293].

3.1. Argumento lógico-sistemático

Se trata de una *regla* interpretativa, como ya se dijo anteriormente, cuando lo pusimos como ejemplo del funcionamiento de

---

[292] En palabras de Guastini, "A decir verdad, la locución <<interpretación sistemática>> es ampliamente usada para designar no una técnica interpretativa individual, sino más bien una entera familia de técnicas diferentes, cuyo único carácter común quizá es el de apelar: (a) por una parte al *contexto* dentro del cual se ubica la disposición a interpretar, y (b) por la otra, a la presunción de *coherencia* (ausencia de antinomias) y *congruencia* (ausencia de disarmonías axiológicas) del ordenamiento jurídico" (R. Guastini, *La interpretación de los documentos normativos*, Neucalpan de Juárez, CIJUS, 2018, p. 290).

[293] Aunque las ideas centrales vienen a ser las mismas, la terminología y los modos de clasificar las variantes del argumento interpretativo sistemático varían bastante según los autores. Así, Díez Revorio escribe que "este criterio, entendido en sentido amplio, engloba tres argumentos: el argumento *a coherentia*, según el cual los enunciados legales han de interpretarse teniendo en cuenta que no pueden expresar normas incompatibles; el argumento *sedes materiae*, por el que se atribuye un significado normativo a un precepto dudoso teniendo en cuenta el lugar que ocupa el texto normativo del que forma parte; y el argumento sistemático en sentido estricto, que atribuye un significado normativo a un enunciado teniendo en cuenta otros preceptos o normas" (F.J. Díaz Revorio, "La interpretación constitucional y la jurisprudencia constitucional", *Quid iuris*, 6, 2008, pp. 14-15).

tales reglas. Cuando se invoca este argumento es para excluir una interpretación de las posibles. La razón de esa exclusión se halla en que esa interpretación conduciría a una antinomia con otra norma del sistema. Así que con este argumento se pretende evitar, mediante la interpretación, la aparición de antinomias. ¿Y por qué es negativo que surjan antinomias? Porque otro principio que late como fundamento de los sistemas jurídicos modernos es el de conservación de las normas jurídicas, y en especial de las normas legales, legisladas, depositarias de la mayor carga de legitimidad por provenir del legislador democrático. Si aparece una antinomia, una de las dos normas en litigio deberá ser descartada, eliminada o preterida, y, además, puede aparecer así una laguna[294], con su consecuencia de incerteza o inseguridad jurídica.

De los argumentos interpretativos que llamamos reglas interpretativas se hablará en una lección posterior.

3.2. Argumento topográfico

Este argumento, una de las variantes clásicas del canon sistemático, arranca de la conveniencia de dar a las normas el significado que deriva o se infiere de su ubicación dentro de un cuerpo legal determinado o de una determinada parte del cuerpo legal (títulos, capítulos, secciones, etc.). También se suele denominar argumento *sedes materiae.* Velluzzi lo caracteriza así: "Conforme a este argumento, debe atribuirse significado a las formulaciones legislativas a partir de los indicios que se pueden obtener de la situación de la disposición en el texto normativo"[295]

Veamos un ejemplo ilustrativo. Supongamos que una norma dice lo que sigue: "*Los mamíferos sólo podrán tenerse en las viviendas*

---

[294] Por ejemplo, si la antinomia se ha dado entre norma legal y norma constitucional y ha tenido que resolverse invalidando la primera por inconstitucional.

[295] V. Velluzzi, "Interpretación sistemática: ¿un concepto realmente útil?", *Doxa,* 21, 1998, p. 78.

con una autorización especial de la autoridad competente y previa constatación de su no peligrosidad". Así tomada en su literalidad, parece bien obvio que la norma puede referirse a gatos, perros, leones, hipopótamos, etc. Por tanto, la tenencia de gatos o perros estaría sometida al límite que la norma sienta. Pero pongamos que dicha norma está inserta dentro de una ley sobre la tenencia de animales, que dicha ley tiene dos capítulos o apartados, el primero "*Condiciones de la tenencia de animales domésticos*" y el segundo "*Condiciones de la tenencia de animales salvajes*", y que la norma en cuestión está dentro de este último apartado. Es fácil, en ese caso, concluir que tal norma, al utilizar el término "mamíferos", se refiere a mamíferos salvajes (leones, hipopótamos...), pero no a mamíferos domésticos, con lo que las restricciones que establece no se aplicarían a los gatos o los perros.

3.3. Argumentos sistemático-lingüístico y sistemático-material

La base de estos argumentos está en que el significado de una norma puede establecerse, en ocasiones, a partir de los datos o referencias contenidos en *otras normas* del mismo sistema jurídico. Se trata de establecer el significado de la norma a interpretar poniéndola en su contexto normativo, en lugar de proceder mediante una lectura aislada de dicha norma[296].

En el caso del argumento sistemático-lingüístico, la pregunta inicial sería así: ¿en qué otras normas se usan estas mismas palabras o expresiones que utiliza esta que estamos aplicando y que nos plantean dificultades interpretativas?

---

296 Como apunta Ezquiaga, "el criterio de interpretación sistemático sería aquel que justifica atribuir a una disposición el significado sugerido (o no impedido) por el contexto del que forma parte, ya que el derecho es un sistema y, como tal, coherente y ordenado" (F.J. Ezquiaga Ganuzas, *La argumentación e interpretación. La motivación de las decisiones judiciales*, Lima, Grijley, 2ª ed., 2013, p. 266).

Cuando se trata del argumento sistemático-material, la pregunta primera es: ¿en qué otras normas se regula algún aspecto de la misma materia sobre la que esta norma ahora interpretada versa?

Cuando se trata del argumento *sistemático-lingüístico* se presupone que, en virtud de una presunción de consistencia lingüística del legislador, habrá que darle al término o expresión "x" en N el mismo significado que posee en N´, salvo que concurran y se acrediten razones de peso para mostrar que "x" en N´ significa algo distinto de lo que puede significar en N.

Estamos ante al argumento *sistemático-material* si el dato contextual que se considera para asignar significado a una norma es el de las referencias que *a la misma materia* que se regula en esta norma que ahora se interpreta se hagan en otras normas del sistema. Esto es, que si se trata de interpretar la norma N que regula la materia M, se ha de ver también lo que sobre la misma materia M se diga en otras normas que la regulen (N´, N´´...). Es en esta variante donde la exigencia de sistematicidad del derecho se percibe con más fuerza como sustrato de un argumento interpretativo. En este caso se presupone un principio de coherencia material del ordenamiento, no de mera consistencia lingüística del legislador, como en la variante anterior.

Veamos con ejemplos cómo funcionan tales argumentos sistemáticos.

3.4. Ejemplos de utilización de argumentos interpretativos sistemáticos

3.4.1. Análisis del argumento de interpretación sistemática en la sentencia del Tribunal Constitucional español 194/1989, de 16 de noviembre

En dicha sentencia se plantea un recurso de amparo interpuesto por un cabo primero de la Guardia Civil con ocasión de una Resolución de la Dirección General de la Guardia Civil que lo sanciona como autor de una "falta grave consistente en hacer peticiones contrarias a la disciplina", falta prevista en la Ley de Régimen

Disciplinario de las Fuerzas Armadas. Una de las cuestiones, la que aquí interesa, que se suscita en el recurso es la de si es posible imponer a un miembro de la Guardia Civil una sanción prevista en la Ley de Régimen Disciplinario de las Fuerzas Armadas, lo cual presupondría que la Guardia Civil sería parte de las Fuerzas Armadas. El recurrente alega la improcedencia de la sanción, sobre la base de negar, precisamente, que la Guardia Civil sea parte de las Fuerzas Armadas. En suma, "el punto en el que se produce la divergencia es el de la naturaleza militar de la Guardia Civil". ¿Qué datos maneja el TC para responder a esa cuestión? Los siguientes:

— La Constitución nada dice al respecto. Con ese silencio, según el TC, quedan abiertas distintas posibilidades, igualmente constitucionales, al legislador.

— El legislador ha elegido una de esas vías posibles, la de incluir a la Guardia Civil entre la Fuerza y Cuerpos de Seguridad, pero con un régimen estatutario peculiar derivado de su definición como "Instituto armado de naturaleza militar", a tenor de los arts. 9 b, 13 y 15 de la Ley Orgánica 2/1986.

¿Cuál será su régimen disciplinario? El Tribunal aclara que nada hay de inconstitucional en que el legislador pueda someter a la Guardia Civil al régimen disciplinario militar. Y aquí llegamos al núcleo de la cuestión que se va a responder con un argumento sistemático. Ninguna ley establecía taxativa y literalmente que el régimen disciplinario de la Guardia Civil sea el régimen militar. Tampoco la Ley Orgánica 12/1985 de Régimen Disciplinario de las Fuerzas Armadas decía expresamente que su régimen sancionador se aplique a los miembros de la Guardia Civil[297].

---

[297] El ámbito subjetivo de dicha ley queda definido así en la misma: Artículo 3. "Están sujetos a lo dispuesto en la presente Ley los militares profesionales comprendidos en cualesquiera de las situaciones que integran las de actividad y las de reserva con las excepciones que expresamente se determinen en su legislación específica.

El Tribunal Constitucional va a acoger la tesis de que a los efectos de esta Ley disciplinaria los guardias civiles sí son militares y que el régimen que la misma dispone les era de plena aplicación, y esta opción interpretativa la va a basar en los siguientes datos normativos, que componen un argumento sistemático: "Y es que ciertamente así se desprende (...) de los artículos 5º, 19.2, 21, 22 y 29 de la LO 12/1985, de 27 de noviembre, de Régimen Disciplinario de las Fuerzas Armadas" (FJ 4).

Sistematicemos los datos relevantes contenidos en dichos preceptos:

— Art. 5: uno de los titulares de "La facultad de sancionar por vía disciplinaria en las Fuerzas Armadas" es el Director General de la Guardia Civil.

— Art. 19.2: El Director General de la Guardia Civil tiene potestad para imponer sanciones al personal a sus órdenes.

— Art. 21: Establece el margen de las sanciones que podrá imponer el Director General de la Guardia Civil.

— Art. 22: Establece lo mismo para el Subdirector General de la Guardia Civil.

— Art. 29: "Las faltas disciplinarias cometidas por Oficiales Generales, Oficiales y Suboficiales que se encuentren en situaciones militares de actividad o reserva en que no se ocupe destino serán sancionados por los Jefes de Región o Zona Militar, Zona Marítima, Región o Mando Aéreo o el Almirante Jefe de la Jurisdicción Central de Marina en cuyas demarcaciones se cometió la falta, o en su caso, por el Jefe del Estado Mayor del Ejército respectivo o Director

---

A los militares no profesionales les será de aplicación mientras se encuentren en situación de actividad o servicio en filas".

A tenor de este artículo, por tanto, la cuestión referida a la Guardia Civil queda abierta y se trata de saber si sus miembros son o no, a estos efectos, "militares".

general de la Guardia Civil. Igualmente, dicha competencia podrá ser ejercida por el Ministro de Defensa".

De la consideración conjunta de todos los datos normativos anteriores, de lo establecido en todas esas disposiciones, deriva el Tribunal la respuesta afirmativa a la cuestión de si los guardias civiles son militares a los efectos de la aplicación de dicho régimen sancionatorio. Existirían argumentos interpretativos para discutir esto, es decir, las interpretaciones posibles eran también otras, como se comprueba en los argumentos de la demanda, pero el TC considera que las razones contenidas en este argumento sistemático son más fuertes que las que pueden avalar otras opciones interpretativas de las posibles.

Por detrás de este argumento interpretativo del TC se halla la idea de coherencia sistemática del legislador, que queda de relieve con sólo plantearse la siguiente pregunta: ¿qué sentido tendrían las menciones que en ese artículo se hacen a la posibilidad de que la Dirección de la Guardia Civil imponga sanciones al personal bajo su mando si a este personal no se le aplicase la ley disciplinaria en que se contienen dichas menciones?

Hagámonos ahora una pregunta importante: ¿Es materialmente suficiente la argumentación? Es decir, ¿está bien justificada? La respuesta afirmativa presupone cuatro cosas:

(i) Que la enumeración de normas sea correcta, es decir, que todas las normas que se invocan como pertinentes en la materia realmente lo sean y que estén en la enumeración todas las que realmente lo sean.

(ii) Que de todas las normas enumeradas, tomadas en su conjunto, se siga una razón suficiente en pro de la interpretación que se defiende, de manera que se introduciría en el sistema una fuerte incoherencia si se optase por la interpretación alternativa.

(iii) Que no se dejen sin mención otras normas que pudieran no ser congruentes con esta interpretación y sí ser compatibles con la alternativa. Si tal hubiera, habría una incongruencia normativa entre las normas del sistema sobre el asunto y previamente a cualquier interpretación.

(iv) Que se explique lo bastante por qué de esos datos normativos que se enumeran se sigue esa consecuencia sistemática en pro de la interpretación preferida. La falta de tal explicación o justificación sólo es argumentativamente admisible cuando estemos ante evidencias de tal grado que todo argumento ulterior resulte ocioso o redundante[298]. Posiblemente tal sea el caso en esta ocasión.

Por tanto, parece que sí se puede considerar bien utilizado aquí el argumento interpretativo sistemático, en su variante sistemático-material.

3.4.2. Análisis del argumento interpretativo sistemático en la sentencia 652/2020 de la Salsa Social del Tribunal Supremo español

La disputa interpretativa que es esencial en el caso que esta sentencia resuelve se refiere al término "hospitalización" que figura en el artículo 34.3 b) del Estatuto de los Trabajadores y en el artículo 58 del III Convenio Colectivo de la Sociedad Estatal de Correos y Telégrafos, norma esta que dice así:

---

298 Podría traerse a colación como una subvariante de los argumentos sistemáticos el que llama Tarello argumento económico o "hipótesis del legislador no redundante" y que describe con las siguientes palabras: "El argumento económico (o «hipótesis del legislador no redundante») es aquel por el cual se excluye la atribución a un enunciado normativo de un significado que ya es atribuido a otro enunciado normativo, que es respecto al primero preexistente o jerárquicamente superior o más general; y ello así porque si esa atribución de significado no fuere excluida, nos encontraríamos frente a un enunciado normativo superfluo" G. Tarello, *La interpretación de la ley*, Lima, Palestra, 2013, p. 333).

"El personal de la empresa, previa justificación adecuada, tendrá derecho a solicitar permisos retribuidos por los tiempos y causas siguientes: ... b) Dos días hábiles en los casos de parto, fallecimiento, enfermedad grave, accidente u **hospitalización** o intervención quirúrgica sin hospitalización que precise reposo domiciliario de un familiar hasta el segundo grado de consanguinidad o afinidad. Cuando el familiar lo sea de primer grado por consanguinidad o afinidad el permiso se extenderá a tres días hábiles...".

La misma expresión está en el artículo 37.3.b) del Estatuto de los Trabajadores, según el cual,

"El trabajador, previo aviso y justificación, podrá ausentarse del trabajo, con derecho a remuneración, por alguno de los motivos y por el tiempo siguiente:.. b) Dos días por el fallecimiento, accidente o enfermedad graves, **hospitalización** o intervención quirúrgica sin hospitalización que precise reposo domiciliario, de parientes hasta el segundo grado de consanguinidad o afinidad...".

Lo que está en cuestión es si para que se cumpla el requisito de "hospitalización" se exige al menos una pernocta en un centro hospitalario o si basta que el familiar del trabajador reciba alguna asistencia en el hospital, pero sin ingreso en el centro, sin pernocta ninguna. Razona así el Tribunal:

"No cabe duda, por otra parte, que, en la actualidad, los hospitales pueden prestar y prestan asistencia sanitaria de formas diferentes, de suerte que no todas ellas exigen del ingreso del enfermo en el centro hospitalario. Los hospitales generalmente gestionan las urgencias y en ellas tratan pacientes que allí acuden y que, luego, necesitan o no de ingreso hospitalario. Igualmente atienden las llamadas consultas externas a las que acuden los enfermos que han recibido el alta hospitalaria hasta su total curación o que no han necesitado de ingreso, pero deben seguir recibiendo atención médica. También los hospitales atienden a pacientes con intervenciones programadas que no requieren de ingreso hospitalario. Pues bien, acudiendo a criterios de interpretación sistemática, el término hospitalización implica el internamiento del paciente en el establecimiento sanitario y, en modo alguno, comprende los diferentes tratamientos y atenciones que prestan que no requieren de tal internamiento. Así lo pone de manifiesto la sentencia recurrida que, aludiendo a la cartera de servicios comunes de atención especializada que establece el RD 1030/2006 de 15 de septiem-

> bre por el que se establece la cartera de servicios comunes del Sistema nacional de Salud, indica que la atención sanitaria especializada comprende: la asistencia especializada en consultas, la asistencia sanitaria en hospital de día, médico y quirúrgico y la hospitalización en régimen de internamiento. Por ello, resulta lógico concluir que sólo esta última asistencia es la que se comprende dentro del término hospitalización".

Es un *argumento sistemático de congruencia lingüística* el que bien se está usando. Las normas que se interpretan (la del convenio colectivo y la del Estatuto de los Trabajadores) dicen "hospitalización" y la misma palabra se usa en el Real Decreto de 2006 que recoge los tipos de asistencia sanitaria y que habla también de "hospitalización" como noción específica que alude al ingreso en el hospital y es diferente de otras prácticas que en los hospitales se llevan a cabo en relación con la salud de los pacientes. Así pues, se está indicando que si, conforme a esa norma básica, hospitalización no es sinónimo de cualquier asistencia en un hospital, tampoco tiene por qué serlo en la normativa laboral que liga la "hospitalización" de parientes del trabajador a la concesión a este de días de permiso laboral remunerado.

Pero esta misma sentencia maneja también un *argumento sistemático-material*. Se nos hace ver que habría una incongruencia en el tratamiento de las causas del permiso remunerado si la hospitalización se entendiera como cualquier asistencia o tratamiento en un hospital, no solo el ingreso, y luego se mencionara expresamente como causa de permiso una práctica hospitalaria que ya estaría incluida en aquella idea genérica de "hospitalización". Vendría a ser, si se me permite la comparación, como la incongruencia que cometería quien dijera que en la norma N por "animales" hay que entender todos los mamíferos y además los gatos. Oigamos al Tribunal:

> "A mayor abundamiento, resulta que, tanto la ley como el convenio, han previsto una causa distinta del permiso que nos ocupa consistente en intervención quirúrgica que, sin precisar hospitalización, requiera reposo domiciliario. De esta forma, se deja más claro aún que la hospitalización requiere internamiento del enfermo en el centro sanitario para estar ingresado un determi-

> nado tiempo, a diferencia del supuesto de la intervención que no requiere de tal ingreso, sino únicamente reposo en el propio domicilio".

Y aún podemos encontrar en esta sentencia un tercer argumento de tipo sistemático, que nos viene a indicar que lo congruente es que el término "hospitalización" se comprenda de igual manera al interpretar y aplicar normas diferentes referidas a permisos laborales:

> "La interpretación que venimos sosteniendo es la que con normalidad y sin necesidad de justificación ha venido manejando la Sala. Así, a propósito de la posible extensión del permiso por nacimiento de hijo a personas diferentes al cónyuge (en redacciones anteriores a la actualmente vigente), la STS de 24 de julio de 2008, Rcud. 456/2007), refiriéndose al concepto "hospitalización" dijo lo siguiente: "Las dos únicas contingencias que realmente incluye el precepto son el accidente y la enfermedad graves. La hospitalización —y también la intervención quirúrgica sin hospitalización que últimamente se ha incorporado al precepto— son situaciones a las que se llega a consecuencia de aquellas y están inseparablemente unidas a ellas. O, dicho de otro modo, la única hospitalización que contempla el precepto es la que se produce como consecuencia de una de esas dos causas. Y ya hemos dicho antes que el parto no es una enfermedad ni tampoco, añadimos ahora, un accidente. La definición que da la Real Academia refuerza el anterior argumento. "Hospitalización" es "acción y efecto de hospitalizar"; y hospitalizar es "internar a un enfermo en un hospital o clínica". Y aun entendiendo que en sentido amplio el concepto de enfermo puede abarcar a estos efectos al accidentado, lo que es evidente es que, por lo antes razonado, la parturienta no queda englobada en el concepto de enfermo. Incluso en el propio lenguaje común el término hospitalización no se suele utilizar para hablar de la estancia en una clínica u hospital de la mujer que va parir o dar a luz, sino que se reserva para quien está hospitalizado por razón de enfermedad o accidente". Y, con independencia de la corrección o no de la doctrina de fondo que sienta la sentencia a la vista de la legislación ahora vigente, es lo cierto que el concepto de hospitalización como sinónimo de ingreso en un hospital o clínica con sometimiento del enfermo al régimen de vida de la institución en la que permanece internado es el mismo que se ha venido sosteniendo en el tiempo (STS de 5 de marzo de 2012, Rec. 57/2011) y que aquí se reitera".

La última frase de ese fragmento de la sentencia nos hace caer también en la cuenta de que cuando se invoca la persistencia de la misma interpretación a lo largo de la jurisprudencia que aplica una norma o un término normativo, se está empleando un argumento sistemático, puesto que el bien que se protege es la congruencia entre las diversas sentencias aplicadoras de esa norma o de tal expresión. De ahí que se requiera una carga argumentativa especial a la sentencia que modifique la línea interpretativa anteriormente sentada, pues han de explicitarse los porqués que justifican la ruptura de la coherencia con las decisiones en cuestión.

3.4.3. Interpretación sistemática en la sentencia 246/201 de la Sala Social del Tribunal Supremo

El artículo 35 del Estatuto de los Trabajadores (ET) regula las horas extraordinarias de los empleados en las empresas, que en su apartado 1 son definidas como "aquellas horas de trabajo que se realicen sobre la duración máxima de la jornada ordinaria de trabajo". En el apartado 5 de ese artículo se dice que

> "A efectos del cómputo de horas extraordinarias la jornada de cada trabajador se registrará día a día y se totalizará en el período fijado para el abono de las retribuciones, entregando copia del resumen al trabajador en el recibo correspondiente".

Es ese texto el que desencadena el problema interpretativo que se trata en esta sentencia, pues el sindicato demandante alega que la empresa debe llevar un registro de la jornada completa de cada trabajador, con sus horas ordinarias y extraordinarias. La otra interpretación posible es la de que ese registro que el artículo 35.5 menciona lo es solo para las horas extraordinarias. La empresa que ante el Tribunal Supremo recurre en casación había sido condenada en la instancia judicial anterior por no mantener un registro de jornada diaria efectiva de los trabajadores. En esta sentencia que resuelve la casación, el Tribunal Supremo va a optar por la otra interpretación posible del artículo 35 citado del Estatuto de los Trabajadores.

El argumento principal con que el Tribunal sustenta su interpretación de la norma es un argumento sistemático:

> "Igualmente, esa interpretación es acorde con una interpretación lógico sistemática del precepto estudiado. En efecto, obsérvese que el deber de registrar la jornada laboral se contempla al tiempo de regular el legislador las horas extraordinarias (título del estudiado artículo 35) y no la jornada laboral ordinaria, el tiempo de trabajo, lo que es relevante por cuanto el diferente encabezamiento de cada artículo indica que el legislador constriñe el deber empresarial que nos ocupa al registro diario de las horas extras, por cuanto de ser otra su intención habría incluido esa disposición en el artículo 34 que regula la jornada ordinaria, lo que habría obligado al registro diario de toda la jornada laboral, lo que no ha hecho y, sin embargo, impone la sentencia recurrida. Esta interpretación sistemática se ve avalada por lo dispuesto en el artículo 12-4-c) del ET, sobre la obligación de registrar día y día y totalizar mensualmente todas las horas realizadas cada mes por el trabajador con contrato parcial y con obligación del patrono de entregar al operario un resumen mensual de las horas que trabaja obligándole a guardar esos resúmenes cuatro años (periodo de tiempo superior al de la prescripción del art. 59 del ET), mandato innecesario si el legislador hubiese establecido la necesidad de registrar toda la jornada diaria, mediante un sistema que permita comprobar el cumplimiento horario pactado. Así mismo, la necesidad de llevar un registro para el control del tiempo de trabajo de los trabajadores móviles, de la marina mercante y de ferroviarios que establecen los artículos 10-bis-5 y 18-bis-2 del RD 1561/1995, sobre jornadas especiales de trabajo, y su Adicional Séptima, nos muestran que cuando el legislador quiere un registro de toda la jornada laboral y el control horario lo dice expresamente, pues, si quisiera que ese mandato fuese general no lo habría reiterado para supuestos especiales, sino que lo habría implantado con carácter general en el art. 34 del ET".

En primer lugar, vemos una versión de la interpretación sistemática que hemos llamado *topográfica* y que la sentencia llama "lógico sistemática", que indica la relevancia del lugar y el rótulo bajo el que apara la regulación que se interpreta. Los artículos del Estatuto de los Trabajadores llevan rótulo o título. El artículo 34 tiene el de "Jornada" y el 35 el de "Horas extraordinarias". Por tanto, una mínima idea de sistematicidad o de congruencia entre el título del artículo y la regulación que en él se contiene hace pensar razonablemente que si se hubiera querido que el registro fuera de la jornada completa de cada trabajador y no de las horas extraordinarias solamente, esa exigencia se habría plasmado en el artículo 34 y no en el 35.

En segundo lugar, se aprecia bien cómo funciona el argumento *sistemático-material*. El conjunto de normas que se citan y que se refieren a registros de jornada laboral sólo tiene coherencia con la interpretación elegida, pues la interpretación alternativa convertiría en ociosas, por redundantes, casi todas esas normas. En el propio Estatuto de los Trabajadores habría una falta de sistematicidad si se hace primar la otra interpretación de su artículo 35, ya que privaría de razón de ser la regulación que contiene el artículo 59.

4. A MODO DE SÍNTESIS DE ALGUNAS IDEAS EXPUESTAS SOBRE LA INTERPRETACIÓN Y SUS ARGUMENTOS

1. Las normas se expresan en un lenguaje cuyas reglas semánticas, sintácticas y pragmáticas[299] se presumen vigentes también para sus enunciados, para los enunciados normativos.

1.1. De un término o expresión que se contenga en un enunciado normativo se presume su sentido ordinario, salvo que por el contexto se infiera con claridad que su significado es técnico.

1.2. A menor relevancia demostrativa de dicho contexto, mayor necesidad de justificar argumentativamente la atribución de un sentido técnico a un término o expresión normativos.

---

[299] Para una excelente y muy comprensible introducción a la pragmática lingüística, véase C. Pérez-Cordón, "Un sencillo acercamiento a la pragmática", *RedELE: Revisa Electrónica de Didáctica ELE*, 14 2008. Accesible en: https://www.educacionyfp.gob.es/dam/jcr:ba10d0cd-eb6c-4861-9654-c1ef6eca2ee8/2008-redele-14-04-perezcordon-pdf.pdf.

2. La aplicación de una norma abiertamente discordante con las reglas semánticas, sintácticas y pragmáticas será antijurídica o jurídicamente ilícita, contraria a derecho, pero con dos posibles excepciones.

2.1. Para el iuspositivismo y para cualquier doctrina que equipare derecho y derecho positivo y que asuma las tesis de la separación conceptual entre derecho y moral y la tesis de las fuentes sociales del derecho o carácter artificial de todo derecho, sólo será jurídica la decisión contraria a las reglas lingüísticas o decisión contra el puro tenor literal de la norma en aquellos casos en que se dé un problema de sobreinclusión. Los problemas de sobreinclusión surgen cuando la aplicación puramente literal de la norma produce un resultado contrario a la razón de ser o finalidad de la norma.

Para tales teorías iuspositivistas, la norma es la síntesis de una expresión o enunciado que no puede tener un significado arbitrario y de un fin o propósito regulativo preciso. Es lo que hemos denominado referencia semántica y referencia regulativa.

Por eso para el iuspositivismo y para toda su teoría de la interpretación y de la argumentación interpretativa es capital y determinante la noción de interpretaciones posibles de la norma (en verdad, del enunciado normativo).

Cuando la referencia regulativa se opone a la referencia semántica, hay un caso de sobreinclusión, que puede justificarse mediante un argumento de reducción teleológica.

Cuando la referencia regulativa carece de referencia semántica, estamos ante una laguna normativa teleológica y tenemos un problema de subinclusión. Los argumentos pertinentes son los creativos, básicamente el argumento analógico y los argumentos a fortiori.

Sea como sea la regla argumentativa básica es la siguiente: debe argumentarse convincentemente cuál es el fin de la norma en cuestión y por qué, según esa finalidad de tal norma, hay un problema de sobreinclusión o de subinclusión. Por último, se debe acreditar con argumentos por qué la solución que se propone para solventar el problema de subreinclusión o de subinclusión es la única que concuerda o la que mejor concuerda con tal finalidad de la norma.

2.2. Para el iusmoralismo, una decisión contraria a lo que una norma prescribe según las reglas semánticas, sintácticas y pragmáticas aplicables a su enunciado, y hasta según su propósito regulativo, puede ser una decisión conforme a derecho. Esto es así porque, para el iusmoralismo, el derecho tiene dos partes: el derecho positivo y los contenidos prescriptivos de la moral verdadera, extraídos del contenido objetivo de los valores morales.

Para las teorías iusmoralistas no importa tanto establecer cuál es el contenido significativo de los enunciados normativos del derecho positivo, cuanto determinar cuál es para cada caso el contenido prescriptivo de los valores morales. Lo primero importa por cuanto que la norma positiva o legislada obliga en principio o prima facie a los operadores jurídicos, particularmente a los jueces. Así pues, interesa interpretar la norma positiva para saber lo que prescribe y poder así cotejar ese contenido prescriptivo con el que emana del contenido objetivo de los valores morales. La ley obliga jurídicamente por lo que obligue moralmente, y por eso tiene relevancia moral saber cuál es el contenido prescriptivo de la ley, para evaluar cuál es el grado de su obligatoriedad moral. Luego, interpretada la ley, se convierte en razón moral que va a ser cotejada o ponderada con las razones morales obrantes para el caso.

Cuando la razón moral de la ley y las demás razones morales concuerdan, la solución legal es también la solución jurídica. Cuando la razón moral de la ley (la ley como razón moral) pesa más que las otras razones morales, la solución legal es también la solución jurídica. Cuando las razones morales ajenas a la ley pesan más que la ley como razón moral o las razones morales de la ley, entonces la decisión jurídica es la decisión *contra legem.*

De ahí que, para el iusmoralismo, la ponderación, modo prototípico de razonar cuando se resuelven genuinos dilemas morales, sea mucho más relevante que la interpretación de las normas jurídico-positivas. La interpretación solo precisa y prepara la norma jurídico-positiva, legal, para ser sopesada o ponderada en competición con las razones puramente o directamente morales operantes para el caso.

Un iusmoralista que se quiera respetuoso con algún modelo de racionalidad argumentativa y que no sea, por ejemplo, un puro intuicionista, debería justificar mediante argumentos exigentes cosas tales como:

— Por qué trae al caso unos u otros valores o principios morales.

— Por qué considera que esos valores o principios morales son también y por sí valores o principios jurídicos.

— Por qué de esos valores o principios morales extrae para el caso tales o cuales concretos contenidos prescriptivos.

— Por qué pesan, cuentan o valen más unas u otras de las razones morales que compiten en la ponderación y cuál es el grado de objetividad o evidencia con que ese resultado de la ponderación se impone en cada caso.

— Qué parte hay de discrecionalidad del juzgador al atribuir pesos respectivos a esas razones morales en las circunstancias del caso y qué parte hay de puramente demostrativa, de enteramente objetiva en ese razonamiento ponderador.

3. Presupuestos de la interpretación **teleológica**.

3.1. Como un requisito de justificación elemental o primera del derecho, de la coacción y limitación de nuestra libertad que el derecho representa, toda norma jurídica ha de presumirse guiada por un propósito y no mero fruto de la arbitrariedad o el capricho de un poder político que meramente se recrea en el recorte de la libertad. Por eso es crucial la interpretación teleológica. La interpretación teleológica presupone en el derecho y sus normas una pauta de racionalidad teleológica o racionalidad de medios y fines: la norma es medio para algún fin que debemos tener presente al dar sentido a la norma y aplicarla. De ahí que la que llamamos referencia regulativa tenga tan gran importancia en la práctica jurídica.

El fin que a la norma le encontremos puede parecernos más o loable o menos, más justo o más injusto, pero normas jurídicas sin razón de ser especifica constituyen el supremo absurdo jurídico.

3.2. Cuando se hace una interpretación teleológica, se presume que el objetivo que para la norma cuenta es el que con ella buscaba el legislador políticamente legitimado, a no ser que se argumente convincentemente que dicho objetivo no merece ser respetado, por alguna de estas dos razones.

— Porque el legislador originario no era un legislador legítimo y sus fines no merecen el respeto de la actual sociedad y con base en las presentes estructuras político-constitucionales. Cuando tal ocurra, se debería argumentar, aun cuando sea sucintamente, esa ilegitimidad del legislador originario.

— Porque la evolución social en la materia de que se trate han sido tan fuertes, que el considerado por el legislador originario un fin positivo se ha convertido en un fin negativo y contrario a los objetivos de nuestro tiempo. Esa eventual discrepancia no puede presumirse sin más, y por eso debe ser suficientemente argumentada como base para preferir fines de la sociedad contemporánea antes que los fines del legislador legítimo.

3.3. Una interpretación teleológica bien desarrollada presupone que, en lo que no sean evidentes, se argumentan suficientemente y correctamente los dos pasos básicos: la atribución del fin o los fines de la norma interpretada y la prospección o cálculo de consecuencias que, en relación con dicho fin, lleva a ver como preferible una de las interpretaciones posibles de tal norma.

4. Presupuestos de la interpretación **voluntarística** o subjetiva.

4.1. Las normas jurídicas son expresión de alguna forma de autoridad política. Las normas no caen del cielo (salvo para algunos iusmoralistas, y en particular los iusnaturalistas, para quienes algunas de las normas que componen cualquier sistema jurídico posible tienen un origen "celeste", divino o natural), tienen un contenido prescriptivo proveniente de quien puede imponer sus mandatos y condiciones.

4.2. La actitud ante las normas jurídicas, también al interpretarlas y aplicarlas, puede estar condicionada por la consideración del poder normador como poder legítimo o ilegítimo. Llamamos legítimo al poder político cuyos mandatos se tienen como razonablemente merecedores de obediencia, y poder ilegítimo al que no posee esa condición. Los modelos de legitimidad han sido y son diversos según las culturas.

4.3. La consideración del origen políticamente ilegítimo de la norma que se interpreta y aplica cuenta como razón para desvincular en lo posible el sentido y propósito con que la norma se aplica del sentido y propósito que su autor quiso darle[300].

La visión de las normas jurídicas como legítimas otorga fuerza a los argumentos interpretativos denominados voluntarísticos o de interpretación subjetiva. La legitimidad del legislador opera como razón de peso para que su norma se aplique tal como él la pensó y para el objetivo con que la hizo.

4.4. La interpretación voluntarística o subjetiva puede ser subjetivo-semántica o subjetivo-teleológica. En el primer caso, el argumento interpretativo propugna dar a la norma interpretada el significado con que sus autores originariamente la entendían. La interpretación subjetivo-teleológica presenta una razón de peso para aplicar la norma buscando que sirva lo mejor posible al fin práctico por el que el legislador la dictó.

---

[300] Piénsese en los planteamientos que allá por los años setenta u ochenta del siglo XX tenía la doctrina del llamado uso alternativo del derecho en países como Italia o España.

En cualquiera de sus modalidades, los argumentos interpretativos voluntarísticos o subjetivos suelen necesitar el auxilio de subargumentos históricos, que son los que ayudan a responder a la pregunta de por qué sabemos a afirmamos que los autores de la norma asignaban tal o cual significado a sus términos o perseguían esta o aquella finalidad.

Los preámbulos o exposiciones de motivos de las leyes suelen aportar muy valiosos subargumentos también a la hora de determinar esa voluntad legislativa. Esa es su principal utilidad, la de brindar apoyo a la interpretación que pone el énfasis en la voluntad de los integrantes del órgano normador.

5. Presupuestos de la interpretación **sistemática**.

5.1. Los argumentos interpretativos llamado sistemáticos presuponen la coherencia interna de los sistemas jurídicos, parten de la presunción de que un sistema jurídico no puede ser ni un caos expresivo ni un caos regulativo. Sin congruencia interna pierde el derecho su operatividad, deja de cumplir su función y se vuelve normatividad absurda.

Así pues, por debajo o como sustento de todos los argumentos interpretativos sistemáticos se halla la idea de que es preferible elegir aquella interpretación de las normas jurídicas que acreciente su congruencia sistemática, antes que la que aumente las internas contradicciones o tensiones.

5.2. Esa congruencia del sistema en la que se basan los argumentos sistemáticos es de cuatro tipos: lógica, contextual, lingüística y sustantiva.

— La congruencia lógica fundamenta una regla interpretativa que a manudo se ha llamado argumento de interpretación lógica. Señala que de entre las interpretaciones posibles de una norma se debe descartar aquella que provoque una antinomia de esa norma con otra norma del sistema y que lleve a que una de ellas pueda ser expulsada del sistema jurídico, bien por mediante derogación y en aplicación de la regla de *lex posterior*, bien mediante anulación y en aplicación de la regla de *lex superior*.

— La congruencia contextual, que se plasma por ejemplo en el argumento interpretativo topográfico, dice que la atribución de significado a las expresiones normativas no debe hacerse con una lectura descontextualizada, sino viéndolas en su contexto y considerando que hay una razón de peso en favor de interpretaciones que velan por la congruencia del texto en ese su contexto.

— La congruencia o consistencia lingüística se manifiesta en el argumento sistemático-lingüístico, el cual parte del presupuesto de que siempre que una misma palabra o expresión es usada en enunciados normativos diversos, se presume que es usada con el mismo significado, salvo que se justifique suficientemente lo contrario.

Paralelamente, cuando en un cuerpo normativo se usan dos términos o expresiones diferentes, se supone que se hace por referencia a dos objetos o estados de cosas diferentes. Esa presunción pragmática se puede derribar mediante una argumentación que acredite razones suficientes para considerar que, en la normativa, esas dos palabras o expresiones se usan como sinónimas.

— La congruencia sustantiva o material se refiere a que es preferible aquella interpretación de una norma que sea más consistente con el conjunto de la regulación de la materia de que se trate y que dé lugar a que en tal regulación haya menos lagunas y menos antinomias. En esa idea se basa el argumento de interpretación sistemático-material.

Lección 9

Argumentos que funcionan como reglas interpretativas

Ya, de una lección anterior, conocemos la diferencia entre criterios interpretativos y reglas interpretativas. Repitamos en con las mismas palabras la diferencia básica entre unos y otras.

Los ***criterios*** de interpretación ofrecen justificaciones válidas y admisibles para una opción interpretativa. Está justificada la opción interpretativa que se apoye en un criterio interpretativo, pero siempre sabiendo que contra el criterio que respalda una opción interpretativa se puede hacer valer otro criterio que sostenga una opción interpretativa distinta.

Las ***reglas*** interpretativas, que también podrían llamarse directivas interpretativas, son también argumentos interpretativos, es decir, aportan razones para la elección entre interpretaciones posibles, pero operan de otro modo. Las reglas interpretativas *descartan o imponen* una de las interpretaciones posibles. Por consiguiente, las reglas interpretativas se dividen en reglas interpretativas *negativas* y *positivas.*

1. LA LLAMADA INTERPRETACIÓN CONFORME COMO EJEMPLO DE LA REGLA DE INTERPRETACIÓN LÓGICO-SISTEMÁTICA

Cuando en lección previa ilustramos la diferencia entre criterios y reglas de interpretación, usamos como ejemplo de estas el argumento llamado de interpretación lógica o lógico-sistemática. A aquella breve explicación nos remitimos aquí.

Lo que vamos a subrayar ahora es que de este tipo de regla se habla cuando se alude a la llamada interpretación conforme.

Merece la pena comenzar con una larga y sustanciosa cita de Marina Gascón[301]:

> "Dado que, en línea de principio, cabe hacer distintas interpretaciones de un texto jurídico sin que todas ellas resulten constitucionales, se habla de *interpretación conforme* con la constitución (la clásica *Verfassungskonforme Auslegung* de la doctrina alemana) cuando se interpreta dicho texto de manera que se muestre compatible (o conforme) con ella. Se trata, pues, de un principio interpretativo extremadamente trivial que deriva de la primacía constitucional y que, dentro de las interpretaciones *plausibles* de la ley, discrimina entre las que son compatibles con la constitución y aquellas que no lo son. Pero —nótese— la interpretación conforme discrimina entre las *interpretaciones plausibles* de la ley; esto es, las que no sean incompatibles con su *semántica*, en conjunción obviamente con la *sintaxis* y la *pragmática*. Por eso cuando, so pretexto de lleva a cabo la interpretación conforme, el juez (constitucional u ordinario) «retuerce» intolerablemente el sentido de la ley está ejerciendo, lisa y llanamente, funciones políticas. Y esto es precisamente lo que a veces sucede cuando un Tribunal Constitucional dicta una sentencia interpretativa".

Como la misma profesora explica, esa es la pauta que emplean los tribunales constitucionales cuando emiten las llamadas sentencias interpretativas. Una sentencia interpretativa es aquella en la que un tribunal constitucional salva la constitucionalidad de la norma legal sometida a examen, pero vedando una de sus interpretaciones posibles e imponiendo así la otra, haciendo ver que con la interpretación vetada esa norma legal contradiría la norma constitucional de contraste y entonces habría que declarar inconstitucional dicha norma legal.

Es ahí donde también suele decir la doctrina que se aplica la "interpretación conforme[302]". En palabras de Marina Gascón

---

[301] M. Gascón, "Interpretación de la Constitución: ¿Gobierno de los jueces?", *Teoría y derecho*, 20, 2016, p. 207.

[302] En los países anglosajones se dice interpretación *in accordance*.

nuevamente, tales interpretaciones "conjugan la primacía de la constitución con la conservación de las leyes, y en este sentido se muestran «deferentes» con el legislador, en la medida en que respetan su libertad de configuración normativa"[303].

Lo que la profesora Gascón cuestiona es que a veces las cortes constitucionales acaban imponiendo una "interpretación" no posible de la ley, extemporánea o inverosímil, so pretexto de hacerla congruente con la Constitución y de evitar su declaración de inconstitucionalidad. En verdad, de esa manera no se salva la constitucionalidad de esa norma por vía interpretativa, sino que ilegítimamente mete esa corte constitucional una ley nueva en el sistema, ajena a aquella que supuestamente estaba examinando[304].

Como resalta Roberto Bin, la interpretación conforme es una variante de la interpretación sistemática. Este constitucionalista italiano insiste en el carácter de regla de este argumento interpretativo y dice que tal carácter proviene de la jerarquía misma

---

303 Ibid., p. 208.

304 Otra vez con las palabras de la referida autora, "se traspasarían así los límites de la interpretación conforme (que vienen marcados por las interpretaciones *plausibles* de la ley) para realizar una simple alteración del ordenamiento, una invasión del ámbito que la constitución reserva al legislador" (ibid., p. 208).
Se habría dado el tránsito de las muy legítimas y loables sentencias de constitucionalidad llamadas interpretativas a las sentencias "manipulativas". "Las sentencias manipulativas son aquellas que se dictan cuando *ninguna de las interpretaciones plausibles* del precepto legal impugnado permite mantener su constitucionalidad, pero no obstante no se considera adecuado o conveniente anular ese precepto. En estos casos, el Tribunal puede «salvar» la constitucionalidad de la ley de dos modos: bien *modificando su texto* para provocar una interpretación constitucional del mismo (por ejemplo, anulando un inciso o una o varias palabras del texto a fin de cambiar su sentido), bien *manipulando directamente su interpretación*; más exactamente, forzando sus posibilidades interpretativas (o, si se quiere, haciendo una interpretación *contra legem*) a fin de que resulte compatible con la constitución" (ibid., p. 208).

de las normas dentro del sistema. Es la superioridad de la norma más alta la que obliga al intérprete a procurar que la otra, la inferior, sea interpretada de modo compatible. Esa idea la ilustra Bin con una famosa frase de la Corte Constitucional italiana, contenida en su sentencia 356/1996: "las leyes no se declaran inconstitucionales porque sea posible darles interpretaciones inconstitucionales, sino porque es imposible darles interpretaciones constitucionales"[305].

Puede entenderse que una remisión a una regla interpretativa de este tipo se contiene en el artículo 10.2 de la Constitución Española, cuando dice que "Las normas relativas a derechos fundamentales y a las libertades que la Constitución reconoce se interpretarán de conformidad con la Declaración Universal de derechos Humanos y los tratados y acuerdos internacionales sobre las mismas materias ratificados por España". Pero con eso pasamos a una regla interpretativa que la doctrina, en especial la iberoamericana, suele denominar *pro persona* o *pro homine.*

2. LA REGLA DE INTERPRETACIÓN MÁS FAVORABLE A LOS DERECHOS FUNDAMENTALES (O REGLA DE INTERPRETACIÓN *PRO PERSONA* O *PRO HOMINE*)

Un buen ejemplo de regla de interpretación positiva es esta de interpretación más favorable a los derechos fundamentales. Viene a indicar que, cuando quepan de varias interpretaciones distintas de un precepto que afecte el ejercicio de un derecho fundamental

---

305 Véase R. Bin, "L´interpretazione conforme. Due o tre cose che so di lei", *Rivista AIC,* 1, 2015, p. 4. También Franco Modugno insiste en que la superioridad de la Constitución sobre la legislación implica la interpretación sistemática de la segunda a la luz de la primera (F. Modugno, "In difesa dell´interpretazione conforme a costituzione", *Rivista AIC,* 2, 2014, pp. 7ss.).

constitucionalmente reconocido, ha de darse preferencia a aquella que dote de mayor alcance o mejor realización a tal derecho.

Otras veces, en el mismo sentido[306], se habla de interpretación *pro persona* o pro homine. Mónica Pinto caracterizó así la interpretación *pro persona*:

> "es un criterio hermenéutico que informa todo el derecho de los derechos humanos, en virtud del cual se debe acudir a la norma más amplia, o a la interpretación más extensiva, cuando se trata de reconocer derechos protegidos e, inversamente, a la norma o a la interpretación más restringida cuando se trata de establecer restricciones permanentes al ejercicio de los derechos o su suspensión extraordinaria. Este principio coincide con el rasgo fundamental del derecho de los derechos humanos, esto es, estar siempre a favor del hombre"[307].

Esta regla o directiva de interpretación se ha usado con un doble alcance. Por una parte, se ha dicho que se debe aplicar a la interpretación de las normas contenidas en los mismos tratados de derechos humanos[308]; por otro lado, se afirma también que

---

306 El matiz diferenciador puede verse implícito en la terminología. Los derechos fundamentales son los derechos humanos en cuanto constitucionalizados y garantizados desde la cúspide del sistema jurídico nacional o interno. La regla *pro homine* o *pro persona* suele nombrarse para hacer referencia a la interpretación más generosa de los derechos, ya no tanto por referencia a la constitución del respectivo país, sino a los tratados internacionales de derechos humanos. Posiblemente el que en Europa se use mucho más la primera expresión y en Iberoamérica la segunda tiene que ver con el distinto grado de confianza que se tiene en el orden jurídico interno como base de la protección de los derechos, confianza menor en Iberoamérica y mayor en Europa. Esa sería mi hipótesis, que requeriría estudio detallado para su confirmación o desmentido.

307 M. Pinto, "El principio pro homine. Criterios de hermenéutica y pautas para la regulación de los derechos humanos", en M. Abregú, C. Courtois (comp.), *La aplicación de los tratados de derechos humanos por los tribunales locales*, Buenos Aires, Editores del Puerto, 1997, p. 163.

308 Así lo ha establecido la Corte Interamericana de derechos Humanos en lo referido a la interpretación de la propia Convención Interamericana.

debe regir en la interpretación de las normas de derecho interno, especialmente de aquellos países que han ratificado dichos tratados o que les dan especial relevancia constitucional o cuasiconstitucional en sus ordenamientos jurídicos[309].

De entre los muchos ejemplos de *interpretación favorable a los derechos fundamentales*, y prescindiendo en lo posible de las variantes terminológicas con escasas diferencias de fondo, cabe mencionar el abundante uso que de esta regla ha venido haciendo el Tribunal Constitucional español en relación con el derecho al acceso a la justicia y a la tutela judicial efectiva, que se consagra en el artículo 24 de la Constitución Española. Siempre ha dicho el Tribunal que ese derecho abarca tanto el derecho de acceso a la instancia (conseguir que un tribunal resuelva sobre el conflicto), como el derecho de acceso a los recursos (que los tribunales superiores examinen las resoluciones de los inferiores). Sobre lo primero, ya la sentencia 93/1984 sentó que

> "El derecho fundamental a la tutela judicial efectiva comprende el de obtener una resolución fundada en derecho, sea una resolución sobre el fondo, sea una resolución de inadmisión, siempre que en este último caso se dicte en aplicación razonada de una causa legal, razonamiento que ha de responder a una interpretación de las normas conforme a la Constitución y *en el sentido más favorable para la efectividad del derecho fundamental*" (el subrayado es nuestro).

Véase la decisión de la Corte en el Caso *Comerciantes vs. Colombia. Fondo, reparaciones y costas*, de 2004.

309 La abundante bibliografía latinoamericana sobre el principio *pro persona* no lo propone solamente como pauta de preferencia interpretativa, sino también con otros contenidos o funciones, como la de preferencia de la norma más protectora o conservación de la norma más favorable. Véase C. Núñez, "Una aproximación conceptual al principio pro persona desde la interpretación y argumentación jurídica", Universidad Carlos III de Madrid, Materiales de Filosofía del derecho 2017/2, pp. 9ss. Accesible en: https://www.corteidh.or.cr/tablas/r37509.pdf

Esto significa que si, por ejemplo, una causa de inadmisión de una demanda puede interpretarse de dos maneras, ha de tomarse aquella de tales interpretaciones que en menos recorte el ejercicio y eficacia de ese derecho.

En cuanto al derecho de acceso al recurso, ha declarado el Tribunal Constitucional que "cuando la ley admite varias interpretaciones debe seguirse aquella más favorable a la eficacia del derecho al recurso" (STC 50/1990). Ya en la STC 19/1983 leemos que

> "el art. 24.1 CE requiere la interpretación de las leyes procesales en el sentido más favorable al ejercicio del derecho fundamental, que se hace equivaler al ejercicio del derecho al recurso; o, lo que es equivalente, exige con gran rigor una interpretación razonada y razonable de las causas de inadmisión de los recursos, optando siempre en caso de duda interpretativa, por aquella que hace posible la admisión y sustanciación del recurso interpuesto ante el tribunal superior".

Es claro que todo queda condicionado a *qué se entienda por interpretación*. También por esta vía se ha caído más de una vez en el exceso de considerar que los tribunales deben decantarse por dar a la normativa procesal correspondiente un alcance que no se corresponde con ninguna de las interpretaciones posibles del precepto en cuestión. Así, si una norma dice que un recurso deberá interponerse en el plazo de diez días a contar desde cierto momento, cabrá debatir si esos días son naturales o laborables, pero fuera de toda interpretación posible quedará sostener que doce días naturales también son plazo válido. Y no faltan en el propio Tribunal Constitucional español las sentencias que incurren en tal exceso[310]. En esos casos la resolución puede considerarse favorable al acceso a la justicia, pero no es propiamente *interpreta-*

---

[310] Véase, por ejemplo, la STC 222/2003 (*Tol 334816*). La jurisprudencia constitucional ha ido matizándose y centrándose. Pueden verse también, entre muchas, las sentencias 231/2002 (*Tol 224808*), 219/2003 (*Tol 334810*), 274/2006 (*Tol 997597*), 148/2007 (*Tol 1090669*) o 141/2011 (*Tol 2554232*).

ción favorable, sino creación de una norma procesal nueva para el caso, con todo lo problemático que eso puede resultar.

El problema que existe con todas las reglas de interpretación es que cuando se invocan es para avalar efectivamente la elección de una de las interpretaciones posibles porque es la más favorable para el derecho fundamental en juego, pero, pese a ello, a veces se considera que hay mejores razones a favor de otra interpretación de esas que caben y que no es la que más favorece al derecho concernido. Lo normal es que, cuando van a elegir esa otra, los tribunales sencillamente se olviden de la regla de favorabilidad, pero en ocasiones lo que se hace es matizar los alcances teóricos de la regla misma. Así lo vemos, con buen estilo, en la reciente sentencia 80/2020 del Pleno de Tribunal Constitucional español (*Tol 8062089*), que dice esto:

> "Constituye doctrina consolidada de este tribunal [por todas, SSTC 25/2008, de 11 de febrero, FJ 4; 139/2010, de 21 de diciembre, FJ 4, y 121/2019, de 28 de octubre, FJ 3 a)], que uno de los contenidos esenciales del derecho a la tutela judicial efectiva (art. 24.1 CE) es el derecho a obtener una resolución sobre el fondo del asunto planteado oportunamente ante los órganos judiciales, si bien ese derecho queda igualmente satisfecho si el órgano judicial, por concurrir una causa legal apreciada razonadamente, dicta una resolución de inadmisión. Dada la trascendencia que para la tutela judicial tienen las decisiones de denegación de acceso a la jurisdicción, su control constitucional ha de verificarse de forma especialmente intensa, a través de los criterios que proporciona el principio *pro actione*, entendido no "como la forzosa selección de la interpretación más favorable a la admisión de entre todas las posibles de las normas que la regulan", sino como "la interdicción de aquellas decisiones de inadmisión que por su rigorismo, por su formalismo excesivo o por cualquier otra razón revelen una clara desproporción entre los fines que aquellas causas preservan y los intereses que sacrifican" [entre otras muchas, SSTC 194/2015, de 21 de septiembre, FJ 5; 91/2016, de 9 de mayo, FJ 3, y 60/2017, de 22 de mayo, FJ 3 a)]".

A la postre, se dejó sin efecto la regla, al entender que no fuerza tanto a aplicar la interpretación más favorable, cuanto a argumentar convincente y esmeradamente la elección de la que no lo sea.

Estamos hablando de un argumento interpretativo que funciona como regla, en el sentido que hemos dado a este tipo de argumentos, no de una norma jurídica que contenga un mandato taxativo de interpretar de determinada manera. Eso significa que cuando un tribunal dice que opta por una interpretación de las posibles porque es la más favorable al derecho fundamental en liza, usa un argumento muy potente y con ánimo de zanjar con él el debate, pero no quiere decirse que a tal tribunal ese argumento le venga impuesto como un mandato más del sistema jurídico[311].

Por lo mismo, que un tribunal no aplique esta regla interpretativa no es por sí razón para, sin más, considerar que ha fallado contra derecho, sino meramente para exigirle un esfuerzo argumentativo especial. De ahí que haya podido y debido el Tribunal Constitucional español matizar que si un tribunal ordinario no aplica la interpretación más favorable al derecho fundamental no está con ello ya violando ese derecho fundamental y, por tanto, no va de suyo que tenga el Tribunal Constitucional que anular aquella sentencia por vulneradora de tal derecho. Por ejemplo, mi derecho fundamental al honor no implica que tenga siempre y en todo caso un tribunal que juzgue sobre mi honor hacer la interpretación, de las posibles, más generosa con ese derecho mío.

---

311 De todos modos, sobre este particular habrá que estar a lo que dispongan las normas de cada sistema jurídico sobre cómo se debe interpretar y aplicar la propia regla interpretativa cuando se contiene en el texto constitucional mismo. Así, el párrafo segundo del artículo 1 de la Constitución de México dice que "Las normas relativas a los derechos humanos se interpretarán de conformidad con esta Constitución y con los tratados internacionales de la materia favoreciendo en todo tiempo a las personas la protección más amplia". El artículo 74, apartado 4 de la Constitución de la República Dominicana dispone que "Los poderes públicos interpretan y aplican las normas relativas a los derechos fundamentales y sus garantías, en el sentido más favorable a la persona titular de los mismos y, en caso de conflicto entre derechos fundamentales, procurarán armonizar los bienes e intereses protegidos por esta Constitución".

Este matiz queda bien expresado en la sentencia 160/1997 del Tribunal Constitucional (*Tol 80783*):

> "La Constitución (...), y muy particularmente los derechos fundamentales, inspiran y alientan todo nuestro ordenamiento, hasta sus últimas o más modestas manifestaciones. Ahora bien, ello no puede implicar el que este Tribunal esté llamado a imponer su criterio determinando, hasta el último extremo, la medida en que todas y cada una de las interpretaciones de la legalidad, llamada ordinaria, deben quedar influidas por los contenidos constitucionales. Tal cosa equivaldría a extender el ámbito de las «garantías constitucionales» (art. 123.1 CE) que marca el límite de nuestra jurisdicción a la interpretación de todo el ordenamiento.

Consecuencia de todo ello es que este Tribunal, en algunos casos, puede llegar a entender que interpretaciones de la legalidad ordinaria distintas de las que en el caso sometido a su consideración se hicieron acaso hubieran respondido más plenamente a los valores incorporados a los preceptos constitucionales y, muy en particular, a los relativos a los derechos fundamentales, lo que puede llevarle a sentirse distanciado respecto de la solución alcanzada. Pero una cosa es la garantía de los derechos fundamentales, tal como le está encomendada, y otra, necesariamente muy distinta, la de la máxima irradiación de los contenidos constitucionales en todos y cada uno de los supuestos de interpretación de la legalidad; esto último puede no ocurrir sin que ello implique siempre la vulneración de un derecho fundamental".

Se hacen patentes algunos problemas de la aplicación de reglas interpretativas como estas de la interpretación favorable a los derechos fundamentales o las llamadas *pro persona* o *pro homine*, problemas que veremos con más detalle en el apartado siguiente, a propósito de las que llamaremos aquí reglas interpretativas de principio. Esos problemas podemos sintetizarlos así:

— En primer lugar está la cuestión del estatuto normativo de la regla misma, según que se conciba como pura directiva de interpretación, argumento relevante pero que puede ser vencido por argumentos más fuertes en el caso, o que se vea como estricta pauta jurídica de obligatorio cumplimiento, en cuyo caso se le estaría diciendo al tribunal de turno que propiamente no puede elegir entre las interpretaciones posibles en razón de lo que valore como mejores argumentos, sino que debe, sí o sí, tomar la más favorable al derecho en juego.

— En segundo lugar, debe tenerse en cuenta que la concepción más fuertemente normativa de la regla altera el esquema argumentativo. Si la regla funciona como argumento interpretativo, tiene sentido argumentar en el caso sobre dos cosas: cuál es la interpretación que más favorece al derecho y por qué, y si cabe o no cabe que dicha regla sea derrotada en el caso por argumentos más fuertes. En cambio, si a la regla se le da pleno valor jurídico, de modo que se excluye de raíz su posible derrota por otros argumentos, entonces ya solo cabe argumentar sobre por qué es una u otra la interpretación que más beneficia el derecho.

— Si a la regla se le da pleno valor de norma que engendra una obligación interpretativa estricta, surgirá también el debate de cómo se controla judicialmente su incumplimiento. Si la regla es un argumento interpretativo, lo que cabe controlar judicialmente es la calidad e intensidad de los argumentos que eventualmente la derroten. Pero si la regla es un mandato jurídico taxativo de que se escoja, sí o sí, una interpretación determinada, entonces habrá que ver qué recursos caben contra su vulneración y si es posible, por ejemplo, la casación por tal motivo o un recurso ante la corte constitucional correspondiente, como pueda ser el recurso de amparo ante el Tribunal Constitucional español.

En otras palabras, *si la regla de interpretación favorable al derecho es parte del propio derecho, entonces cabe recurrir la inaplicación de tal regla como vulneración del derecho mismo.* Si no es parte del propio derecho, la base del recurso por inaplicación de la regla será diferente. Y no se olvide que la verdadera entidad normativa de un tipo u otro se la da a la regla interpretativa precisamente eso, la clase de reacción que el sistema jurídico permita ante su vulneración.

La eventual derrota de la regla de interpretación favorable, vista como argumento interpretativo, puede considerarse ejercicio admisible de la discrecionalidad del juez, aun cuando se controle más atentamente la calidad de los argumentos que justifiquen ese ejercicio de su discrecionalidad. Por el contrario, si la regla tiene valor jurídico-normativo estricto, el juez que no la aplique estaría decidiendo siempre antijurídicamente, lo argumente como lo argumente y salvo que acredite que la que alguien pretende como interpretación más favorable al derecho en realidad no lo era.

3. REGLAS INTERPRETATIVAS DE PRINCIPIO. EL EJEMPLO DEL "INTERÉS SUPERIOR DEL MENOR"

Hablaremos ahora de las reglas interpretativas de principio. La terminología es discutible y la propongo como provisional, a falta de una mejor o más precisa. Llamo reglas interpretativas de principio a las que *funcionan como reglas interpretativas de cierre dentro de una disciplina jurídica o sector de ella* (derecho laboral, derecho penal, derecho de menores...). Que sean reglas interpretativas de cierre significa que juegan en caso de duda entre interpretaciones posibles y que ofrecen entonces *una pauta de decisión ligadas a los principios inspiradores o fundantes de ese sector de lo jurídico.* La diferencia con las reglas que acabamos de ver (interpretación favorable a los derechos fundamentales, principio *pro persona...*) estriba en que no se pretende para estas pautas de ahora un valor normativo tan fuerte o determinante y su uso en los tribunales es, por tanto, más relajado, más marcadamente discrecional o, inclusive, más patentemente retórico.

Aprovecharemos el estudio de estas reglas interpretativas de principio para un análisis más minucioso de sus estructuras, su funcionalidad y sus problemas epistémicos y argumentativos. En realidad, muchos de los componentes del análisis que viene a continuación pueden proyectarse también sobre esas otras reglas interpretativas que acabamos de repasar, empezando por el problema paradójico de la necesaria interpretación de la regla interpretativa como tal.

Es bien obvio que qué sea lo más favorable al ser humano y sus derechos (principio *pro homine* o *pro persona*) o qué cuadre mejor con un derecho como el de libre desarrollo a la personalidad no es dato que se nos manifieste de modo objetivo y neutral, sino muy dependiente de la idea del ser humano y de la vida buena y de la ideología social que maneje cada operador jurídico, cada intérprete y aplicador de las correspondientes normas. ¿O acaso no hay, por ejemplo, argumentos similarmente robustos para sostener que la libre tenencia y consumo de drogas no "duras" tanto favorece como obsta al libre desarrollo de la personalidad? Cuando interpretamos el "Toda persona tiene derecho a la vida" del artículo 17.1 de la Constitución Española en el sentido de hacer permisible o prohibido el aborto voluntario en los primeros meses del embarazo, ¿cuál de las dos interpretaciones se atiene mejor al principio *pro persona* o cuál es más favorable al derecho humano a la vida? Y si decimos que ahí se manifiesta un conflicto entre el derecho humano a la vida y el derecho humano de la madre a la libertad reproductiva o a la intimidad, ¿cómo se consigue realizar mejor el principio *pro homine* o la maximización de los derechos en tales casos de contraposición de derechos que parecen jugar al modo de juego de suma cero?

Son muchas y variadas las reglas interpretativas de principio. Aquí trabajaremos nada más que con algún modelo de ellas, empezando por la regla de interés superior del menor o *favor minoris* y siguiendo después, más brevemente, con ejemplos de cómo juegan otras, como la del *favor laboratoris*. Pero lo que decimos de estas debe ser poco más o menos aplicable para todas las reglas interpretativas de esta clase. He creído más didáctico y aclaratorio trabajar de este modo, con muestras, que formular teoría de un nivel más abstracto y abarcador.

Tomaremos como referencia y ejemplo el artículo 172 ter, apartado 2, del Código Civil español, que dice así, dentro de la

Sección Primera del Capítulo V del Código, que habla de la guarda y acogimiento de menores:

> "Se buscará siempre el **interés del menor** y se priorizará, cuando no sea contrario a ese interés, su reintegración en la propia familia y que la guarda de los hermanos se confíe a una misma institución o persona para que permanezcan unidos. La situación del menor en relación con su familia de origen, tanto en lo que se refiere a su guarda como al régimen de visitas y otras formas de comunicación, será revisada, al menos cada seis meses".

Nos interesa, en ese marco, la expresión "interés del menor". Lo que se indica es que a la hora de organizar la acogida del menor "en situación de desamparo" (art. 172.1 del Código Civil) la autoridad toda, y también los jueces como elemento último de control, deben regirse antes que nada por la alternativa que mejor satisfaga el "interés del menor"; evidentemente, en un sentido objetivo de la expresión. Y ahí están, precisamente, los problemas.

Es imprescindible que distingamos varios aspectos: *cómo se interpretan esa mismas reglas o expresiones normativas, cómo operan en cuanto aplicadas a los hechos* y *cuál es su propia función interpretativa*, la función propiamente dicha de reglas interpretativas. Vamos a diferenciar y a analizar esos tres aspectos.

3.1. La interpretación de los términos en que la regla se expresa

En este ejemplo que tomamos para empezar, se trata de establecer qué forma parte del interés del menor y cuál podría eventualmente ser la jerarquía u orden entre los diversos elementos que se pueda entender que conforman tal interés. Si a alguien que tenga una extensa finca apta para frutales se le indica que debe plantar en ella los frutales más productivos, lo primero que deberá concretar es qué se entiende por frutales "más productivos". Por ejemplo, ¿priman como tales los que den más kilos de fruta, los que empiecen a darla más pronto después de plantarlos o los que, aun produciendo menos cantidad y más tarde, den frutas de alto precio en el mercado?

Imaginemos que una norma dijera que para el acceso de los ciudadanos a determinados puestos o prestaciones se dará preferencia a su "fortaleza física". ¿Qué habría de contarse como fortaleza física? A efectos de la norma, ¿una persona que mide dos metros, pesa ciento veinte kilos y es capaz de levantar doscientos kilos tiene o no tiene más fortaleza física que una que mida un metro y medio, pesa cincuenta y cinco y levanta cien? ¿Tomamos "fortaleza física" en términos relativos o en términos absolutos? Pero, al fin y al cabo, ¿por fortaleza física hay que entender la fuerza que cada cual puede aplicar al levantar peso o debe, en lugar de eso o además de eso, contar la resistencia en carrera, la capacidad física para soportar cosas tales como el frío o el calor, etc.?

Parece más adecuado pensar que en la referencia o contenido de "fortaleza física" hay que integrar esas variables que acabamos de mencionar (fuerza, diversas modalidades de resistencia, etc.), y que algo similar pasará en el caso de conceptos de uso jurídico como "interés del menor". Pero, sea como sea, lo primero que necesitamos es una mínima relación de las cosas que al efecto cuentan y de las que no cuentan. Así, podrá valer como "fuerza física" la resistencia en carrera, pero seguramente no deberá contar la capacidad para engullir grandes cantidades de comida o para dormir veinte horas seguidas. Y lo mismo si pensamos en "interés del menor": ¿va en pro de tal interés el que pueda tener un muy alto nivel de vida, con todo tipo de lujos, o el que sus alimentos se los elabore a diario el chef de un restaurante con estrellas Michelin?

Supóngase que hacemos un cuestionario con diversos contenidos referidos a lo que pueda ser parte del interés de los menores de edad y que incluimos cosas tales como buena alimentación, posibilidades de estudiar en colegios de élite, ambiente familiar agradable, vivienda cómoda y con buenas prestaciones, zona de residencia de alto nivel, posibilidades económicas boyantes en la actualidad y para el futuro, afecto familiar, alejamiento de ambientes relacionados con drogas o alcohol, buen nivel cultural en la casa... Si preguntamos a cualquier persona si todos esos factores son elementos del interés del menor, habrá coincidencia en la respuesta afirmativa. Si, de propina, planteamos si la ausencia de cualquiera de esos elementos o su grado más bajo va en contra del interés del menor, también se nos contestará de modo afirmativo, probablemente.

Así que las cosas parecen fáciles, en principio y sobre el papel: si hay una familia de acogida con alta calificación en todos esos elementos y una familia biológica que falla en alguno de ellos (por ejemplo, porque es muy pobre o porque el padre o la madre son alcohólicos), ¿autoriza el interés del menor a decidir ya, sin más y únicamente constatados todos esos detalles, a favor de la familia de acogida y en contra de la familia biológica? Diríase que no, pero ¿por qué?

Una solución podría consistir en jerarquizar los factores que hemos dicho que conforman los contenidos o referencias del interés del menor. Pero de inmediato vamos a topar con dos dificultades. Una, que toda enumeración de tales factores será siempre abierta y cabe que en cualquier momento alguien ponga sobre la mesa un elemento más que, al menos para él, es fundamental a la hora de dibujar lo que forme parte del interés del menor de edad. Por ejemplo, ¿por qué no añadir a la lista de antes el elemento consistente en las costumbres sexuales de la familia, sea la de acogida o la biológica? ¿Es o no relevante que una sea una familia estrictamente basada en la pareja y que en el otro caso se trate de eso que ahora llaman poliamor y que en realidad la convivencia casera y la relación sexual entre los adultos sea de a tres? La mitad de las personas que conozco dirían que por supuesto que eso importa mucho y la otra mitad defenderían que no tiene nada que ver con lo que haya de tomarse como relevante para el interés del menor. ¿Los unos o los otros decidirán distinto si como jueces tienen que resolver un caso tal y decidir dónde debe vivir el menor?

La otra dificultad se encuentra en que en verdad es imposible hacer una jerarquía entre tales factores. ¿Es más importante tener la posibilidad de recibir una educación de mucha calidad o tener mucho afecto de la familia? ¿Vivir en un barrio seguro y con buen ambiente o tener un hogar sin familiares que se droguen o beban en exceso? Y así sucesivamente. Y no vale responder que todo mucho y todo igual, porque los litigios que el juez debe fallar implican dilemas así: por ejemplo, una familia de acogida que viven en una buena zona de la ciudad y con holgura económica, pero cuyo padre tiene problemas de alcoholismo, y una familia biológica mucho más pobre y que habita un barrio muy inseguro para los niños, pero siendo los dos progenitores personas muy religiosas y que jamás prueban las drogas ni el alcohol. ¿Cuál de las alternativas es más acorde con el interés del menor?[312]

Resumiendo, no se puede aplicar una pauta normativamente establecida, como esta del interés del menor, sin presuponer o dar tácitamente por obrante una relación de los factores que configuran dicho interés. De esa manera, más o menos conscientemente, se estará interpretando lo que signifique "interés del menor". Lo que sucede es que esta noción es de un tipo especial y su interpretación también tiene la correspondiente especialidad. Veámoslo.

Hay términos cuya referencia es un "objeto" delimitado por determinadas propiedades, y el problema interpretativo está, en la práctica, en dos tipos de asuntos. Uno, en si una determinada propiedad forma parte o no de esos elementos constitutivos o definitorios de tal objeto. El otro asunto problemático es el de si una de esas propiedades definitorias del objeto referido concurre o no en el caso. Examinemos algún ejemplo sencillo.

Imagínese una norma que prohíba a los estudiantes de determinado centro educativo concurrir a los exámenes llevando libros entre las pertenencias con la que entren en el aula. El diccionario de la Real Academia Española define libro como "*Conjunto de mu-*

---

312 Alguien puede estar tentado de mantener en este punto que la duda debe resolverse siempre en favor de la familia biológica, pero en ese caso se estaría invirtiendo la regla del artículo 172 ter, apartado 2, del Código Civil que antes citábamos y que dice que con la familia biológica sólo debe ir el menor cuando eso sea compatible con su interés, con el interés del menor. Volveremos sobre eso más adelante y veremos que en la dicción de la norma puede que haya más retórica que verdad.

chas hojas de papel u otro material semejante que, encuadernadas, forman un volumen", en su primera acepción, y en la segunda como "*Obra científica, literaria o de cualquier otra índole con extensión suficiente para formar volumen, que puede aparecer impresa o en otro soporte*". Basta ver esas dos acepciones para que podamos pensar en el problema que puede suscitarse si, rigiendo esa norma, un estudiante acude al examen portando entre sus pertenencias la mitad de las hojas sueltas, desencuadernadas, de un libro. A efectos de tal norma, ¿cuenta como libro sólo el total de las hojas o también una parte de ellas? ¿Es necesario que se mantenga la encuadernación para que se tenga por libro o también con las hojas desencuadernadas pasa por tal a tales efectos normativos? Vemos ahí que lo que está en juego son las propiedades definitorias de lo que vaya a contar como libro.

Pongamos que se ha establecido, por vía interpretativa, que una de aquellas propiedades que han de concurrir para que el objeto sea libro, a los fines de aplicación de la norma en cuestión, sea la encuadernación. Sentada como esencial tal propiedad, pueden surgir problemas a la hora de dictaminar si es o no encuadernación el simple cosido muy elemental con un sencillo hilo o el que las hojas estén unidas nada más que por una grapa.

Pero hay otro tipo de "entidades" o "cosas" referidas en nuestro lenguaje, y también por las normas. Se trata de conceptos complejos que se definen mediante un conjunto abierto de propiedades valorativas. Pensemos en nociones como "bienestar", "interés público", "dignidad", "libre desarrollo de la personalidad"..., o "interés del menor". Así como las "cosas" de la modalidad anterior se identifican por la acumulación de una serie de propiedades constitutivas o conjuntamente definitorias (hojas de papel, encuadernadas y formando un volumen), estas otras nociones se integran mediante propiedades alternativas (en cuanto que no han de concurrir acumuladas) y que pueden darse en diferente medida. Eso hace que no podamos delimitarlas con un "ahí está" (como cuando decimos ahí está un libro, eso es un libro) o un "ahí no está" (como cuando decimos que eso no es un libro, es otra cosa, por ejemplo, un periódico), sino que su existencia es gradual: lo aludido por la palabra o expresión (v.gr., interés del menor") se da en mayor medida cuantas más concurran de esas propiedades relacionadas y cuanta mayor sea la proporción en que concurran.

Para mayor dificultad, ocurre que de cada una de esas propiedades puede plantearse tres discusiones: si es una de las que conforman la categoría en cuestión (por ejemplo, si el disponer de costosa tecnología de última generación para el estudio y el tiempo libre forma parte o no de lo que sea el interés del menor), si determinado objeto o estado de cosas encaja o no dentro de esa propiedad (por ejemplo, admitido que disponer de aquellas tecnologías sí sea parte de los factores que conforman el interés del menor, si un aparato de televisión de última generación es o no es una de aquellas tecnologías que aquí cuentan) y si la proporción en que esa circunstancia se da es relevante o suficiente (por ejemplo, si, respondidas afirmativamente las dos cuestiones anteriores, una televisión de cinco años de antigüedad y que no sea una Smart TV con conexión a internet se inserta o no entre esas tecnologías "de última generación que...").

Nociones como la de "interés del menor" son de este seguido tipo y, por consiguiente, su aplicación deja mucho más amplios espacios a la *discrecionalidad* judicial, ya desde este primer momento interpretativo o de carga de significado del concepto.

Sin duda, no es posible delimitar por anticipado todos los elementos concurrentes o aludidos por expresiones como "interés del menor". Las reglas *argumentativas* que aquí podemos poner en juego serían las siguientes:

(i) La inclusión de cualquier factor o elemento en la noción tiene que estar tanto más extensa y detalladamente justificada cuanto menos evidente o indiscutible resulte en el contexto social respectivo. Por ejemplo, es evidente que el disponer de educación o alimento forma parte del interés del menor, pero es más dudoso y necesita mayor justificación entender que también se integra ahí el acceso por el menor a tecnologías de última generación.

(ii) Muy cercanamente al punto anterior, no cabe manejar una concepción tan estricta del interés del menor, que lleve a concluir que una mayoría de los menores en realidad verían mejor satisfecho su interés con un cambio de familia jurídicamente implementado. Quiere decirse que, si concluyéramos que sólo con acceso a viviendas de alto estándar, a educación de la mejor calidad o al ocio más sofisticado se satisface el interés del menor, entonces deberíamos concluir que hay en este principio razón suficiente para separar de sus familias a todos los menores pobres a los que quiera alguna familia muy rica acoger. En consecuencia, el criterio aplicativo no puede ser el de comparar estándares de satisfacción de los factores en juego[313], sino el de determinar si en la familia de origen se satisfacen *los mínimos debidos* y sin los cuales ese interés se ve dañado. Insisto, no se trata de ver dónde es más altamente realizado lo que componga el interés del menor, sino de decidir si en la familia que reclama el cuidado y custodia del menor se cumplen los mínimos exigibles.

Pero démonos cuenta de que, si eso es así, no se tratará ya tanto de definir qué compone el interés del menor, sino de delimitar *cuáles son las condiciones mínimas* que ha de reunir la familia biológica, en la idea de que es la ausencia de tales condiciones lo determinante para la decisión de separar al menor de tal familia. En otras palabras, ya no es que al menor le interese objetivamente más estar con una familia de costumbres más sanas, sino que es contrario a su interés convivir con una de hábitos tan insanos como la suya.

Así pues, el abogado habilidoso en esa materia no deberá tanto subrayar lo bien que puede estar el niño con la familia de acogida, cuanto tratar de probar que con la familia biológica no se satisfacen los más básicos estándares del interés del menor.

---

313 Por ejemplo, estableciendo que todos los estándares van a ser normalmente mejor satisfechos en una familia muy rica que en una bastante modesta.

(iii) Lo que se incluya como componente del interés del menor no puede ser algo que dependa de o condicione el ejercicio de algún derecho fundamental por su familia o su medio. Así, es derecho de cada ciudadano el de profesar creencias religiosas de uno u otro tipo y ponerlas en práctica o el de no tener ninguna, y por eso no cabe defender que forma parte del interés del menor el integrarse en una familia que tenga unas u otras o que no las tenga.

3.2. Cómo opera la regla al aplicarse a los hechos del caso

Vamos a exponer esta parte nuevamente a propósito del interés del menor y de la mano de un caso, el de la *sentencia 565/2009 del Tribunal Supremo español, Sala Civil*, de fecha 31 de julio (*Tol1723143*).

Los hechos son los siguientes. La Administración pública competente había acordado la declaración de desamparo y acogimiento familiar preadoptivo de una menor, de conformidad con el artículo 172 del Código Civil[314]. La madre biológica de la me-

---

314 Artículo 172 del Código Civil:
"**1.** Cuando la Entidad Pública a la que, en el respectivo territorio, esté encomendada la protección de los menores constate que un menor se encuentra en situación de desamparo, tiene por ministerio de la ley la tutela del mismo y deberá adoptar las medidas de protección necesarias para su guarda, poniéndolo en conocimiento del Ministerio Fiscal y, en su caso, del Juez que acordó la tutela ordinaria. La resolución administrativa que declare la situación de desamparo y las medidas adoptadas se notificará en legal forma a los progenitores, tutores o guardadores y al menor afectado si tuviere suficiente madurez y, en todo caso, si fuere mayor de doce años, de forma inmediata sin que sobrepase el plazo máximo de cuarenta y ocho horas (...).
Se considera como situación de desamparo la que se produce de hecho a causa del incumplimiento o del imposible o inadecuado ejercicio de los deberes de protección establecidos por las leyes para la guarda de los menores, cuando éstos queden privados de la necesaria asistencia moral o material.

nor impugnó tal acuerdo, pero el Juzgado de Primera Instancia desestimó tal impugnación. En su auto, el Juzgado de Primera Instancia fundamenta en los siguientes elementos fácticos su decisión de mantener el acogimiento preadoptivo y negar la vuelta de la menor con la madre:

La asunción de la tutela atribuida a la Entidad Pública lleva consigo la suspensión de la patria potestad o de la tutela ordinaria (…)
La Entidad Pública y el Ministerio Fiscal podrán promover, si procediere, la privación de la patria potestad y la remoción de la tutela.
2. Durante el plazo de dos años desde la notificación de la resolución administrativa por la que se declare la situación de desamparo, los progenitores que continúen ostentando la patria potestad pero la tengan suspendida conforme a lo previsto en el apartado 1, o los tutores que, conforme al mismo apartado, tengan suspendida la tutela, podrán solicitar a la Entidad Pública que cese la suspensión y quede revocada la declaración de situación de desamparo del menor, si, por cambio de las circunstancias que la motivaron, entienden que se encuentran en condiciones de asumir nuevamente la patria potestad o la tutela.
Igualmente, durante el mismo plazo podrán oponerse a las decisiones que se adopten respecto a la protección del menor.
Pasado dicho plazo decaerá el derecho de los progenitores o tutores a solicitar u oponerse a las decisiones o medidas que se adopten para la protección del menor. No obstante, podrán facilitar información a la Entidad Pública y al Ministerio Fiscal sobre cualquier cambio de las circunstancias que dieron lugar a la declaración de situación de desamparo.
En todo caso, transcurridos los dos años, únicamente el Ministerio Fiscal estará legitimado para oponerse a la resolución de la Entidad Pública.
Durante ese plazo de dos años, la Entidad Pública, ponderando la situación y poniéndola en conocimiento del Ministerio Fiscal, podrá adoptar cualquier medida de protección, incluida la propuesta de adopción, cuando exista un pronóstico fundado de imposibilidad definitiva de retorno a la familia de origen.
3. La Entidad Pública, de oficio o a instancia del Ministerio Fiscal o de persona o entidad interesada, podrá revocar la declaración de situación de desamparo y decidir el retorno del menor con su familia, siempre que se entienda que es lo más adecuado para su interés. Dicha decisión se notificará al Ministerio Fiscal.

> "La situación de desamparo tal y como la prevé el art. 172 CC supone el incumplimiento o imposible o inadecuado ejercicio de los deberes de protección establecido para la guarda de los menores ha quedado acreditado en este procedimiento, pues consta en este expediente de la Consejería de Bienestar Social que declaró en situación de desamparo al menor que existía negligencia en el cuidado de la menor, inadecuadas condiciones de la vivienda, conflictos de pareja y negativa a admitir el apoyo de los servicios sociales, se adjuntan informes de la policía nacional que afirman que D.ª María del Pilar ejerce la prostitución estando presente el marido y la hija, sin embargo estas alegaciones se refieren a una etapa muy temprana de la vida de Paulina y en la actualidad dado que la situación puede haber cambiado se acordó la pericial psicológica y en su informe la psicóloga del juzgado afirma que aunque en la actualidad D.ª María del Pilar se encuentra adaptada y con estabilidad familiar presenta déficit en áreas cognitivas y en habilidades sociales y carece de herramientas sobre educación, estilos educativos etc. para el cuidado y educación del hijo, por lo que necesitaría ayuda de otras personas y de los servicios sociales, es preciso destacar que en la actualidad vive con su nueva pareja y tienen un bebé, lo que supondría tener que enfrentarse a la crianza de dos niñas concluyendo que el beneficio de Paulina es que se desarrolle en una estabilidad afectiva y ambiental y dado que se encuentra adaptada e integrada social, escolar y familiarmente es aconsejable mantener la situación actual y concluir la adopción dado que un cambio en la situación de la menor con tras años podría producir un desajuste psicológico con problemas de estrés y ansiedad, aprendizaje y de comportamiento".

Hubo recurso de la madre contra tal resolución y fue revocada por sentencia de la Audiencia Provincial, que ordena la inmediata recuperación de la custodia por la madre. Es importante resaltar el siguiente párrafo que en tal sentencia de la Audiencia Provincial se contiene:

> "... se hace necesario estimar que la asistencia moral y material de los menores en orden a la declaración de desamparo ha de merecer una interpretación restrictiva, buscando un equilibrio entre el beneficio del menor y la protección de sus relaciones paterno-filiales, de tal manera que sólo se estime la existencia del desamparo ***cuando se acredite efectivamente el incumplimiento de unos mínimos de atención al menor exigidos por la conciencia social más común***, ya que, en definitiva, si primordial y preferente

> es el interés del menor, es preciso destacar la extraordinaria importancia que revisten los otros derechos e intereses en juego, es decir, los de los padres biológicos y los de las restantes personas implicadas en esa situación (SSTC 143/1990 y 298/1993)". "En definitiva, la situación de desamparo, sea voluntaria o querida por los progenitores, ha de ser siempre estimada restrictivamente" (el resaltado es nuestro).

La sentencia reprocha a la Administración que no haya intentado corregir la situación ayudando a la madre a adquirir las habilidades necesarias para el adecuado cuidado de su hija, pues aquella situación inicial no era irreversible. Señala la sentencia que la madre tiene un retraso mental leve y "limitaciones en habilidades sociales", apenas sabe leer y escribir y tiene un origen social muy humilde, pero ha rehecho su vida con una pareja, tiene ahora ingresos suficientes y cuida adecuadamente un nuevo bebé. Según los dictámenes periciales, necesita recibir apoyo para la educación de sus hijos.

Y concluye así la sentencia:

> "... la Sala no encuentra que concurran razones tan graves como para privar a una madre biológica de su hija, separándola de ella y entregándola en adopción a otras personas, pues ello debe quedar **reservado para supuestos gravísimos** que van mucho más allá de tener más o menos habilidades sociales, mayor o menor cociente intelectual o formación académica y por supuesto tener unos u otros recursos económicos. Ni la pobreza ni la incultura ni la poca inteligencia como dijimos, son en sí mismas causas que impliquen desatención y desamparo de la prole y en cualquier caso, cuando una situación se basa en las mismas, cuando se aprecia que la madre puede recibir ayuda para adquirir las habilidades de las que carece, la obligación de los poderes públicos es prestar esa ayuda y colaboración (adoptando además mientras tanto las medidas de protección que sean necesarias) para evitar llegar a la más dramática de las situaciones imaginables, cual es la separación de por vida del niño, de su familia biológica. La actual situación de María del Pilar, no se diferencia mucho de la de una gran parte de familias de bajo nivel sociocultural, a las que no se les priva de la custodia de sus hijos de forma definitiva y se dan en adopción a otras familias. Llama por último poderosamente la atención el hecho de que la madre ha tenido recientemente una nueva hija y sin em-

> bargo no consta en el expediente que se haya adoptado ninguna medida de protección respecto a la misma, evidentemente porque no ha sido necesario, luego si la madre está capacitada para mantener la custodia de un hijo de pocos meses, con mayor motivo lo está para recuperar la de su primera hija, al haber desaparecido las razones que justifican su intervención" (el resaltado es nuestro).

La Administración pública interpone recurso de casación ante el Tribunal Supremo con base en dos cuestiones, de las que aquí solo nos importa una. Admitido el recurso, en esta sentencia que tomamos como base el Tribunal casa la de la Audiencia Provincial y confirma la primera resolución y, por tanto, la separación de la menor de la madre y su acogimiento preadoptivo por la pareja en ese momento a su cargo.

Antes de recapitular lo que hasta aquí llevamos del caso, recordemos que tanto en la versión vigente cuando los hechos ocurren y estas sentencias recaen, como en la versión actualmente en vigor (artículo 172 ter), el Código Civil señala que se buscará siempre el interés del menor y la reintegración en su propia familia se priorizará cuando no sea contraria tal reintegración a dicho interés del menor[315].

Pero ya van apareciendo *tres maneras diferentes de interpretar* esta amalgama de pautas:

---

315 Antes de la reforma introducida por la Ley 26/2015, de 28 de julio, que añadió ese artículo 172 ter, decía el artículo 172.4 lo mismo, a los efectos que aquí nos importan, en relación con las medidas de protección que se deben adoptar respecto de los menores desamparados: "se buscará siempre el interés del menor y se procurará, cuando no sea contrario a su interés, su reinserción en la propia familia". En este fragmento relevante, el cambio ha sido reemplazar "se buscará" por "se priorizará". Parece que el legislador, en la reforma, ha querido ser más contundente aun, al señalar la prevalencia del interés del menor. La versión que el Tribunal Supremo usa en esta sentencia que examinamos es, obviamente, la anterior a la reforma de 2015. En cualquier caso, es esa una sentencia que expresamente sienta doctrina y que sigue constantemente citándose como base de una línea jurisprudencial debida.

a) *Prima el interés del menor.* El interés del menor se impone en el balance final a cualquier otra consideración. Una vez que se ha sentado cuál de las alternativas en juego es más favorable al interés del menor, esa alternativa vence. Aquí no hay propiamente ponderación o juicio comparativo entre el grado en que en la situación se satisfacen esas dos pautas, la del interés del menor y la del mantenimiento de la convivencia de la familia biológica. Lo que se compara no es eso, sino en qué medida el interés del menor se ve satisfecho con la familia biológica o con la familia de acogimiento preadoptivo. La opción que más satisfaga dicho interés es la opción que vence. Este es el modo de aplicación que más parece corresponderse con la expresión exacta "interés superior del menor". Sin embargo, nunca o casi nunca se aplica sin más esta interpretación, ni siquiera en las situaciones en las que en un momento anterior se ha diagnosticado desamparo del menor.

b) *Prima la reintegración en la familia de origen, siempre que esta cumpla con unos mínimos que no la hagan totalmente incompatible con el interés del menor.* Aquí el interés del menor nada más que obra como condición mínima y se impone solamente cuando no se satisface en ese mínimo grado. Con este punto de vista, basta que la familia biológica no incumpla con los mínimos exigibles para que se decrete que es con la familia biológica con la que el menor ha de permanecer. Se considera acorde con el interés del menor todo lo que no sea radicalmente incompatible con tal interés, no lo que mejor lo satisfaga.

c) Tercera interpretación: se considera *que interés del menor y reagrupación de la familia biológica son dos pautas que deben combinarse en cada caso y a la luz de las circunstancias de cada caso,* viendo en cada uno su peso relativo. Es la perspectiva que propiamente se puede llamar ponderadora.

Por hacer una comparación más, es como si a la hora de elegir camisa para ir al trabajo, se nos indica que deben primar estos dos criterios: la alegría de los colores claros y la elegancia de los colores oscuros. En esa tesitura, habrá que ver caso a caso y según las circunstancias precisas cuál de esos dos criterios prevalece y, en consecuencia, qué camisa conviene elegir. Así, si el día es despejado, luce el sol y la reunión que se tiene en la empresa es con gente joven, puede ser más adecuada la camisa de color claro, mientras que si es invierno, hay un encuentro con colegas serios y de edad y el clima es frío, posiblemente convenga más la camisa oscura. ¿O será al revés y mejor sería compensar la oscuridad del día y la fría temperatura a base de poner una camisa blanca, que es, además, la que mejor identifica la gente mayor con la vestimenta formal? Cuando se sopesan las circunstancias de cada caso *siempre puede haber distintas maneras de asignarles peso y de condicionar así el resultado final de la ponderación.*

Ahora pasemos a la sentencia del Tribunal Supremo. Veremos que aparenta trabajar con esa tercera interpretación de las pautas normativas, la ponderadora, pero en realidad está aplicando la segunda, la de paradójica preferencia de la familia biológica, aun cuando en este caso se falle contra tal familia.

La cuestión que nos importa la trata la sentencia en el fundamento de derecho sexto y titula "Ponderación del interés del menor en relación con la posible reinserción en la familia biológica". Se nos recuerda la Declaración de la Asamblea General de las Naciones Unidas de 3 de diciembre de 1986 y el artículo 9 de la Convención de las Naciones Unidas sobre los derechos del Niño[316], de 1989, y se nombran como "principios" el de reinserción en la propia familia y el de interés del menor.

---

316 En su apartado 1, dice dicho artículo: "Los Estados Partes velarán por que el niño no sea separado de sus padres contra la voluntad de éstos, excepto cuando, a reserva de revisión judicial, las autoridades competentes determinen, de conformidad con la ley y los procedimientos aplicables, que tal separación es necesaria en el interés superior del niño. Tal determinación puede ser necesaria en casos particulares, por ejemplo, en los casos en que el niño sea objeto de maltrato o descuido

Lo esencial de la caracterización de tales "principios" viene a continuación:

> "Estos principios, considerados en abstracto, constituyen principios de fin o directrices, en cuanto no establecen mandatos genéricos por razón del objeto, sino por razón del fin. En consecuencia, ninguno de ellos impone soluciones determinadas, sino que deben aplicarse mediante una técnica de adecuación a los fines impuestos, que debe aplicarse con criterios de prospección o exploración de las posibilidades futuras de conseguirlos. En suma, su cumplimiento exige atender a la consecución del interés del menor, mediante la adopción de las soluciones que, por una parte, le sean más beneficiosas y, por otra, que permitan la reinserción en la propia familia".

Considerable oscuridad, argumentación farragosa y asistemática. Es el consabido gusto por las dialécticas síntesis de contarios. Decir que la solución ha de ser a la vez la más beneficiosa para el menor y, al mismo tiempo, la que permita la reinserción en la familia es como sentenciar que una persona que está enamorada de una nueva pareja debe hacer lo que le dé mayor felicidad y, al mismo tiempo, regresar con su cónyuge de antes.

Sigue así:

> "Desde este punto de vista, se advierte la superior jerarquía que el legislador atribuye al deber de perseguir el interés del menor, pues la directriz sobre el interés del menor se formula con un sintagma de carácter absoluto («se buscará siempre»), mientras que la directriz sobre la reinserción familiar se formula con carácter relativo («se procurará»).
>
> Ambos principios o directrices pueden entrar en contradicción, puesto que las soluciones más adecuadas al interés del menor pueden no ser las que favorezcan la reinserción en la familia. Cuando existe esta contradicción se impone una técnica de ponderación que exige valorar el peso que el legislador atribuye a cada una de las directrices, para atribuir valor preponderante a una u otra de ellas. Desde esta perspectiva se advierte la superior jerarquía que el legislador atribuye al deber de perseguir el interés del me-

---

por parte de sus padres o cuando éstos viven separados y debe adoptarse una decisión acerca del lugar de residencia del niño".

> nor, pues la directriz que ordena procurar la reinserción familiar se subordina expresamente a ella («cuando no sea contrario a su interés»).
>
> Debe concluirse que el derecho de los padres biológicos no es reconocido como principio absoluto cuando se trata de adoptar medidas de protección respecto de un menor desamparado y tampoco tiene carácter de derecho o interés preponderante, sino de fin subordinado al fin al que debe atenderse de forma preferente, que es el interés del menor. La adecuación al interés del menor es, así, el punto de partida y el principio en que debe fundarse toda actividad que se realice en torno a la defensa y a la protección de los menores. Las medidas que deben adoptarse respecto del menor son las que resulten más favorables para el desarrollo físico, intelectivo e integración social del menor y hagan posible el retorno a la familia natural; pero este retorno no será aceptable cuando no resulte compatible con las medidas más favorables al interés del menor".

Y concluye:

> "En conclusión, esta Sala sienta la doctrina de que para acordar el retorno del menor desamparado a la familia biológica no basta con una evolución positiva de los padres biológicos, ni con su propósito de desempeñar adecuadamente el rol paterno y materno, sino que es menester que esta evolución, en el plano objetivo y con independencia de las deficiencias personales o de otro tipo que puedan haber determinado el desamparo, sea suficiente para restablecer la unidad familiar en condiciones que supongan la eliminación del riesgo de desamparo del menor y compensen su interés en que se mantenga la situación de acogimiento familiar en que se encuentre teniendo en cuenta, entre otras circunstancias, el tiempo transcurrido en la familia de acogida, si su integración en ella y en el entorno es satisfactoria, si se han desarrollado vínculos afectivos con ella, si obtiene en la familia de acogida los medios necesarios para su desarrollo físico y psíquico, si se mantienen las referencias parentales del menor con la familia biológica y si el retorno al entorno familiar biológico comporta riesgos relevantes de tipo psíquico".

El problema de planteamientos como el de esta sentencia, tan frecuentes, está en que entremezclan sin claridad conceptual y metodológica las tres alternativas que antes mencioné: la de prioridad del interés del menor, la de prioridad del reagrupamiento de la familia biológica y la ponderadora. Analicemos.

Si se dice que "ambos principios o directrices pueden entrar en contradicción, puesto que las soluciones más adecuadas al interés del menor pueden no ser las que favorezcan la reinserción en la familia", es porque se quiere partir de un enfoque ponderador, tal como se apunta en el citado título que se pone al fundamento de derecho sexto en que estos párrafos decisivos se recogen. Se hace aún más patente al añadir que "Cuando existe esta contradicción se impone una técnica de ponderación que exige valorar el peso que el legislador atribuye a cada una de las directrices, para atribuir valor preponderante a una u otra de ellas". Y se acaba en que "Desde esta perspectiva se advierte la superior jerarquía que el legislador atribuye al deber de perseguir el interés del menor, pues la directriz que ordena procurar la reinserción familiar se subordina expresamente a ella".

Ese planteamiento es contradictorio. Veámoslo con un ejemplo, del tipo del que ya venimos nosotros usando. Imaginemos una regulación de la indumentaria con que los varones deben acudir a los funerales. Esa regulación puede tener, en lo que nos interesa aquí, dos versiones a las que llamaré Regulación 1 y Regulación 2.

— *Regulación 1. Para asistir a funerales, los varones habrán de elegir un vestuario que sea apropiado a la estación y el clima del momento y que no desentone gravemente con la seriedad y el luto debidos en tales actos.*

Esa Regulación 1 pone a la par los dos "principios", el que podemos llamar principio de adecuación climática y el que se puede denominar principio de luto. Puesto que la maximización de cada principio puede dar lugar a soluciones que patentemente vulneren el otro, toca buscar el adecuado equilibrio mediante el examen pormenorizado de las circunstancias y las posibilidades. No hay más salida que la resolución caso a caso, el casuismo. La alternativa es puramente dilemática y las alternativas dilemáticas se deciden ponderando, lo cual significa que el sujeto que decide atribuye a las circunstancias específicas de cada caso un peso o relevancia en relación con los "principios" alternativos. No es que estén en pugna los dos "principios", sino que hay que combinarlos viendo la proporción en que cabe satisfacer cada uno, para buscar la solución que maximice el balance conjunto.

Así, un clima muy caluroso en el funeral de ahora puede obrar como razón fuerte en pro de una prenda ligera y no de un traje con camisa y corbata ("principio" de adecuación climática), pero no será adecuado lucir una guayabera blanca o un polo claro y muy veraniego ("principio" de luto), por lo que tal vez procede camisa oscura con chaqueta oscura ligera, sin corbata.

Son múltiples los factores que pueden ser tomados en cuenta al aplicar combinadamente, ponderando, ambos principios en el contexto de una regulación como esta Regulación 1. Por ejemplo, ¿dentro de los factores climáticos hay que contar sólo la temperatura o también el riesgo de lluvias y su posible intensidad? En cuanto al "principio" de luto y seriedad, ¿exige un cuidado particular en la combinación de los colores, aun entre los oscuros, o no se vulnera tal "principio" si se combina una chaqueta negra con una camisa verde olivo y una corbata azul cobalto?

Con regulaciones de este tipo y con las correspondientes ponderaciones es inevitable una dosis de discrecionalidad del que decide, aunque sea dentro de unos márgenes acotados.

— *Regulación 2. Para asistir a funerales, los varones habrán de elegir un vestuario que sea apropiado a la estación, pero, en todo caso, las prendas principales deberán ser de color negro.*

Lo que aquí vemos es que *no hay dos principios o directrices que pueden chocar* y cuyo equilibrio mejor ha de buscarse, sino un principio que solo opera en el marco del perentorio cumplimiento de una condición. La condición, que *no es ponderable*, es que las prendas principales deben ser de color negro. El principio es que, dentro del respeto a tal norma estricta, se puede valorar y elegir cuál es la prenda que más conviene al clima. Así, se podrá decidir vestir con americana o ir en camisa y sin americana, pero habrá que entender que la americana deberá ser negra o deberá serlo la camisa.

Que haya que interpretar qué significa "prendas principales" y que para tal interpretación sea posible tomar en cuenta diversos factores no convierte el caso en un caso de ponderación. Una cosa son las valoraciones para preferir una u otra de las interpretaciones posibles de "prendas principales"[317] y otra cosa es que no puede compensarse que las prendas principales no sean negras a base de indicar lo apropiadísimas para la estación que son las prendas que se escogieron.

Estamos sumamente acostumbrados en nuestra vida ordinaria a decidir aplicando regulaciones de ambos tipos. Así, si al elegir los regalos de cumpleaños para mi pareja me guío por la doble pauta de que sean de su gusto y no sean muy costosos, aplico simultáneamente dos "principios", el de satisfacción del gusto y el de economía. Con eso excluyo dos alternativas[318]: la de los regalos muy caros y la de los regalos que en modo alguno le gusten[319], pero es muy amplio el margen de decisión que me queda entre los que pueden encajar en sus gustos y no tienen un precio desmesurado. Dentro de ese marco de discrecionalidad, elegiré caso a caso según las circunstancias concurrentes: qué le regalé en pasados años, qué pensarán regalarle nuestros hijos, de qué cosas tiene más o menos, qué planes hay para el próximo año y que puedan hacer más apto uno u otro de los regalos posibles... *Que yo busque el mejor regalo y el que maximice la satisfacción conjunta de los dos "principios", que esa sea la actitud que me guía, ni excluye el elemento*

---

317 Siempre tiene su elemento valorativo, discrecional, la elección entre interpretaciones posibles y se tratará de que no degenere en arbitrariedad esa discrecionalidad, para lo cual se plantean exigencias argumentativas (que los argumentos que avalan la preferencia sean admisibles, saturados, pertinentes, etc.).

318 Del mismo modo que en el ejemplo anterior quedaban excluidas la de las prendas totalmente incompatibles con el clima del momento y la de las prendas radicalmente incompatibles con la seriedad y el luto.

319 Evidentemente, descartada queda también la de los regalos que sean muy costosos y que no le gusten.

discrecional de mi decisión ni implica que objetivamente exista "la única respuesta correcta" en regalos.

En cambio, obro según una regulación del segundo tipo cuando me mueve lo siguiente: debo comprarle a mi pareja un regalo que le guste lo más posible y que no cueste más de cien euros, que son exactamente los que tengo presupuestados para ese fin. Entonces, resulta que yo aplico perentoriamente una norma que impone una condición irrebasable y simplemente valoro según la otra pauta las alternativas que me quedan. Es decir, de entre lo que cueste cien euros o menos, puedo elegir lo que me parezca que más le va a gustar. En este caso, con tal marco regulatorio, no pondero gusto contra economía, sino que simplemente trato de maximizar el gusto dentro del límite económico taxativamente sentado.

Con la legislación española que ya conocemos, no parece que quepan más que dos alternativas interpretativas y prácticas para el tema del desamparo y el interés del menor: o interés del menor y reagrupación familiar son principios llamados a ponderarse caso a caso para establecer, según las circunstancias del caso, cuál prevalece, o hay una prioridad taxativa del interés del menor y no se puede valorar. Con lo primero es compatible que la ley disponga una prioridad condicionada o relativa del interés del menor. En cambio, lo segundo no admite ponderación, sino solo un razonamiento interpretativo-subsuntivo que primero, mediante interpretación, establezca qué magnitudes cuentan en relación con dicho interés, diga luego el grado en que deben satisfacerse tales magnitudes y al fin extraiga la consecuencia para el respectivo caso.

Lo curioso es que, a la hora de la verdad, parece que se acaba por entender que el interés "superior" del menor está subordinado a la reintegración de la familia biológica. Tal sucede si se dice que el menor debe reintegrarse con la familia biológica salvo que el grado de daño para su interés rebase cierto umbral o nivel. En ese caso, la reintegración opera como regla y la no integración basada en el interés del menor sólo cuenta como excepción. En otras palabras, la regla de fondo podría enunciarse así: *cuando la reintegración con la familia biológica dañe gravemente el interés del menor, el menor no se reintegrará con la familia biológica; cuando dicho daño no tenga ese nivel de gravedad, sí habrá tal reintegración.* En tal caso no es que ambos "principios" se ponderen, sino que funciona una norma con esquema de regla y excepción: la regla de que el interés del menor cede ante la unión convivencial en la familia biológica, siempre que el daño no sea muy grande para el menor. *Si de eso se trata, podemos decir que, en la práctica, el interés superior de menor es interés inferior del menor; inferior frente al interés de la familia biológica.*

Recordemos el párrafo clave del actual artículo 172 ter: "*Se buscará siempre el interés del menor y se priorizará, cuando no sea contrario a ese interés, su reintegración en la propia familia*". Esto puede interpretarse de dos maneras:

(i) Sentados por vía de interpretación cuáles sean los factores constitutivos de lo que sea el interés de los menores, se valora en qué grado total el interés del menor se satisface con la familia de acogida y con la familia de origen, y se hace prevalecer, de esas dos, la opción que en más alta medida satisface ese interés.

El juicio es puramente comparativo, como cuando a alguien se le dice que piense si para la educación de un hijo suyo será mejor mandarlo a un colegio público o privado y que, cuando lo haya valorado y haya establecido las diferencias relevantes, que decida en consecuencia.

La fuerte discrecionalidad aparece ahí al tiempo de computar los factores constitutivos del interés del menor y al valorar su grado de satisfacción en cada alternativa en el caso concreto.

Esa interpretación parece acorde con la interna tensión o, incluso, incongruencia de la norma, que, de las dos alternativas excluyentes, dice de una que se buscará siempre y de la otra que se priorizará. Como si a aquel padre del ejemplo se le dijera que busque siempre lo que sea mejor para la educación de su hijo y que dé prioridad a los colegios privados cuando no sean contrarios a lo mejor para su educación.

(ii) Se dispone que la decisión por defecto o pauta general es que el hijo ha de retornar con la familia biológica y que la excepción solo se admite cuando el daño para el interés del menor rebasa cierto nivel.

Tal interpretación hace homenaje al "se priorizará", que en la versión anterior de la ley era "se buscará". A los efectos, es como si a aquel padre, con la aparentemente equívoca pauta, se le estuviera diciendo así: debe llevar a su hijo al colegio privado, salvo que sea tan malo como para que no se pueda considerar que brinde en verdad educación al niño. Así visto, ya no se le indica que puede elegir el que más convenga a la educación de su hijo, sino el privado, siempre y cuando que la educación que ofrece no sea pésima. Entre el privado regular y el público bueno, se le estaría mandando llevar al niño al privado regular. En cuyo caso nos sonaría a paradójico que se invocara como justificación el interés superior de la educación. No, el interés superior sería el de los colegios privados. Como pasa, en nuestro tema, con la familia biológica, cuyo interés se impone al puro interés del niño, fuera de los casos de incompatibilidad radical.

Ahora retornemos a la sentencia y veamos dónde está lo asistemático o chocante del análisis que contiene.

En la sentencia leemos que cuando existe contradicción entre las dos "directrices", hay que ponderar y ver el peso que el legislador atribuye a cada una, y se nos recuerda que da más peso el legislador al interés del menor y subordina la reintegración familiar a que no se contraríe tal interés. Como ya he tratado de mostrar, creo que ese planteamiento es engañoso y que no es el que en verdad se aplica en nuestra jurisprudencia.

Pero a la postre cambia de tercio el Tribunal y dice que no es cierto que la situación actual de la familia biológica sea tal como para que desaparezca el riesgo de desamparo del menor y, además, quede compensado su interés en que se mantenga el acogimiento con la familia preadoptiva, interés determinado por factores como el tiempo que con ella ha pasado y los lazos afectivos que se hayan establecido, los medios que de ella reciba para su desarrollo físico y psíquico y similares.

El problema está en que esas dos magnitudes son muy difícilmente conmensurables. Es como si a alguien se le dice que para volver a vivir con el cónyuge del que se había separado, el riesgo de que este lo siga maltratando debe haber desaparecido, de modo que le quede compensado su interés en vivir con la nueva pareja que nunca lo maltrató, le da amor y mucha felicidad. Sonaría a pura estrategia de despiste y casi a escarnio. No es que ya le vaya a compensar más a esa persona retornar con su pareja de antes que seguir con la de ahora, con la que está mucho mejor; es que sólo se le permite dejar a la pareja primera si esta le maltrata, con lo que probado que no lo hará más, se le dice que con ella le toca vivir. ¿A eso lo podríamos llamar *superior* interés del que busca la felicidad en pareja? ¿A cuento de qué la seguridad plena de que la pareja de antes no me va a maltratar me puede compensar mi vida mucho mejor y más feliz con la compañía de ahora? Eso solo funciona si tácitamente presumimos la regla de que uno debe vivir con su primera pareja siempre y cuando que no lo maltrate. De donde se sigue que el interés superior no es el de uno, sino el del mantenimiento de las parejas primeras. Esta regla se estará aplicando tanto cuando se sentencia que no hay garantías suficientes de que no volverá el maltrato y por tanto no hay que regresar con la pareja de antes, como cuando se decide que sí hay dichas garantías y que sí se debe retornar con ella. En ambos casos se aplica algo así como el interés superior de la primera pareja y no el interés superior de uno.

Lo mismo pasa en nuestro tema, en el que *resulta que el interés superior del menor no es superior*, sino que se subordina al interés de reunificar la familia biológica, patrón solo excepcionable cuando no ha desaparecido el riesgo de desamparo del menor.

El interés superior de individuo, tomado en serio, supondría que se debería decidir siempre en pro de la alternativa que más le convenga a él y solo a él, y el interés superior del menor implicaría que habría que inclinarse por la opción que objetivamente es mejor para él y nada más que para él.

En esta sentencia se falló en contra de la madre, de la familia biológica, por tanto, *pero ni ponderando ni aplicando la pauta de que el interés del menor prevalece,* sino nada más que valorando los hechos del caso para concluir que seguía vigente el riesgo de desamparo si la menor vivía con la madre y que, por tanto, se da la excepción a la regla general que viene a decir que un menor debe vivir con sus padres aunque eso sea contrario palmariamente a su interés.

El lenguaje de la sentencia, como es usual, se presta al equívoco. Por ejemplo, cuando leemos que

> "El propósito expresado por la madre biológica de asumir su rol parental y de atender adecuadamente a la menor en sus nuevas circunstancias familiares, puesto de manifiesto en el informe pericial, no es por sí suficiente para garantizar que la reintegración al entorno de la familia biológica es adecuado al interés de la menor".

Vistos los datos obrantes en el caso, el interés del menor nunca iba a estar en volver con su madre y vivir con ella en condiciones seguramente mucho peores, tanto en lo material como en lo afectivo y en sus posibilidades vitales de cualquier tipo. Pero *no es ese el patrón que se está aplicando, sino el de que el menor debe regresar con su madre, aunque eso sea perjudicial para el menor, siempre y cuando que tal retorno no acarree riesgo de desamparo.*

El superior interés del menor, en verdad, no es vivir sin riesgo de desamparo, sino vivir en las mejores condiciones. Pero si no hay tal riesgo de desamparo, la comparación de las condiciones de vida en un lado y en otro deja de importar, porque la regla no es que el menor va a vivir donde mejor resulte objetivamente para su interés, sino con la familia biológica siempre que no haya peligro de desamparo y aunque los perjuicios para el menor sean múltiples y profundos.

En resumen, *no hay ponderación entre "principios" opuestos, sino aplicación de una norma que tiene un esquema regla-excepción.*

Lo curioso y digno de estudio es el modo en que en la legislación y la jurisprudencia se invocan a menudo principios y se los tilda de muy preferentes, pero nada más que *con el fin de disimular la prioridad de los principios o fines opuestos.* Aquí la preferencia de la familia biológica sobre el interés del menor se camufla bajo la apelación al supremo interés del menor como justificación de que haya que poner un límite a la atadura del niño a la familia y separarlo de ella en caso de patente desamparo. Pero entonces *no debería hablarse de principio de superior interés del menor, sino de principio de protección del menor o principio de desamparo.* Y, además, ese "principio" *no funciona como ningún principio ponderable,* sino como una *regla común* cuyo sentido obvio es así: cuando en su familia biológica el niño se halle en situación de desamparo puede la autoridad competente separarlo de ella y no deberá retornar a ella mientras subsista el riesgo de desamparo. Y punto. *No hay misterioso principio ni hay nada que ponderar, solo la habitual necesidad de interpretar con la habitual dosis valorativa y, por ende, de discrecionalidad* cuando se establece el alcance de nociones de este tipo.

¿Por qué, si así son en el fondo las cosas en la ley española y en las sentencias en la materia, se juega tanto con el "principio" de interés del menor y se aparentan tan prolijas ponderaciones? Porque al tipo de pensamiento que casi como pensamiento único impera en estos tiempos le parece grosero y de poco estilo el seguir dando a la institución familiar basada en el vínculo biológico tamaña prioridad, de manera que se aparenta, en el lenguaje y en el ropaje de los argumentos, que todo se hace en pro del interés de los menores y al margen de las viejas y rancias estructuras. Pero no es así. Todo sigue como siempre, poco más o menos, pero nosotros ya parecemos otros porque hablamos diferente y ponderamos mucho.

Dicho todo lo cual, no me pronuncio sobre el fondo político y moral de la cuestión, la de si es mejor o peor que la familia biológica siga teniendo tal prioridad y que el interés de los niños se subordine a la preferencia de tal familia. Puede que eso sea socialmente muy conveniente o quién sabe si lo más conforme con el derecho natural, con el Orden de la Creación o con la naturaleza de las cosas o vaya usted a saber con qué.

3.3. ¿Regla interpretativa?

3.3.1. *Favor minoris* o interés superior del menor

Adicionalmente a otros usos que ciertos tipos de "principios" pueden tener, como hemos visto en el apartado anterior, y al margen de los problemas interpretativos que su propio contenido normativo plantee, debemos ahora preguntarnos si esos "principios" funcionan a modo de reglas interpretativas, es decir, como argumentos que sirven para justificar el descarte de una de las interpretaciones posibles de una norma (reglas interpretativas negativas) o le preferencia de una de tales interpretaciones posibles (reglas interpretativas positivas). Defenderemos aquí que sí pueden desempeñar y suelen desempeñar esa función.

Nos estamos refiriendo a tal valor de reglas interpretativas de "principios" como los de interés del menor, *favor laboratoris*, *favor libertatis*, etc.

El esquema de tal uso puede representarse así:

(i) Hay un problema interpretativo referente a una norma que viene al caso para los hechos sobre los que versa el litigio. Ese problema interpretativo se traduce, como siempre, en que caben varias interpretaciones posibles de la norma en cuestión, y la consecuencia jurídica que de la norma se siga para el caso o el que la norma sea o no aplicable al caso depende de cuál de las interpretaciones posibles se escoja.

(ii) Hay argumentos interpretativos válidos y dignos de consideración en pro de una u otra de las interpretaciones posibles de esa norma.

(iii) Se busca la directriz básica o principio último que da sentido de fondo al sector jurídico o campo normativo del que se trate. Por ejemplo, es fácil concluir que el sustrato del derecho laboral está en la idea de protección del trabajador, en cuanto parte ordinariamente más débil del contrato de trabajo y de la relación laboral.

(iv) Se zanja la disyuntiva interpretativa eligiendo, de las posibles, la interpretación que mejor se acomoda a ese objetivo de fondo. Por ejemplo, si estemos en el campo laboral y echamos mano del principio de *favor laboratoris*, justificaremos la elección de la interpretación que tenga consecuencias más favorables para el trabajador.

El parentesco con el argumento teleológico es obvio, lo que cambia es el nivel de abstracción. Aquí ya no se trata de buscar el fin preciso de la norma en cuestión o del subgrupo normativo en que se incluye, dentro de esa rama de lo jurídico, sino la pauta inspiradora general o fundamento último de esa rama.

Ni que decir tiene que tanto puede ser discutido cuál sea el principio último de un sector del derecho, como cabe debatir sobre la compatibilidad del mismo con los principios de otros sectores cercanos o sobre las consecuencias que el principio en cuestión tenga para el caso en debate y las interpretaciones en pugna. Algo de eso acabamos de ver en el anterior apartado a propósito del "principio" del "*favor minoris*" o interés superior del menor: presuntamente es la suprema pauta en toda la regulación concerniente a menores, pero acaba cediendo ante el interés superior de la familia, en cuanto institución de base biológica; o tal vez es que el derecho de familia se gobierna por algo así como un principio de "conservación de la familia originaria" que acaba derrotando con carácter casi general al de interés del menor. Sea como sea, vemos que también en esto hay campo para la argumentación y el buen manejo de las capacidades analíticas y los recursos argumentativos.

Ahora vamos a fijarnos en cómo funcionan las reglas interpretativas de este tipo y lo vamos a hacer primeramente con un ejemplo de la misma con la que estamos trabajando, la del *favor minoris*.

El artículo 160.2 del Código Civil español dice:

> "No podrán impedirse sin justa causa las relaciones personales del menor con sus hermanos, abuelos y otros parientes y allegados".

Esto se relaciona muy especialmente con las posibles solicitudes de los abuelos para disponer de un régimen de visitas con sus nietos menores. La norma dispone que esos contactos solo podrán impedirse por "justa causa" y nos topamos ahí con una expresión eminentemente vaga y siempre necesitada de interpretación, con amplio espacio para la discrecionalidad judicial. ¿Cuál será la pauta que deba hacer preferibles unas u otras interpretaciones de esa expresión y que sirva para determinar, en cada caso, si concurre o no justa causa para la exclusión de las visitas?

El Tribunal Supremo ha declarado continuamente que esa pauta debe darla "el interés superior del menor". Ahora bien, presupuesto que los hechos que van a ser objeto de escrutinio deben estar probados, reaparecerá de inmediato el *problema de interpretar la regla interpretativa*. La regla viene a decir que a la hora de entender lo que sea justa causa para privar de visitas a los abuelos hay que estar a lo que pida el interés del menor, pero ¿cómo entendemos compuesto ese interés, a los efectos de saber qué será lo con él más acorde?

Veámoslo, por ejemplo, en la *sentencia 90/2015 del Tribunal Supremo, Sala Primera* (*Tol 4748255*). Los abuelos demandan a la que fuera su nuera, en reclamación de un régimen de visitas para sus nietos menores de edad, hijos de ella y que con ella viven. El Juzgado de Primera Instancia estimó la demanda y fijó un régimen de visitas de hasta dos horas, en fines de semanas alternos, en un punto de encuentro familiar y en presencia de profesionales del centro. La madre presentó recurso contra esa resolución y en segunda instancia fue revocada, quedando así desestimada la pretensión de los abuelos. Interpuesto recurso de casación, lo resuelve en esta sentencia el Tribunal Supremo, que confirma la denegación de la demanda de visitas de los abuelos porque concurre "justa causa", de conformidad con el artículo 160.2 del Código Civil, antes citado. ¿Por qué hay tal justa causa?

Los hechos decisivos que se han de valorar, para ver si cuadran o no bajo la excepción de "justa causa" para no admitir las visitas, vienen dados porque el padre de los niños e hijo de esos abuelos se encuentra inmerso en un proceso penal bajo acusación de delito de abuso sexual contra los propios hijos y tiene orden judicial de alejamiento de ellos. Los abuelos de los niños apoyan a su hijo en dicha causa penal y se han implicado decididamente. Los informes emitidos en este proceso civil por psicólogo y trabajador social señalan que es de temer que esas visitas de los abuelos paternos perjudiquen a los menores, pues les evocarán la problemática figura paterna, sin que los abuelos sepan adoptar la debida actitud de imparcialidad. Ello, dicen estos peritos, puede ser perjudicial para la positiva evolución psicológica que están teniendo los menores después del trauma que habían sufrido.

Sobre esos hechos proyecta la sentencia su juicio de que el interés de los menores hace preferible concluir que sí concurre justa causa para denegar las visitas de los abuelos. Sobre el papel se puede discutir ampliamente sobre cuáles causas sean justas a tal efecto[320], pero la regla interpretativa ayuda a zanjar la eventual disputa entre interpretaciones: gana la interpretación que favorezca más a los menores; por ejemplo, aminorando su riesgo de sufrir quebranto psicológico. Esa interpretación aquí es la que lleva a una interpretación extensiva de "justa causa", considerándose justa causa hechos como estos, que no se relacionan con un mal obrar de los abuelos. Se trata, como dice la sentencia, de optar por "lo más prudente en interés de los menores".

Examinemos un caso más, resuelto por la *Sentencia del Tribunal Supremo 126/2019* (*Tol 7099261*). Se divorcia un matrimonio que tenía una hija menor. Prospera luego una demanda de impugnación de la paternidad y queda establecido que hija no es hija biológica del hombre, y ya tampoco lo será legalmente. La madre

---

320 Por ejemplo, se podría debatir si puede ser justo negar las visitas a los abuelos que por sí ningún mal hicieron y ninguna acción inicua o merecedora de crítica llevaron a cabo.

de la menor demanda para que se deje sin efecto todo régimen de visitas entre la menor y quien era tenido y ella tenía hasta muy poco antes por padre. El hombre se opone y alega que esa interrupción de las relaciones puede provocar a la menor un trauma contrario a su interés, por lo que pide que, en aras del superior interés de la menor, se mantenga su régimen de visitas.

La sentencia de primera instancia estima las pretensiones de la demanda y la sentencia de apelación revoca aquella y establece un régimen de visitas. El Tribunal lleva el asunto al mentado artículo 160.2 del Código Civil y que incluye a los "allegados" entre quienes deben ver reconocido su derecho de visita a los menores si no concurre "justa causa", y recuerda que la pauta rectora es la del interés del menor. No ve inconveniente en una interpretación de "allegados" que incluya al que hasta hace poco trataba la niña como padre y hace caso del dictamen pericial que señala que para la estabilidad psíquica de la menor será mejor que se mantengan esas visitas, y todo ello en aplicación de esa pauta de decisión, el interés superior del menor.

3.3.2. *Favor laboratoris* o *in dubio pro operario*

Vamos a referirnos ahora a la función interpretativa de otra de estas que estamos llamando reglas interpretativas de principio, concretamente a la del *favor laboratoris* o, como otras veces se concreta, *in dubio pro operario*[321]. Repite la doctrina actual que esta pauta interpretativa ha ido cayendo en desuso, lo cual también podría servir para una interesante reflexión sobre el ir y venir de los principios a través de los tiempos y las prácticas. Pero dejemos

---

321 Es interesante, curioso y útil consultar el repertorio de máximas o aforismos jurídicos con la fórmula "in dubio..." que se recoge en M.C. Henríquez Salido, F. Alañón Olmedo, D. Ordóñez Solís, J. Otero Seivane, P. Rabanal Carbajo, "La fórmula *in dubio* en la jurisprudencia actual", *Revista de Llengua i Dret*, 62, 2014, pp. 6-22. Accesible aquí: http://revistes.eapc.gencat.cat/index.php/rld/article/view/10.2436-20.8030.02.75

eso ahora de lado y veamos cómo funciona o cómo funcionaba esa regla interpretativa. En esa función, define así el profesor Antonio Martín Valverde el *in dubio pro operario*: "es una regla hermenéutica o criterio interpretativo, de acuerdo con la cual en la duda sobre los hechos del caso o sobre las normas aplicables al mismo el juez debe acoger la solución más favorable al trabajador"[322].

Ya en su sentencia de 18 de julio de 1990 había dicho la Sala Social del Tribunal Supremo que el principio de *in dubio pro operario* tiene su propio campo de actuación en la interpretación de las normas legales, para, cuando una norma permita distintos sentidos, atribuir a la misma el que resulte más favorable para el trabajador. Su sentencia de 1 de abril de 2014 recuerda que dicho principio sigue vigente.

La *sentencia 685/2005 del Tribunal Superior de Justicia de Cataluña, Sala de lo Social* (Tol 3265980), conoce del despido de un trabajador bancario que había cometido una serie de negligencias graves al pagar cheques sin suficientes comprobaciones, lo que había provocado un serio perjuicio económico al banco. El problema jurídico radica en que su conducta tanto puede subsumirse bajo el artículo del convenio colectivo correspondiente que tipifica como falta grave "La negligencia en el cumplimiento de los deberes laborales, cuando cause o derive en perjuicio grave a los intereses de la empresa", como bajo el artículo que tipifica como falta muy grave "La trasgresión de la buena fe contractual, así como el abuso de confianza en el desempeño del trabajo". La

322 A. Martín Valverde, "Consideraciones sobre el principio <<Pro Operario>>", *Ius et Veritas*, 5, 1992, p. 83. En esa definición de Martín Valverde vemos que este tipo de "principios" juega también como regla de valoración de la prueba, tal como más abajo explicaremos. También se aprecia la equivocidad ya reseñada al comienzo de esta lección, pues hay ambigüedad cuando se dice que el juez "debe" elegir la alternativa más favorable al trabajador. Puede tratarse de una primacía del argumento que no descarta su derrota por otros más fuertes en el caso o puede verse como una genuina obligación jurídica de interpretar las normas o valorar las pruebas de la manera, de las posibles, que al trabajador más convenga.

falta muy grave se puede sancionar con despido y la falta grave no se puede sancionar con despido. Y todo depende de cómo se interprete uno y otro de esos enunciados normativos, pues en función de esas interpretaciones encajará la conducta del trabajador como falta muy grave o falta grave.

El trabajador había sido despedido como autor de falta muy grave. El Tribunal razona que, ante las dudas interpretativas, corresponde aplicar la alternativa más favorable al trabajador y, en consecuencia, declara nulo el despido.

4. LAS REGLAS DE PRINCIPIO COMO REGLAS DE VALORACIÓN DE LA PRUEBA

Es importante tener en cuenta que estos principios operan como reglas interpretativas aplicables a la interpretación de las normas, pero también a la hora de discernir en lo concerniente a si ciertos hechos sucedieron o no o cómo sucedieron. *Son también reglas sobre la valoración de la prueba.* En este ámbito, lo que la regla de principio demanda es que la duda fáctica se resuelva del modo más favorable a cierta parte, que en el caso del *in dubio pro reo* será el acusado, en el caso del *in dubio pro operario,* el trabajador, en el caso del *favor minoris,* el menor, etc.

Veamos un ejemplo de este tipo en el que entra en juego el *in dubio pro operario.* Lo encontramos en la *sentencia 99/2001 del Tribunal Superior de Justicia de Murcia, Sala Social* (*Tol 2071122*). Los hechos son que un conductor de una empresa de transportes sufre un infarto mientras está realizando un viaje de reparto que dura varios días. Ese infarto ocurre mientras toma un café previo al desayuno y antes de iniciar sus tareas de descarga en el mercado de abastos donde tiene que entregar mercancía. Lo que se debate es si se trata o no de accidente de trabajo y si, en consecuencia, como tal debe cubrirlo la aseguradora.

La duda fáctica que en este caso surge se refiere a si el infarto había comenzado a manifestarse mientras descansaba o si no se presentó hasta que el trabajador iniciaba las labores propias del comienzo de la jornada, aguardando en la cafetería del mercado a que abriesen el puesto en el que tenía que descargar.

Siguiendo variada jurisprudencia anterior, el Tribunal dice que, en virtud del principio *pro operario,* se debe resolver la duda con la versión que más favorezca al trabajador. Es decir, puesto que no se sabe con certeza si los primeros síntomas se presentan cuando está a punto de comenzar la jornada, pero aún no ha empezado, o cuando la jornada laboral ya arrancó, se dice que hay que elegir la segunda opción como hecho al que aplicar luego la norma correspondiente. No se está estirando el significado de la norma, vía interpretación, sino resolviendo la duda fáctica mediante lo que también llama la sentencia una "presunción de laboralidad". Como no sabemos si ya estaba en su faena o no, se sale de la duda aplicando la lectura del hecho más favorable al operario, lo que viene a equivaler a presumir que la jornada ya había empezado y puesto que la empresa y la aseguradora no pudieron probar otra cosa.

En el campo *penal* opera similarmente el principio de *in dubio pro reo.* En la muy importante *sentencia 459/2018 del Tribunal Supremo, Sala Penal* (*Tol 6834006*), se explica que tal principio

> "es una máxima dirigida al órgano decisor para que atempere la valoración de la prueba a criterios favorables al acusado cuando su contenido arroje alguna duda sobre su virtualidad inculpatoria; presupone, por tanto, la existencia de actividad probatoria válida como signo incriminador, pero cuya consistencia ofrece resquicios que pueden ser decididos de forma favorable a la persona del acusado".

Se trata de que por sí las pruebas resultan suficientes para derribar la presunción de inocencia, pero al juzgador le queda algún resto de duda sobre los hechos y lo solventa con esa especie de regla de cierre: en la duda, a favor del reo[323].

---

323 A veces la idea se expresa mediante el brocardo latino "*in dubis benigniora praeferenda sunt*". Así, en la sentencia 413/2008 de la Sala Penal del Tribunal Supremo de 30 de junio (*Tol 1347077*).

Resulta curioso lo que esa misma sentencia dice luego:

> "Aunque durante algún tiempo esta Sala ha mantenido que el principio in dubio pro reo no era un derecho alegable al considerar que no tenía engarce con ningún derecho fundamental y que en realidad se trataba de un principio interpretativo y que por lo tanto no tenía acceso a la casación. Sin embargo, en la actualidad tal posición se encuentra abandonada, hoy en día la jurisprudencia reconoce que ***el principio in dubio pro reo forma parte del derecho a la presunción de inocencia y es atendible en casación.*** Ahora bien, solo se justifica en aquellos casos en los que el tribunal haya planteado o reconocido la existencia de dudas en la valoración de la prueba sobre los hechos y las haya resuelto en contra del acusado (STS 999/2007, de 12-7; 677/2006, de 22-6; 836/2004, de 5-7; 479/2003; 1125/2001; de 12-7)".
>
> "El principio in dubio pro reo no establece en qué supuestos los jueces tienen el deber de dudar, sino cómo se debe proceder en caso de duda (STS 1186/95, de 1-12; 1037/95, de 27-12)".

Bien mirado, se está consagrando por esta vía el imperio del *estándar de prueba* conocido como "más allá de toda duda razonable". Se viene a decir que si el juez manifiesta dudas en la sentencia sobre los hechos de la acusación y, sin embargo, condena, vulnera el *in dubio pro reo.* De este modo este principio operante como regla "interpretativa" sobre la prueba se eleva a norma obligada, sube un peldaño en su fuerza normativa: no es posible condenar con dudas sobre la culpabilidad del reo.

Y, para consolidar ese paso, se añade que, aun cuando el juez en la motivación no haya expresado dudas, si se observa que habría sido razonable que las tuviera, procede casar la sentencia por infracción del *in dubio pro reo* o, como tal vez conviniera más decir, por vulneración del debido estándar probatorio[324]. Y, de hecho,

---

324 Así se lee en la mencionada sentencia: "Es verdad que en ocasiones el tribunal de instancia no plantea así la cuestión, por ello es preciso un examen más pormenorizado para averiguar si, en efecto, se ha infringido dicho principio. Por ejemplo, si toda la prueba la constituye un sólo testigo y éste ha dudado sobre la autoría del acusado, se infringiría dicho principio si el tribunal, a pesar de ello, esto es, de las dudas del tes-

más adelante se dice: el control casacional respecto de la presunción de inocencia

> "se concreta en verificar si la motivación fáctica alcanza el estándar exigible y si, por ello, la decisión alcanzada por el tribunal sentenciador es, en sí misma, lógica, coherente y razonable, de acuerdo con las máximas de experiencia, reglas de la lógica y principios científicos, aunque puedan exigir otras conclusiones, porque no se trata de comparar conclusiones sino más limitadamente si la decisión escogida por el tribunal sentenciador soporta y mantiene la condena".

Aunque ese principio de *in dubio pro reo* suela usarse en relación con la valoración de la prueba, también cumple función de *regla interpretativa*. Un ejemplo. En la *sentencia del 544/2013 de la Sala Penal del Tribunal Supremo* (*Tol 3887847*) se dirime si la embarcación usada para el tráfico de drogas es o no un "buque", a efectos de la cláusula agravatoria del delito contemplada en el apartado 3º del artículo 370 del Código Penal. En razón del principio *in dubio pro reo* destierra el tribunal las posibles interpretaciones extensivas de buque, interpretaciones extensivas que tendrían efecto contrario al reo[325].

---

tigo hubiese condenado, pues es claro que de las diversas posibilidades optó por la más perjudicial para el acusado". "Para que una decisión de condena quede sin legitimidad bastará entonces que la justificación de la duda se consiga evidenciando que existan buenas razones que obstan aquella certeza objetiva".

325 Razona así el Tribunal en tal sentencia, después de invocar el principio *in dubio pro reo*: "Por ello se debe acudir a un concepto propio e independiente del ámbito penal que integre criterios teleológicos en su definición. Se trata, en definitiva, de indagar el sentido de la agravante para reducirla a los términos estrictos que reclaman los criterios usuales de interpretación de las normas penales. En este sentido, del conjunto de circunstancias que se describen en el art. 370.3 para agravar la conducta típica, lo que destaca es la disposición de una gran infraestructura delictiva por parte de los autores del delito de la que inferir una potencialidad criminógena mucho mayor de la ordinaria e incluso tanto la previa realización de otros actos similares como la posibilidad de que a su través se puedan continuar realizando actividades delictivas

pese al parcial desmantelamiento de la organización que la sustenta: tales medios son, sin duda, necesarios, para transportar.
En efecto lo relevante es que el "buque", entendido como embarcación con determinadas características y una relativa capacidad de carga, sea el medio específico de transporte. Es decir, que buque será un barco tanto con aptitud para cargas grandes de cantidades de sustancia, como especialmente idóneo para cometer el delito y, no solo eso, que además ha de ser especialmente idóneo para evitar su descubrimiento. Esta última nota se pone de manifiesto a través de la interpretación de tanto aquello que dice el art. 370, como de lo que no dice".

Lección 10

La justicia y el bien como argumentos en la jurisprudencia y en la praxis jurídica en general

1. MORAL Y DERECHO. SUS RELACIONES EN EL ESTADO CONSTITUCIONAL Y DEMOCRÁTICO DE DERECHO

1.1. De qué tipos son las relaciones entre derecho y moral

Ningún jurista con algo de seso negará que las relaciones entre derecho y moral son variadas e importantes. Qué duda puede caber de que, por ejemplo, las normas del Código Penal reflejan preferencias morales sobre qué conductas merecen ser castigadas por su indecencia, su injusticia o el daño que causan a otros o a la sociedad en su conjunto, sean tales preferencias determinantes las propias de los legisladores que aprueban tal normativa, de la clase o grupo social que domina los aparatos del Estado o de la sociedad en su conjunto. Por otro lado, es sobradamente sabido que las normas serán más eficaces, más cumplidas por sus destinatarios inmediatos o aplicadas por el poder judicial o los órganos aplicadores en cuestión cuanto mejor encajen sus contenidos con la moral positiva, entendiendo por tal el conjunto de creencias socialmente implantadas acerca de qué sea lo bueno y moralmente loable en las conductas de cada cual y qué sea lo justo en las relaciones y repartos intersubjetivos.

Cuando se acaba de decir, bien obvio, versa sobre *hechos*, se trata de enunciados empíricos cuyo grado de verdad habrá de establecerse con los correspondientes métodos de las ciencias sociales empíricas, empezando por la sociología jurídica y siguiendo por disciplinas como la psicología jurídica o la antropología jurídica.

De manera similar podemos describir también las relaciones de hecho que puedan darse entre derecho y economía, por ejemplo. Un marxista podrá decir que son las estructuras económicas, y concretamente el modo de producción, las que determinan los contenidos de lo jurídico en cada lugar y cada tiempo. Un liberal podrá sostener, a su vez, que un derecho que proteja ante todo la propiedad y el libre mercado resultará económicamente más eficiente y contribuirá en medida mayor a la producción de riqueza y el bienestar social. Los cultivadores de la escuela o doctrina llamada del Análisis Económico del derecho mantendrán que una regulación jurídica debe medirse y preferirse en razón de su eficiencia económica, en el sentido de un cálculo de costes, de que maximice el ahorro y minimice los costes económicos[326]. O cualquier ciudadano puede sospechar que la evasión fiscal será tanto más alta cuanta mayor sea la presión fiscal establecida en las normas de derecho tributario, o que una sanción de multa resultará más disuasoria si es más alta, etc., etc.

Cosa diferente es la *relación conceptual* que exista entre derecho y moral o derecho y justicia. Que se den ciertas relaciones fácticas entre fenómenos no significa que haya una relación conceptual entre esos fenómenos. Que una buena regulación jurídica de la economía pueda llevar a un país a mucha riqueza y bienestar o a la ruina completa no quiere decir que no sean jurídicas las normas que provoquen ese efecto ruinoso y que nada más que constituyan verdadero derecho las otras. La eficiencia económica de las normas de derecho es una propiedad muy deseable de ellas, pero no es una condición definitoria o conceptual de ellas.

---

326 Por ejemplo, desde el Análisis Económico del derecho de daños se propone que se elija el tipo de regulación que sirva para minimizar, en términos de costes económicos globales, el coste de los accidentes. Eso hace que, según los autores de ese enfoque, el legislador deba optar por cargar el coste del daño a aquel al que le resulte más barato prevenirlo. En función de tal pauta se debe decidir cuándo se instaura un sistema de responsabilidad por culpa o uno de responsabilidad objetiva o si se aplica o no un sistema de seguro obligatorio, etc.

Lo mismo sostiene el iuspositivismo en cuanto a la relación entre normas jurídicas y moral. Quién no va a decir que es preferible que las normas de derecho sean justas y sirvan para construir una sociedad de ese carácter, en lugar de una sociedad de abuso y maltrato, de la misma manera que nadie va a proclamar que prefiere un derecho que nos arruine en lugar de uno que nos permita una vida de más calidad y sin penurias. Pero ni lo uno ni lo otro es condición definitoria de lo que sea derecho. Por eso hay derecho injusto, y hasta muy injusto.

Por hacer una comparación, todos podemos estar bien de acuerdo en que son preferibles los alimentos ricos en vitaminas y minerales y bajos en grasas, los que nos den mucha energía sin volvernos obesos o tener efectos perniciosos para la salud. Pero eso no quita para que todos identifiquemos como alimentos muchos de los que comemos aun a sabiendas de que son muy insanos. La propiedad de no tener muchas calorías o la de no aumentar el colesterol malo no es una propiedad definitoria de lo que sea un alimento. Igual que la propiedad de no discriminar entre hombres y mujeres o la de favorecer en lo posible los intereses de los menores no es una propiedad definitoria de una norma jurídica, y por eso las hay o las ha habido que discriminan por sexo o que permiten la esclavitud infantil o el maltrato de los niños[327].

Decir, como hace Robert Alexy, que a todo derecho y a toda norma jurídica le es inmanente una pretensión de corrección (moral) es tan ridículo como mantener que a todo alimento lleva en sí una pretensión de no ser indigesto o que toda comida completa abriga la pretensión de sentarle bien al cuerpo. Mani-

---

327 Otra cosa es que en un ordenamiento jurídico o en muchos pueda haber otras normas que permitan calificar esas normas como inconstitucionales y anularlas por causa de esos contenidos de discriminación o maltrato. Ahí la causa de la nulidad no es la injusticia en sí de la norma, sino que la misma contradice una condición puesta por otra norma *jurídica* del sistema jurídico, como la que prohíbe la discriminación jurídica por razón de sexo o la que prohíbe la esclavitud infantil.

festaciones así, al igual que la de Alexy, más bien parecen una sorprendente vuelta al arcaico animismo[328].

El iuspositivismo afirma y el iusmoralismo niega la llamada tesis de la separación conceptual entre derecho y moral. Separación conceptual significa que no es propiedad definitoria y, por tanto, imprescindible de las auténticas normas jurídicas el que sean morales o justas, igual que no es propiedad definitoria de las normas morales el que su contenido sea conforme al derecho, sea jurídico. Una norma jurídica lo será al margen de que su contenido sea o nos parezca injusto, al igual que una norma moral que prohíba hacer lo que el derecho permite o mande hacer lo que el derecho prohíbe seguirá siendo norma moral.

Así, en España, los artículos 12 y siguientes de la Ley Orgánica 2/2020 de salud sexual y reproductiva y de la interrupción voluntaria del embarazo permiten a la mujer abortar dentro de las primeras catorce semanas de gestación. Muchos españoles, desde sus sistemas morales, que tienen perfecta cabida en el orden constitucional español y de acuerdo con su sistema de derechos y libertades fundamentales, consideran que el aborto voluntario es un crimen atroz y carente de cualquier justificación moral. Están en su derecho al pensar así, pero no tiene sentido que mantengan que esas normas "jurídicas" actualmente en vigor no son derecho, debido a su alto grado de injusticia. De igual modo, cuando la ley española prohibía el aborto voluntario o lo permitía sólo en tres supuestos tasados, había quienes, con la misma legitimidad, pensaban que era por completo injusta esa prohibición, acompañada además de castigo penal, pero tampoco tendría sentido que consideraran que esas normas prohibitivas tan injustas no eran derecho y como tal no obligaban en el sistema jurídico español y a los jueces españoles.

---

328 Para la crítica a Alexy en este punto, véase J.A. García Amado, "Sobre la idea de pretensión de corrección del derecho en R. Alexy. Consideraciones críticas", *Eunomia. Revista de Cultura de la Legalidad*, 7, 2014-2015, pp. 6-40.

El iusmoralismo, sin embargo, niega la tesis de la separación conceptual entre derecho y moral y afirma que la norma o el sistema jurídico que rebasen un cierto nivel de injusticia en sus contenidos ya no son verdadero derecho, aunque tengan apariencia de tal, y como derecho ya no obligan ni a sus destinatarios inmediatos ni a los funcionarios y jueces encargados de aplicarlas. Para un iusmoralista antiabortista, no son derecho las normas que contienen los citados artículos 12 y siguientes de la Ley Orgánica 2/2020, y para un iusmoralista pro abortista esas normas sí son jurídicas sin tacha, pero no lo eran, en cambio, las que antes castigaban el aborto voluntario de la mujer incluso dentro de los primeros meses de embarazo.

En consecuencia, para los iusmoralistas hay normas morales o de justicia que forman parte de todo sistema jurídico que realmente lo sea. Puesto que esas normas morales condicionan tanto la validez como la aplicabilidad caso a caso de las normas de un sistema jurídico, necesariamente han de tener estas características:

a) Pertenecen al sistema jurídico en cuestión, pero no han sido creadas dentro de él ni dependen en su validez misma de otras normas positivas de tal sistema jurídico-positivo. Valen por sí, no porque las haya creado cierto órgano y con arreglo a determinado procedimiento, y valen con total independencia de que su contenido choque con otras normas de ese sistema-jurídico positivo, incluidas las normas constitucionales.

De ahí que el iusmoralismo tenga que oponerse también a la segunda tesis definitoria del iuspositivismo, conocida como tesis de las fuentes sociales del derecho o del carácter convencional de todo derecho. Significa que, para el positivismo jurídico, todo derecho es artificial, creación social contingente y coyuntural, no hay normas sean jurídicas por sí o porque sí, al margen de las convicciones y las convenciones sociales que en cada momento y lugar imperen. En otras palabras, que para el iuspositivismo ni hay derecho natural ni hay derecho de ningún tipo funcionalmente u ontológicamente similar al natural. Esa tesis tiene que negarla el iusmoralismo, porque esas normas morales o de justicia, que son consideradas las superiores de cada ordenamiento jurídico auténtico, no pueden depender de las mismas voluntades o las mismas circunstancias relativas que alumbran el derecho positivo de cualquier Estado o de cualquier organización internacional productora de normas jurídicas. Lo que sea contenido de esa justicia que condiciona la validez de las leyes emanadas de los órganos con competencias normativas en un Estado o grupo social no puede depender de la voluntad de esos mismos órganos ni de los acuerdos o preferencias de esa misma sociedad.

b) Dentro de cada sistema jurídico, esas normas moral-jurídicas ocupan el peldaño más alto y son superiores a todas las normas jurídico-positivas, incluidas las constitucionales. Por tanto, si hay una contradicción entre lo que establece una norma de la Constitución de ese Estado y lo que dispone una de esas supremas normas morales que forman parte de cualquier derecho, predomina esta última y la otra ni vale como jurídica ni debe ser aplicada.

Por ejemplo, si la suprema moral manda que debe estar permitido el matrimonio entre personas del mismo sexo y una norma como la del artículo 67 de la Constitución de Ecuador nada más que autoriza el matrimonio entre personas de sexo distinto, entonces esa norma constitucional no es verdaderamente jurídica, aun cuando figure nada menos que en la Constitución, y la verdadera obligación constitucional no es la de atenderla, sino la de inaplicarla y darla por inexistente. Tal hizo un Tribunal radicalmente iusmoralista, como es el Tribunal Constitucional de Ecuador, en su conocida sentencia 11-18-CN/19.

Eso puede explicarse de dos maneras: o bien diciendo que dejó de ser guardián de la supremacía constitucional y pasó a ser guardián de la supremacía de la moral verdadera, o bien haciendo ver que para ese Tribunal Constitucional la verdadera Constitución por la que vela ya no es el texto constitucional emanado del poder constituyente ecuatoriano y aprobado por el pueblo o sus representantes, sino que la auténtica constitución es la moral verdadera, que está por encima de la voluntad de cualquier pueblo o de las competencias de cualquier poder constituyente. Son los mismos esquemas viejos del iusnaturalismo, aunque ahora presentados con ropajes más modernos y con terminología renovada.

c) La moral que, según los iusmoralistas, ocupa la parte más alta y determinante de todo verdadero sistema jurídico y condiciona la validez y aplicabilidad de las demás normas de ese sistema tiene que ser, necesariamente, la moral verdadera.

¿Por qué debe ser la moral verdadera y a qué llamamos moral verdadera? Ha de ser la moral verdadera porque un iusmoralismo que se adscribiera a una ética relativista sería totalmente autocontradictorio, radicalmente paradójico, ya que si la moral que condiciona la validez de las normas provenientes de las relativas opiniones dominantes en cada sociedad en cada momento no es la moral objetivamente verdadera, al margen de las coyunturales preferencias de estos o aquellos, no sería, para nada, una moral que epistémicamente pueda suponerse legitimada, por superior, para ejercer tal condicionamiento. Y porque si la moral que los iusmoralistas erigen en condicionante de la validez y aplicabillidad de las normas formalmente jurídicas es la moral de cada persona o cada subgrupo social, entonces el iusmoralismo derivaría en un peculiar anarquismo y estaría propugnando que nadie tomara por obligatorias ni obedeciera como jurídica más norma que la que de su conciencia emana. Se trataría de una forma peculiar de propugnar el final del Estado y de su derecho (y del Estado de Derecho), y nada más lejos del propósito de los iusmoralistas, que suelen tenerle buen apego a la autoridad y buena confianza en lo jurídico como vía para imponer sus peculiares convicciones sobre la vida buena y la sociedad debidamente ordenada.

1.2. Iuspositivismo, iusmoralismo y metaética. ¿Se puede ser iusmoralista sin ser objetivista moral? ¿Es posible ser objetivista moral y iuspositivista?

La cuestión de la inextricable relación entre el iusmoralismo y "la" moral verdadera hace que no podamos pasar por alto otra tesis peculiar, la siguiente: todo iusmoralismo presupone, sí o sí, el objetivismo moral en cuanto doctrina metaética de base, pero también es posible ser objetivista moral y positivista jurídico. Por tanto, hay un vínculo necesario entre iusmoralismo y metaética objetivista, pero el iuspositivismo es compatible con doctrinas metaéficas tanto objetivistas como no objetivistas, mismamente relativistas. Esto requiere una explicación con algo de pormenor.

La filosofía ética o metaética, en cuanto estudio de los presupuestos básicos del pensamiento moral, tiene dos grandes interrogantes como ejes:

— Primero: ¿los valores morales tienen un contenido objetivo en sí mismos, independientemente de las opiniones y las preferencias de las personas?

Valores morales son el bien, la justicia, la dignidad, la decencia, la solidaridad... ¿Lo que sea moralmente bueno, justo, digno, decente, solidario... es lo que es o será para unos una cosa y para otros otra, en función de la sociedad y el tiempo en que se viva, de la educación de cada uno, de la personalidad o talante de cada cual, etc.? Por ejemplo, ¿es contenido objetivo y necesario de la justicia que el varón y la mujer tengan el mismo poder y los mismos derechos? ¿Es contenido objetivo y necesario de la justicia que la mujer pueda abortar con libertad dentro de los primeros meses de gestación? ¿Va o no va contra el contenido objetivo de la dignidad humana llamada maternidad subrogada?

— Segundo gran tema de la metaética: supuesto que exista ese contenido de los valores morales perfectamente objetivo e independiente de los juicios de cada individuo o cada grupo, ¿cómo podemos conocerlo?

A la primera pregunta responden, en sentido opuesto, el objetivismo moral y el no objetivismo. A la segunda, el congitivismo (o cognoscitivismo) y el no cognitivismo.

El objetivismo moral defiende que los enunciados morales son verdaderos o falsos con independencia de su autor, y lo son por correspondencia con el contenido objetivo de los valores morales. Así como el enunciado "esta mesa es azul" es verdadero si, en efecto, esta mesa es azul, el enunciado "X es justo" es verdadero si X es justo. La verdad o falsedad de los juicios morales no es relativa al emisor, a una determinada sociedad, etc. Las cosas son lo que objetivamente son, y también pasa así con las "cosas" morales.

Dentro del objetivismo moral, las dos corrientes principales son el realismo moral y el constructivismo moral. El realismo moral entiende que los valores morales, con su contenido independiente y objetivo, están ahí afuera, existen en el mundo, aunque su existencia no sea empírica. Así como en el mundo objetivo están los árboles o las rocas, con sus características específicas, existen igualmente, aunque de otra manera, valores como la justicia, el bien o la dignidad. Por tanto, el contenido de los valores morales está plenamente predeterminado a nuestro conocimiento y nuestro juicio, los cuales no son en ningún modo constitutivos del ser de esos valores, con sus contenidos necesarios.

Por su parte, el constructivismo moral, que está en la base metaética que la teoría de la argumentación de R. Alexy toma de Rawls y Habermas, viene a decirnos que los valores morales tienen un contenido objetivo, pero que este no es inmutable ni externo a nuestros juicios, sino que tales contenidos de los valores son aquellos en los que todos los seres racionales podrían y deberían estar de acuerdo en cada momento histórico y dentro del horizonte cultural y de saberes, siempre que todos esos sujetos razonaran y argumentaran entre sí bajo condiciones ideales de perfecta imparcialidad. Justo es lo que, aquí y ahora, con lo que conocemos del mundo, todos consideraríamos justo si fuéramos capaces de dialogar sin manipulación ni engaño y con total imparcialidad, desinteresadamente, hasta que llegásemos a un acuerdo. Las condiciones de la argumentación racional son las que, en cuanto respetadas por todos, garantizan la racionalidad objetiva del acuerdo final sobre el tema de razón práctica de que se trate. Los contenidos de lo objetivamente correcto pueden, pues, ir variando con el tiempo, pero lo que no cambia son esas condiciones del debate moral racional de las que depende la racionalidad de los acuerdos prácticos.

Lo opuesto al objetivismo moral es el no objetivismo moral. Los no objetivistas piensan que nuestros enunciados morales, como "X es justo" o "Y es contrario a la dignidad humana", son siempre relativos de alguna manera, ya sea relativos a las preferencias particulares del emisor, a sus personales ideas sobre lo que esté bien y lo que esté mal, ya sean relativos a la cultura o sociedad en que se expresan y que es la que dota a los sujetos de sus puntos de vista sobre lo moral o lo inmoral.

Así, el relativismo cultural viene a decirnos que hay tantas concepciones de lo bueno y lo malo como culturas distintas y que tales ideas morales, culturalmente ancladas y determinadas, son inconmensurables. Por su parte, el imperativismo piensa que todo juicio moral es en el fondo un mandato con el que el emisor de ese juicio pretende manejar la conducta del receptor, de modo que cuando yo digo a mi auditorio "X es injusto", lo que en verdad pretendo es que no hagan X. Y el emotivismo indica que los juicios morales no tienen un fondo de conocimiento objetivo, sino que expresan en todo caso emociones del que los formula, y por eso cuando yo digo "X es justo", lo que en verdad expreso es que a mí X me disgusta, me desagrada, me provoca una emoción negativa, y cuando afirmo "X es justo", manifiesto la emoción contraria, mi agrado cuando se hace X.

La segunda cuestión es la de cómo puede conocerse el contenido objetivo y verdadero de los valores morales. Es un tema que no se plantea para los no objetivistas, que niegan esa existencia objetiva de los contenidos morales, pero resulta crucial para los objetivistas, pues de poco sirve sostener que tienen tal existencia objetiva los contenidos de la moral si no se sabe cómo conocerlos. Así que el objetivismo moral tendrá que ir de la mano con el cognitivismo y la teoría debe aunar ontología y epistemología: cómo son y cómo se pueden conocer.

Siempre se postulará que es la razón, en cuanto propiedad humana, la que permitirá acceder a tales verdades, pero esa respuesta, que los juristas hemos visto siempre en los iusnaturalistas, no deja de ser un tanto simple, elemental. Los más de los objetivistas sostuvieron que es la intuición la que nos permite acceder a ese conocimiento de lo bueno. Es la "voz de la razón", que nos habla y nos transmite semejantes verdades, como tantas veces hemos visto y seguimos viendo que piensan los iusmoralistas.

En el caso de los constructivistas, el proceso resulta más complejo, pues se piensa que por medio de nuestra razón somos capaces de sobreponernos a los intereses, prejuicios o sesgos que condicionan nuestras ideas y preferencias y que, a partir de tomar conciencia de la imparcialidad como postulado ínsito en las condiciones mismas de la comunicación lingüística, podemos llegar a postular o figurarnos qué preferencias distintas de las nuestras son en realidad más racionales que las nuestras.

Como ya se dijo anteriormente, el iusmoralismo exige alguna forma de objetivismo y cognitivismo moral, de modo que un iusmoralista que no se quiera o no se sepa objetivista moral se convierte en una figura tan superficial y paradójica como alguien que se dijera deportista y que fuera completamente sedentario, o como uno que se afirme creyente en dios pero no haya pensado cuál dios será el suyo, qué propiedades lo adornan o qué mandatos de él provienen

También se ha señalado ya que sí *cabe ser objetivista moral y positivista jurídico.* Por ejemplo, usted puede estar plenamente convencido de que la esclavitud humana o el trato desigual de la mujer, otorgándole derechos inferiores a los del varón, son en sí y objetivamente injustos y no es esa injusticia relativa a nada, sino clara, plena y absoluta, y puede también considerar que no por eso dejaban de ser normas jurídicas las que en el derecho romano o medieval y hasta los inicios de la época moderna permitían y regulaban la esclavitud o las que, hasta hace poco en todas partes y todavía en muchos lugares, discriminan radicalmente a las mujeres.

Ni el iuspositivismo fuerza a ser relativista moral ni el objetivismo moral fuerza a ser iusmoralista. Por consiguiente, *todos los iusmoralistas* (al menos todos los mínimamente reflexivos y congruentes) *serán objetivistas morales, pero no todos los objetivistas morales tienen por qué ser iusmoralistas.*

Y, por supuesto, el iuspositivista no es persona a la que haya por qué presuponerle algo así como una condición anómica o una enfermiza insensibilidad moral. Ni siquiera al iuspositivista no objetivista y declaradamente relativista, que puede cultivar y guiarse por una moral personal sumamente exigente, aunque no piense que esté en posesión de ningún tipo de verdad más pura cuando él asigna contenido a los valores y trata de conducirse según esos valores de su moral.

Kelsen, por ejemplo, era un iuspositivista que se proclamaba relativista moral y cuya moral personal fue siempre más coherente y seria que la de sus contemporáneos y críticos que se proclamaban férreos iusnaturalistas o entregados creyentes en la dignidad humana y que jamás levantaron la voz contras las dictaduras ni los abusos o hasta apoyaron masacres y exterminios con el entusiasmo con que lo hicieron Larenz o Maunz en Alemania o tantos que bien sabemos en Españas, Argentina y otros países latinoamericanos y que transigían con los crímenes más horrendos y las normas más abyectas mientras en sus clases enseñaban que el responsable del Holocausto era Kelsen, precisamente el judío Kelsen, al que sus compatriotas, después de 1945 tan amantes de la dignidad humana y la igualdad entre los ciudadanos, jamás invitaron a que regresara a Alemania y ocupara una cátedra en una de sus universidades.

Un objetivista moral cree que su idea de los valores morales, además de ser suya, es la verdadera y que es posible demostrarlo racionalmente. Pero, si admite que pueda haber otros ciudadanos que también se sientan igual de convencidos e igual de objetivistas y que esos otros ciudadanos también merecen respeto, tendrá que aceptar que haya un derecho común para todos, para objetivistas de distinto sello y para relativistas. Si no se es un absolutista moral, si no se padece un grado tal de soberbia o narcisismo que lleve a pensar que cómo va a estar uno equivocado en lo que tiene por justo y que sí tienen que andar enfangados en el error los que piensan distinto, se dará por bueno que haya un derecho común para todos y que no tiene por qué coincidir exactamente con los criterios de uno mismo.

1.3. La moral constitucional

El Estado constitucional y democrático de derecho presupone que sus ciudadanos muy mayoritariamente asumen que *la moral es de cada uno, pero el derecho es de todos.* Que la moral sea de cada uno lo garantizan nuestras mismas constituciones al dotar de protección nuestras libertades de opinión, creencia, información y expresión, entre otras, y al darnos derechos políticos que nos permiten llevar esas diversas ideas al terreno de la deliberación pública y la decisión política. Pero si cada ciudadano tiene derecho a tener y cultivar sus creencias morales y a vivir según ellas en lo que no dañe a otros o impida su igual derecho, por definición *no hay una moral constitucional. No cabe una confesionalidad moral del Estado moralmente pluralista,* igual que no cabe una confesionalidad moral del Estado que se tome en serio la libertad religiosa de sus ciudadanos, de un Estado religiosamente pluralista.

De la misma manera que en las cuestiones sobre las que haya opiniones diversas entre ciudadanos con diferentes credos religiosos o sin ninguno no puede un Tribunal Constitucional decidir que tal o cual solución es la única constitucional porque se corresponde con los postulados de una determinada fe, no puede propiamente un Tribunal Constitucional tomar, frente al legislador, partido por una determinada concepción moral del matrimonio, el aborto, la propiedad privada, los préstamos a interés o la educación de los menores, por ejemplo, como si tal concepción moral fuera la única constitucionalmente exigida o la única con la Constitución compatible.

En tales casos, ese Tribunal Constitucional, si tal hiciera, estaría convirtiendo el Estado constitucional en Estado moralmente confesional, lo cual es radicalmente inconstitucional, contrario a la más básica estructura de libertades e igualdad ante la ley que nuestras modernas constituciones consagran. Estaría dividiendo a los ciudadanos en ciudadanos de primera, que son los que comparten esas convicciones morales del Tribunal, y ciudadanos de segunda categoría; y estaría convirtiendo a la Constitución en una Constitución de grupo y ya no en la suprema regla del juego social común entre distintos.

Esa es la verdadera razón de la deferencia que los tribunales constitucionales deben al legislador democrático. No se trata de mitificar el poder legislativo ni de considerarlo depositario de ningún saber más alto, no se trata de pensar que la ley, por serlo, es expresión de ninguna verdad suprema o de la razón perfecta, se trata de respetar la pluralidad de creencias y el pluralismo, que son la primera y principal condición de posibilidad del orden peculiar del Estado constitucional, democrático y social de derecho. *La ley no es de nadie porque es para todos y la Constitución es de todos* porque a todos iguala y a cada uno permite ser como es y pensar como quiere.

La moral constitucional es una moral de mínimos, no una moral de máximos. La moral que en nuestras constituciones se expresa es una moral que destierra ciertas prácticas y modelos de sociedad porque se consideran radicalmente injustos; y eso lo dice con total claridad, como cuando las constituciones abolen la pena de muerte o prohíben la tortura. Pero de ahí no se sigue que en los valores y principios constitucionales esté latente un programa detallado de cómo deba organizarse exactamente cada institución y cada tipo de relación social: cuál sea el interés máximo por un préstamo, cuál la pena mínima por un robo, cuál la edad exacta para poder casarse, cuál el plazo debido para interponer una demanda civil, cuántos los días que debe durar un ingreso hospitalario por una cirugía cardiaca, cuáles las causas exactas para poder divorciarse, cuál el precio para estudiar una carrera en la universidad pública, etc.

La Constitución española, en su artículo 32.1, dice que "El hombre y la mujer tienen derecho a contraer matrimonio con plena igualdad jurídica" y eso marca una condición bien clara, un límite patente: no puede haber, dentro del matrimonio, discriminación para el hombre ni para la mujer. Fuera de eso, será el legislador el que decida otros detalles, todo cuanto ahí no quedó con esa claridad plasmado como límite. Cuando en el artículo 31 de la misma Constitución se dice que el sistema tributario español tiene entre sus principios rectores el de progresividad, se indica que algún grado de progresividad tendrá que darse, pero de ahí no sale el grado de progresividad exacto que deba tener el impuesto sobre la renta de las personas físicas para que la norma que lo regula sea constitucional.

Todo eso pertenece a la libertad de configuración del legislador, pero no porque el poder legislativo tenga acceso a verdades superiores sobre la justicia o a conocimientos más precisos sobre el sentido de los imperativos constitucionales, sino porque si el legislador no tiene margen para configurar las instituciones, eligiendo entre distintos modelos basados en diferentes ideas sobre lo justo y lo bueno, los derechos de los ciudadanos decaen y pierden su sentido, desde los derechos de libertad hasta los derechos políticos: ¿de qué le vale al ciudadano poder pensar y debatir con sus iguales sobre cuál es el mejor modelo de matrimonio, manifestarse y asociarse para defender su punto de vista y votar al partido que lleve en su programa la propuesta que mejor se corresponda con su ideal, si a la postre cualquier cosa que en ley se convierta tendrá que pasar por el control de detalle a cargo del Tribunal Constitucional y podrá éste anular hasta la norma que en nada contradiga lo que la Constitución dice, pero que presuntamente no sea la mejor realización posible del principio de protección de la familia, de los valores subyacentes a la institución matrimonial o del principio de libre desarrollo de la personalidad?

2. JUSTICIA Y DERECHO

2.1. Justicia y legitimidad de la ley en el Estado constitucional y democrático de derecho

Hasta aquí hemos venido refiriéndonos indistintamente a moral y a justicia. Si importara precisar un poco más, diríamos que la justicia es un valor moral, uno entre otros. Los valores morales son la base de normas morales y éstas sirven para calificar conductas o estados de cosas desde el punto de vista moral: moralmente buenas o malas, justas o injustas, equitativas o inicuas, dignas e indignas, decentes e indecentes, solidarias o insolidarias, etc[329].

Se suele explicar que la justicia es un valor moral que tiene una de sus notas definitorias en la idea de *alteridad*. Significa esto que los calificativos "justo" e "injusto" suelen hacerse de relaciones entre sujetos o de la conducta de un sujeto en lo que tiene que ver con las relaciones con otros[330]. Diremos que es justo o injusto el sueldo que le paga el empresario al trabajador o el rendimiento del trabajador en la empresa, el trato entre dos esposos, la conducta de un gobernante frente a sus gobernados, le regulación de los contratos o de las relaciones familiares, etc., pero parece que solo en sentido figurado o impropio se dirá que soy injusto conmigo mismo al tomar tanto vino o que es injusta mi acción de madrugar tanto. Siempre se repite que esa particularidad del va-

---

329 En el fondo está también el tema de las virtudes morales y su papel, tema que ya ocupara a los clásicos y al que ha ido prestando mucha atención la Filosofía moral de las últimas décadas. No vamos a entrar aquí en ese que sería un buen tema de investigación, el de la relación entre virtudes morales y práctica jurídica.

330 Como recuerda Hart, "que <<justo>> e <<injusto>> son formas más específicas de crítica moral que <<bueno>> y <<malo>> o <<correcto>> e <<incorrecto>>, resulta obvio del hecho de que podríamos inteligiblemente sostener que una norma jurídica es buena porque es justa, o mala porque es injusta, pero no que es justa porque es buena, o injusta porque es mala" (H.L.A. Hart, *El concepto de derecho*, Buenos Aires, Abeledo-Perrot, 1992, trad. de Genaro R. Carrió, p. 197).

lor moral justicia la vio muy bien y la resaltó Aristóteles cuando en su *Ética a Nicómaco* dejó escrito que "también la justicia es, entre las virtudes, la única que parece consistir en el bien ajeno, porque se refiere a los otros" (Libro V, 1130 a) y que "lo justo y lo injusto requieren necesariamente más de una persona" (Libro V, 1138 a).

Esa conexión social del valor justicia lo hace especialmente utilizable para calificar las normas jurídicas, que no dejan de ser normas que regulan las relaciones entre las personas y no las puras acciones de uno para sí mismo o sin relevancia social. Decir que una norma jurídica es digna o indigna, caritativa o no caritativa, por ejemplo, suena un tanto extraño, pero aplicarle una calificación en términos de justicia parece bien apropiado. La justicia es el valor moral que más directa y propiamente se predica de las normas de derecho y de los sistemas jurídicos. Lo que viene a ser lo mismo que decir que, puestos a calificar moralmente lo jurídico, el valor moral más apto es el de justicia.

Hart explica cómo la categoría moral de justicia se aplica a los repartos o distribuciones entre las personas y presuponiendo siempre una pauta de comparación entre ellas.

> "El principio general latente en estas diversas aplicaciones de la idea de justicia es que los individuos tienen derecho, entre sí, a una cierta posición relativa de igualdad o desigualdad (...) Por ello es que la justicia es tradicionalmente concebida como que mantiene o restablece un *equilibrio* o *proporción*, y su precepto principal se formula con frecuencia diciendo: <<tratar los casos semejantes de la misma manera>>; aunque es necesario añadir <<y tratar los casos diferentes de diferente manera>>"[331].

Agrega Hart algo muy importante:

> "hay por lo tanto una cierta complejidad en la estructura de la idea de justicia. Podemos decir que consiste en dos partes: una nota uniforme o constante resumida en el precepto <<tratar los casos semejantes de la misma manera>>, y un criterio cambiante o variable usado para determinar cuándo, para un determinado

---

[331] H.L.A. Hart, op. cit., p. 198.

> propósito, los casos son semejantes o diferentes"[332]. "Resulta claro, en consecuencia, que los criterios de semejanzas y diferencias relevantes pueden variar a menudo en función del enfoque moral fundamental de una determinada persona o sociedad. Cuando ello ocurre, las estimaciones sobre la justicia o injusticia del derecho pueden enfrentar contra-afirmaciones inspiradas por una moral diferente"[333].

Si reflexionamos un momento sobre esas explicaciones de Hart, entenderemos algo del debate más actual entre iuspositivistas y iusmoralistas. Los iuspositivistas asumen que en una sociedad plural y pluralista pueden y deben convivir puntos de vista distintos sobre cuáles sean los patrones de reparto que deben regir las relaciones sociales, y por eso estiman que la práctica jurídica ha de atenerse al patrón común inserto en las normas jurídico-positivas, de las constitucionales hacia abajo, y más si son normas legítimas, democráticamente sentadas.

Por su parte, los iusmoralistas de hoy tienden a pensar que lo justo de cada reparto y cada relación hay que establecerlo caso a caso y tomando lo que para el caso la norma jurídica diga como una razón moral más de las que a la luz de las circunstancias del caso se ponderan. Por eso el principialismo iusmoralista al estilo de Alexy desemboca en el particularismo, porque piensa que es la justicia del caso la que debe imperar y, en consecuencia, en un conflicto entre libertad de expresión y derecho al honor, por ejemplo, no ha de verse dónde con carácter general pone los límites la norma general y abstracta, sino qué merece cada una de las partes en cada concreto caso y según los hechos particulares de ese caso.

Por supuesto que tiene todo el sentido que con las normas derivadas de cada valor moral califiquemos moralmente lo que corresponda, y también el derecho y sus normas. Cuando el iuspositivismo pone como su tesis primera la separación conceptual

---

332 H.L.A. Hart, op. cit., p. 199.
333 H.L.A. Hart, op. cit., p. 202.

entre derecho y moral, no afirma que no se pueda desde cada tipo de sistema normativo calificar las normas de otros, sino que solo indica, como ya sabemos, que esas calificaciones desde otros sistemas normativos no son definitorias o constitutivas. Si el artículo 138 del Código Penal español es norma jurídica dentro del sistema jurídico español, lo es con independencia de que coincida o choque con una norma del Código Penal francés o con una norma de tal o cual sistema moral o de los Mandamientos de la Ley de Dios. Igual que el Mandamiento de "Santificarás las fiestas" no pierde su valor de norma dentro del sistema de normas religiosas del cristianismo por el hecho de que el derecho español permita no santificarlas y hasta prohíba que se obligue a cualquier ciudadano a ir a misa si no quiere.

También se puede admitir sin especial reparo que los sistemas jurídicos y sus normas reflejan puntos de vista sobre la justicia. Claro que cualquier sociedad o cualquier legislador preferirá hacer un Código Penal o un Código Civil que le parezca justo, pero eso no quiere decir ni que baste tal voluntad para que la justicia ya esté ahí presente ni que el que otros consideren esas normas muy injustas signifique que ya no sean jurídicas. En el Estado constitucional y democrático de derecho, la condición que las constituciones le ponen al derecho no es que sea justo, sino que sea *legítimo*, entendiendo que la legitimidad proviene de los procedimientos deliberativos y democráticos que las constituciones quieren asegurar.

La más importante condición moral que nuestros sistemas constitucionales sientan para la legislación es su legitimidad democrática, el que sean expresión de la voluntad de la mayoría de cada momento, con escrupuloso respeto a la minoría y el igual valor moral de sus opiniones. Esas opiniones morales alternativas, pero igual de respetables, que por el momento han perdido en la contienda política, pero que mañana pueden convertirse en mayoritarias y dar su contenido nuevo a la ley.

Sí pone la Constitución límites a la acción normadora de las mayorías políticas a través de los procedimientos legislativos. Como mejor que nadie ha enseñado Luigi Ferrajoli, la Constitución le marca al legislador cosas que no puede hacer (por ejemplo, considerar prueba válida la obtenida mediante tortura o aplicar retroactivamente la ley penal desfavorable) y otras que sí debe hacer (por ejemplo, dar un grado de satisfacción a los derechos sociales o a cosas tales como el derecho de defensa gratuita en juicio, para quien no pueda pagarse abogado), de manera que cabe que el legislador incurra en inconstitucionalidad tanto por acción como por omisión. Pero entre esos dos polos tienen que jugar los mecanismos políticos y las instituciones políticas que la Constitución misma instituye, y deben hacerlo con el correspondiente margen o espacio para que se trate de elección entre alternativas. Eso supone que quienes ejercen el control de constitucionalidad deben autocontrolarse y no anular el producto legislativo legítimo nada más que cuando sea patente la inconstitucionalidad de la norma, o incitar al legislador a un determinado obrar sólo cuando sea manifiesta la obligación legislativa de hacer que no se ha satisfecho.

En resumidas cuentas, es posible y deseable que los ciudadanos juzguemos las normas de nuestros sistemas jurídicos y las califiquemos como justas e injustas y será mérito moral que obremos en consecuencia, en tanto que tales ciudadanos particulares. Si yo me niego a pagar un impuesto porque lo considero sumamente injusto o tengo por inicuo el uso que se hace de su recaudación, es muy posible que mi conducta sea éticamente muy meritoria, aunque resulte al mismo tiempo jurídicamente ilícita. No se trata de que porque el impuesto lo marque la ley hayamos todos de considerarlo justísimo y debamos tratar como indecente al que tenga sus buenas razones morales para no pagarlo, ni se trata tampoco de que se piense que no ha de valer jurídicamente, para cada uno, más impuesto que el que le parezca justo abonar.

Constantemente estamos las personas sometidas a dilemas normativos y eso es una excelente muestra de que no vivimos bajo el absolutismo de un sistema normativo único que con sus tentáculos cubra todos los aspectos de nuestra vida y nos impida plantearnos alternativas de conducta.

Si una norma jurídica me prohíbe visitar en su casa a mi madre moribunda, tal vez porque está la sociedad asolada por una pandemia, pero mi moral me dice que no debo dejar que muera sola y que debo ir a donde ella está y acompañarla, estoy sometido a un genuino dilema entre dos normas de distintos órdenes que me exigen cosas contrarias. Y nada menos que Kelsen fue quien escribió que merecen la mayor alabanza las personas que en tales tesituras obedecen a su conciencia y cumplen con lo que estiman su deber primero y más íntimo. Lo que no significa, repito, que por eso deje de ser jurídica, si lo es, la norma de derecho que se vulnera y cuya sanción podrá aplicarse al que jurídicamente es un infractor.

Lo que no quita para que también haya ocasiones en que los propios sistemas jurídicos reconozcan, en ciertos casos, la posibilidad de los ciudadanos de sustraerse por razones de conciencia al cumplimiento de algunos deberes jurídicos. Es el caso paradigmático de la objeción de conciencia.

Así pues, el legislador hará lo que estime justo y en uso de su legitimidad lo convertirá en norma de derecho. A su vez, el ciudadano lo cumplirá o no, en función, entre otras cosas, de si lo considera justo y de cómo eventualmente resuelva cada cual y en cada ocasión el posible dilema que en conciencia se le presente. Y nada de eso implica negar la definición iuspositivista del derecho.

2.2. *El juez ante la ley injusta, en el Estado constitucional y democrático de derecho*

Donde la batalla teórica sí se plantea es respecto de los jueces. El iuspositivista dirá que por supuesto que el juez también es una persona y, como tal, poseedor de una conciencia moral que no tiene por qué someter al imperio de la ley que considere injusta. Cualquier juez que lo sea en una dictadura o en un régimen de injusticia podrá dimitir. Que se sepa, nadie en ningún lado es juez por obligación o porque le tocó en un sorteo ese destino y corre peligro si lo abandona. Ni siquiera hay testimonio histórico de que el nazismo castigara a los pocos jueces que se fueron a su casa para no hacerse cómplices de aquel régimen funesto.

Y también puede merecer admiración moral el juez que, llevado a aplicar una norma de la que por injusta abomina, decide saltársela y asume las consecuencias. Por ejemplo, nos puede merecer la mayor consideración personal ese juez que, en un país que castiga hasta en caso de violación el aborto de la mujer, la absuelve en un caso así y asume el riesgo cierto de que acabe él mismo siendo condenado por prevaricación. O, por las mismas, el mismo reconocimiento le puede dar alguien al juez que, por considerar que es inmoral el matrimonio entre personas del mismo sexo, se niega a casarlas, si es que a él le corresponde, y acepta también las consecuencias que en derecho puedan para él seguirse por su desobediencia a la norma que como juez le obliga.

Y todo esto lo digo *completamente al margen de si mi moral coincide con la del juez del primer ejemplo, con la del segundo o con la de ninguno.* Lo que me hace reconocer el valor moral de la acción de otros no es su coincidencia con las reglas de la moral mía. Por ejemplo, puedo admirar enormemente a quien se convierte en mártir por su fe, aunque yo no la comparta.

Cuestión bien diferente de esa de la calificación moral de la conducta del juez que desobedece las normas jurídicas es la calificación jurídica de esa desobediencia. Ahí está batalla entre iuspositivistas y iusmoralistas.

Para un iusmoralista estricto, el juez que inaplica la norma injusta o muy injusta no actúa antijurídicamente, sino conforme a derecho, pues tal norma no sería propiamente jurídica, como ya sabemos. Ahora bien, ¿quiere el iusmoralismo decir que cuando a un juez una norma le parezca de gran injusticia esa norma deja de ser derecho, de resultas de tal parecer del juzgador? Evidentemente no. Ya se ha explicado antes que los iusmoralistas no dicen que para cada ciudadano o juez sólo sean derecho las normas que moralmente no le repugnen, sino que para todos nosotros son pleno derecho las normas que *objetivamente* no sean inmorales, mientras que no serán derecho las que *objetivamente* y en sí mismas sean inmorales, injustas.

Entonces, así puestas las cosas, ¿cómo habremos de calificar a los jueces de nuestros dos ejemplos de antes, el ejemplo del aborto y el ejemplo del matrimonio entre personas del mismo sexo? Hace un momento consideré que tenían, los dos, alto mérito moral, independientemente de que sus razones morales me convencieran o no en uno u otro caso. E igualmente juzgué que era contraria a derecho la acción de los dos, en tanto que jueces; también con independencia de que las normas jurídicas que al juez en derecho obligaban me gustaran más o menos.

El iusmoralista debe razonar de otro modo. Para el iusmoralismo, el valor moral de la desobediencia de cada juez dependerá de que la norma jurídica que cada uno desobedece sea objetivamente moral o no, objetivamente justa o injusta. Para los iusmoralistas, será justa y bien moral la acción del juez que inaplica la norma que, según el iusmoralista, es injusta en alto grado y, por tanto, no propiamente jurídica. Con lo que vemos que lo justo y lo moral, en cuanto referido a la conducta del juez, se mide por un único patrón, el de la moral objetiva, en la versión del objetivismo que cultive el respectivo iusmoralista.

Algunos iuspositivistas opinamos que el juez como persona se debe a su conciencia, como todos, pero que como juez se debe al derecho y que el derecho es el que es. Y, más aún, cuando el derecho tiene la legitimidad propia de un Estado constitucional, democrático y social, al juez le alcanza no sólo la obligación política que vale para todos los ciudadanos, sino también una obligación moral específica que rige para él. El juez ordinario es el guardián del derecho de todos, y por eso es inmoral (además de contrario a derecho) que se lo apropie, que lo haga suyo y que condicione la validez o aplicabilidad de sus normas a la compatibilidad de las mismas con los dictados de sus personales convicciones morales.

El matiz es sutil, pero muy importante: el juez que diga "yo no aplico esta norma, aunque sé que es jurídica y que por mi condición estoy obligado a aplicarla", tiene toda mi admiración por su entereza moral. Pero el juez que diga "yo no aplico como derecho esta norma jurídica porque en verdad no lo es, y no lo es porque es inmoral, según mi entender", y que además aprovecha la laguna que así crea para solucionar a voluntad el caso, ese juez no me parece merecedor de alabanza, sino de serio reproche moral. Como persona, demuestra entereza y firmes convicciones al para poner su conciencia por encima de la ley y asumir las consecuencias; pero, como juez, no es quien para cambiar el derecho de todos por las convicciones morales suyas y para decidir *contra legem* con la pretensión soberbia de que así, a través de su persona y de su toga, se realiza en su máxima expresión el ius.

2.3. El juez y la justicia como argumento

2.3.1. Justicia distributiva. Justicia correctiva

La justicia se puede predicar de las normas de derecho, valorándolas por el modo en que distribuyan entre los ciudadanos beneficios y cargas, derechos y obligaciones. Esa es la que se llama justicia *distributiva.* En toda sociedad han de estar establecidos los criterios fundamentales para tales repartos. En las sociedades más arcaicas la base es la tradición, que suele respaldar el poder de los gobernantes supremos para decidir sobre vidas y haciendas. En el Estado constitucional, democrático y social de derecho los contenidos de las distribuciones quedan abiertos a dos tipos de acuerdos.

En primer lugar, los acuerdos entre los particulares, dentro de los límites puestos por los acuerdos políticos que producen las normas jurídicas, los cuales, a su vez, no pueden rebasar determinadas limitaciones puestas por ese supremo acuerdo social, regla de reglas, que llamamos Constitución. Que en los acuerdos entre los particulares se respeten los límites establecidos en las leyes compete a los jueces; que en las leyes se respeten los límites constitucionales compete a las cortes o tribunales que tengan como cometido velar por la Constitución y su integridad.

Un sencillo ejemplo: lo que vaya a cobrar un trabajador por su labor en una empresa lo pactan él y el empresario, pero en el marco de los acuerdos de valor jurídico entre empresarios y trabajadores que se llaman convenios colectivos de trabajo (o expresión similar, según los países). Lo uno y lo otro, el contrato de trabajo y el convenio colectivo de trabajo, tiene su marco limitador en la ley, que, por ejemplo, pondrá un salario mínimo o una jornada máxima. A su vez, la ley no deberá vulnerar ningún límite constitucionalmente establecido, como ocurriría si el salario mínimo lo estipulara distinto para hombres y para mujeres, violentando la prohibición constitucional de discriminación por razón de sexo. A los jueces no les compete corregir ni el contrato ni el convenio ni la ley ni, por supuesto, la Constitución, sino solamente declarar las nulidades correspondientes de contratos, convenios o leyes cuando no respeten los límites en cuestión.

No es competencia del juez decidir cuánto debe ganar un empleado de banca por su trabajo de cajero en tal sucursal bancaria de esta o aquella ciudad, sino comprobar que el acuerdo salarial correspondiente es acorde con el marco normativo pertinente. Así que nada de ponderar para ver si resulta justo o no el salario de Fulano a la luz del principio de libertad de empresa del patrono vs. el principio de libre desarrollo de la personalidad del operario.

Esas ponderaciones ya las hizo en legislador (en el más amplio sentido de la expresión) cuando decidió cosas tales como el salario mínimo, el régimen de permisos, la jornada máxima, la cotización social debida, la edad de jubilación voluntaria o forzosa, etc., etc. Ese es el segundo tipo de acuerdos, el que las leyes expresan y que se legitima en la deliberación social y política que la Constitución permite y encauza. Los jueces no tienen más vela en ese entierro, si es que nos tomamos en serio la Constitución y sus repartos.

Otro ámbito de la justicia es el que desde Aristóteles se llama justicia *correctiva*, y que tiene que ver con las compensaciones entre las personas por daños que unas a otras se causen. Ese es el ámbito del derecho de daños, una de las ramas del derecho con más trasfondo filosófico y mejor debate doctrinal[334]. También aquí las decisiones principales corresponden al legislador, como la decisión de en qué clases de actividad y de daño se responde por causación más culpa del causante y en cuáles con responsabilidad objetiva, sin culpa; o la decisión de en cuáles ámbitos rige el aseguramiento obligatorio por daño. Tampoco corresponde a los jueces modificar esas decisiones fundamentales del legislativo y hasta del poder constituyente[335], pero es verdad que la discrecionalidad judicial suele ser en esto mucho mayor, porque casi siempre hay normas con altísimo grado de indeterminación o porque es prácticamente imposible fijar parámetros precisos para calcular costes e indemnizaciones debidas[336].

Llegamos, pues, al punto en el que hay que diferenciar muy claramente dos cuestiones en lo que tiene que ver con la justicia como argumento en la práctica jurídica y en particular en la decisión judicial. Una, la de qué posibilidades y qué legitimidad tiene el juez para basar su decisión de un caso en la justicia, o en su percepción de la misma, y no en la norma general y abstracta que rija para el supuesto; en otras palabras, se trata de preguntarse en qué casos y bajo qué condiciones puede o debe el juez decidir *contra legem* y en pro de la justicia. La otra cuestión es la de qué márgenes tiene el juez, dentro del respeto a las normas jurídicas que vengan al caso, para usar el argumento de justicia para justificar la elección de una u otra de las alternativas legalmente posibles.

---

334 Baste pensar en la obra de autores como J. Coleman, en discusión constante como los partidarios del análisis económico del derecho de daños, como Poster, Calabresi, Shavell, etc.

335 Artículo 106.2 de la Constitución española: "Los particulares, en los términos establecidos por la ley, tendrán derecho a ser indemnizados por toda lesión que sufran en cualquiera de sus bienes y derechos, salvo en los casos de fuerza mayor, siempre que la lesión sea consecuencia del funcionamiento de los servicios públicos".

336 Sirve de ejemplo el problema de la cuantificación del daño moral.

Sabemos que al primer tema contesta el iusmoralismo actual con la doctrina del principialismo y la ponderación. Dice que el juez debe tomar la solución jurídico-positiva (incluida la solución dimanante del texto de la Constitución) como una razón moral más de las que se ponderan o con las que se hace balance para saber cuál es la solución avalada por razones morales de más peso, si esa solución jurídico-positiva o si la solución respaldada por razones morales contrarias, vinculadas a valores y principios opuestos.

Por el contrario, para el iuspositivismo toda solución que no quepa dentro de los significados posibles del texto de la norma jurídico-positiva que venga al caso será una solución antijurídica, aun cuando puedan ser aceptables y compartibles, en el plano moral, las razones morales que la sostengan. El iuspositivismo no dice que sea por definición inmoral la decisión *contra legem* del juez, mantiene sólo que si es *contra legem*, es antijurídica esa solución, aunque a la vez pueda verse como moralmente justificada, políticamente conveniente, económicamente ventajosa y religiosamente virtuosa y nada pecadora.

2.3.2. Cuando la norma jurídico-positiva remite a la justicia o la equidad

Respecto de la justicia como argumento *praeter legem* y *secundum legem*, empecemos por recordar que puede haber normas jurídicas que remitan a un juicio de justicia o equidad del juez como base para decidir en caso de laguna normativa o como argumento para justificar la elección entre interpretaciones posibles de la norma jurídica. En términos generales, dice el artículo 3.2 del Código Civil español que

> "La equidad habrá de ponderarse en la aplicación de las normas, si bien las resoluciones de los Tribunales sólo podrán descansar de manera exclusiva en ella cuando la ley expresamente lo permita".

También en España, dispone, por ejemplo, el artículo 17.7 del La Ley de Propiedad Horizontal, al fijar los modos de decidir dentro de una comunidad de propietarios, que cuando no se alcance por los procedimientos establecidos la mayoría requerida legalmente para el acuerdo de que materialmente se trate,

> "el Juez, a instancia de parte deducida en el mes siguiente a la fecha de la segunda Junta, y oyendo en comparecencia los contradictores previamente citados, resolverá en equidad lo que proceda dentro de veinte días, contados desde la petición, haciendo pronunciamiento sobre el pago de costas".

Es un ejemplo de remisión al criterio de equidad del juez como base para su resolución del litigio.

Un ejemplo más, también del derecho español. Al tratar de las obligaciones con cláusula penal, dice el Código Civil, en el artículo 1154, que

> "El juez modificará equitativamente la pena cuando la obligación principal hubiera sido en parte o irregularmente cumplida por el deudor".

Podrían traerse a colación muchos más ejemplos.

Qué duda cabe de que ahí la ley delega en la conciencia del juez para decidir como le parezca más justo, en función de las circunstancias del caso. Lo que aquí debemos preguntarnos es cómo debe el juez argumentar tal decisión o si bastará con que indique que es la que en conciencia le parece más equitativa.

Desde cualquier modelo de racionalidad argumentativa de la decisión judicial, se deberá propugnar que el juez dé sus razones: qué circunstancias tomó en cuenta, qué relevancia les otorgó y por qué en el balance o ponderación final pesó más una alternativa que otra. Decir que en esas ocasiones el juez puede y debe ponderar resultará normal, porque aquí mantenemos que la ponderación es el medio prototípico de decidir dilemas morales, y en casos como estos el derecho le dice al juez que será jurídica su solución moral del conflicto.

Igualmente tendrá el juez que argumentar con razones de índole moral cuando sea la moralidad una de las condiciones a las que la ley ligue la validez de un acto jurídico o una norma. Así, el artículo 1255 del Código Civil español dice que

> "Los contratantes pueden establecer los pactos, cláusulas y condiciones que tengan por conveniente, siempre que no sean contrarios a las leyes, a la moral, ni al orden público".

También aquí deberá el tribunal aplicador de esa norma cotejar las circunstancias del caso con la pauta que tome como referencia de lo que sea moral e inmoral, y tendrá igualmente que argumentar de manera suficiente y convincentemente la elección de tal pauta y el resultado de tal cotejo.

Un ejemplo lo hallamos en la *sentencia 530/2016 del Tribunal Supremo español, Sala Civil* (*Tol 5824311*). Al juzgar de la validez de la cláusula penal introducida en un contrato, aplica ese artículo 1255 y considera que es contraria a la moral la estipulación de una cláusula penal que esté muy por encima de la cuantía posible de los daños que puedan derivarse de un incumplimiento contractual. Dice así la sentencia, a ese respecto:

> "es claro para esta sala que dicha posibilidad de estipular cláusulas penales con función punitiva está sujeta a los límites generales de la autonomía privada que el artículo 1255 CC establece: pueden considerarse contrarias a la moral o al orden público las penas convencionales cuya cuantía exceda extraordinariamente la de los daños y perjuicios que, al tiempo de la celebración del contrato, pudo razonablemente preverse que se derivarían del incumplimiento contemplado en la cláusula penal correspondiente. No sólo las cláusulas penales «opresivas», intolerablemente limitadoras de la libertad de actuación del obligado [como en el caso que contempló la STS 26/2013, de 5 de febrero, o las «usurarias», aceptadas por el obligado a causa de su situación angustiosa, de su inexperiencia o de lo limitado de sus facultades mentales; sino también aquéllas en las que el referido exceso de la cuantía pactada de la pena sobre el daño previsible no encuentre justificación aceptable en el objetivo de disuadir de modo proporcionado el incumplimiento que la cláusula contempla; en atención sobre todo a la gravedad del mismo y al beneficio o utilidad que hubiera podido preverse, al tiempo de contratar, que reportaría al deudor incumplidor".

2.3.3. El argumento de justicia como argumento interpretativo

Vamos ahora con la posibilidad del argumento de justicia como argumento interpretativo de los términos ordinarios de cualquier norma positiva. Recuérdese que un argumento interpretativo es el utilizable para justificar la elección de una de entre las interpretaciones posibles de la norma que viene al caso. Conocemos bien que hay ciertos argumentos interpretativos habituales y muy consolidados en la práctica jurídica, especialmente apropiados para ese cometido de justificación por el tipo de valores con que se relacionan y que son valores que debe cumplir un ordenamiento jurídico, pues realizará cualquier ordenamiento tanto mejor sus funciones, cuanta mayor sea la medida en que satisfaga exigencias como la de coherencia entre sus normas, respeto a la voluntad legítima del legislador, adaptación a las necesidades del momento histórico de que se trate, mejor cumplimiento de los fines que dan sentido a las normas, etc.

Junto a esos argumentos estandarizados y que se corresponden con lo que tradicionalmente se llamaban cánones de interpretación, pueden concurrir otros argumentos del más diverso tipo, mostrando razones en favor de una cierta interpretación de la norma como la más conveniente en el caso. Puede tratarse de argumentos económicos (por ejemplo, el que apele a la eficiencia económica de los resultados de una u otra interpretación de los que están en juego), políticos (v.gr., el argumento de que cierto modo de interpretar y aplicar la norma de que se trate aumentará la estabilidad política del país o producirá mejor integración social y política de los ciudadanos o los grupos), religiosos (si se dice, pongamos por caso, que cierta manera de interpretar las normas provocará menor agravio de los sentimientos religiosos de las personas con determinado credo), etc.

Cualquier fin relacionado con principios constitucionales puede convertirse en argumento interpretativo. Otro ejemplo puede ser el que podríamos llamar argumento medioambiental, que jugaría si en favor de una interpretación se aduce que la norma, así aplicada, tendrá efectos menos nocivos o más positivos para el medioambiente.

Esa es una utilidad indudable de los principios constitucionales e infraconstitucionales[337], la posibilidad de usarlos como base de preferencias interpretativas y de argumentos interpretativos. Repárese en que aquí no estamos hablando de ponderar los principios contra otras normas para justificar la derrota de estas y la consiguiente decisión *contra legem* que se pretenda acorde al *ius*, sino de completar las normas, sin contrariarlas, mediante una interpretación que procure maximizar la realización de los principios en cuestión. Si definimos, pues, los principios como mandatos de optimización interpretativa *sin vulneración de la norma interpretada*, ninguna objeción les presentará el iuspositivista, que de siempre mantiene que hay un componente de discrecionalidad en la aplicación de las normas jurídicas, aun en la que se quiera más fiel al texto legal, y que debe el uso de esa discrecionalidad justificarse mediante argumentos lo más aceptables que se pueda.

Entre todas esas razones "de principio", puede aparecer también un *argumento interpretativo de justicia*, empleado para hacer ver que una de las interpretaciones en liza es la preferible por ser la más justa (o la menos injusta) de las posibles. Conviene presentar algún ejemplo práctico de esto.

Un caso español. La *sentencia 442/2000 de la Audiencia Provincial de Alicante (Sección 1ª)* juzga de un caso de robo e interpreta las palabras del artículo 242.2 del Código Penal cuando decía que la pena del robo se impondrá en su mitad superior cuando el delincuente "hiciere uso de armas..., sea para al cometer el delito o para proteger la huida". En el caso de autos el tribunal opta por una interpretación restrictiva que argumenta como la más justa, en los siguientes términos:

---

337 Ejemplos de principios infraconstitucionales pueden ser el de buena fe o enriquecimiento injusto, en derecho privado.

"Llegados a este punto consideramos relevante detenernos en una breve reflexión acerca de cuál fue el riesgo efectivo para los bienes jurídicos protegidos en el delito definido en los arts. 237, 242.1 y 2 Código Penal, en su aplicación concreta en los dos supuestos de autos; en definitiva, se tratará de meditar sobre si el uso de arma por Francisco M., para obtener dinero de sus víctimas, verdaderamente incrementó el peligro para la vida o integridad de las víctimas evidenciando una mayor perversidad en el delincuente que hizo uso de ella (STSS —S. II— de 9-6-1994), atendiendo a las precisas circunstancias de los casos que aquí se enjuician. Como ha quedado puesto de manifiesto en los hechos probados de los párrafos primero y segundo no cabe duda alguna de que Francisco exhibió una navaja a sus víctimas con la finalidad de conminarlas a la entrega de sus posesiones, intuyendo, ciertamente, que tal acción les produciría sobresalto e intimidación suficientes para lograr con éxito sus fines como así ocurrió; pero en los supuestos que juzgamos también se aprecia un atisbo de actitud dubitativa, y hasta temerosa de su propia mala y reprobable acción, en Francisco, siendo así que no se explica de otro modo que, de un lado, advirtiera a su primera víctima diciéndole «no le voy a hacer daño pero deme todo el dinero que lleve», y que, de otro lado, ante la negativa de otra de sus víctimas en el segundo robo, producida cuando una de las amigas de Remedios T. le dijo, simplemente, «que no» le daba nada, Francisco se marchara sin intentar obtener más beneficios. Todas estas circunstancias hacen que nos planteemos si en los robos que han quedado reseñados en el párrafo primero de estos «Fundamentos de derecho», también resultaría de aplicación el apartado 3 del art. 242 Código Penal con el fin de, según expresa, entre otras, la STS —S. II— de 20-7-1999 , mitigar el rigor o la dureza con que se sanciona la infracción prevista en el art. 242.2 Código Penal con base en una coyuntura suficientemente justificativa; y es que a nuestro juicio sí resulta pertinente en la presente causa esa justa interpretación que nada tiene que ver con lo ilógico y racional, por lo que entendemos que los delitos de robo cometidos por Francisco M. D. deben ser mejor calificados como subsumibles en los arts. 237 y 242.1, 2 y 3 Código Penal".

3. PONDERACIÓN

El iusmoralismo aboga por la ponderación, y la ponderación es el modo de razonar de los jueces que más conviene al iusmoralismo, ya que ponderando es como habitualmente resolvemos todos nuestros dilemas prácticos, a falta de una norma que perentoriamente nos obligue a tomar una de las alternativas.

Si soy fiel de una religión que cada domingo organiza actos litúrgicos, pero de carácter voluntario o solo aconsejable, según los preceptos de esa religión, cada domingo ponderaré las razones que tengo para ir (es importante reforzar la fe mediante las ceremonias colectivas de los creyentes, es bueno crear comunidad y solidaridad entre ellos, disfruto mucho tales ceremonias...) y para no ir (hace mucho frío, mi hija celebra su cumpleaños y estaría bien que ayudase en los preparativos, que coinciden con el horario de la ceremonia, el oficiante de hoy no me gusta mucho...) y decidiré en correspondencia con el peso que haya asignado honestamente a los pros y a los contras, a una alternativa y a la otra. Pero si soy católico, no hay nada que ponderar, ya que si, pudiendo sin especial trastorno o inconveniente, no voy a misa, incumplo el mandato eclesiástico de santificar las fiestas. El católico no hará lo correcto, según la norma, cuando pondera adecuadamente, sino cuando va a misa. Para eso están las normas, cuando las normas rigen y como tal se las toma.

Los iusmoralistas ven en las normas del derecho mandatos, ciertamente, pero sólo prima facie, mandatos cuya obligatoriedad última para el caso está condicionada a que en el balance final no pesen más las razones en contra, en tanto que razones morales. A la postre, para los iusmoralistas al estilo de Alexy, ponderar es cotejar el peso moral de la norma jurídico-positiva que concurra en el caso con el peso de las razones directamente morales y decidir en a favor de las que más pesen según el juicio en conciencia del juez, juicio que debe pretenderse intersubjetivamente compartible.

Lo que puede desorientar un tanto al observador es que, como base de la ponderación en contra de la norma jurídico-positiva, los iusmoralistas no invocan normas directamente morales o los valores morales en sí mismos, sino principios. Pero debe tenerse en cuenta que para ese iusmoralismo inspirado en Alexy, los principios, y en particular los principios constitucionales, son normas de doble faz, son normas jurídicas en cuanto que expresamente se mencionan en las constituciones o en ellas se presumen implícitos, y son normas morales, en cuanto que trasunto o trasposición a derecho de valores morales. De modo paralelo a como para el iusnaturalismo teológico la ley eterna se manifiesta jurídicamente como ley natural, para los iusmoralistas como Alexy la ley moral se manifiesta jurídicamente como principio constitucional.

3.1. El carácter disyuntivo o "binario" de la calificación jurídica

El razonamiento jurídico se hace con una especie de lógica binaria o de esquema disyuntivo del tipo "o… o": la conducta del acusado es constitutiva de homicidio o no lo es, el contrato es válido o no lo es, etc. Lo que no quita, obviamente, para que quepa plantearse respecto de la misma "cosa" otra posible calificación normativa, en cuyo caso se reproduce el esquema, pero desde otras normas calificadoras. Así, esa conducta de la que se plantea si es homicidio o no lo es puede ser también analizada a efectos de si es o no es constitutiva de delito de lesiones, por ejemplo, o de un daño indemnizable en clave de responsabilidad civil.

Dentro de ese esquema "o… o", nos topamos con dos variantes: "*o es esto o no lo es*" y "*o es esto o es aquello*". Normalmente cada norma atiende solamente a si algo es o no es: si es o no es homicidio, si es o no es un contrato válido, si es o no es familia numerosa… La calificación de lo que cae fuera de la referencia de la norma, de aquello que no posee las propiedades de lo referido por la norma, le resulta a la norma indiferente, por así decir. Desde el punto de vista de la norma que tipifica el homicidio, cuenta solo lo que sea homicidio, y las conductas humanas, bajo el prisma de dicha norma, se dividen entre las que son constitutivas de homicidio y todas las demás, sin que importe lo que las demás sean ni tenga eso relevancia a la hora de determinar si estamos o no ante un homicidio al analizar cierta conducta de un sujeto. Para la norma que tipifica el homicidio, el que la conducta no homicida sea constitutiva de otro delito o de ninguno es algo que no importa y es algo que no tiene repercusión sobre esa calificación de homicida o no homicida que de esa conducta se hace desde tal norma tipificadora del homicidio.

Pero hay supuestos especiales en que no se aplica ese que hemos llamado esquema "o es esto o no lo es", sino que juega el otro, el de "*o es esto o es aquello*". Y lo que sea aquello, la calificación alternativa, no se designa negativamente (aquello es todo lo que no sea esto, no homicidio es toda conducta que no sea homicidio), sino que la alternativa a "esto", "aquello", se designa también con propiedades determinadas. Los elementos constitutivos de un cierto ámbito se dividen en dos (o más) grupos exhaustivos, de modo que no hay otras cosas que no sean o lo uno o lo otro. Y esto tiene consecuencias muy importantes a la hora de interpretar y aplicar las normas de ese conjunto normativo, normas que necesariamente delimitan su alcance o referencia en combinación con la delimitación respectiva de las otras. Si todo lo que forma un conjunto C tiene que ser o A o B, puesto que en el conjunto C solo se compone de los subconjuntos A y B, entonces cada vez que sentamos las propiedades definitorias de los elementos de A estamos también, por pasiva, como quien dice, delimitando las propiedades definitorias de los elementos integrantes del conjunto B.

Veamos esto con un ejemplo real tomado de la jurisprudencia. La sentencia *9/2020 de la Audiencia Provincial de Madrid, Sección 14ª* (*Tol 8286836*), trata del caso siguiente. En un edificio de varios pisos y varios vecinos, el dueño de una de las viviendas de tal comunidad de instaló un termo eléctrico en el patio de luces, concretamente en la fachada de su vivienda que da a tal patio de luces. Tal instalación se hizo si la autorización de la comunidad de propietarios y sin darle cuenta y, además, no se trataba de una reparación urgente.

Pues bien, todo lo que hay en un edificio de vecinos en el que existe una comunidad de propietarios o bien es elemento privativo, propiedad separada, o bien es elemento común. No hay una tercera categoría, esas dos categorías son exhaustivas y excluyentes. Ese conjunto, el edificio de vecinos, se divide en tales dos subconjuntos y nada del edificio cae fuera de uno u otro de ellos. Lo cual, como veremos, tiene una consecuencia importantísima: cada vez que por vía de interpretación delimitamos las propiedades de los elementos de un subconjunto, estamos a la vez delimitando las propiedades de los elementos del otro. Por ejemplo, cada vez que decimos que la fachada de una vivienda que da al patio interior pertenece a los elementos comunes, estamos necesariamente estableciendo que no pertenece a la propiedad separada de esa vivienda.

Así resulta del artículo 396 del Código Civil español, en su redacción reformada por la Ley 8/1999, de 6 de abril, de Reforma de la Ley 49/1960 de Propiedad Horizontal. Para el caso de la sentencia, esa división es determinante al ponerla en relación con el artículo 7.1. de la Ley de Propiedad Horizontal, que dice esto:

> "El propietario de cada piso o local podrá modificar los elementos arquitectónicos, instalaciones o servicios de aquél cuando no menoscabe o altere la seguridad del edificio, su estructura general, su configuración o estado exteriores, o perjudique los derechos de otro propietario, debiendo dar cuenta de tales obras previamente a quien represente a la comunidad.
>
> En el resto del inmueble no podrá realizar alteración alguna y si advirtiere la necesidad de reparaciones urgentes deberá comunicarlo sin dilación al administrador".

Así pues, si cada parte del edificio o es propiedad separada o es propiedad común (art. 396 del Código Civil), cada obra o modificación que en cualquier parte del edificio se haga o se está haciendo en una propiedad separada o se está haciendo en la propiedad común. Y, puesto que el artículo 7.1 de la Ley de Propiedad Horizontal indica que en lo que no sea propiedad separada ningún propietario podrá realizar por sí alteración alguna, que sea calificable como jurídicamente lícita o jurídicamente ilícita la colocación por un vecino de un termo eléctrico en la fachada de su casa que da al patio de luces dependerá de la interpretación de los términos del art. 396 del Código Civil[338] que aluden a lo que es

---

338 En particular, para este caso, cuando dicho artículo menciona entre los elementos comunes "las *fachadas*, con los revestimientos exteriores de

propiedad común, pero en el entendido de que todo lo que esa interpretación excluya de la propiedad común lo está incluyendo en la propiedad separada[339]; y viceversa.

Lo que acabo de exponer puede parecer trivial; o, con visión más caritativa, interesante pero irrelevante, puro divertimento analítico. Voy a defender a continuación que no es así, que es un esquema de interés y con consecuencias importantes.

3.2. ¿Qué tal si ponderamos?

Fijémonos en que, si seguimos la moda de hoy, podríamos presentar ese caso que tomamos de ejemplo como un caso de conflicto de derechos, conflicto entre el derecho de la comunidad de propietarios para que los propietarios individuales por sí no hagan obras en las zonas comunes y el derecho del propietario a hacer esa obra en la fachada del patio interior de su casa. Si un tribunal plantea el caso de esa manera es porque quiere resolverlo

---

terrazas, balcones y ventanas, incluyendo su imagen o configuración" entre los elementos comunes.

339 La citada sentencia resolvió ese caso a favor de la comunidad de propietarios que había solicitado del vecino en cuestión la retirada del termo eléctrico colocado en la fachada del patio de luces; es decir, calificó de ilícita dicha conducta, de conformidad con el artículo 7.1 de la Ley de Propiedad Horizontal y en función de la interpretación que hace del fragmento del artículo 396 del Código Civil mencionado en la nota anterior. Razona así el tribunal (fundamento jurídico segundo):
"El artículo 7.1 LPH sólo permite las obras en elementos privativos sin más requisitos que dar cuenta de las mismas al Presidente de la Comunidad y con la excepción a esa regla general de no poderlas ejecutar cuando menoscaban o alteren la seguridad del edificio o su estructura general. Supuesto que no es equiparable al del presente recurso, pues hemos de reiterar, la instalación del depósito o calentador se realiza en un elemento común, a los efectos del artículo 396 CC, dentro del concepto de fachada, que lo es tanto la que se refiere al contorno del edificio exterior (los paramentos exteriores) como los interiores (las paredes de los patios comunitarios)".

ponderando, y si quiere resolverlo ponderando, significa que no desea tomar como determinante lo que dice el art. 396 del Código Civil, en conjunción con el 7 de la Ley de Propiedad Horizontal y no quiere dedicar su esfuerzo a argumentar sobre la interpretación más razonable o preferible de la expresión "las fachadas, con los revestimientos exteriores de terrazas, balcones y ventanas, incluyendo su imagen o configuración", sino que prefiere sopesar pros y contras de todo tipo, para ver si merecen más respeto las razones de la comunidad para oponerse o las del propietario para instalar ahí su termo eléctrico. Y, entonces, lo que condicionará la decisión del caso ya no será lo que diga más o menos claramente la norma (que para esta ocasión parece bastante clara cuando habla de "fachadas"), sino lo que el juzgador valore como más justo y oportuno, a la luz de las circunstancias peculiares del caso, tales como cuánto molesta o no el termo a los demás, qué posibilidades tiene o no ese propietario de poner el termo dentro de la casa, qué tanto se necesita un termo así en esa ciudad con ese clima, qué nivel de ingresos tiene el vecino y si podrá pagarse un sistema alternativo para calentar el agua o la vivienda, qué dimensiones tiene el patio interior, a cuánto cae del termo la ventana más cercana de otro vecino, etc.

Es decir, *el presentar el caso como conflicto de derechos y acudir a la ponderación para resolverlo es una estrategia para sustituir la decisión basada en la norma por una decisión basada en la equidad, en la justicia del caso concreto,* si bien partiendo de una presunción favorable a la norma. Pero no se dirá que fue decisión en equidad, sino que se pretenderá que fue ponderada la regla que prohíbe las obras de los propietarios individuales en las zonas comunes (regla que será cristalización también de algún principio) contra algún principio que concurría a favor del propietario.

¿Cuál principio? Eso ya depende de la imaginación del operador de turno. Pero, pueden concurrir un par de docenas al menos: el principio-derecho a una vivienda digna, el principio de protección de la familia (si hay una familia entera que va a usar ese termo), el principio-derecho a la salud (preguntándose si puede dañar la salud el que por no tener termo no tengan los habitantes de la casa agua caliente), el principio de interés superior de menor (si hay niños en la casa), el principio de libertad (si lo que hace libremente el que pone el termo no daña tangible y relevantemente la vida real de los otros vecinos)...; y siempre queda, como principio comodín, el derecho a la dignidad, que aquí sería traído como principio-derecho a una vida digna, que no lo sería tanto sin ese termo eléctrico, o así hay que suponerlo o argumentarlo.

No es mi pretensión aquí ir de frente a una crítica sistemática de la ponderación, crítica que ya he hecho en otras partes y que se resume en la idea de que al plantear los casos judiciales como conflictos entre derechos y/o normas[340], lo que se está propugnando es *la sustitución del razonamiento jurídico-normativo por el razonamiento moral* y, con ello, el reemplazo del derecho legislado y democráticamente legitimado por las normas de la moral que se quiera la moral verdadera. Lo que la norma jurídico-positiva venga a decir, por sí o interpretada de una u otra manera, no es determinante, sino que *el que la norma diga tal o cual cosa es una razón más, de cierto peso, para medir en comparación con las otras razones que concurran, derivadas de lo que para el caso dispongan los valores morales, de modo que lo que debe guiar la decisión es el mayor peso del conjunto de razones a favor de una de las soluciones, entendidas todas (también la razón legal) como razones morales a la postre y evaluadas con ese tipo de razonamiento con el que se resuelven los dilemas morales y que se llama ponderación.*

Los principialistas y defensores de la ponderación ven *las razones legales también como razones morales*, por cuanto que para ellos el derecho solo es un instrumento para conseguir la solución justa[341] o, al menos, no muy injusta de los conflictos, y por eso toda solución legal o jurídico-positiva la someten a cotejo con los dictados de la moral para el caso. De ahí que *también las soluciones legales*

---

340 Principios contra principios o principios contra reglas.

341 Recuérdese la llamada "tesis del caso especial", de Robert Alexy: el razonamiento jurídico es un caso especial del razonamiento práctico general; es decir, del razonamiento moral.

tengan un peso esencialmente moral que las hace conmensurables, ponderables, con las razones directamente morales.

Lo que trato de indicar es que *muchos de los casos que hoy en día se presentan como de inexorable conflicto de derechos que solo pueden ser resueltos a base de ponderar no son en verdad tales conflictos*, de la misma manera que el caso que acabamos de ver no es propiamente un caso de conflicto de derechos de la comunidad y del propietario particular, sino un *supuesto normal y corriente de razonamiento interpretativo-subsuntivo, cuya resolución depende de lo que la norma diga y de cómo se interprete*, y donde, además, estamos en uno de aquellos supuestos en que el razonamiento no es "o es esto o no es esto", sino "o es esto o es lo otro".

De tales cuestiones de ponderación y de los aparentes conflictos de derechos hemos hablado suficientemente en otros lugares.

3.3. Casos en que los tribunales ejercen una discrecionalidad que requiere ponderación de las circunstancias del caso concreto como modo de concretar el contenido de la decisión, dentro de los márgenes o umbrales marcados por la norma

El cálculo del monto de una indemnización en caso de daño no patrimonial es un ejemplo de ejercicio de discrecionalidad que requiere ponderación o valoración de distintos elementos. Otro es el que vamos a ver ahora, referido a la fijación de la pena dentro de los márgenes que para un delito señale la norma penal correspondiente.

En el derecho penal español, la medición de la pena está regulada en los artículos 61 y siguientes del Código Penal, en la sección titulada "Reglas generales para la aplicación de las penas". Ahí se fijan una serie de reglas para aplicar dentro de la horquilla de pena que para cada tipo penal la respectiva norma establezca[342], en fun-

[342] Así, el art. 138 del Código Penal dice que el reo de homicidio será castigado con pena de prisión de diez a quince años.

ción de cosas tales como el número de circunstancias agravantes o atenuantes que concurran. El apartado 6º del artículo 66 CE dice que

> "Cuando no concurran [los jueces o tribunales] aplicarán "la pena establecida por la ley para el delito cometido, en la extensión que estimen adecuada, en atención a las circunstancias personales del delincuente y a la mayor o menor gravedad del hecho"[343].

Una decisión que, dentro de los márgenes o alternativas que estén normativamente establecidos, sea discrecional por dependiente de una valoración de las circunstancias es una decisión que podemos considerar resultante de una ponderación. ¿A qué estoy denominando, pues, decisión por ponderación? A la que no es fruto de aplicar parámetros normativamente establecidos a los hechos o circunstancias que concurran, sino que resulta de una valoración libre y argumentada de las circunstancias en el respectivo caso concurrentes. Así es como solemos dirimir también nuestros dilemas morales, tal como ya he indicado antes.

Si una norma dijera que a quien mate de una puñalada en el corazón se le debe condenar siempre y en todo caso a una pena de quince años de prisión, al margen de cualquier otra circunstancia, tal norma no permitiría ningún espacio de discrecionalidad a la hora de fijar el monto de la pena. En cambio, si lo que el sistema penal establece es que el que mate a otro debe ser castigado, como homicida, con pena de entre diez y quince años de prisión y que el alcance concreto de la pena en cada homicidio (no concurriendo atenuantes ni eximentes) lo determinará el juez o tribunal "en la extensión que estimen adecuada, en atención a las circunstancias personales del delincuente y a la mayor o menor gravedad del hecho", resulta que es el arbitrio o discrecionalidad del juez lo que determinará ese alcance de la pena, si bien no

---

[343] Y el apartado 2 del artículo 66 CP indica que "En los delitos leves y en los delitos imprudentes, los jueces o tribunales aplicarán las penas a su prudente arbitrio, sin sujetarse a las reglas prescritas en el apartado anterior".

de modo libérrimo, sino con este marco o estos límites externos, que serán relevantes a la hora de justificar argumentativamente la opción tomada:

a) Son ciertas circunstancias específicas del caso lo que se debe valorar, lo cual supone que no es libre del todo la fuente con la que el juez se forme (y justifique) la formación de ese juicio suyo. Por ejemplo, no podrá invocar como base elementos estadísticos atinentes a la frecuencia del delito de que se trate, o consideraciones sobre prevención general.

b) Esas concretas circunstancias del caso no pueden ser cualesquiera, sino que tienen que estar referidas a estas dos cosas: las circunstancias personales del delincuente y la mayor o menor gravedad del hecho. Así, el clima que hiciera cuando el delito acaeció no será una circunstancia evaluable o ponderable, a no ser que haya y se haga valer una relación entre dicha circunstancia climática y alguna circunstancia personal del delincuente o la gravedad del hecho.

Un buen ejemplo de cómo en la práctica funciona todo esto lo podemos hallar, por ejemplo, en la *sentencia 94/2020 del Tribunal Supremo Español*, Sala Penal (*Tol 7681377*), que ya hemos visto anteriormente. Recordemos los hechos: dos hombres discuten acaloradamente. Uno da un golpe en la cara al otro durante esa discusión y este otro saca un cuchillo y se lo clava con intención de matarlo. Se debate en ese proceso penal si hay o no alevosía y si, en consecuencia, procede condenar por asesinato o por homicidio. La clave está en que la puñalada no se asestó por la espalda ni totalmente por sorpresa, sino de frente, habiendo visto la víctima venir tal agresión y habiendo podido interponer su brazo, aunque esto último no evitó que el cuchillo del agresor se clavara en su cuerpo.

El Tribunal decide que no hay alevosía y que se trata, en consecuencia, de un caso de homicidio simple. Sabemos que, según el artículo 138 del Código Penal, la pena debe ser de entre diez y quince años de prisión. En primera instancia la condena recaída fue de diez años y tres meses de prisión, en segunda instancia se elevó a doce años y seis meses y nuevamente recurre la acusación particular, ahora en casación ante el Tribunal Supremo, solicitando que se aumente a catorce años y seis meses. El Tribunal razona de esta guisa:

La motivación de la Sala de lo Civil y Penal del Tribunal Superior de Justicia de Canarias, en el Fundamento de derecho Tercero, para imponer la pena en la mitad del abanico penológico, es la siguiente:

> "Para ello, esta Sala toma en consideración y valora circunstancias que se exponen en la propia sentencia, tales como son la plena capacidad intelectiva y volitiva apreciada en el acusado al cometer el hecho delictivo; su acreditado dolo directo en la causación de la muerte de la víctima a quien, a pesar de no existir probado un motivo de entidad que pudiera justificar su desproporcionada reacción, clava un cuchillo de 19 centímetros de hoja con tal fuerza e ímpetu que atraviesa la cavidad abdominal y alcanza hasta el fondo retroperitoneal junto a la columna vertebral, afectando y seccionando el hígado y la cabeza del páncreas; y, por último, se valora también su inicial actitud de huida del lugar de los hechos. En cuanto a las circunstancias del hecho deben tomarse en consideración no sólo la gravedad que lleva ínsita la muerte homicida de una persona, sino también la circunstancia de la juventud de la víctima, de 30 años de edad, y el hecho de la relación afectiva que le unía a la hija del acusado, lo que, como consta en la sentencia, supuso para el Jurado una mayor reprochabilidad de la conducta. Junto a ello, también valoramos en la imposición de la pena dentro de su grado medio, y no en el grado máximo que solicita la parte recurrente, la circunstancia de que, tras el inicial intento de huida, sin embargo, el acusado volvió junto a la víctima y se quitó su camiseta para intentar taponar la herida y, según consta en el acta del juicio oral declararon algunos testigos, también mostró afectación y contrición por lo hecho....
>
> Para que pueda prosperar un motivo como el que ha sido esgrimido por la acusación particular se requiere que concurra infracción de ley, esto es, que el ejercicio de la individualización penológica se encuentre fuera de los parámetros legales o sin motivar la respuesta penológica concedida al caso de autos.
>
> Nada de ello ocurre en este caso.

> El Tribunal de apelación, conforme a sus facultades, elevó la penalidad imponible en función de los parámetros que ha tomado en consideración, sin que tal ejercicio pueda ser reprochado por esta Sala Casacional en un motivo por estricta infracción de ley, y ello, porque el Tribunal "a quo" no ha infringido la ley, sino que ha tomado una decisión conforme a un criterio razonado y razonable. Excede, pues, de nuestras posibilidades revisoras en el ámbito de un recurso extraordinario como es el que sostiene el motivo".

Y después de reproducir el artículo 66.1. 6ª del Código Penal, que ya hemos citado aquí, sigue:

> "Evidentemente, la gravedad del hecho a que se refiere este precepto no es la gravedad del delito, toda vez que esta "gravedad" habrá sido ya contemplada por el legislador para fijar la banda cuantitativa penal que atribuye a tal infracción. Se refiere la ley a aquellas circunstancias fácticas que el Juzgador ha de valorar para determinar la pena y que sean concomitantes del supuesto concreto que está juzgando; estos elementos serán de todo orden, marcando el concreto reproche penal que se estima adecuado imponer. Las circunstancias personales del delincuente son aquellos rasgos de su personalidad delictiva que configuran igualmente esos elementos diferenciales para efectuar tal individualización penológica. Ni en uno ni en otro caso se trata de circunstancias modificativas de la responsabilidad criminal, ya que, en tal caso, su integración penológica se produce no como consecuencia de esta regla sexta del art. 66, sino de las restantes reglas. Aquí, el legislador permite al juez recorrer toda la banda punitiva, pero argumentando con arreglo a dichas consideraciones subjetivas y objetivas, cuál debe ser el reproche concreto que la ley concede al supuesto enjuiciado. Se trata, pues, de un ejercicio de discrecionalidad reglada, que debe ser fundadamente explicado en la propia resolución judicial (art. 72 del Código Penal), y controlable su motivación en casación, por la vía de la pura infracción de ley (art. 849-1° de la Ley de Enjuiciamiento Criminal). Su inexistencia no determina la nulidad de la Sentencia con devolución para su explicación por el Tribunal de instancia, si dentro del marco de la fundamentación jurídica o concordancia fáctica de la Sentencia existen elementos de donde se pueda deducir tal individualización, siquiera sea implícitamente. Ello no significa, naturalmente, que se releve a los redactores de las Sentencias penales de dedicar uno o varios apartados a tal función, que tiene una suma importancia, ya que la Sala sentenciadora, una vez que razonó sobre la existencia del delito y de su autor, debe acometer la importante

> misión de atribuir al hecho punible la sanción que el Código penal prevé en la medida que considere justa, o sea, legalmente aplicable al caso concreto enjuiciado, haciendo uso razonado de tal discrecionalidad, conforme dispone el art. 72 del C. penal.
>
> En el caso enjuiciado, el Tribunal de apelación ha tomado en consideración todos los factores del mismo, tanto los desfavorables al acusado, como los favorables, derivados de esa acción final, de suerte que no se deduce arbitrariedad alguna en el ejercicio de la discrecionalidad reglada que le confiere el artículo 66 de Código Penal".

Sin duda, podríamos presentar más casos en los que el juez decide entre alternativas igualmente posibles, en principio, porque no hay una norma que le imponga una y le vete las demás. Sólo que esos espacios son los constitutivos de la discrecionalidad judicial. Y si decimos que hay discrecionalidad, significa que hay genuina elección del juez entre las alternativas y no predeterminación de la única respuesta correcta con cargo a una norma moral que se pretenda la objetivamente correcta o con cargo a un ponderómetro cuyas mediciones el juez constate sin determinarlas.

Al juez se le pide que argumente su uso de la discrecionalidad dentro de esos espacios en que no tiene más remedio que ejercerla. Desde los parámetros de racionalidad que establece la teoría de la argumentación jurídica, se le solicita al juez que su argumentación sea lo más correcta posible, pero no por eso se convertirá en una argumentación perfectamente demostrativa ni podemos creer que la verdad no tiene más que un camino y que en derecho hay una única respuesta correcta para cada caso. Argumentamos, precisamente, porque las soluciones correctas, en tanto que compatibles con el sistema jurídico, pueden ser varias y de nuestras elecciones hay que dar cuenta a los demás. Si la solución correcta en cada caso fuera sólo una, bastaría señalarla y no habría nada más que decir.

www.ingramcontent.com/pod-product-compliance
Lightning Source LLC
LaVergne TN
LVHW010635051026
849532LV00001B/62
9788411695657